中国社会科学院近代史研究所

民国文献丛刊

中国社会科学院近代史研究所 译

顾维钧回忆录

第十分册

中华书局

目 录

第十分册

第七卷

再度出使华盛顿
下
（1950—1956）

第六章　华盛顿莫斯科新领导人高谈和平时期

1953 年 1 月—8 月

第一节　艾森豪威尔的援华"新"政策

1953 年 1 月 20 日—3 月 17 日

　　二十多年来的第一次共和党总统就职典礼,是一次盛大的活动。据新闻报道,这次于 1953 年 1 月 20 日举行的大典,约有七十五万人从全国各地前来观礼。为了避免交通拥挤并为了按时到达,我和我妻子去得很早。各国使节和他们的夫人,都在参议院外交委员会聚齐。我们从那里被领到另一个房间集合,以便列队前往设于国会大厦台阶上的观礼台。我们的队伍以参谋长联席会议主席和马歇尔将军为前导,随后是卸任的内阁成员、联邦最高法院的首席法官和各法官、新任副总统、卸任总统,然后是新任总统。当两位最高政府首脑出现时,军乐队乐声大作,形成一种令人难忘的景象和场面。

　　尼克松副总统的就职宣誓,由新任参议院共和党政策委员会主席诺兰参议员主持。新总统的就职宣誓,则由首席法官主持。总统在演说之前,作了"个人祈祷"。我听说祷文是艾森豪威尔将军为就职仪式而亲自撰写的。祷文虽然简短,但颇为有力,很是鼓舞人心。他的演说,我在前一天晚上已经从报纸上读过了。内容是宣布新政府的施政方针纲要,其中强调了某些指导原则,但没有透露付诸实施的具体办法。

随后，礼宾司司长及其副手带领外交使团到布莱尔大厦参加冷餐午宴。这是一项改革，与 1949 年不同。那时只有咖啡和冷三明治。离场时，各位大使都很容易地找到了自己的汽车，没有那种令人烦恼的长时间耽搁。然后我们被领到总统的检阅台，观看就职典礼的游行。一切都筹划得很周到，使大使们感到舒适。我和其他使节都亲自向礼宾司司长西蒙斯大使道谢，感谢他为外交使团所作的令人满意的安排。

游行队伍很长，极为壮观。大约在下午两点半开始，我们离开时，已经是下午六点了，而队伍还未过完，总统还在检阅台上。我们周围的大多数外交官，在早一些时候就都离开了。多数美国官员和来宾以及群众也都已离去，因为天气逐渐冷了下来，天也已很黑了。可是我们一直坚持，看到了内华达州参议员马隆夫妇骑着马代表他们的州出现在游行队伍当中。那两匹漂亮的白马是从我们的一位好朋友那里借来的。

晚间，我参加了在乔治敦大学举行的就职典礼舞会。另一个舞会在国民警卫队训练中心举行。总统及其随行人员先去那里，并于零点四十五分来到乔治敦大学。跳舞的人挤满了舞池，但当宣布贵宾光临时，跳舞立即停止了，人们挤进了舞池。我们和那些没有前往国民警卫队训练中心的外交官都坐在紧靠总统包厢的边座上。在艾森豪威尔总统和夫人到达之前，新任国务卿杜勒斯夫妇已经到达，前总统胡佛也已到达。外交使团中，有一部分人在总统之后到达，他们被安置在总统右侧的边座。罗伯特·古根海姆作为就职典礼舞会委员会主席，带领一批一批的与会客人往来于总统的包厢。

在一整天的庆祝仪式之后，杜勒斯显然是疲乏了。许多大使及夫人也是如此。因此，杜勒斯派人请求总统准许他离席并获得同意。他对我和其他几个人说，如果我们愿意离席，可以自便，而不必等总统一行先走。说完了这些话，杜勒斯和夫人就走了。但是我和我妻子继续留下来等待。法国大使博内夫妇很不耐烦，他们在等候机会,准备在总统离席时同他握手。西班牙大使也是这样,他在总统包厢的入口附近踱步,而那里的警卫则制止任何人进入。但是总统一行和副总统尼克松夫妇终于离席了。博内夫人得到机会同总统说话,而博内和莱克里卡没有得到机会。至于我们其余的人,因为总统一行在狭窄的通道里匆匆而过,四面八方都有特工人员层层警戒,根本没有打算去接近他们。

周以德夫妇以及几位议员在舞池向我打招呼。周以德用汉语向我和我妻子致意,话说得非常动听。我们离开乔治敦大学时,坦克斯利夫妇找不到他们的汽车。仲冬之夜,大风呼啸,所以我们请他们搭乘我们的汽车。据他们说,外交使团团长挪威大使曾大发雷霆并提出抗议,因为他的汽车在前来会场之时被拦住,当时总统一行刚要从那里通过,值勤警察奉命制止一切车辆通行,以便为总统一行让路。他一再向警察恳求,并请警察注意他的"外交使团1号"的车牌,但完全无效。他只好等待,最后徒步爬上陡峭的石台阶到达了会场。问题在于他在大使馆举行了一个宴会,直到晚上十一点以后才同他的几位客人前往舞会。由于太晚,就无法避免与总统一行相遇的麻烦。

早些时候,我们都认为蒋夫人可能前来华盛顿参加就职典礼。1月9日,星期五下午,我到达纽约卡莱尔饭店时,曾接到华盛顿大使馆傅冠雄的长途电话称,黄仁泉刚用电话通知他,蒋夫人正计划访问华盛顿,参加1月20日的总统就职典礼,并将在双橡园小住。傅冠雄说,黄仁泉打电话的目的是通知我,一俟蒋夫人从华盛顿接到参加典礼的邀请,她将找我商量。

我于1月13日星期二返回华盛顿后,即嘱傅冠雄向黄仁泉询问,蒋夫人是否预期能接到参加庆典的邀请以及何时能前来华盛顿,同时告知黄仁泉,我和我夫人都热诚欢迎蒋夫人在双橡园小住。傅冠雄回话说,黄仁泉那天上午告诉他,华盛顿还没有邀请蒋夫人参加新总统就职典礼,但是如果她来,她就会在双橡园住两三天,我们不妨为她的访问进行必要的准备。

我立即着手为她安排一次宴会和招待会,并通知双橡园的人员为她准备好住处。主要的困难是,通知来得如此匆匆,要为这样一位高贵而不好伺候的夫人把住处布置好,需要做大量的工作。后来,傅冠雄汇报了从黄仁泉那里得到的进一步消息说,如果蒋夫人接到邀请到华盛顿来,很可能由孔祥熙夫妇陪同,届时孔夫人也要住在双橡园,而孔祥熙则到第十六街他儿子孔令杰当时的寓所去住。

星期三上午,我又嘱傅冠雄和黄仁泉通电话。傅冠雄从黄仁泉话中得悉,由于无法解释的某种原因,邀请仍未收到。然而黄仁泉说,他听说国务院反对向蒋夫人发出邀请,因为过去没有先例,从而很难为她安排适当的座席。我猜想负责各项安排的国家就职典礼委员会一定是遇到了某种障碍或困难。

那天黄昏,安排总统就职典礼的国会委员会总部用电话询问大使馆,蒋介石总统和夫人的名字如何拼写。这似乎表明,虽然邀请尚未发出,但已在准备寄发。于是我召集谭绍华和傅冠雄进行商议,并同意了谭绍华的建议,即最好的办法是给孔祥熙打电话,向他打听该如何拼写,他所告的拼写是可以作准的。

当天晚上,我参加了助理国务卿艾利森夫妇在布莱尔大厦举行的冷餐晚宴。回来后,我给孔祥熙打了电话。由于他在长岛住所的电话打不通,我只好给李国钦打电话,打听孔祥熙的准确电话号码。最后我接通了孔祥熙的电话。我告诉他,我听说蒋夫人可能前来华盛顿参加总统就职典礼,我和我夫人都将尽一切可能欢迎她,并使她在双橡园过得舒适。

孔祥熙似乎不大爱讲话。他说,他将向蒋夫人报告。我向他询问了蒋夫人从纽约动身的大致日期,并向他提到,由于时间太紧,我不得不尽快进行必要的安排。这时孔祥熙说,蒋夫人已被邀请,但是尚未接到请帖。如果蒋夫人前往华盛顿,他和孔夫人将陪伴她。他答应一俟蒋夫人就此事作出决定,就立即通知我。

星期四早晨,我吩咐崔存璘前往安排总统就职典礼的国会委员会总部询问他们了解蒋总统夫妇名字拼写的目的，以及这是否与邀请蒋夫人参加就职典礼有关。当天下午崔存璘回来报告说，了解正确的拼写，是为了向蒋夫人发电询问她是否有空参加1月20日的就职典礼。这使我联想到此事一定遇到了某种困难，所以采取发电报的巧妙方法。但是困难是甚么？发电报是否旨在暗示由于蒋夫人是中国总统的夫人，从而因礼仪上的复杂性而不便邀请她参加庆典？抑或由于按照美国的传统，新总统的就职典礼纯属国内活动，过去一向不邀请外国贵宾参加庆典，从而难以为蒋夫人安排席位？

1月16日星期五早晨，游建文用电话通知傅冠雄，孔祥熙曾于星期四晚和我试通电话，但是由于华盛顿电话号码的变更，电话没有打通。因此，孔祥熙嘱游建文通知我，蒋夫人还没有决定是否前来华盛顿。但是游建文并没有说蒋夫人是否已收到请帖。

在此期间，我已嘱我妻子购买新沙发和一些新窗帘，以美化双橡园的会客室和图书室。但是1月16日星期五晚，黄仁泉用电话通知傅冠雄，蒋夫人决定不来华盛顿，但孔祥熙夫妇还是要来的。

星期六早晨，我嘱傅冠雄给黄仁泉打电话，请他转达我和我妻子邀请孔祥熙夫妇于1月19日星期一晚间同我们共进晚餐，然后一起去洛氏首都大戏院参加总统就职典礼的庆祝活动，因为我们尚富余两张入场券。孔令侃也被邀请同我们共进晚餐。星期六晚上，正当我参加众议员卡罗尔·基恩斯夫妇在国会俱乐部为众议员约瑟夫·法林顿夫妇举行的招待会时，游建文给我打电话。当他得知我不在时，他就嘱我的管家贾子向我报告，蒋夫人已经决定不来了，因为她感到不舒服。游建文没有谈到孔祥熙夫妇。

星期日中午，我打电话给游建文再证实一下情况。他说蒋夫人感冒了，这加重了她的荨麻疹，所以她决定不访问华盛顿了。我向他询问孔祥熙夫妇是否前来华盛顿。游建文说，他说不准，因为孔夫人要陪伴蒋夫人。然后我提到了我邀请孔祥熙夫妇在星期一晚上共进晚餐,随后参加总统就职典礼的庆祝活动。游建文不知道他们能否接受邀请,但是他答应弄清楚后立即告诉我。当天晚上,他又打来电话说,孔祥熙夫妇歉告不能同我们共进晚餐,因为他们将乘汽车前来,不确知到达时间。游建文还说,他们在华盛顿逗留的时间很短,可能在1月21日离开。

所有这些都由傅冠雄证实了。他在1月19日星期一中午报告说,黄仁泉在前一天晚上曾给他来电话说,孔夫人不来华盛顿了,但孔祥熙将驱车前来。傅冠雄说,黄仁泉还告诉他,孔祥熙曾要求黄前往纽约,大概是要他陪同孔前来华盛顿,但是孔祥熙不会来吃晚饭,因为他无法确定到达的时间。

星期日下午,我在一次招待会上遇到了杜威州长。这次招待会是就职典礼委员会为各州州长和特别贵宾在斯塔特勒饭店举行的盛大活动。每个州在招待会场有一个隔开的小间,以供州长或副州长欢迎来宾。我特地费了好大气力去接近纽约州的杜威州长。很多人排队向他致意。但是经过十五分钟的摩肩擦踵,我和我妻子终于见到了杜威夫妇。他们很热诚。杜威低声问我道:"蒋夫人收到请帖了吗?我已尽了最大努力。"我也低声说:"我相信是接到了,但我听说,由于健康原因,她可能不会来了。"

在斯塔特勒饭店二楼走动时,我碰到了再次担任众议院议长的小约瑟夫·马丁。我们互致问候后,马丁对我说,请帖已发给蒋夫人。他说,他曾同参议员斯泰尔斯·布里奇斯谈论此事。他们两人都赞成向蒋夫人发出请帖,因为他们认为这样可使国民党中国觉得好些。我对他的善意表示感谢,但暗示蒋夫人尚未康复,因而恐怕不能前来华盛顿参加总统就职典礼。

在这之前几天,我妻子曾对我说,她的一些共和党女界朋友曾告诉她,有人强烈反对邀请蒋夫人和孔祥熙夫妇,而且如果向他们发出邀请,他们应该在大使馆的引导下前来。这些妇女对艾森豪威尔在竞选中没有得到在纽约的这些知名华人的支持颇有怨言,但是她们向我妻子保证,这只是她们的个人感情,绝不会影响共和党政府支持台北的国民政府和增加军事援助的政策。

蒋夫人终于未来华盛顿,而孔祥熙则前来参加了总统就职典礼。我于1月21日星期三的晚上宴请了他。我还邀请了他的一些老同事与他同桌,这使他很高兴。席间回忆了当年他参加乔治六世加冕典礼以及作为赴德法特使的愉快经历。他特别愉快地回顾了英国外交大臣艾登引见他时,曾向英王谈到他在财政部长任内主持中国财政所取得的成功。他亲自对我说,他到华盛顿来,并不专为参加总统的就职典礼,也是为了会见一些老朋友,特别是雷蒙德·莫耶。他说,莫耶在华盛顿从事各种职务之前,曾是他原籍山西省的一位教会医生。

几天后,我设午宴招待美国陆军副参谋长马克斯韦尔·泰勒将军。俞大维将军曾于1月9日来访。他对我说,泰勒计划到远东旅行,并将同奥姆斯特德将军一起访问台湾。俞大维要求我举行这次午宴,我欣然同意。俞大维说,泰勒是后起的将领中最聪明、最机警的一位。在不久的将来,他肯定有一天会成为陆军参谋长。俞大维还说,泰勒是两栖作战的权威,而且在第二次世界大战中被认为对筹划大反攻有功。

从我在午宴上和泰勒的接触看来,他是一位能干而聪明的军人。他说,他曾被指定前往台湾视察军事援华顾问团的工作,但既然已奉命接替范佛里特将军在朝鲜担任第八军军长,他不得不放弃原定的访问计划而由奥姆斯特德担任视察团长了。我讲了几句欢迎和祝贺的话,并提议为泰勒将军的健康和出任新职成功干杯。他的新职对自由事业是非常重要的。泰勒在致答辞时向我表示谢意,并开玩笑地说,他是"冒充"而来的。他向其他客人说明他原计划访问台湾,后由于接受前往朝鲜的任命而必须放弃该计划。接着他提议为"我们的盟国和朋友中华民国和蒋介石将军的健康"干杯。

1月31日下午,谭绍华来电话说,国务院的艾利森想在当天见我。由于那天不可能,他最后为我安排于 2 月 2 日星期一上午同艾利森会见。我猜想这是关于宣布涉及第七舰队的新政策。报刊在这方面已经谈得很多。但在叙述这件事情之前,我想先谈一下叶公超在同艾森豪威尔和杜勒斯谈话时曾提出的一点,我认为这一点是很重要的。

叶公超曾说,中国政府希望美国在作出任何重要政策决定或任何与国民政府有重大关系的重要行动的决定时,先将决定通知我国或者至少通知大使馆,以便由大使馆向政府报告。作为例证,外交部长提到了关于派遣第七舰队防卫台湾海峡的最初命令。叶外长对艾森豪威尔总统说,台北政府是从美国的通告中得知这个命令的,通告的大意是美国已经采取行动,而无论是大使馆还是政府,事先都没有接到通知。他表达了这样的愿望,即今后遇有这类事情,请美国政府务必事先告知中国政府,因为这对台湾的公众舆论和台湾全体民众的情绪有重要影响。他在同杜勒斯谈话时,也提出了这一点。杜勒斯向他保证,今后在影响台湾中华民国的政策问题方面,如采取任何重大行动,中国政府或大使馆会事先得到通知。

叶公超在同艾森豪威尔和杜勒斯谈话时提出这一点,是很有道理的,因为派遣第七舰队防卫台湾海峡的通告声称,目的之一是要阻止台湾对大陆的任何军事行动。这是一个单方面的行动,赋予华盛顿在这个局势中以唯一裁决者的角色,而且不能认为是很友好的行动,对于中华民国来说尤其不友好,因为中华民国是美国在战时的盟国和在远东的公认的友邦。

在台北,叶部长看到了各报的电讯报道称,艾森豪威尔将在 2 月 2 日致国会的咨文中表明,杜鲁门总统于 1950 年 6 月 27 日宣布的中立化政策将予修改。于是他于 1 月 31 日约见蓝钦公使。他首先对蓝钦说,如果美国新政府准备修改台湾中立化政策,他衷心希望美国先同台湾洽商。

他还告诉蓝钦:(1)我们的海军和空军力量急需加强。目前的力量尚不足自卫。因此,实施防守台湾的政策仍然需要加强;(2)如果美国打算在远东采取更为积极的政策,那么,对台湾的军事援助的数量和种类需要重新加以考虑。

约在收到叶公超关于他同蓝钦谈话的通报的同时,我正在起草给他的一封电报。电报的内容是报告当天(1月31日)上午《纽约时报》的一篇报道。报道称,据权威方面的消息,艾森豪威尔已经决定修改中立化政策,以便使国民党的武装部队能够进入大陆,但是第七舰队将继续在台湾海峡巡逻,以防止共产党方面对台湾的入侵。《纽约时报》还说,这是杜勒斯和艾森豪威尔经过磋商后作出的决定,而且总统已经命令参谋长联席会议予以执行。该报又说,这项决定可能在2月2日总统致国会的咨文中宣布。我在去电中补充说,类似消息是首先由美联社的约翰·海托华透露的。但是按照海托华的说法,他所知的新决定并不像报纸上所说的那样明确。

我还报告了值得注意的另外两件事:(1)美国海军刚刚宣布,太平洋舰队司令雷德福海军上将将来华盛顿讨论有关海军的事务;(2)参议院外交委员会主席亚历山大·威利于1月30日在参议院宣称,如果在远东出现一个类似北大西洋公约组织那样的安全机构,他不会感到惊讶。

同一天,即1月31日,在台北,蓝钦公使大概在同叶公超会谈后回到大使馆时,接到了国务院的电报指示,要他拜会叶外长,并秘密通知叶公超,艾森豪威尔准备在他致国会的咨文中宣布,他将命令第七舰队不要干预我方对大陆的任何行动,但是美国将继续阻止大陆对台湾和澎湖列岛的进攻。艾森豪威尔还将宣布,这一步骤并不意味有入侵大陆的任何意图,也不表示美国对我方的军事和经济援助的任何改变。于是蓝钦又回到外交部同叶公超再次会谈。

叶公超在向我报道蓝钦所接的指示及其第二次拜会时,还通知我说,蒋总统于当天(2月1日)上午接见了蓝钦,并感谢他所提供的消息。蒋总统表示了今后能够加强中美军事合作的希望。叶公超还说,在艾森豪威尔讲话后,政府准备发表一个简短的声明,以表示同意和赞赏。

叶公超来电到达时,我在华盛顿也已证实了艾森豪威尔确实将于第二天在他致国会的咨文中宣布修改中立化政策。为此,就在那天,即2月1日,我致电叶公超通知他,据机密来源的消息,艾森豪威尔将宣称:随着朝鲜战争的爆发,美国政府曾命令第七舰队在台湾海峡巡逻以达到阻止中国共产党进攻台湾和阻止国民政府侵犯大陆的双重目的。自从该命令发布后,在过去的两年多时间里,中国共产党不仅参加了朝鲜战争,而且拒绝了为缔结和约而进行全面谈判。最近,他们与苏联共同拒绝接受由印度提议并经联合国五十三个会员国同意的决议。在此情况下,美国认为其海军不再有庇护中国共产党的理由。因此,他命令第七舰队停止在共产党一方庇护中国。

我在去电中还说,当天的报纸,除报道艾森豪威尔即将变更对第七舰队的命令外,还声称国会的两党议员全都表示同意这一行动。此外,麦克阿瑟将军也发表了赞扬这一步骤的声明。

如所预料,当我于2月2日在国务院拜会助理国务卿艾利森时(这次拜会是我未能于31日见他而安排的),他递交给我一份艾森豪威尔即将颁发的命令。这份命令撤销了对台湾向中国大陆采取行动的限制,在形式上是对第七舰队的指示,但是艾利森没有把对舰队的命令的全文给我。

事实上,根据这次会谈的记录,艾利森开门见山,一见面就说,他愿意告诉我,艾森豪威尔将要在当天致国会的国情咨文中宣布,他将命令美国第七舰队停止保护共产党中国不受台湾中国国民党的进攻。然后他递交我一份咨文副本,要求我看一下用红铅笔划出的两段。

我看了看,发现第一段是有关朝鲜战争的,其中声称新政府的政策是训练更多的大韩民国军队,并向他们提供更多的装备,以便他们在与共产主义侵略者在朝鲜的战斗中,发挥更大的作用。第二段回顾了杜鲁门1950年6月给美国第七舰队的使台湾中立化的命令,并声称自发布那个命令之日以来,中国共产党侵入了朝鲜,进攻那里的联合国部队,以及一贯拒绝联合国军司令部的建议,等等,这些我从机密来源的消息中都已经得知了。

艾利森解释说,总统的决定已经通过蓝钦转达给台北中国政府。蓝钦同叶公超谈了这个决定,并受到了蒋介石将军的接见。艾利森还说,蒋将军对新命令表示满意,并向蓝钦保证,他不会趁机要求美国增加军事援助。

我说,据我了解,叶公超在早些时候同蓝钦谈话时,曾要求蓝钦向美国政府转达以下三点:

(1)有关影响台湾安全的任何决定,希望事先征求中国政府的意见;

(2)中国的海空军力量即使是防御也感不足,有必要加强台湾岛的防御力量;

(3)如果准备对远东局势采取积极政策,那么,对自由中国的军事援助计划,不论在供应品的种类方面,还是在数量方面,都应该予以重新考虑。(应该注意,这些,实际上不是请求,而是对现状的说明,而且不管怎样,这些是在蒋委员长向蓝钦保证之前提出的。)

我还说,据我了解,我国政府将发表简短声明,对总统的新政策表示满意,而且我想蓝钦已经向国务院作了详尽的报告。这时艾利森说,蓝钦已经报告了。他还说,在朝鲜有军队的十六个国家,也已被告知总统的决定,但是既没有征求他们的意见,也没有要求他们同意。因为1950年6月27日的最初命令,是由美国政府单方面发布的。因此,目前的更改,也被认为完全是美国的责任。

当我询问这项通知是否只发给在朝鲜有军队的国家时,艾利森回答说,除这些国家外,还通知了印度和日本。问到这些国家的反应时,他说,迄今只有英国表示不满,其他国家还没有对新政策表明他们的态度。然而东京的新闻报道给人的印象是日本对此甚为关切。他认为这是很自然的,因为日本南部邻近台湾,台湾岛发生的任何事情,都对日本有着切身的关系。

艾利森还指出,艾森豪威尔在他致国会的咨文中明确了新命令并不含有美国对共产党中国的任何侵略意图。他解释说,明确说明这一点,是为了排除当前可能出现的任何误解。至于将来可能发生甚么情况,必然取决于形势和事态的新发展。但是他强调说,总统命令的目的,是放开中国政府的军队,使他们对共产党大陆可以按照他们的愿望采取任何行动,而同时第七舰队将继续协助保证台湾和菲律宾在共产党进攻下的安全。

我说,我有一两个问题需要提出来加以澄清。第一,正如艾利森所知,中国政府所控制的领土,不限于台湾和澎湖列岛,而且还包括大陆沿岸的若干小岛。我设想新决定既适用于台湾和澎湖列岛,也适用于沿海的这些岛屿。

艾利森说,他个人也是这个看法,但是,当然这是应由军事当局提出仔细研究,然后再向中国方面提出讨论的问题。

我说,我想的另一个问题是,根据新政策,中国政府可以随意向大陆发动进攻,但是这种进攻可能导致共产党对中国政府所占有的任一岛屿进行反击。在我看来,新命令的自然的结果是,美国海军和空军会帮助中国军队击退任何可能的反击。

艾利森说,这是美国和中国军事当局应当讨论和由他们解决的问题之一。

谈到任命美国驻台湾的一位新大使时,我说,一个星期以前,他曾告诉我,已经选定一位新大使,但是他当时不能向我透露姓名。我想知道在这方面是否有新的发展,但是如果他不便回答我的问题,我希望他务必不要勉强。

艾利森说,正如他对我讲过的那样,在原则上,向台湾任命一位新大使,在一些时候之前就已决定,但是关于人选的问题,他希望三四天后可以通知我。届时他将为此而约见我。

在同艾利森会晤以后，我于十二点半出席了国会的联席会议，以听取新总统的国情咨文。咨文简短地提到了第七舰队有关台湾的职责的新政策。总统在进出会场时受到热烈欢呼。他的发言几次受到鼓掌欢迎。出席会议的有许多新参议员，但是我认识大部分老参议员，并向他们致意。蒙大拿州的参议员比尔·兰格是我在哥伦比亚大学时的同班同学，因而格外亲热。

下午，我向叶外长发出了几份电报。一份报告我同艾利森的会谈。另一份报告了白宫的一位发言人刚讲的话，即艾森豪威尔实际上还未发出涉及第七舰队的命令，而他（发言人）也不知道此项命令将在何时发出。有人问道，艾森豪威尔在咨文中声称，美国政府将不承认过去同任何外国政府所作的任何秘密承诺，这是否指在雅尔塔、波茨坦和德黑兰所作的承诺？发言人说，这是指在过去二十年内所作的任何和全部秘密承诺。我认为这也是台北所特别感兴趣的。

第三份去电报告了国会对艾森豪威尔修改对第七舰队命令的声明的反应。去电说，国会的共和党议员一致赞扬这项修改为走向结束朝鲜战争的一个重要步骤。参议员诺兰说，早在中国共产党开始参加朝鲜战争时就该这样办。至于国会的民主党议员，他们认为继这一步骤之后有必要慎重考虑。当时的参议院民主党领袖和民主党政策委员会主席林顿·约翰逊说，新命令可能产生许多重要后果，美国人民应当充分了解这一步骤可能带来的新措施的范围。民主党参议员约翰·斯帕克曼说，虽然他同意取消对国民党军队的限制，但是对美国愿意在多大程度上帮助国民党军队进攻大陆这个问题，应当有一个明确的回答。最后民主党参议员埃斯蒂斯·凯弗维尔说，他希望这个新步骤并非意在帮助国民党军队进攻大陆和在大陆登陆。

第四份去电报告了大使馆为了答复各种询问，已经向新闻界发表一项声明。声明全文如下：

本大使欣悉此项政策修改。这是对在朝鲜、印度支那和马来亚的共产党侵略者加大压力之重要正确步骤,具有加速结束在远东的共产主义侵略之作用。

次日,美国和海外的报刊都大量报道了艾森豪威尔的非中立化命令。从美国的报刊判断,美国公众一般反应很好。这些反应表达了这样一种感觉,即艾森豪威尔的胆识和自信,与杜鲁门的怯懦和软弱恰成对比。撤销台湾中立化政策,作为在冷战中掌握主动的第一步,被看作是特别重要的。《纽约时报》的一篇社论说,这个步骤也关系到印度尼西亚和马来亚的局势,社论认为这是明智的一步。纽约《先驱论坛报》说,既然中国共产党正在参加朝鲜战争,美国政府就不再有任何理由保护大陆。

但是有些报纸对这个政策表示怀疑,其中包括《纽约邮报》和《华盛顿邮报》。前者认为,这一步骤会导致自由世界的进一步分裂,而有助于中国共产党政权的巩固。后者说,我国政府对收复大陆至为关切,而对于解除联合国军在朝鲜所受的压力却无动于衷。因此美国会发现很难不卷入旋涡。

美国军事当局对这一步骤予以好评。参谋长联席会议主席奥马尔·布莱德雷说,这一步骤不见得会加大美国在远东卷入一场大战的机会。海军上将雷德福认为虽然台湾海军取得一些进步,但仍不足以威胁大陆。但是,他说,中国空军人员的素质很好,如果得到良好装备,是可以入侵大陆的。

我还可以补充一下,几天以后,当美国舆论最普通的标志之一的盖洛普民意测验结果发表时,也都表示赞同总统的决定。赞成允许国民党部队进攻大陆的占65%,反对的占14%,不表示意见的占21%。

据2月3日的报道,美国各主要盟国的反应各不相同。英国认为这一步骤会使远东政局进一步复杂化,并担心会酿成一场大战。它既焦虑又害怕。法国起初有些焦虑和担心,但当杜勒斯——当时已经在欧洲各国首都巡回访问——说明这个政策并不是意味支持国民政府的军事行动后,法国开始比较放心了。加拿大认识到台湾中立化最初是由美国单方面决定的,因此认为现在撤销中立化也是美国单独的责任。印度认为这一步骤是远东实现和平的障碍,而且同印度的政策是相背的。

我把上述全部情况都以 2 月 3 日的去电报告了外交部。我还把当天早晨《华盛顿邮报》刊载的美联社一则台北电讯的要点告诉了外交部。这则电讯是颇为危言耸听的。电讯说,可以预期美国的对台新政策会使国民党对中国大陆的袭击逐步升级,而且会促使国民党向其在缅甸边境有据点的部队空运人员和物资。电讯说,随着蒋介石的大本营对终将返回大陆的希望重新高涨,这些可能性就出现了。

电讯接着说,政策的改变会允许把增援部队和补给品送交"李弥将军的一万至一万五千名士兵,这些部队从 1949 年底国民党军队在大陆垮台以来,已经占据了一部分缅甸和中国西南相邻的边境地区"。然而有迹象表明,虽然国民党可以随意对大陆采取军事行动,但是不会采取蓄意引起共产党报复从而使第七舰队卷入的任何行动。电讯说:在这一点上,李弥的军事行动过去已经引起英国的担心;一年以前,国务院曾拒绝英国关于派联合国代表团调查国民党游击队在缅甸的活动情况的建议。

《华盛顿邮报》的一篇特约文章说,艾森豪威尔总统新命令的主要目的是对中国共产党的心理影响,使他们产生不安和恐惧。这个命令会使他们感到有必要从朝鲜和印度支那转移一部分兵力,用以防守海岸线。

最后,我认为沃尔特·李普曼在 2 月 3 日纽约《先驱论坛报》上发表的一篇论文是值得注意的。李普曼说,总统的对台新政策的要点,不是使美国允许国民党中国进行任何具体行动,因为台湾没有多少能力采取行动,也就是说,没有多少进攻中国共产党的能力。因此,中心的问题是,总统是否承认有必要给我们更多的援助,以便使我国政府能够采取较大范围的行动,而李普曼认为这才是有益和明智的一步。但是,李普曼认为美国之意似不在使台湾作为另一个独立的中国,吸引大陆以外的中国非共产主义集团和大陆上的不满分子。至于艾森豪威尔的新步骤在政治上的用意,李普曼认为采取这个步骤是为了惩罚中国共产党在朝鲜战争上的顽固态度。

同一天,即2月3日午前,我再次应邀拜会了负责远东事务的助理国务卿艾利森。艾利森为前一天会晤之后又再次约见表示歉意,但他解释说,关于任命一位驻台湾新大使的问题,事情发展得比他所预料的要快。他递给我一份照会并请我过目。他说,艾森豪威尔总统已经决定任命现任美国驻台北代办蓝钦为大使。他愿意弄清楚中国政府对此项任命是否同意。

我把照会看了一遍,并且说,我非常乐于把照会立即转交政府。我说,我知道蓝钦在台湾很受欢迎,而且博得中国政府的青睐。我相信中国政府会愉快地同意这个建议。一俟收到答复,我将立即通知他。

艾利森说,去年秋季,他曾得暇访问台湾。他深信蓝钦会成为一位好大使,因为他很了解台湾人民和台湾问题。接着,他表示希望在向参议院提名蓝钦请求认可期间,此事应予保密,而且希望台湾不发表,否则会令人尴尬。

我说,我认为台湾不会透露,而且对于这种事情,中国政府一定愿意由美国政府在适当时候予以宣布。我询问了国务院是否已将拟议中的升迁通知蓝钦本人。

艾利森回答说,蓝钦已经知道了。

我又问了是否像最近一些位大使的任命那样,有必要使蓝钦亲自出席参议院外交委员会的听证会。

艾利森说,他认为没有必要。他补充说,好几位参议员、如新泽西州的史密斯,加利福尼亚州的诺兰和亚拉巴马州的斯帕克曼等,在访问台湾时都很了解蓝钦。

接着,我说,我愿趁此机会提请艾利森注意美联社的一则台北电讯。这则电讯登在当天的《华盛顿邮报》的第二版。电讯说，艾森豪威尔总统对美国第七舰队发布的关于使台湾非中立化的新命令，在蒋委员长的大本营引起了对共产党大陆采取军事行动的极大希望，而且可能促使其空运人员和物资增援李弥将军率领的在缅甸边境的中国国民党部队。

艾利森说，这种谈论对自由中国和美国都不会有好处。他又说，如我所知，缅甸政府对李弥部队在缅甸一直极为紧张不安；美国政府曾希望能找到某种方法把他们从缅甸撤出。

我说，我自己并不重视这则电讯，因为看来它完全基于推测，而没有任何真实根据。（我很了解新闻记者是多么习惯于制造说法，以引起注意和诱发议论，目的往往是引出或逼出一个会使他们获得更多消息的反应。）

艾利森说，他也有这种印象。而且他希望中国政府会阻止任何这种企图，尤其是在总统对第七舰队的新命令已经使一些国家产生许多疑虑时更需如此。

我向他保证一定把他所说的话向中国政府报告。然后我又就艾森豪威尔总统对第七舰队的新命令提出两个问题：（1）命令已否实际颁发？（2）可否把命令全文告知中国政府？

艾利森记得总统在他致国会的国情咨文中称，他即将向第七舰队发出指示。他还记得总统在前往国会的那天早晨，曾接见海军上将雷德福。因此他相信命令已经发布或者即将发布。他又说，很可能命令已经交给五角大楼转发有关方面。关于我的第二个问题，他说，他愿意予以研究，看看能否把命令原文告知中国政府。

谈到其他国家对总统的对台新政策的反应时，我说，来自英国和法国的新闻报道表明，这两个国家都持不同意的观点。我想知道国务院曾否得到同样的消息。

艾利森回答说，他已经注意到这些报道。艾登已经把英国政府的关切告知国务院，并指出新命令可能招致严重的后果。当我询问英国的信息是通过美国驻伦敦大使馆还是通过英国驻华盛顿大使馆传递时(如系后一种情况,则可能出自英国大使个人的主动行动),艾利森回答说,是由华盛顿的英国大使馆传递的。

我说我记得报纸曾声称,英国政府提出了抗议。

艾利森否认那是抗议的性质。他说,正如他已经讲的那样,那只是表示关切而已。至于法国,他说,国务院没有收到任何消息,但有可能法国当局已经在巴黎把他们的反应直接告诉国务卿杜勒斯。

我说,我自己无法理解为什么伦敦和巴黎都对总统的新命令持不赞同的观点。显然他们都没有进行认真思索。否则,他们就会认识到,总统的新步骤只会有利于自由世界的共同事业,因为这个步骤的意图是对共产党侵略者施加更大的压力,并迫使他们分散力量。新命令肯定会迫使中国共产党抽调他们在中国其他地区的部队,以加强面对台湾的沿海军事阵地,从而减轻他们对朝鲜、印度支那以至马来亚的压力,因为众所周知,中国共产党是给印度支那的胡志明和马来亚的恐怖分子撑腰的,其办法是向他们供应武器弹药,以继续他们反对现有政权的战争。

艾利森说,英国和法国显然是对新命令于西欧局势的影响感到关切。

十二时三十分,我就艾森豪威尔向美国第七舰队下达停止庇护共产党中国的命令一事,为美国全国广播公司电视台作了简短录音讲话。我的讲话与大使馆前一天所发布的声明大致相同。我只是补充说,大陆民众肯定会因新政策而大受鼓舞,因为这使他们在挣脱共产党压迫的斗争中增加了成功的希望。

晚间,我出席了韩国大使馆为庆祝梁大使夫人寿辰和他们结婚周年纪念而举行的招待会。另一位宾客罗慕洛将军解释说,他最近曾宴请新国务卿,那次宴会是早在1948年在巴黎确定的,而不是要赶在外交使团团长邀请新国务卿之前而临时通知在华盛顿安排的。他说,在巴黎,联合国大会开会期间,他和杜勒斯都预料杜威会当选进入白宫，而如果这样，杜勒斯就会成为新国务卿。因此，他曾提出在1948年大选日宴请杜勒斯，并且邀请了大约五十位宾客。但是大选日早晨，使他们两人都非常惊奇的是报纸报道了杜鲁门当选。罗慕洛同杜勒斯通了电话，杜勒斯说，不管怎样他也要出席晚宴，罗慕洛则答应在1952年还要宴请他，并问杜勒斯是否接受邀请。杜勒斯当时当场就接受了。因此，在艾森豪威尔当选后，罗慕洛要求杜勒斯定一个日期。当时定为2月10日，只是由于杜勒斯奉新总统之命，定于1月29日启程出访欧洲，才提前到1月27日。

罗慕洛还对我说，为了保证亚洲的自由，应该缔结一个类似北约组织的亚洲条约。他建议菲律宾和自由中国都继续敦促美国接受这个意见。我赞同这个主意，并补充说，实际上蒋委员长是首先提出这个意见的人。但是亚洲一些其他国家一直设置障碍和提出反对意见，这就使得美国在着手进行，或者甚至在作出明确决定方面，都得小心翼翼。

记得当时已经有这样的迹象，即新政府可能朝着促成一个"亚洲的北约组织"的方向行动。参议院外交委员会主席威利曾说，看到这样一种事态发展，他不会感到惊奇。2月7日的《纽约时报》报道，美国正筹划武装亚洲的反共力量，而且已经决定开始研究向日本、菲律宾和泰国的军队提供充足军需品所需的各种用款数额。《纽约时报》说，不能指望印度、缅甸、巴基斯坦和印度尼西亚赞同这个计划。日本则受宪法规定的限制。但是如果日本为了自卫而组织武装力量，并根据联合国的一项决议来实施这项措施，这样的行动就不会与其宪法发生抵触。此外，这种预想中的武装力量和军事援助，将限于自卫。这就能使澳大利亚和新西兰不太担心。《时报》还说，美国在执行这项计划的同时，还打算达成一项亚洲联合防御条约。

2月4日中午，我同俞大维、谭绍华、陈之迈、大使馆武官萧勃少将、空军武官衣复恩上校、新闻秘书顾毓瑞以及张慰慈（在最近到大使馆任职前,在外交部任外交部长私人秘书)开会。召集这次会议,是为了对美国朋友和新闻记者可能分别向我们提出的一些问题协调我们的态度与答复,诸如:自由中国准备何时反攻大陆,中国政府是否准备向朝鲜派兵,国民党军队的实力如何,大陆上有多少游击队,其中有多少与台北有联系并在台北控制之下?我认为有必要预见类似这样的问题,并保持联系和商量出大体一致的回答。否则就会作出不同的回答,而记者就会利用这些回答来进行宣传。

随后不久,我又作了一次有关艾森豪威尔对第七舰队的新命令的录音讲话。这一次是为相互广播公司录制的。2月3日,蒋委员长在台北已就艾森豪威尔的决定向报界发表了声明。他在声明中盛赞总统命令的明智和正确。他还向"我们海外的朋友"保证,"中国决不要求友邦以地面部队协助我作战",即与共产主义作斗争和光复大陆,尽管他把国民党中国在这方面的计划看作是"自由世界反对共产党侵略之一环"。(全文见附录一。)

2月5日星期四早晨,我参加了在五月花饭店舞厅举行的基督教领袖国际会议的一次集会。出席者约五百人。东道主是康拉德·希尔顿先生。这个集会叫做参众议员早餐会的特邀祈祷早餐,艾森豪威尔是主宾。有很多参议员和众议员参加。来宾都没有预定的座位,只要有空座,他们就都可以在任何餐桌就座。(这是照料宾客的典型美国民主方式。)

在介绍希尔顿时,堪萨斯州的共和党参议员弗兰克·卡尔森讲了一个故事,说明这位旅馆大王在洽购纽约华道夫-阿斯多里亚饭店时是多么虔诚。每天早晨希尔顿都由他的一些业务助手陪同路过第五街的圣帕特里克大教堂,而且每天早晨七点刚过,他都走进教堂去祈祷,并说服他的同僚们也这样做。那天早晨洽谈成交后,他同他的几位管理人员一起散步。经过这座大教堂时,他进去祈祷。有一位助手转身问他,既然买卖已经完成,为什么还要祈祷。卡尔森解释说,每天祈祷是希尔顿的习惯,而不是出于任何具体的物质方面的动机。

在介绍艾森豪威尔时，卡尔森谈到了他同总统访问堪萨斯州立大学和参加奉献会的光景。他回忆起那是十多年前的事情，当时艾森豪威尔曾向他强调说，没有上帝的帮助，一个国家就无法保持团结和发挥有益的作用。卡尔森提到了伦敦《泰晤士报》社论在评论艾森豪威尔在国会大厦台阶上举行就职典礼时所宣读的个人祈祷词中的一句话，并提请大家特别注意这样一些字句，即"我们不是历史的囚犯，我们是自由人"。词藻之美，也使我印象颇深。卡尔森还回顾了林肯总统曾在一次讲话中说，"没有上帝的帮助，我们的事业就不会成功；而有了上帝的帮助，我们就不会失败"。

艾森豪威尔在开始他的非正式讲话时说，缔造共和国的前辈也曾发现他们面临的问题是头绪万端的。从1775年4月10日至1776年7月4日的美国革命的最初目的是为英国公民的自由而战斗，而不是为了建立一个独立的国家。但是通过他们的献身精神和崇敬上帝，他们逐步克服了思想上的混乱，并看出了他们真正的命运。因此，1776年7月4日，他们发表了《独立宣言》。其中特别宣称，人民享有不可剥夺的天赋人权。总统提醒听众说，在费城举行的制宪会议上，对宪法草案的某些条款曾出现僵局。当会议面临解散的危险时，本杰明·富兰克林建议休会，并把休会时间专用于祈祷。祈祷之后，代表们恢复讨论，并对宪法的折衷文本取得了一致意见。

艾森豪威尔讲话时没有草稿，而且极为郑重。他的讲话是鼓舞人心的，整个集会的本身也是这样。特别鼓舞人心的是主席宣布，总统要求把会议开成一个与会议的精神和目标适应的简朴的会议，而且听众不要起立欢迎和向他欢呼。

讲话开始之前，参议员威利和德克森前来向我致意，并表示看到我参加这个集会十分高兴。与我同桌的有新任共和党全国委员会主席韦斯利·罗伯茨、《美国新闻与世界报道》的社长兼编辑戴维·劳伦斯,以及奥地利和挪威的代表。

晚间,我出席了莱缪尔·谢波德上将夫妇于这位司令在海军陆战队兵营的住所为新任海军部长、得克萨斯州的罗伯特·安德森夫妇举行的宴会。其他来宾有费克特勒海军上将、雷德福海军上将。餐具是中国古瓷百花图盘子,有些是乾隆年间的。

饭后,安德森和我闲谈,他对我谈起一位中国人,这个人大约十五年前向一家银行借款五百美元,为其农场种植大豆筹措资金。当时安德森是那家银行的经理。现在那位农场主的经营发展到巨大规模,农场主本人也已成为当地的重要人物。两年前,由于美国供应不足,他进口了一批大豆,约值好几百万美元,用以培育豆芽,并把产品分销给美国全国的饭馆。安德森本人是一个种植园的常务董事,在得克萨斯州的弗农经营采矿业、石油钻探业、种植业和养牛业。

在我参加上述活动的那几天里,我继续向外交部报告对艾森豪威尔非中立化命令的各种反应和评论。首先,艾森豪威尔是否确实已向第七舰队发出新命令还不是完全清楚的。例如,白宫一位发言人于 2 月 4 日对新闻记者说,他不准备宣布艾森豪威尔是否已经向第七舰队发出执行新政策的命令。当问及艾森豪威尔已否改变其政策时,这位发言人起初拒绝回答,但后来说,"当然没有"。

同一天,记者们要求参议院外交委员会主席威利发表评论。威利在回答一个问题时说,艾森豪威尔取消台湾中立化政策的主要理由,是破坏中国共产党用以增援其在朝鲜和印度支那的军队的铁路运输线。他说,如果中国国民党方面具有力量并获得飞机,就能切断共产党的铁路系统。但是在回答另一个问题时,威利声称,非中立化的决定,并不直接与加速对台湾军事援助的可能性有关。他还说,这次有关台湾的决定,尽管也与其他在远东事务方面富有经验的官员的判断一致,但完全是由艾森豪威尔本人作出的。

2月4日,民主党参议员威廉·富布赖特说,对第七舰队下达的命令,并无实际意义,因为国民党军队没有进攻大陆的力量。他说,艾森豪威尔的命令如果要发生效力,就需要美国方面向台湾提供大量军事援助,但是他不主张这样的行动。2月5日,参议员威利进一步说,作为艾森豪威尔取消台湾中立化命令的结果,国民党军队可能轰炸中国大陆用以支持在朝鲜和印度支那进行战争的铁路线和交通线。

2月5日,报纸报道了艾森豪威尔正在仔细研究参议员诺兰为结束朝鲜战争而提出的七点意见。这是他1952年11月15日在芝加哥演讲时提出的。报道说,其中的两点,即取消台湾中立化和训练南朝鲜军队,已被接受和执行;另一点,即封锁中国大陆,也可能作为下一步被批准。其他报道说,据了解,魏德迈将军刚刚提出了封锁大陆并进行空袭的建议。

2月6日上午,当我再次在国务院拜会艾利森时,我就这些问题试探了他的看法。我对他说,我走访的目的是要向他传达中国政府同意任命蓝钦为美国驻台大使的答复。我面交他一份照会,他打开阅看。我补充说,正如我所预料,台北很快就同意了。

艾利森说,他也曾这样认为。

关于艾森豪威尔对美国第七舰队下达的使台湾非中立化的命令,我向他询问命令已否发出,因为过去两天的新闻报道相当令人费解。

艾利森回答说,命令已经发出,尽管他不知命令全文是否将送交中国政府。他又说,命令只不过说明将原先命令中关于要求第七舰队制止中国国民党部队进攻共产党大陆的那一部分予以取消,而有关阻止共产党进攻台湾的部分则仍然有效。然而执行新命令的细节仍有待军事当局制订。

我提到下一步将对中国海岸进行海军封锁的新闻报道,并询问这是否亦在考虑之中。

艾利森作了否定的回答。

我说,英国对新命令的猛烈抨击看来已经过去。我询问了除伦敦和巴黎以外,美国是否还得到其他国家的不利反应。

艾利森回答说,他没有看到这样的电讯。他所知道的也来自新闻报道。他问会见时在座的中国科科长马康卫是否有关于这方面的报告送到国务院。

马康卫回答说不知道。他又说,报纸发表了来自菲律宾和澳大利亚的有利反应。

当我询问朝鲜战场有否新发展时,艾利森回答说,没有什么重要情况。他同意我的看法,很可能严冬气候对大规模军事行动是一种制约因素。

当天下午,我又作了一次广播录音。这次讲话录音的形式是我回答科斯特洛的提问,内容是艾森豪威尔对第七舰队的命令及其对共产党中国侵略朝鲜的可能影响,以及台湾的军事力量和英国对新政策的批评。公众对总统向第七舰队下达的新命令仍然很感兴趣,报刊、电台和国会的议论仍然很热烈。因此,我被邀再作一次讲话录音。这次是由哥伦比亚广播公司录制的,于2月8日播放。内容如下:

问:大使先生,艾森豪威尔总统的新命令会导致远东战火蔓延吗?

答:不会的,科斯特洛先生。新命令不会导致战火蔓延。恰恰相反,我认为他会加速终止共产党在远东的侵略。

问:你为什么这样认为呢?

答:因为这项现实主义的新政策会迫使中国共产党调动军队去守卫面对台湾的漫长海岸线,从而削弱他们在朝鲜和印度支那继续侵略的力量。

问:那么你认为中国共产党会加紧活动来应付这个新局面吗?

答:我认为不会这样。共产党有他们自己的行动时间表。当他们没有准备好打一场全面战争的时候,什么也不会使他们鲁莽行动的。

问:目前台湾军队的潜力怎么样?

答:我们有一支总数大约为六十万人的军队,海军、空军和海军陆战队都包括在内。地面部队大约有四十万人,包括在美国军事援助顾问团帮助下改编的二十一个作战师,而且都是用美援重新装备的。

问:顾博士,你们的空军怎么样?

答:我们有一批优秀的空军人员,总数约九万人,其中有两千多是美国训练的具有战斗经验的飞行员。当然,我们需要更加新式的飞机来进行持续作战。

问:你们也有一支海军?

答:有的,科斯特洛先生,是一支小规模的海军,由大约八十艘舰艇和约五万人组成。他们在朝鲜战争以前,出色地封锁了共产党的海岸线。我们还有一个新组建的海军陆战师,得到美国海军陆战队司令谢泼德上将的器重。总的说来,我相信,我们拥有自由世界在远东最大的独一无二的打击力量。

问:如果中国共产党进攻台湾,第七舰队会继续帮助保护台湾,台湾中国政府是否这样理解?

答:是这样。

问:你认为他们会进攻吗?

答:目前还没有迹象,中国共产党在别处已经无法分身了。

问:过去几天里我们听到了英国对新政策的批评,你有什么看法?

答:我认为英国的态度看来不很现实。我们面对着全球性的共产帝国主义。我们必须从全球出发考虑问题,运用一切可以利用的军事力量来挫败它。在亚洲,目前共产主义的侵略十分猖獗,所以说,把中国国民党军队从人为的限制中解放出来,使他们能够对中国共产党侵略者施加压力,以便加速结束他们在朝鲜的侵略和在中国大陆的暴虐统治,这是一项有高度政治才能的政策。

我回答所提出的问题的口吻与我几小时前从外交部收到的提醒我注意事项的来电是一致的。来电说:

> 勿过多议论撤销第七舰队保护大陆之命令。可参阅蒋总统二月三日声明,其中赞扬此一步骤,同时宣称同意艾森豪威尔发布命令之理由。但勿将命令理解为即将进攻大陆,或即将开辟第二战场。切勿支持此种解释。

事实上,自从艾森豪威尔的命令公布以来,我就是主动沿着这个方向发表公开讲话的。

外交部的来电是一个传阅件。外交部嘱我把来电转达给其他代表团。我认为这样办的意思是,蒋委员长由于知道美国总统对第七舰队的新命令并不意味美国会支持我方的进攻行动,也知道他当时不准备进攻大陆,并也无意发动进攻,所以希望他的所有海外代表一定不要讲出什么会引起外界不切实际的希望的话。

参议员斯帕克曼 2 月 6 日在参议院进行关于艾森豪威尔对第七舰队的新命令的质询时说,如果不以弹药和武装力量大规模地援助国民党,那么除了规模比到当时为止还小的进攻外,国民党军队采取行动的能力几乎等于零。然而总统的咨文没有表明准备向国民党提供能够使他们进行另外行动的援助数额。他问道:即使美国向国民党提供足够数量的军事物资,如果美国海军和空军不同时提供掩护,国民党是否能进行大规模的进攻?艾森豪威尔是否会命令美国空军和海军承担这种任务?如果进攻中的国民党军队遭到失败,并发觉自己不得不迅速撤退,美国又会采取什么行动步骤?他指出,如果国民党对大陆的进攻引起共产党对台湾的进攻,那么,台湾岛的防守仍然会落到美国头上。因此,他问道:"艾森豪威尔的政策是否意在作为扩大亚洲战争的第一步?"

斯帕克曼以及民主党参议员富布赖特都为第七舰队过去的作用辩护。他们说,第七舰队过去并没有保护中国共产党,因为曾允许国民党军队进攻大陆。当问到魏德迈将军前一天关于封锁与空袭大陆的建议时,斯帕克曼说,他相信艾森豪威尔不会考虑这种意见。斯帕克曼还反对把对南朝鲜和印度支那的援助转给国民党军队的任何企图。

参议员诺兰强烈主张禁止油轮把石油运往中国共产党地区。众议院军事委员会主席杜威,萧特宣称,总统和他的顾问正在研究对大陆进行海军封锁的建议。这显然证实了前一天报纸的报道,而且反驳了参议员斯帕克曼。萧特对记者说,军事委员会成员都赞成封锁中国大陆。他还说,太平洋舰队司令雷德福海军上将曾于5日秘密告知军事委员会说,这一步骤不大可能引起诸如扩大和加剧战争等严重后果。

后来白宫新闻秘书被问到"艾森豪威尔总统是否正在考虑封锁中国大陆"时,他拒绝作答。参议院外交委员会的另一位成员霍默·弗格森也谈到了封锁共产党中国的问题。但是他说,他不知道是否已为此做好准备工作。

7日,当时的参议院共和党政策委员会主席诺兰并非出人意料地宣称,他同意封锁的想法,而且必要时可由美国单独行动。《华盛顿邮报》的社论说,封锁是一项战争措施,从来没有不事先宣战再宣布封锁的。因此,宣布封锁必定引起危机和战争。社论还说,虽然早些时候国民党军队曾对大陆进行封锁——尽管他们称之为封闭港口,但多数国家没有予以理会。

参议院党派领袖参议员塔夫脱8日在参议院辩论时说,封锁只有在不引起盟国分裂的情况下进行才是可取的。乍看起来,这等于说封锁是不可取的,因为印度已经宣布它坚决不同意封锁,而且在西方各大国中,英国特别反对封锁,因为封锁会损害它的贸易地位,并且它担心封锁会扩大战争。但是塔夫脱还宣称美国和共产党中国已经处于交战状态,所以不论是轰炸满洲还是封锁大陆都不会扩大战争。

9日,塔夫脱在参加议员同艾森豪威尔的例会后进一步说,他个人赞成封锁共产党中国。他还说,麦克阿瑟将军在当年内曾提出一项三点计划:(1)轰炸满洲;(2)帮助国民党军队对大陆进行突然袭击;(3)封锁中国共产党大陆。塔夫脱说,由于在朝鲜的联合国军显然不能直接进攻大陆的共产党部队,第一点即轰炸满洲是没有意义的;但是他同意其余两点。他还同意这样一种意见,即应该采取步骤与在朝鲜的盟国商议,以便继续进行联合行动。

同一天,即2月9日,合众社的一则伦敦电讯称,英国外交部的一位发言人在一次记者招待会上说,如果美国准备封锁中国海岸,英国希望它首先征求英国政府的意见。但是目前英国不曾从美国得到有关此事的任何建议。这则电讯还说,据了解邱吉尔与杜勒斯最近在伦敦会谈内情的人士称,美国没有封锁中国共产党的计划,理由是:(1)封锁不仅不能早日结束朝鲜战争,而且很可能扩大朝鲜战争;(2)封锁不能对中国共产党进行战争的能力产生重大影响;(3)封锁可能在商船和执行封锁的海军当局之间引起许多问题;(4)封锁易于引起那些目前支持西方各大国政策的远东国家的不安;(5)封锁容易损害香港的地位。另一则合众社的联合国电讯称,联合国的外交观察家认为,如果美国真的对共产党中国进行海军封锁,英国和印度很可能首先在联合国提出反对。

2月10日,参谋长联席会议主席奥马尔,布莱德雷将军对参议院外交委员会说,联席会议仍然认为,这样一个由美国单独实行的封锁,会分裂盟国并引起与苏联交战。参加会议的人士所泄露的消息是,布莱德雷表达了这样的看法,即从法律观点看,封锁已经租借给苏联的大连港和旅顺港不是不合法的,因为美国继续承认中华民国对这两个港口的主权;但是由于苏联可能不遵守封锁,所以这可能导致与苏联的破裂。另一方面,封锁香港和澳门会违反国际法。

艾森豪威尔本人在2月17日他的首次记者招待会上说,他没有考虑对共产党中国实行禁运或封锁,而且在采取这样一个严重步骤之前,他一定会征求国会意见并通知美国的盟友。他说,在政府内部曾讨论过封锁,但还没有向他提出。

在这之前,我于2月9日接见了英国路透社华盛顿分社社长保罗·斯科特·蓝金先生。他解释说,他之所以请求会晤,是因为在美国下议院进行了涉及我国政府的大量辩论,而没有人找自由中国的发言人发表意见。此外,英国报纸当时正就海军封锁大陆的建议展开辩论。因此,他想了解自由中国封锁大陆的情况,和美国或联合国封锁大陆的可能性和可能产生的影响。他还就有关艾森豪威尔对第七舰队的命令的其他影响或可能产生的影响以及有关台北中国政府进攻大陆的意图,询问我的看法和确切情况。

同路透社的会晤我觉得是我在极短时间内对新闻界的第四次谈话或回答。此外,他们还向我的许多工作人员连珠炮似地提出过许多类似的问题。所以我认为有必要在2月11日再召集一次全体工作人员和俞大维将军参加的会议,以便协调我们在回答美国官方和新闻界询问我们的意图以及第七舰队命令对我们的计划、对朝鲜战争和对中国共产党对台湾的威胁的影响时,所可能表示的态度和发表的评论。

2月12日,我又为美国全国广播公司作了一次录音讲话,是关于当天对蒋总统就解放中国大陆前景的无线电话采访的一次讲话。按照合众社电讯的说法,蒋总统在被采访时承认国民党部队的准备"还没有到全面反攻的程度",但是仍然宣称他们能够随时进攻共产党中国,而无须得到联合国的认可,也不必担心苏联的干预。他还说,"自不能等待到准备十分完全时再干"。

乍看起来,蒋总统的讲话显得比他平时的主张进了一步。2月6日致驻外代表团的传阅电曾告诫不要鼓励反攻大陆即将到来的想法。然而必须区分中国听众与外国听众，前者包括台湾人民、大陆人民和华侨。虽然对这两类听众都要劝阻不要怀有我们将立即进攻大陆的想法，但是为了保持中国公众的士气和鼓舞他们可能光复大陆的信念，类似蒋总统2月12日讲话那样的声明是必要的，而且需要不时发表。我想关键的字眼在于是"即将来临"还是"终将发生"。蒋委员长不愿意美国政策的好转引起不切实际的希望，但是他确实不得不避免使那些指望美国新政策出现立即产生重大结果的中国人的幻想破灭。此外，如果仔细读一下对蒋总统的无线电话采访的全文（见附录二），就会发现蒋总统的评论比报纸的摘录含蓄。

7日下午，在双橡园举行了一个简短仪式，向休·哈钦森先生和美国第十四航空队联谊会的军官赠送蒋夫人给该联谊会的奖学金基金会的赠款。继仪式之后，先是在双橡园举行招待会，接着是美国空军副参谋长斯通上将夫妇在博林演习场举行的鸡尾酒会。哈钦森已经从蒋夫人那里收到了支票。他写信给我，要求由我把支票面赠。这时候我才知道蒋夫人赠款的事。于是我设法了解蒋夫人的愿望，一方面给她写信，一方面通过纽约的游建文了解。在接到她复信同意后，我就安排了这次仪式。

参加仪式的约有三十人，大部分是美国第十四航空队的美国人。我作了简短的发言，并在联谊会主席哈钦森把支票交给我后，我就把支票向他面赠，同时称赞了蒋夫人对航空事业的关心，并举以下事实作为证明：她曾担任航空委员会的秘书长，她曾为飞虎队的成立发挥作用，以后她又曾照料美国空军人员的在华福利。我还对美国第十四航空队为战胜日本所作的贡献以及目前仍然为自由事业效劳表示感谢。

哈钦森致了动人的答辞。他向我致谢，并颂扬了蒋夫人作为一位伟大的世界领袖的工作。举行仪式之后，上了茶点。然后我们都去参加斯通夫妇为美国第十四航空队联谊会举行的鸡尾酒会。当然，这一切都不得不相当匆匆忙忙地安排。如果大使馆事先得到通知,就不致如此仓促了。

2月9日晚间,我和我夫人参加了布莱德雷将军为我们举行的晚宴。秘鲁大使贝尔塞梅耶夫妇也是来宾。这次宴会纯属社交活动。布莱德雷和我都避而不谈有关政策的严肃问题,因为我很了解他的态度。他在另一个场合曾向我透露,军事首领负责考虑战略,政治决定则必须而且通常也确实是由政府领导人处理。

1月初,大使馆海军武官柳鹤图上校曾向我报告为以中国海军司令马纪壮上将为首的中国海军代表团的访问和接待与美国海军所作的初步安排。代表团系应美国海军的邀请访问美国。大约在2月9日,代表团到达纽约。2月11日,柳上校在迎接马上将一行并同美国海军安排了在华盛顿的接待日程后,回来向我报告双方同意的最后方案。他们将于次日上午抵达华盛顿,随后即前来大使馆拜会。

我于上午十一时半左右接见了马纪壮海军上将。与他同来的有海军陆战队司令周宇寰(音译)将军和他们的随从。两位将军对抵美后在各港口和各地所受到的接待很是满意。美国海军军官的友好态度和美国海军尽一切可能援助我国海军的愿望给他们留下了深刻的印象。

海军代表团在早晨已经拜会了美国海军作战部长费克特勒海军上将。午饭后,我同他们前往五角大楼对海军部长安德森作礼节性的拜访。安德森向马和周询问了一些有关台湾的生产能力和一般经济状况等问题。从他所看到的美国海军军官和雷德福上将的报告,他知道这些问题对于台湾的防务准备和整个军事实力至关重要。比如,他询问了我们的炼油能力有多大;据他了解在台湾已经发现了一些油田。

这次会见和访问看来对双方都是令人难忘的。除美国海军部长和我之外,参加会见的有代表团的五位成员、海军武官柳上校和美国海军的副官。随后,我先自离去,代表团则在五角大楼拜会了海军和海军陆战队的一些其他官员。当天晚上,海军陆战队司令谢泼德为他们举行了晚宴,我也应邀参加。

第二天,柳鹤图送来一份我方向美国提出海军所需物资的备忘录草稿,请我核改。马纪壮准备于当日晚间面交费克特勒。我在英文词句上提出了一些修改,其他方面我感到很好。

那天晚上,我参加了费克特勒为马纪壮及其同僚举行的宴会。这是一次全体工作人员的聚会,许多海军将领都出席了。饭后,费克特勒拉我到一旁谈话。我试图弄明白,如果我们进攻大陆,美国海军会帮助我们到什么程度。我们从台湾或从我们控制的大陆沿海岛屿进行袭击,美国海军是否会帮助我们打退敌人对我们的报复行动。

作为艾森豪威尔的新命令,即撤销台湾对大陆采取军事行动的禁令的结果,我们会干些什么,当时在公众中仍流行着种种推测;所以我就沿着这个线索开始试探这位美国海军作战部长的意见。我说,目前在国会里和在报纸上关于如何结束朝鲜战争的问题和关于对共产党中国实行海军封锁的问题,议论如此之多,我相信费克特勒一定远比平时为忙,尽管我料想国会里和报纸上的谈论比实际在考虑中的措施为多。

费克特勒说,基本上是这样。

我说,关于艾森豪威尔对美国第七舰队的新命令,有几点中国政府愿意多知道一些情况。如我对他所说的,我曾向国务院询问命令已否实际发出以及可否向我国政府提供一份原文副本,但是没有得到明确答复。

费克特勒回顾杜鲁门总统原来给第七舰队的命令包括两个部分:(1)阻止共产党从大陆对台湾的任何进攻;(2)阻止国民党从台湾对大陆的任何进攻。他解释说,新命令把杜鲁门命令的第二部分撤销了,从而使国民党中国可以随意对共产党大陆进行军事行动,而与此同时,第七舰队保护台湾不受大陆进攻的责任仍然有效。

我说,虽然我知道新命令和老命令一样,适用于台湾和澎湖列岛,但是那些靠近大陆而且仍在我国政府控制之下的一系列岛屿的地位是很不明确的。

费克特勒说,新命令并不适用于大陆沿岸的那些小岛。

我说,我想起了这样一个问题,就是假设国民党军队从上述的一个小岛袭击大陆,并假设中国共产党向那些岛屿中的一个发动报复性攻击,美国海军会采取什么态度?假设国民党吃了败仗,并导致共产党穷追不舍,那就可能危害国民党军队在那些岛屿上的阵地。我个人认为使那些岛屿中的任何一个落入共产党手中,都不会对自由事业有利,因为那些岛屿是台湾和澎湖列岛安全的外围防线。

费克特勒说,假如国民党军队从台湾对大陆发动进攻,那是国民党政府的事,与美国无关。然而,如果发生像我刚才所提到的穷追不舍或报复性攻击,美国海军会尽一切办法进行干预,以帮助国民党军队。"但是何必为那些小岛操心呢?"他问道。

这时候,马纪壮走过来并加入了交谈。他递给费克特勒两份备忘录副本,其中概括提出了中国海军所需要的物资,用以增强实力,以便承担可能被要求承担的任务。马纪壮解释说,如备忘录中所述,目前中国海军的实力,与中国共产党海军相比,约处于二比一的有利地位。但是有一个未知的因素,即俄国是否会像它所答应的那样,向中国共产党移交更多的舰只,以及如果这样办的话,移交多少。马纪壮说,在备忘录中,他要求得到另外两艘驱逐舰、一艘船坞登陆舰和几艘坦克登陆舰。提出这个请求的根据是,有多余人员可以操纵增加的舰艇,以及可以迅速训练更多的人以考虑进一步增强中国海军的实力。

费克特勒说,重要的是记住中国海军准备为增加的舰艇配备人员到什么程度。他认为,如果美国向中国海军提供的舰艇超过了中国配备必要操纵人员的能力,那是不可取的。他接着说,按照他早些时候同马纪壮的谈话,他曾要求众议院军事委员会的斯特林·科尔先生草拟一项法案,以授权移交中国海军所需的美国舰只。科尔原来在起草时用了"多余的舰只"这个词组,但是费克特勒向他指出,目前美国海军本身需要美国所拥有的全部舰只,因此法案定稿所用的短语是:"以出售、租借或让予的方式移交"。费克特勒说,科尔曾提到多达十艘驱逐舰,但是他对科尔说,抽不出那么多的舰只,最好由国会授予美国海军在规定的数目内向中国海军转让船只的决定权。

费克特勒还说,众议院军事委员会主席萧特和科尔都十分赞成这个意见。但是他愿指出,虽然萧特和科尔都支持这个建议,却一点也不能肯定能否在众议院获得通过这个法案的足够票数,尽管他知道许多众议员都和自己一样同情国民政府的事业。然而他一定尽他所能促成此事。

2月15日上午,艾德莱·史蒂文森先生按照约定时间来访。这次谈话极有收获,知道了不少情况。他刚从百慕大群岛回来,即将周游世界和访问台湾。对台湾的访问促使他前来拜访我。例如,他要求尽量少对他进行招待,并且说,他愿意把在台湾的全部时间用在搜集事实和意见上。我说,我国台湾人民期待着欢迎他。我给他讲述了远东的复杂局势,并谈到了共产党在其征服世界的计划中重视对亚洲的控制。我们的谈话很长,我愿意参考记录来叙述所谈的详细内容。

谈话开始时,双方表达了多年后再次会晤的喜悦心情。我说,从上次会晤后的五年间,他一直非常忙碌,他同意我的说法。接着,他转身对他的秘书布莱尔先生说,他是向我学习外交艺术的,他所知道的一切都是我在从1945年的旧金山会议到在伦敦和纽约举行的联合国会议的各种国际会议上教给他的。他说,当他和美国代表团多次由于某种局面而处于困境时,他总是找我请教,而每次我总能提出摆脱困境的办法。他回身对我说,他还非常清楚地记得,有一天深夜,他和我讨论了安全理事会内影响着苏俄、英国和美国的险恶形势,我是如何提出一个最终打破僵局的方案的。

我感谢他回顾这件事情。我说,当年和他在一起工作我感到很愉快,而且我记得他是何等受人欢迎,以及他在争取其他代表团支持他的观点方面是何等成功。

史蒂文森说,他从我获得的教益,显然还不足以使他在上年大选中获胜;今后他还必须努力向我学习更多的知识。

在谈到他即将进行的海外旅行时,他说,他已决定访问远东、亚洲和中东。他曾到过欧洲,对欧洲的问题了解得相当清楚。但是他从来没有访问过亚洲,对亚洲的问题了解得很少。他将于3月2日启程,先访问日本和朝鲜,然后访问台湾、香港、菲律宾、印度支那、印度尼西亚、新加坡和马来亚,再后是泰国、缅甸、印度和巴基斯坦,此后他将访问中东。

我说,当我得悉他的决定后,我曾尽快向他保证,蒋总统和中国政府一定会在台湾最热烈地欢迎他。如我以前函告他的,蒋总统和中国政府知道他意欲访问,都很感兴趣,并曾来电嘱我查明报纸的报道是否属实。我相信,蒋总统和中国政府的其他领导人切盼和他会见,并同他交谈。

史蒂文森在回答我的询问时说,他将于3月2日离开美国,很可能经日本,而不是经朝鲜去台湾,预期3月19日到达台北,并在那里逗留到3月22日。史蒂文森说,他的旅程也是为了避免评论国会的对外政策辩论而计划的,辩论肯定将于以后几个月内进行。他认为他应该首先访问远东和亚洲,亲自观察情况,然后再对美国有关这些地区的外交政策的各个方面发表意见。他希望在旅行中尽可能少参加宴会或招待会,尤其是要避免公开演讲,因为他愿意用尽可能多的时间来同人们会见和交谈。

我说,我乐于报告我的政府,请求政府尊重他的愿望。

史蒂文森说,他非常感谢我这样办。接着,他提出了一些问题,要求我提供情况和意见。首先,他问中国政府对艾森豪威尔总统涉及第七舰队的命令的反应是什么,以及中国政府将因此而有何举动。史蒂文森自己认为,这个新命令并未使局势有多大改变,而且他肯定认为第七舰队不会从台湾海峡撤退。他知道取消限制只是使国民政府自由进攻共产党大陆,而中国共产党仍然不得入侵台湾。

我说,新命令受到了我国政府和人民的欢迎。它对他们的士气产生了有益的影响。这不仅因为它表明美国日益关心自由中国的命运,而且因为它使共产党猜测下一步是甚么。我个人并不指望我的政府在不久的将来进行任何重大的军事行动,尽管有朝一日从共产党手中光复中国大陆仍然是中国政府和人民的坚定不移的决心。

我接着说,史蒂文森一定知道,国民党军队曾不时从大陆沿岸岛屿发动袭击。发动那些袭击,并不是希望建立一个桥头堡,而只是为了这样两重目的,即同游击队领导人取得联系,和捕获共产党俘虏,以得到共产党军队真实情况的情报;这些都证明是成功的。游击队急于得到的与其说是武器弹药,不如说是药品、无线电设备和其他通讯器材。共产党方面则屡次试图进攻仍在国民党军队统治下的大陆沿岸的一些岛屿,但他们每次都被击退并遭受重大伤亡。总之,我相信国民党将继续袭击,也许规模会略大,但是政府还没有准备好进行解放大陆的大规模作战行动。这需要时间和从友好国家如美国获得一定数量的军需供应和装备。

我说,艾森豪威尔命令的一个效果是,据报道共产党已经开始从中国的其他地区把军队调往沿海,尽管也有报道称,他们在沿海的一些部队已经调往北方。也许这些相反的调动,是故意做来迷惑国民党的谍报员的。至于第七舰队本身,我补充说,它实际上并不驻扎在台湾海峡。尽管它就在附近待命,主要还是在朝鲜水域活动。如果台湾发生紧急情况,我相信美国海军和空军会立即采取步骤协助国民党守军击退共产党的进攻。

史蒂文森重申他认为新命令没有使局势大大改观,其性质是作出一种姿态。作为他的第二个问题,史蒂文森接着问道,既然共产党统治者一定有一项强有力的奥妙政策和全套管辖统治的工具,大陆上的中国人民怎么能希望成功地起来反对共产党统治者?因此,说中国人民起来推翻共产党统治者的可能性极小,岂不更为合理?

我说,就现状而言,确实如此。中国人摆脱共产党统治者的大规模运动,只有在主动进攻大陆的外界力量取得一定的胜利时才能成功。我接着说,人们可能会问,国民党自己的军队只有六十万人,而共产党军队据说有约四百万人,而且共产党有四亿五千万人口可凭以动员追加的兵力,国民党在台湾则只有微乎其微的一千万人口,在这种情况下,台湾的国民党中国怎能希望在解放大陆的任何尝试方面获得成功?即使加上那些差不多全都支持国民党中国的一千二百万海外华侨,国民党中国的总人力也只占共产党中国可以支配的人力的一个很小的比例。

然后我举出了历史的事例来回答我自己的问题。我回顾了满清王朝被推翻的经过。国民党开始革命的时候,只有少数几支小部队分散在中国中部和西部,其总数与满清政府军队相比,是微不足道的。但是革命不到三个月就成功了,因为民众支持国民党共成大业。蒋委员长领导北伐的情况也是这样。国民党军队还不到北京政府军队的百分之十。但是北伐取得了极大的成功,因为北伐军所到之处都得到民众的支持。在国民党军队为了解放大陆而发动进攻时,也会发生同样的情况,因为大陆人民对共产党统治已经十分厌倦。

作为第三个问题,史蒂文森问道,国民政府是否愿意派兵去朝鲜?

我回顾了就在1950年6月朝鲜战争爆发后,我国政府所提出的建议。我说,那项建议从来没有撤回,现在仍然有效。我国政府对使用其部队的立场是,自由中国愿意在亚洲任何地方出兵进行有效而会产生最大成果的作战行动。这个立场,应该是可以理解的,因为共产党在中国大陆、朝鲜、印度尼西亚和其他地区所进行的侵略，都是建立共产主义世界计划的一部分。关于在朝鲜使用国民党军队，我说，我知道南朝鲜政府本身是不赞成的。韩国驻华盛顿大使曾在他的讲话中公开宣称，他们的政府反对使用国民党军队。我本人也于大约两个月前在宾夕法尼亚大学的一次讨论会上直接听到韩国大使梁裕灿这样讲。我说，我的意见是，亚洲局势的关键在于把中国大陆归还自由中国，从而归还自由世界。导致侵略朝鲜的是中国共产党占领大陆；如果大陆仍然在自由中国手中就不会有今天的朝鲜战争。

史蒂文森表示了这样的看法，即有些国民党部队可以用来帮助法国和越南军队在印度支那对越盟军队作战。他询问国民政府的态度如何。

我答复说，我个人不知道，但是我认为这将取决于法国的态度。然而我对此感到怀疑。我回顾了三年前两万名左右国民党部队曾越过边境进入印度支那。法国人解除了他们的武装，并把他们拘留在印度支那南部沿岸的两个岛上。国民政府曾经作了极大的努力设法将这些部队遣返台湾，或者把他们作为完整的作战单位编入越南军队由法国人用以与越盟叛军作战。印度支那的法国军事当局曾一度赞同这个意见，但是巴黎予以拒绝。后来印度支那的法国当局屡次改变主意。中国政府通过其驻华盛顿的大使馆并通过美国驻台北大使馆，曾设法争取美国政府进行斡旋。美国国务院对此事很关心，并多次联系法国当局，但也没有成果。然后我重复说，在印度支那使用国民党部队取决于法国的态度，但是法国的态度对我来说仍然是个谜。

谈到艾森豪威尔在国情咨文中宣布打算否定美国政府过去同外国所达成的雅尔塔及其他秘密协定时，史蒂文森说，他只能想到雅尔塔协定，但是他不知道否定这个协定是否有利于国民党中国。他倒是倾向于认为这只会加强中国共产党的合法地位，因为旅顺和大连现在是在他们的控制之下。他问我这是否会成为美国方面的否认行为的实际结果。

我向他说明美国政府是根据雅尔塔协定建议我国政府与苏俄签订条约的。这个条约是 1945 年 8 月由中国外交部长宋子文在莫斯科谈判的。当时宋子文也是行政院院长并由他担任中国代表团团长。但是俄国不是遵守条约的条款，而是蓄意支持和唆使中国共产党推翻国民政府。为此，中国政府在联合国大会提出了这个问题，大会通过了谴责苏联违反条约的决议。我又说，如果在不久的将来我国政府由于俄国毁约而废除这个条约，我不会感到意外。所以我认为美国提出否定雅尔塔协定会对我国有利。

至于中国共产党政权在这件事情上的合法地位，我说，我认为否定雅尔塔协定不会帮它的忙，因为 1950 年 2 月，中共同俄国签订了一个新条约，这个条约确认了俄国租借旅顺和大连以及中苏联合经营中东铁路。根据条约规定，这条铁路已于上年年底在名义上归还给共产党政权，但在管理上没有发生实质的变化，因为铁路上的俄国高级职员仍然留任，尽管他们的正式职衔已经改为中国铁路管理局的顾问或雇员之类。

史蒂文森说，他现在才看出为什么否定雅尔塔协定不会有利于中国共产党的合法地位。

这时候，我的夫人从教堂回来，而且未经通报来到了我们谈话的客厅同史蒂文森握手。随后，布莱尔提请史蒂文森注意已经十二时十五分，而史蒂文森还有一个约会。于是史蒂文森起身告辞。

我说，我愿意在他走之前强调一点。那就是在过去十年中，特别是在对日作战胜利后的几年中，美国和国民政府都遭受了共产党宣传的严重损害，这种宣传的目的在于使中国人民失去美国人民的一贯同情。这是一种"各个击破"的政策，苏联也曾在世界其他地区如伊朗执行这种政策。俄国最害怕的是美国，因此它一直竭尽全力阻止美国在其他民主和落后国家的和平发展和建设中发挥积极作用。

我接着说，俄国从一开始就想使中国成为苏维埃的势力范围,以便推行它统治世界的计划。因此,就在中国共产党征服中国大陆以后,莫斯科发动了北朝鲜对南朝鲜的侵略,而且不久就让中国共产党参加进来,以便继续这场战争。我强调说情况基本上就是这样,尽管"各个击破"政策是一种陈旧的策略。我又说,俄国人当然不是这种政策的创造者,但是他们正在非常成功地推行这种政策。

史蒂文森在离去之前说,还有许多其他问题,如日本问题等,他愿意同我谈论。

我说,我非常高兴在他出发之前或从海外旅行回来之后的任何方便时间同他讨论这些问题。

2月16日,我参加了在所谓圣徒与罪人俱乐部举行的招待会,接着是在五月花饭店举行的午宴。这是一次为了招待参议员约瑟夫·麦卡锡举行的颇为独特而有趣的活动。会上介绍的是这位参议员从童年到目前显赫地位的一生,恰似一幅无保留的讽刺画,但全部都是兴高采烈地进行的,同时都是为了奉承他。有人在朗读一份他的传略的幽默记述时说,当他少年时,他想要挣点钱,以帮助家庭维持生计。他在一家农场找到了工作,人家叫他挤牛奶,他毫不犹豫地"一面挤牛奶,一面把牛奶倒给牛喝"。

2月17日,我在大使馆举行宴会,主要是感谢美国海军和海军陆战队的负责人给予我国海军代表团的照顾和款待。我国海军代表团和许多美国朋友都到了,但是费克特勒和谢泼德未能出席。我邀请了他们两位。事实上,宴会日期是美国海军建议的,他们两位也都接受了。但是美国退伍军人协会举行宴会,并坚决要求他们出席。因此,这两位主宾不得不在最后一刻表示歉意。席间,我提议为美国海军和海军陆战队并为中美合作干杯。托马斯海军上将代表美国海军答谢,为中国海军和中美友谊祝酒。

次日,我为中国海军代表团团长马纪壮和周宇寰举行了招待会。出席招待会的人数之多使有些美国朋友向我和我妻子祝贺,说他们高兴地看到,随着华盛顿政府的更迭,国民党中国正在受到较好的对待。确实,有些好几年没在大使馆露面的人,现在又在大使馆的集会上见到了,其中包括前海军部长丹·金布尔。当然他一直很友好,但是因为他在一个对华政策不太友好的政府中工作,对他和与他地位类似的人来说,就得圆滑一些,设法不接近大使馆,以免使我和他们自己为难。

2月19日,我接见了美援运用委员会副秘书长王蓬。王是到美国来同美国官员讨论对台经济援助。1月8日,他来大使馆见我,给了我一份使台湾经济自给自足的所谓四年计划。他向我简要介绍了他在华盛顿同共同安全署官员会谈的进展情况。2月2日,受委派协助王蓬会晤美国国会一些议员的陈之迈向我简要介绍了这些会谈的进展情况。

他首先于1月27日同王先生前往会见参议员诺兰。诺兰说,他一直密切注意着台湾的事态发展,包括统计资料和其他等等。然后他向王询问了好几个有关稻米和肥料生产以及桥梁建筑等具体问题,王蓬都以详细数字作了答复。在讨论过程中,王蓬说,他等待着同共同安全署新任署长哈罗德·史塔生先生会晤,然后再返回台湾。诺兰说,杜勒斯和史塔生无论如何应当去台湾访问,而且他(诺兰)曾敦促他们前往。

王蓬还对诺兰说,我国当局都在专心筹划光复大陆,这是我们主要关心的事,各项工作都在为此作准备。王蓬说,其中的困难之一是,在台湾的美国共同安全署官员,奉华盛顿之命,不得讨论夺回大陆的问题。这就使得台湾美援运用委员会和共同安全署的工作与政府其他部门的活动极难协调。

诺兰听到这种情况很感惊讶。他接着表达了他的个人意见,即为了拯救东南亚免被共产党征服,华南部分地区应予夺回。他说,“我们必须在中国大陆的大片地区,在毛泽东和胡志明之间打进楔子,以阻止中国共产党不断训练和供应东南亚的共产党。”

1月30日,陈之迈同王蓬前往会见众议员周以德。陈之迈认为这样一次会晤是特别可取的,因为周以德是史塔生的热情支持者,而且是史塔生在1948年共和党全国代表大会期间的提名者。周以德和史塔生都来自明尼苏达州。会见时,王蓬向周以德简要说明了共同安全署的台湾计划。周以德说,史塔生曾同他商议过共同安全署的台湾计划。他说,史塔生告诉他,共同安全署将派出许多实地调查小组前往各个接受共同安全署援助的国家。哈里·布利斯先生已被选为前往台湾的小组组长。周以德说,他知道布利斯是一位"精明而讲实际的商人",他是通用面粉公司董事长。周以德认为布利斯会把调查工作做好。周以德还说,史塔生曾要求他推荐一些前往台湾的其他组员。他推荐了当时与福特基金会有联系的雷蒙德·莫耶先生。据周以德说,福特基金会已经批准莫耶休假去台。至于其他可能成为小组成员的人,据周以德说,他们是梅尔维尔·沃克先生和著名法官奥尔曼。前者曾在国务院工作,并曾为1947年前往中国和朝鲜的魏德迈代表团的成员;后者曾在上海会审公廨工作。但是沃克可能不去,而要另外任命一位。

王蓬和陈之迈接着表示希望史塔生能于不久的将来访问台湾。但是周以德说,他曾劝告史塔生在进行海外旅行之前,先把共同安全署的华盛顿总署加以彻底改组。他确信史塔生会访问远东而且会把台湾包括在旅程之内,但是他说这可能要在夏天国会批准共同安全署的拨款之后。他认为,史塔生在拨款批准之后旅行,收获就会更多,而且他曾按照这个意思劝告史塔生。

周以德又说,共同安全署在方针和人员方面预计都将有很大变化。这些变化一般会对自由中国有利。但是,新的共同安全署完成彻底改组需要一些时间。他还说,他将密切注视事态的发展。就共同安全署而言,他能使他们接受他的想法,而且"完全掌握着局势"。

与此同时,王蓬继续直接与共同安全署的官员谈话。因此,他2月19日来访的目的,是告诉我他代表美援运用委员会进行活动的概况,以及他就1954财政年度美援前景所获得的印象。

大体而言,他谈到了美国官员对我们拟议中的四年计划的良好反应;这个计划旨在使台湾在经济上自给自足,从而无需美国进一步的经济援助。

同一天,即2月19日,海军代表团离开了华盛顿。其后不到一周,即2月25日,我接见了前来美国研究美国陆军体制的军事代表团成员徐培根、刘云瀚、龚愚、王观洲和蒋纬国等几位将军。他们是由大使馆武官萧勃陪同前来作礼节性拜访的。徐将军是副参谋总长和代表团团长。他说,他们在旧金山和前来美国东部的一路上,受到了美国当局的热烈欢迎。

晚间,我为军事代表团举行了晚宴,并邀请了俞大维将军和各位武官以及大使馆人员作陪。26日,我为他们举行了招待会。出席的人很多,实际上超过了七百人,包括许多位参议员,如斯帕克曼、麦卡锡、蒙特和威利等。许多来宾都很喜欢蒋纬国,因为他是蒋委员长的公子。接着,我在27日星期四参加了陆军准将弗兰克·多恩在他家里为我国军事代表团举行的鸡尾酒会。我在酒会上见到了很多"中国通",这些美国人都曾在中国度过一段时间。主人为他收藏的中国国画特别自豪,并亲自在他的书房和卧室指给大家看。

萧勃将军带给我一份蒋委员长论反共原则的文稿,供美国某家杂志发表。发表事宜原订由蒲立德安排,他直接从蒋委员长那里带回一个抄本。但是蒋委员长由于没有从蒲立德得到进展情况的确切消息而焦急不安。萧勃系于星期五上午来我处。蒋纬国星期五下午来访时,给我看了蒋委员长关于同一事情的一封信。信中嘱咐蒋纬国同我商讨发表之事,并且说,如果蒲立德尚未采取任何步骤,就由我直接与《时代—生活》杂志的鲁斯安排。

同一天下午,徐将军和他的同僚来向我道别,因为他们将于3月1日即次日离开华盛顿。他们在华盛顿逗留的时间很短。和美国海军不一样,美国陆军从一开始就没有在为招待他们而安排一个合适的计划方面表现出热情。美国陆军采取的立场是,邀请代表团的目的是简要介绍和研究美国的陆军体制,没有时间为他们办其他事情。美方没有为他们安排晚宴、午宴和鸡尾酒会。多恩将军的礼遇也是非官方的。

我在代表团到来之前曾同萧勃谈过此事并提出由我同代表团拜会美国陆军部长,因为我曾经带领海军代表团拜会海军部长。但即使是这个外交姿态也遭到了美国陆军当局的阻拦。我间接得悉代表团成员的全部费用都是由美国陆军按照美国规章支付的,其中包括每位军官每天住宿津贴九美元。由于华盛顿的旅馆费用昂贵,美方负责为代表团安排生活的军官感到难以用如此有限的金额为代表团成员预定适合他们身份的房间。因此这位军官把这件事情连同每天的津贴转交萧勃来办理,如果代表团各位军官想住比较舒适的房间,那就得由他们自己多花钱。美国陆军方面这种由于马歇尔将军的经历与感受所产生的不同情或者说是恶感,显然仍然存在。

3月1日中午,我参加了华盛顿的中华公所为军事代表团举行的茶会。代表团团长徐培根、蒋纬国和我被邀发言。但是蒋纬国不得不赶赴参议员诺兰的约会,他希望在动身回台之前会见诺兰。

玛莎·朗特里和劳伦斯·斯皮瓦克曾竭力设法使蒋纬国在著名的《会见新闻界》节目中露面。我的一等秘书顾毓瑞赞成这个意见,但是蒋纬国不愿意,并征求我的意见。由于我知道蒋委员长对他儿子的作用的想法,而且我已得悉他曾指示他的儿子为人必须谨言慎行,所以我很同情蒋纬国。我向顾毓瑞指出,挑选蒋纬国,而不挑选代表团团长徐培根在节目中露面,必然造成麻烦。我还指出了回答许多重要问题的困难,这些问题关系到中国军队,关系到政府对诸如朝鲜战争的态度和意图,以及关系到中国陆军对站在联合国一方出力帮助的态度等。他还可能被问到进攻大陆以及艾森豪威尔撤销第七舰队对台湾进攻大陆的限制的影响等问题。

斯皮瓦克和朗特里不断打电话要求我帮助说服年轻的蒋纬

国接受邀请。他们意识到我在犹豫不决,就抱怨什么他们努力帮助中国,而我们却不自助等等,这些实际上都与本题无关。所以我最后建议蒋纬国请示蒋委员长。我解释说,这个节目在美国观众很多,达两千万人左右;如果回答问题能够谨慎从事,就会对我们的事业有好处。我对蒋委员长批准他在节目中露面不抱幻想,但是有必要向蒋委员长报告以解决这个问题。

如我所料,蒋委员长的答复果然是一个斩钉截铁的"不"字。答复指出,任何的公开讲话都应由代表团团长徐培根发表,蒋纬国必须严格遵守陆军的规章制度。斯皮瓦克和朗特里感到失望和不满,但是实在没有办法。

3月2日,我第一次但并非出乎意料地听到了蒋夫人将访问华盛顿的消息。黄仁泉刚刚向我的一等秘书傅冠雄通消息说,蒋夫人应艾森豪威尔总统的邀请,即将访问华盛顿,并将住在双橡园。黄仁泉的目的是使我得到预告。然而他表示在得到艾森豪威尔的邀请而确定访问时,蒋夫人会亲自通知我。

当天晚些时候,黄仁泉亲自来访。他说,他听说蒋夫人将被邀请在白宫进午餐,副总统和一些内阁成员将为她举行宴会,国会很可能邀请她在两院联席会议演说,孔令傑正为她未来日程的所有各项进行安排。黄仁泉建议大使馆举行一次招待会。

我对黄仁泉说,我和我妻子将荣幸地乐于请蒋夫人住在双橡园。我愿意安排一系列宴会和一次招待会,以便使尽可能多的重要人物有机会与她见面和交谈。但是黄仁泉说,宴会将由美国人士为她举行。大使馆举行一次招待会就够了。他还在回答我的询问时说,已经收到艾森豪威尔的一份请帖,是邀请蒋夫人于3月9日去白宫参加茶会而不是午宴。

第二天,我召集我的工作人员开会讨论欢迎蒋夫人的方案,并为她和她的随行人员准备房间。我还派谭绍华向国务院的礼宾司官员询问茶会的性质,以及是否要求中国大使陪同蒋夫人前往白宫,这样做是通常的礼仪,除非总统已在事先会见蒋夫人而且愿意单独接见她。所有这些细节必须予以考虑,否则必然出现麻烦。

礼宾司长西蒙斯立即说,顾大使夫妇当然也被邀请陪同蒋夫人参加白宫的茶会。他对为甚么没有向我们发出请帖感到有点迷惑不解,但是推测是因为要考虑决定是否也邀请蒋夫人的外甥。对于谭绍华提出的是否打算在白宫为蒋夫人举行午宴(谭绍华解释说,大使馆是从她的一位随从人员间接听到这个消息的),西蒙斯说无此打算;从技术上说,这将是蒋夫人对总统的拜会,因为她曾亲自函请总统约定时间以便前往。

孔令傑给我来电话说,蒋夫人将很高兴在次日星期三会见我,并建议于五点钟在纽约她外甥女孔令仪的公寓中会见。孔令仪是孔祥熙夫人的长女,现在是黄夫人。因此,我于星期三乘中午的火车到纽约孔令仪的公寓拜会蒋夫人。孔祥熙夫人出来欢迎我并稍事逗留,但没有参加谈话。孔令仪是先出来的,但蒋夫人一出来,她就走开了。孔令傑自始至终参加了谈话。

我们讨论了她的访问计划。如果方便的话,蒋夫人将于7日星期六或者于星期日到华盛顿。我们一致同意定为星期日。我对她说,我准备举行三次宴会和一次招待会,并且想请问她最希望和哪些人会见和交谈。她提出了副总统尼克松和国防部长威尔逊等。我暗示了我和我妻子也被邀参加白宫的茶会,并且说,"我想孔令傑会陪同你参加茶会的"。我这样说是想试探一下。孔令傑说,他最好不去,应该由我去,蒋夫人表示同意,并且说,由我陪同更为恰当。至于美方准备举行的是晚宴还是午餐,她还不太清楚,但认为我的招待方案对她是称意的。

蒋夫人很关心美国对台湾的援助情况,美国新政府关于朝鲜战争的意图,以及自由中国为自由事业共同斗争可能作出的贡献。在我强调指出新总统缺乏一个明确而深思熟虑的政策之后,我们一致认为,美国在所有这几方面的政策仍然都还在未定之中。

第二天我返回华盛顿。为组织招待蒋夫人的三次宴会和一次招待会大忙了一阵。我的社交秘书陈家博还在与他的新娘顾以俪度蜜月。因此,准备客人名单,电话邀请主要来宾,发送请帖等工作,都由我妻子、谭绍华、顾毓瑞和我来做。在所有这一切忙乱中,新任副国务卿比德尔·史密斯将军的秘书来电话要求我次日去拜访史密斯,约定时间为下午三点半。

当我到达国务院赴约时,我发现助理国务卿艾利森也在那里。史密斯开始谈话说,他请我见他是为了讨论有关在滇缅边境李弥将军领导下的中国国民党军队的问题。

他提出这个问题,我并不感到意外。在过去几天里,我收到了外交部好几封密电。这些来电通知我说,美国曾通过蓝钦要求我们把李弥部队撤回台湾,并表示愿意向缅甸和泰国提出此事,以便使它们保证这些部队安全过境。美国听说缅甸总理已经向内阁建议把此事提交本届联合国大会,而且他还决心坚持他的意见,即使牺牲他的地位也在所不惜。

我自己刚从报纸上看到,缅甸政府已经决定向联合国提交此案。这当然是美国以及国民政府希望避免的一种事态发展。此外,蓝钦曾经对叶公超说,如果缅甸确实把此案提交联合国大会,美国歉难支持我们。而外交部方面,据 3 月 2 日来电称,则认为此事应予从速解决,并且刚刚呈请总统指示。外交部嘱我以密电告知我的意见。但是在我同史密斯谈话的时候,我还没有回电。我在等待台北有关李弥部队会谈的最近进展的详情。据外交部说,详情正另电发出。

史密斯将军于 6 日扼要介绍这个问题后,对我说,他在随时了解李弥部队的情况。这支部队是 1949 年在中国共产党军队追击时被迫退入缅甸的。他说,以前曾认为李弥及其部队可以通过占领部分中国大陆而对自由事业作出有益的贡献。他知道李弥部队为数约一万五千人,士兵素质良好,而且曾从台湾获得经费和军需供应。李弥曾被指望进军云南,建立据点,并占领至少一个机场,以便更多的补给可以空运进去。李将军曾试图派遣人数分别为两千和四千的两个纵队夺取一个机场,但是他的部队遭到共产党的痛击,而且从那以后,他就未能采取任何使中国共产党军队重视的有效行动。相反,史密斯说,他和他的军队在做买卖,那倒使他们赚了钱。

问到他们在做甚么买卖时,史密斯回答说,他们在私运鸦片和出售武器。他又说,李弥将军还同缅甸土著酋长交往,特别是克伦人和克钦人。缅甸人为此十分不安,曾向美国政府诉苦。他们还由于缅甸的动乱状态和各民族之间内战蔓延而非常担心。

史密斯接着说,缅甸政府曾经不止一次地试图与李弥部队交锋,但是缅甸军队的战斗力与李弥部队不能相比。然而缅甸人坚决认为这些中国部队的出现和活动,是对缅甸独立的威胁,因为除非缅甸政府本身能够有效地应付这个局势,中国共产党当局威胁要直接处理这个问题。假如中国共产党的威胁成为事实,他们当然能侵占缅甸,而缅甸落入他们手中会危及整个东南亚的安全和和平。李弥声称他的部队是中国共产党军队和缅甸北部之间的唯一屏障。但是史密斯怀疑,假如共产党真的企图进军缅甸,李弥将军能否阻挡住共产党,因为他的部队必须与共产党第四野战军的十二万人较量。

史密斯说,为了防止共产党借口解决李弥部队而入侵缅甸,同时为了摆脱在缅甸内战中构成扰乱因素的这些部队,缅甸政府决定将此事提交联合国。如果这个决定付诸实施,不仅中国政府难以为其立场辩护,而且也会陷美国政府于困境。他还说,蓝钦公使在台北根据国务院的指示,曾经同叶公超外长就此问题会晤两次。蓝钦敦促中国政府同意把李弥部队从缅甸撤出。他还谒见了蒋委员长,并提出了同样的要求。

我说,我在前几天曾收到叶公超关于他同蓝钦交谈的两三封电报,但是没有得到关于蓝钦拜访蒋委员长的任何消息。我想知道蓝钦是否已把蒋委员长的答复向国务院报告。

史密斯将军说,他获悉蒋委员长想要先同目前在台北的李弥谈一下,然后再作决定。但是史密斯认为重要的是尽早作出决定,以防止如他所已经指出的缅甸政府就此问题向联合国可能提出的任何申诉。

我回顾了三年前缅甸人曾考虑在联合国提出这个问题,以及我本人曾多次同国务院讨论这个问题。但是我已从报纸上注意到缅甸政府现已决定把这个问题提交联合国。

我接着说,在中国方面,我认为定出行动步骤也有困难。首先,李弥是少数几个一直能团结他的士兵,而且但凡可能,一直持续与中国共产党战斗,以设法守住大陆中国部分地区的将领之一。他所显示的战斗精神,深为自由中国人民钦佩。自从艾森豪威尔宣布台湾非中立化以来,中国大陆人民以及自由中国人民和海外华侨,开始对国民党军队收复中国大陆抱有很大的希望。进行这样大的行动当然不能没有充分的准备,当前显然不宜进行。但是如果在这时候,把已经在云南边境的李弥部队撤回台湾,这一行动可能被视为退却,而且我担心这对大陆人民的情绪和台湾战斗部队的士气的影响是非常不利的。其次,李弥部队在多年的艰苦斗争后,已经在云南边境立足,并能在台湾国民党部队解放大陆的时机到来时从侧翼发挥重要作用。但是如果把他们撤回台湾,那么,由于峡谷和丛林的不利地形,就很难再把他们派回云南边境。

史密斯将军认为,从军事观点来看,并作为军人来谈,在一个补给极为困难的孤立阵地保持这样一支庞大的部队,是一个失策。因此,如果不是全部撤回的话,至少撤回一半到台湾也好得多。可以在台湾予以重新训练,作为重新装备一个新的师的基础。这样一种退却不能认为是不光彩的。

在这一点上,史密斯还说,对目前在印度支那被法国人解除武装和拘留的中国国民党军队,也应当想想办法。他们也应被遣回台湾,经过重新训练和重新装备之后,成为另一个师的核心。

然后他接着说,艾森豪威尔和杜勒斯的态度同前政府所采取的态度完全不同,因为他们两人都有意增强国民党中国的实力,以便应付将来可能出现的局面。基于这个理由,美国政府已经加速装运对台湾的军事援助物资。同时美国一直在竭尽全力进行斡旋,以劝说法国协助把在印度支那的中国国民党部队早日遣返台湾。

我提起我也曾多次同国务院商讨这个问题,而且我曾敦促美国从中斡旋,以便加速解决。

史密斯听说国务院当天早晨曾收到一封巴黎有关此事的来电。他转向艾利森询问是否确有此事。

艾利森回答说,巴黎来电称,法国人接受了中国的建议,现正等待台湾的回答。

我问情况如何。

艾利森说,法国已经同意遣返目前被拘留在印度支那的两千名中国妇女以及病人和老人。

史密斯说,这不会有多大用处。他询问了目前被拘留在印度支那的健康的中国人的情况。

艾利森回答说,据了解,上述两千人是第一批,其中除妇女和病弱者外,还包括一部分健康人。

话题回到从缅甸撤回李弥将军的部队时,史密斯说,他估计可撤回约五六千人,尽管李弥的官兵数字远大于此。但是他认为,如果加上法国人准备从印度支那遣返的三千或四千中国士兵(据他了解,这些士兵需要较长时间的训练),这两支部队可以成为两个新编师的基础,而其价值,特别在重新训练和重新装备之后,他作为军人是不能予以低估的。

我说,我本人以及我的政府感谢美国政府对这个问题的关心,和美国政府愿意在中缅两国政府间斡旋以寻求解决方法。但是我认为这个事实就是缅甸政府不把这个问题提交联合国的充足理由。我重申从缅甸撤回李弥部队涉及许多需要考虑的事情,我国政府很难作出决定。如果他们必须撤回,我认为重要的是——比如说——得到这样一个保证，即缅甸允许他们携带武器，因为我记得在 1950 年 8 月我去台湾时，我曾与行政院院长、外交部长和国防部长，就这个问题举行好几次会议，我发现国防部长特别强调他无论如何不会发出准许李弥部队由缅甸解除武装的命令。

史密斯说，他相信这个问题可以与缅甸政府谈判。他个人认为，决定遣返后，在李弥部队开赴仰光上船的途中，为了自卫，应当允许他们携带武器到赴仰光途中的某一地点。但是他怀疑缅甸政府是否允许他们整队携带武器通过缅甸向仰光行进。史密斯认为克服这个困难的最好办法是，这些士兵直接开到在仰光的船上，而把武器留在一个指定地点。然后把这些武器小心地予以包装并送到同一条船上运往台湾。如果这办不到，美国可以在他们到达台湾后，向他们提供新式轻武器，因为他们现有的武器颇为陈旧。但是如果这些武器能够运送，就应当运往台湾供李弥的士兵使用，因为目前轻武器供应不足。

史密斯说，至于重型装备，由于地形不利，难以运输。无论如何，运输费用太大。他记得在二次大战中，在瓜达尔卡纳尔岛的美国部队决定把他们的重型装备投入大海，而不运回美国，因为运输费用太不合算。他说，李弥部队留下的重型装备可以经过谈判移交缅甸政府，而美国可以向台湾提供新型装备，以补偿损失。此外，如果李弥部队或从印度支那遣返的部队改编为新的师，美国愿意向他们提供武器装备。所以这些都对国民党政府有利。他所迫切希望的是，中国政府立即在原则上决定在缅甸的李弥部队应予遣返台湾，而将实施细则留在以后仔细安排。

我说，自从我收到中国外长有关这个问题的第一封电报以来，我认为最好以美国政府愿意而且准备从中斡旋以谈判圆满的解决办法为由来说服缅甸政府不将此事提交联合国。如果不能劝阻缅甸政府停止这样做，我建议努力阻止将此问题列入本届联合国大会的议事日程。如果这项努力失败了，那么，就延缓讨论这个问题,以便使美国有时间在有关各方面之间进行斡旋,以找到友好的解决方法。换言之,在寻找解决办法方面,时间是必要的,应该尽一切努力赢得时间,以达到想望的目标。假如缅甸政府坚持在联合国讨论这个问题,中国政府会重申其以前宣布的立场,即李弥部队进入缅甸的行动,并没有得到它的核准或认可,而且由于它无法强制他们服从命令,所以它不能对李弥部队的活动和调动负责。

史密斯说,这种说法不会使参加联合国大会的其他国家代表信服。如果能够声称中国政府已经发出把李弥部队撤回台湾的命令,那会是一个有力得多的答复。正是由于这个原因,他认为重要的是蒋委员长立即对此事作出决定,同意拟议中的遣返而将实施细则留待日后安排。

我说,这也是我所想的。如果作出原则决定,那就会使缅甸政府放心,而实施细则可于适当时候讨论解决。

艾利森说,缅甸大使詹姆斯·巴林东在奉召返回仰光研究并准备向联合国提出缅甸的申诉以前,将于3月9日星期一到达华盛顿同他讨论这个问题。如果台北原则上能同意遣返,并能于星期一他见到巴林东之前告诉他,那么,他就会有有力的理由敦促缅甸政府不将此事提交联合国。

史密斯指出,为遣返李弥部队制订细节,至少需要几个月的时间,因为许多问题必须仔细予以考虑和解决。比如说,租船问题,必须租一条船在仰光停泊,并随时准备部队一上船和武器一到船上立即开航。如果船只在港内停留时间太长,那就可能引起麻烦,这是必须防止的。史密斯又说,如果中国政府经费有困难,美国甚至愿意为租船支付费用,因为有一笔为此目的的资金可供使用。至于重型装备,史密斯再次建议可以租给缅甸政府,而美国政府愿意补偿中国在这方面所蒙受的任何损失。

关于部队从驻地开赴仰光途中的安全问题,史密斯说,应要求缅甸政府采取措施加以保证。为了防止行军途中的任何不幸事件或冲突,有必要沿途设置美国或法国的中立观察员,以保证遣返工作平稳地进行。还应该采取措施保证留下的士兵的安全,因为他们的实力减弱,可能招致缅甸人的袭击。他说,所有这些措施都需要予以制订,而且需要时间。

我提出了中缅边界问题,并且说边界从来没有完全划定。我说,李弥并不否认他和他的部队在中国共产党部队紧逼之下不得不进入缅甸,但是他们相信,他们基本上驻扎在中国的领土上,尽管缅甸不同意他们的这种说法。

史密斯回顾说李弥曾声称,如有必要,他愿把部队撤到萨尔温江以东。但是,他说,鉴于那一带附近有中国共产党第四野战军达十二万人,他怀疑李弥以其在数量上远居劣势的兵力,能否应付由此而发生的局面。史密斯总结说,这是对世界那个地区的和平和安全极为重要的问题。李弥部队之在缅甸,在军事上不起任何作用。只要他们还在那里,缅甸共产党就会继续煽动其他集团要求成立联合政府,这自然会激怒缅甸当局。如果中国共产党政权利用它作为入侵缅甸的借口,那对缅甸以及对自由世界事业将是一个严重的打击。

我对史密斯就此事详尽而直率地说明美国的观点表示感激。我说,他为论证拟议中的遣返而提出的军事上的理由给我的印象尤为深刻。我一定把这次会晤的要点向台北报告。我也希望我国政府对这个问题早日作出决定,以便说服缅甸政府不把此事提交联合国。我转身对艾利森说,史密斯就完成遣返工作的必要细节所提出的建议,反映了一位杰出的军事领导人和优秀的外交家的丰富经验。

艾利森完全同意。

在起身告别时,我问史密斯道,如果新闻记者问到我们的会晤,我该怎样回答。

艾利森建议说,由于蒋夫人访问华盛顿已经见报,我可以说会谈的主题是关于蒋夫人来访的安排。

史密斯说,因为他最近才上任,而且这是我第一次拜会他,我可以说这是一次礼节性拜访。(当然,我上次访问他时,他的职位是中央情报局局长。)

我说,由于我曾打算向他询问他是否预期斯大林逝世会给俄国带来重大的事态发展,他刚才的回答指点了我应付记者提问的办法。(斯大林元帅逝世的消息充斥早晨各报,这和早些时候他生病的消息一样。病情最初是由莫斯科3月3日的官方公报发表的。到处都在猜测他的逝世会对世界事务发生甚么影响。)

史密斯说,他认为在可以预见到的将来,不会因斯大林逝世而出现任何重大的事态发展。

我同意他的看法。我说,如果真会发生十分重大的事情,很可能过一些时候才会发生。因此,我想告诉记者们说,我同史密斯就斯大林逝世在我国、欧洲和其他地方可能产生的影响交换了意见,而不告诉他们我们的意见是甚么。

史密斯说,这样答复很好。

那天晚上我在日记中写道:

> 我就李弥部队从缅甸遣返台湾的问题谈了一个多小时,艾利森在座。这个问题已经变得很严重,因为缅甸政府再次威胁要把它提交联合国。史密斯强烈要求我们原则上同意遣返。他说美国愿意提供一切必要的帮助,其方式包括提供运输船只和费用,以及保证部队前往乘船港口途中的安全,不受缅军袭击。他要求我尽一切可能说服台北同意。
>
> 这是一个非常复杂的问题,对台北和华盛顿双方都很棘手,主要的磋商在台北已经进行了一些时候,我方,特别是蒋委员长和国防部颇不情愿。幸亏外交部随时将情况详细见告,因而我能巧妙而有益地同史密斯进行商讨。他全面掌握这个问题的各个方面和细节。我的主要立场是,我同意他这样的看法,即不宜把这个问题提交联合国。同时,我个人的意见是,我们应该同意拟议中的遣返,而把所有细节留待细

致而详尽地安排,而这种安排正如史密斯所认为的那样,需要相当长的时间。

我在向叶公超汇报我与史密斯的会谈情况时,加上了我自己的看法并请求指示。我说,我认为史密斯所说的话都显得十分诚恳。他的目的是劝阻缅甸把这个问题提交联合国,那会给美国和我们都造成困难。另一方面,看来他希望协助我们聚集军事力量并获得美援,以便把这些士兵改编成师,供今后使用。我说,既然这样,在我看来,我们可以在某些条件下同意把李弥部队从缅甸领土撤出,以便我们从而能在应付目前的危机方面,对内对外都站得住脚。关于撤退计划的实际执行,则有必要再次同美国详尽商讨,美国也有必要同缅甸商讨。这究竟需要多少时间当然难以预测。

多米尼加共和国的最高统帅拉斐尔·特鲁希略当时正在华盛顿作短暂访问。那天晚上九时,我出席了他和他的夫人在五月花饭店举行的招待会。场面豪华,花饰灿烂,冷餐满桌,香槟不限。但是我和我妻子没有久留进食和饮酒。这位最高统帅的身材面貌使我想起了袁世凯大总统。他显然是一位伟大的领袖和权力极大的人,而且意识到他自己在本国的势力。多米尼加驻美大使托曼和他的助手看来都对他十分畏惧。

在我被介绍给特鲁希略的时候,我告诉他,多米尼加的华侨对他极其尊敬和钦佩。我们非常感激他对华侨的关心和保护。但是这位最高统帅似乎对我的话没有多大兴趣。他只是不止一次地问起蒋委员长,并且说他是多么钦佩这位中国领袖。他讲西班牙语,托曼大使担任口译。

餐厅里有两三对舞伴随着轻音乐跳舞。众议员富尔顿同阿根廷驻美大使年轻妩媚的妻子德帕丝夫人跳舞,兴致很高,围绕着餐桌团团旋转,欢快地躲闪着侍者和在桌旁进餐的宾客。但是他们很快发现只剩下他们两人跳舞了。于是她坚决要求停下来,富尔顿显然不愿意,但还是停了下来。

外交部关于中美双方在台北就李弥部队问题的几次会谈的详细备忘录,在那一周分几袋发来。其中几袋因为高度机密而由信使亲自送来。最早的一次会谈是在3月1日举行的。那天上午十一时蓝钦代办拜会了叶公超部长。他说,他刚收到国务卿杜勒斯的急电,命令他立刻拜会外长并通知他下列各点:

(1)美国政府认为李弥部队继续留在缅甸已经在整个东南亚造成不安局势,并削弱了那个地区的反共力量。它希望中国政府迅速同意把这些部队召回台湾。这个政策是美国政府不会变更的政策。(这是极其肯定的用语。)

(2)缅甸政府由于不能解决这个问题,认为已经到了不能再维持现状的时刻。现任总理很可能立即辞职或者改组为一个亲共的内阁。美国政府认为缅甸现内阁是反共的。如果听任内阁辞职或者容纳共产党分子,那么,缅甸的反共力量就会削弱。

(3)缅甸总理已经建议内阁就此问题向本届联合国大会申诉。虽然缅甸内阁否决了此项建议,但是总理已经要求内阁重新予以考虑,并表示如果内阁再次不予通过,他就辞职。因此,如果不立即采取措施以挽救局势,那么,这个问题就会提交联合国大会。

(4)如果这个问题提交联合国大会,美国政府歉难支持中国的立场。

叶公超同意把蓝钦所提各点提请政府决定。

次日下午,蓝钦和美国驻台北武官约翰·拉廷上校被邀到叶公超家同当时正在台北的李弥会谈。参谋总长的秘书衣复得上校也在座。这次会谈的记录也寄给了我,内容极为丰富而有趣。李弥重述了1950年以来局势的沿革,他的部队的状况和经历,以及他同美国军官、缅甸各集团以及国民政府的联系。他还重复了他自己对为响应美国的要求而能做甚么的看法——显然是做不了甚么。(会谈记录见附录三。)

此后的一次会谈是在3月6日举行的。我也收到了会谈记录的抄件。美国驻台北大使馆一等秘书罗伯特·林登先生在那天上午访问了外交部,并同国际司司长和美洲司司长进行了谈话。他对他们说,刚刚收到国务院的指示,命令大使馆积极联系中国政府,并要求中国政府迅速就以前美国政府有关李弥部队的三点建议作出作定。这三点建议是:(1)中国政府立即向李弥部队发出停止一切对缅甸城市和缅甸军队进攻的命令;(2)中国政府同意从缅甸撤出尽可能多的李弥部队;(3)中国政府制止从缅甸外部继续向李弥部队发送补给。

林登解释说,国务院感到大使馆在谈判此事方面,行动看来不太积极或有力,因此曾再三来电催促。林登说,蓝钦将于当晚一次宴会上见到叶公超,并打算再次提出这个问题。但是,为了争取时间,蓝钦特地嘱他(林登)拜会两位司长,事先讨论此事,以便蓝钦能将中国政府的看法迅速复告国务院。

林登首先询问了中国方面对这三点建议持甚么态度。当两位司长声称我国政府的意见已由叶公超面告蓝钦时,林登说,那天我方所给的答复并非完全针对美方的建议;因此,他建议逐个地讨论这三点建议。

接着,他向二位司长询问了中国方面对第一点建议的意见。二位司长说,我国政府正在考虑的几点如下:

(1)我们担心所建议的命令或指示不会有甚么实际意义,因为政府没有能力控制李弥的部队。

(2)根据我们得到的消息,李弥部队从未主动攻击缅甸政府军。他们的行动,是由于缅军的进攻。在此情况下,为了保存自己,李弥部队被迫采取自卫手段。因此,如果缅军不停止进攻李弥部队,我方向该部队发出的停止战斗的命令就会被误解为命令他们向缅军投降,从而引起怀疑和不利反应。

林登说,美国方面所希望的只是中国政府发出一个停止进攻的命令。至于这种命令是否实际有效,那是另一个问题。美方的目的是使中国政府能够在当前事件中采取合作态度,同时使这种合作态度更为明显。两位司长同意立即向部长和次长报告。

关于第二点建议，林登由于已经得知中国方面认为没有可能发出命令，所以说，目前没有必要再予考虑。在他询问我方对第三点建议的意见时，他被告知说，我国政府对李弥部队的供应只有金钱，而且数量很小。该部队无论如何不会依靠这点钱维持生存。至于其他支援，两位司长说，据悉已经中止了一些时候。所以这一点事实上已经不再有任何意义。于是林登询问了我方能否把对该部队的少量金钱援助也予以中止。二位司长同意先报告请示，然后再给他一个答复。

当晚蓝钦同叶公超在宴会上的谈话记录没有寄给我。也许他们没有机会在那种场合谈论这个问题，而蓝钦只是提请叶公超注意美国国务院命令的紧迫性，以便得到我方的答复。不管怎样，蓝钦在第二天即3月6日下午再次到外交部会见了叶公超。这和我在华盛顿应邀会见史密斯副国务卿是同一天下午。

叶公超3月6日对蓝钦的谈话内容于7日以公函向蓝钦确认，抄件已发给了我。说明该抄件的3月9日来电称蒋总统对此事极为关注，并于当晚召集会议再次予以讨论。

3月7日致蓝钦函的全文如下：

关于贵国政府要求我方发出命令以实现从缅甸撤回李弥部队一事，我国总统已向您充分明确，而且我本人也已反复说明，此项命令即使发出，也不会使部队撤回，其原因已由李弥本人于3月2日在我寓所会晤时提出。相反，此项命令可能迫使该组织松散的部队更为绝望或者部分分散，从而使他们成为流浪于缅甸北部的许多伙不法分子。此项命令还会进一步削弱我国政府对该部队仅有的控制。考虑到这些及其他理由，中国政府已说服李弥同意由美国军官组成的实地调查小组前往访问他在缅甸的各个部队。根据您的建议，李弥进一步同意这个小组可包括非共产党的缅甸成员，条件是由李弥本人陪同这个小组。希望这次访问能够确定在不使局势产生其他不利的复杂情况下把这些部队从缅甸撤回台湾,是否切实可行。我国政府认为这是探讨这个问题的最好的可能方式。

在对该问题的这个方面进行讨论之际,中国政府愿说服李弥使其部队不越出其目前所在地区和不对缅甸政府部队采取进攻行动。然而必须补充的是李弥已一再否认——而且我认为是真实的——其部队曾主动进攻缅甸政府军。他们同缅甸政府军实际冲突的唯一事例是在这样情况下发生的,即驻扎在景栋的缅甸部队多次逮捕和杀害他的许多徒手官兵,这些官兵正从市场运回粮食;作为报复性措施,他的部队袭击了缅甸的景栋司令部。据李弥声称,当时他的部队反感极大,而且他本人并不在场。李弥还指控缅甸政府曾把他的约一百名士兵在保山交给中国共产党,这些士兵被逼进一个壕沟,浇上煤油活活烧死。李弥现已答应再次命令其部队不得对缅甸政府军采取进攻行动,但必须以缅甸政府军不公开攻击或伏击他的部队为条件。

作为机密情报供美国政府参考,李弥每月接受中国政府补助五十五万新台币,用以在香港购买药品。这是在李弥一再要求供应武器之后发给他的。从本月起,中国政府将中止此项补助,作为同美国政府合作的一项行动。

至于从台湾向李弥运送武器,空运肯定是不可能的。然而大家都知道,复兴航空公司已从台湾到李弥的孟萨基地飞行二十一次。复兴航空公司运载的货物大部分是购自香港而输入台湾的医药用品,只有少量是在当地买到的。中国政府还利用这种机会向李弥供应了数量极为有限的老式无线电器材。支付这些飞行的款项,很大一部分是由在台湾的云南省爱国人士捐献的。中国政府将尽力阻止这种资金筹集,但在现阶段不能保证其努力会立即成功。如美国政府所熟悉的那样,中国政府没有多余的武器可供出口。中国政府唯一能做到的事情,是对预定从台湾任何机场飞往该地区的任何飞机,不予放行。

对上述机密情报,我愿就当前共产党渗透活动的严重情况补充几句。李弥部队在缅甸北部,是与中国共产党部队面对面部署的。缅甸政府军的绝大部分与该地区的李弥部队并无接触,但是缅甸政府军在一些地区面对一支为数约二万六千人的克伦族叛军。还有大约二万人的反政府军分散在缅甸北部各地。他们大部分属于孟族部落。此外,在缅甸还有两支共产党部队,即白旗共产党和红旗共产党。这些共产党部队经常同仰光中国共产党大使馆联系。仰光缅甸政府现正受到压力,要它利用缅甸共产党来消灭国民党残部,这种压力是作为迫使缅甸政府接受共产党参加缅甸政府的手段而施加的。缅甸共产党明着说,如果赶走了国民党部队,它愿意同缅甸政府合作,但是不能肯定缅甸共产党在任何情况下都愿意与缅甸政府保持和睦。

我的目的不是为李弥的残余部队留在缅甸辩护。事实上,中国政府已一再命令李弥设法打回云南去,但是武器不足是他未能这样做的主要因素。必须记住,李弥部队一进缅甸,中国政府就命令他们返回云南。还可能记得在他最初进入缅甸时,他们被缅甸政府军包围了三个月,而在被围阶段,中国政府没有向他们增援人力或物力,也没有因他们被围而提出抗议。中国政府肯定不能对缅甸政府的本身军事失败负责。

按李弥于3月2日我们会晤时所说的真话,几乎所有他的士兵都世代生活在那个地区。李弥本人的出生地就在云南和缅甸的边境地区。李弥部队最初退却到缅甸时,只有两千人。这就是缅甸政府军包围三个月时的人数。李弥成功地进入云南并占领边境的八个县以后,部队人数增加了。当时有三万多名壮丁为逃避中国共产党的暴政而参加了李弥部队。此后,当中国共产党以增援部队对李弥施加压力时,李弥和他的为数已达三万五千人左右的部队,由于弹药耗尽,被迫退入缅甸。在这次退却中,他的许多士兵被中国共产党赶上,并有相当多的士兵死于劳累和饥饿。结果,李弥剩下了二万四千人左右。必须说明,中国政府从来没有增援李弥,李弥也从来没有煽动缅甸本地人反叛缅甸政府。

中国国防部长曾至少七次公开命令李弥把他的部队再次开进云南。这些命令未被执行,因为每次李弥都要求武器,而这是中国政府所不能照办的。

我对李弥本人在你我面前的叙述没有更多的补充。我希望您能把李弥所述向贵国政府详细报告。我个人认为对缅甸和平的威胁主要来自共产党的阴谋,而不是由于李弥部队之在缅甸。我必须补充说,虽然李弥部队之在缅甸是令人遗憾的,但我国政府除了提供我刚才提到的合作办法外,是无法加以改变的。

我在 9 日收到有关李弥部队的最后一封来电后,立即用电话向助理国务卿艾利森询问了情况。他说,国务院也已收到一份致蓝钦公使函的副本。他还说,他研究了叶公超答复的内容,并认为他的说法表明已有一些进展。但是最关键的仍然是由我们原则上同意从缅甸撤回李弥部队。他的意见是我们可以先作出决定并通知美国方面称,如果将来美国派出的现场考察局势的调查员承认有可能撤回部队,我们就同意届时发出撤回的命令。他说,这样一个步骤有助于美国说服缅甸延缓向联合国提出这个问题,因为这将是延缓的更为有力的论据。

我回答说,我国政府在那天即 3 月 9 日晚间召开了一次会议,这说明它很重视我星期五同副国务卿的会见,因为会议旨在进一步讨论此事。艾利森对这个消息表示感谢,并希望我们能因此而同意美国的意见。为此,我立即把我们的电话会谈电告叶公超。在电文结尾,我表示希望他来电通知我会议的结果。

叶公超于 3 月 11 日电复。他说"最高当局"不能接受由我们同意发出撤回命令的要求。因而叶公超在 10 日又向蓝钦作了说明,以补充他已经讲过的话:

（1）如果美国的实地调查小组能在现场制订一个切实可行的撤回计划,我们愿意予以考虑。如果我们也认为执行这个计划是可行的和切合实际的,我们就发出撤回命令。

（2）缅甸北部百分之七十地区已由缅甸共产党控制,而缅甸政府的反共意图看来不很坚决。李弥撤回之后,缅甸北部是否能立即摆脱共产主义和共产党的威胁,还是完全受到共产党的统治?这一点对于美国在东南亚反共政策的领导地位无疑是极为重要的。我们希望美国方面也研究一下局势的可能发展。

那一周,在如此紧迫地讨论缅甸的李弥部队问题的同时,我和大使馆工作人员当然还是非常忙碌,准备蒋夫人的来访和接待安排。星期六即 3 月 7 日中午前后,我召集了工作人员会议,以进一步讨论蒋夫人的日程和宴会。安排这些宴会几乎没有多少时间,而且对每位客人都不得不仓卒通知,以致是否能使各位主要来宾都接受并立即接受邀请,成了一个大问题。

国务院礼宾司长西蒙斯在谭绍华用电话通知他我们的宴会和招待会暂定日程时极为亲切友好,他对时间过于短促感到遗憾,而且对我们邀请重要人物参加宴会的问题表示同情,但是他认为我们必须邀请到他们,否则对宾客或蒋夫人都显得不合适。他讲的是实话,他本人曾任大使。他愿尽力协助我克服困难,并打算用电话向副总统说明情况。后来他高兴地通知我们,他成功地使副总统尼克松夫妇接受了邀请。他们同意取消几个月前为他们安排的 3 月 11 日的宴会。西蒙斯说,这是不容易的,因为尼克松在约六周前就把他的社交约会日程全部定下来了,但是西蒙斯还是成功了。

类似这样的情况,不在外交部门工作的人简直是无法想象的。我最初得到消息是在 2 日,而直到最后一分钟我还一无所知。由于我刚刚得知蒋夫人可能访问华盛顿和美国总统可能发出邀请，并且由于我只是在 4 日才得到她的同意，而她将于 8 日前来，因而所有这些宴会和招待会必须仓促安排，而华盛顿和所有国家首都的社交礼节都要求正式宴会至少在三个星期前通知。通常最低限度也得在两星期前通知，因为这些忙人的社交日程都是事先经过周密安排的。

同日，黄仁泉用电话告知了最后安排。蒋夫人将于星期日即 3 月 8 日下午二时到达双橡园。同行者有她的外甥女孔令仪和她的秘书孙太太。所有的人都将住在双橡园。蒋夫人的女仆将于同日随后到达。

星期六晚间，我参加了小劳伦斯·罗伯茨夫妇为新成立的卫生教育及福利部部长奥维塔·卡尔普·霍比夫人举行的宴会。共四桌，约五十人。主要来宾包括众议院议长乔·马丁和前议长萨姆·雷伯恩。主人在向霍比夫人祝酒时说，这是一次两党的活动。然后马丁应邀作了很好的发言。他好几次以充满深情的语言谈到了他的前任雷伯恩。雷伯恩用同样亲切的语言致了答词。他先走到马丁的身旁，和马丁并肩站着发言，显出一种非常惬意的姿态。一点没有嫉妒的表示，而是完全热情友好的表现，显示出真正民主的特征。事实上，这两个人的私人友谊是美国国会的奇迹之一。

星期日下午二时半，蒋夫人和孔令仪同车到达；车由王定邦上校驾驶。另一辆车上坐的是游建文和她的秘书。我曾猜想她是星期六乘汽车前来的，并在第十六街的公寓过夜。那公寓原来是她的外甥女和孔令杰为他们的父亲准备的。后来证明我的猜想是对的。我是怎样猜到的呢？这倒很有趣。我妻子的一位女友曾问她，有个人打算住由商业区一家百货公司布置的公寓，那个人可能是谁呢？那位女友说，她曾去那家商店选购窗帘布，女售货员给她看了很贵的一种。当时她说，这对她来说太贵了。女售货员告诉她有一位顾客刚买了一大批，并且说价格对她没关系,因为这不是为她自己买的,而是为一批中国贵宾买的,她唯一关心的是料子必须是最好的。

大使馆、政府其他机构的高级官员约二十五人以及他们的夫人在场欢迎蒋夫人。她同每个人握手并在客厅坐了一会儿。然后我妻子领她到她的住室和书房。孔令仪被安排在隔壁的客房,蒋夫人的秘书在三楼,女仆与其他仆人在后楼。蒋夫人衣着俭朴,不饰珠宝。她依我的建议略事休息,随后在下午六点,开来一辆车,仍由王上校驾驶,把她送到她外甥的公寓吃晚饭。她于晚上十一时由孔令傑陪同回到双橡园。

早些时候,她曾说,她愿在上午同我交谈,但是当她那天晚间回来后,决定就和我晤谈时,我甚感意外。我在楼上书房等着,她同孔令傑走上楼来。她说了一句请原谅她感到疲乏,就坐在沙发上。她询问了美国对台湾的政策,比如说,军事援助和英国对美国政府的影响等。

我对她说,就我所能理解的说来,新政府还没有制订结束朝鲜战争的坚定政策,而结束朝鲜战争是美国人民因而也是政府所渴望的。虽然政府已宣布取消对台湾行动的限制,但那只是一种姿态,而没有继之以具体的积极行动的打算。我对她说,军事援助物资的装运十分缓慢。1952 年财政年度的物资才接近完成,1953 年财政年度的物资则刚刚开始,而且落后于预定计划。

我还把我同副国务卿谈话的要点告诉了她。我说,副国务卿强烈要求我尽一切可能说服台北接受从缅甸遣返李弥部队的建议。仰光强烈要求遣返,并以如果我们拒绝就把此事提交联合国相威胁。蒋夫人完全同意我的意见,即为了中美合作,特别是由于美方答应对实施拟议中的遣返给予财政援助,并协助我们把从缅甸及随后从印度支那遣返的部队改编为两个新的师并予以重新装备,我们应该同意与美国合作,把实施细则交给他们去和缅甸政府谈判,不过要有这样的理解,即:虽然我们愿尽最大努力予以推动和实现,但是我国政府不能有效控制李弥部队,因而不能保证遣返命令的执行。

接着,我们讨论了在茶会上她应该对总统说些甚么。我们都认为她应该把茶会看作社交活动,特别是因为艾森豪威尔夫人和史密斯将军夫妇都将在场。但是她应该趁机插几句我们的要求和希望。她要求我在谈话中协助她,以便我们共同使总统透露一些话,从而了解他在对自由中国的政策方面的态度和意图,以及他希望她在有关朝鲜冲突和远东的总形势方面做些甚么。

关于众议院议长马丁准备在美国国会举行的午宴和她预定在那里的发言,孔令傑敦促她加以考虑并事先起草讲稿。但是她十分准确地说,她要使发言尽可能随便些,而不愿意受正式发言的约束。我认为假定如我所预料的那样,是一次不超过三十五或四十位国会知名议员参加的午宴,那么,她一定能够应付自如,非正式地讲几句恰如其分的话,那正是所需要的。

事实上,我和我妻子在当天上午曾给在其本州的马丁打电话,以弄清他对午宴的确切想法。他回答说,他期待蒋夫人光临,而且希望我和我妻子也出席。但是因为他在波士顿有一次预定的讲话,他离开了首都,而把一切安排都交给他的秘书办理了。他还说,午宴将由他和参议院临时议长布里奇斯联合做东,他希望我和我妻子已经收到请柬。他还请我们和蒋夫人携带我们想带的任何人。这就意味着这次午宴是非正式的。当我把这话告诉蒋夫人时,她说她准备只带游建文。我建议把孔令傑也带上,但是孔令傑和蒋夫人都认为以不带为好。

白宫的茶会定于星期一下午五点举行。中午一点,我为蒋夫人举行了冷餐午宴,以便使大使馆的主要工作人员,中国政府其他机构的负责人,华盛顿的主要中国居民如施肇基夫妇及郭秉文夫妇等,中华基督教会的牧师,以及当地唐人街的代表等见到蒋夫人。大约有一百三十人出席,小饭桌摆在各个房间,以供他们入座进餐。我的社交秘书陈家博在第二会客室的中间靠后为蒋夫人摆了一张餐桌和高背椅。这给人以过分庄严的印象,而且很难使人同她坐在一起交谈。为此,我设法多找一些中国贵宾分批到她的餐桌就座,但他们大多数或许出于敬畏而婉言谢绝了。

午餐后,孔令杰进来和我谈话。他对蒋夫人和艾森豪威尔的会见有点担心,唯恐没有机会对艾森豪威尔谈一些重要的事情,特别是有关蒋委员长成立中美联合参谋部的强烈愿望。成立这个机构是为了制订抵抗中国共产党入侵台湾的计划,以及在必要时达到其他目的。他刚才在楼上同他的姨母在一起,是特意下楼来要求我在会见时但凡可能就务必"全力以赴"。

白宫的茶会是由艾森豪威尔总统夫妇主持得非常和蔼可亲的一次非正式活动。我和我妻子陪同蒋夫人乘我们的汽车前往白宫。到达后,我们被领到一间客厅里,史密斯将军夫妇在那里等着我们。约几分钟后,我们又被领到另一个房间,艾森豪威尔总统夫妇站在那里迎接我们。他们旁边有一张矮茶桌,上面放着许多讲究的点心和饮料。总统很周到地请我们入座,并调换了一两次座位,以做到完美无缺。艾森豪威尔夫人坐在房间的尽头主持茶会。总统请蒋夫人坐在他的右首,而他自己则面对艾森豪威尔夫人,只是相距较远。我被安排在艾森豪威尔夫人的右首,挨着她。我妻子在史密斯将军的右首,史密斯将军则在我的右侧较远的地方。史密斯夫人在我妻子的右首,离总统稍远。

我们闲谈了美式中国菜,这当然是一个非常轻松的谈话题目。我们还谈到绘画,这是总统作为业余爱好者颇为擅长的。事实上,他派人拿来两幅他的得意之作,一幅是从他办公室的书桌上拿来的,另一幅是从楼上他的卧室拿来的。这两幅作品确实喜人,我们大家都很赞赏。我告诉总统说,蒋夫人本人是一位中国风景画家,在不到两年的时间里,取得了惊人的成就。我们还提到了总统的男管家。他在大战时曾在欧洲跟随总统。据艾森豪威尔说,战后退职时,他愿意继续为总统服务。

我有一两次转身同艾森豪威尔夫人交谈,并打听她的姐妹穆尔夫人的情况。她说,她的姐妹极其钦佩顾夫人和中国大使。这就使蒋夫人有机会同总统单独谈一两分钟。然后,当那两幅作品拿进来的时候,我走上前去赞赏。所有人都站了起来,从而使我们有机会调换座位。我占了史密斯夫人在总统左首的座位,我妻子占了我挨着艾森豪威尔夫人的座位。这样我就能够直接同总统谈几句,以帮助蒋夫人实现她的打算。

我向蒋夫人示意时,是下午六时,也就是我们来了一小时了。于是她起身告辞。总统陪同她出来,我故意在后面稍停并同艾森豪威尔夫人谈话。总统领蒋夫人一路往外走,以参观历届总统的画像,我则走向大厅的另一头,以便再给他们一次机会谈论她所想谈的事。外面有十二位摄影师等候。按照总统的建议,照了几张相作为纪念。

当天晚上在大使馆为蒋夫人举行的宴会进行得很顺利。客人陆续到来时,我陪同蒋夫人到楼下会客室,在引见之后,我让一些重要来宾坐在她旁边的沙发上三三两两地闲谈,以便使知名的来宾有机会对她说几句话。宴会后也是这样安排,从而使她能与尽量多的来宾交谈,特别是那些她愿意和他们讨论某个问题的来宾。有许多知名人士出席,其中美方人士包括众议院议长马丁,新任国防部长威尔逊夫妇,新任司法部长赫伯特·布劳内尔夫妇,新任邮政管理局局长阿瑟·萨默菲尔德夫妇,参议员麦卡伦、弗格森、史密斯、约翰逊和他们的夫人,众议员萧特,富尔顿和他们的夫人,女众议员凯瑟琳·圣乔治等。我把蒋夫人安排在我对面,众议院议长在她的右首,新任国防部长在她的左首。席间,蒋夫人大部分时间里同新任国防部长威尔逊谈话,看来谈得兴致勃勃。

在感谢众议院议长出席宴会之后,我提议为美国总统的健康干杯。马丁举杯回敬,为中华民国总统及其美丽而有才智的妻子蒋夫人干杯。然而在我起立祝酒之前,我曾注意到发生了一点争夺。富尔顿没有事先打招呼就站起来为"美丽的蒋夫人"干杯,众议院军事委员会主席萧特则继他之后祝酒并说了几句简短的话。

众议院议长为这一切感到生气,所以我在起立祝酒之前略微等了一会儿,以使这件小事平静下来。

回到会客室后,蒋夫人再次请威尔逊同她坐在一起,而且显然对他们之间的谈话很感兴趣。我把司法部长布劳内尔和邮政局长萨默菲尔德也请来同她谈了一会儿。然后我妻子请萧特扮演邱吉尔表演了一个小节目。由于他曾是一位领罗氏奖学金的研究生而且在英国居住多年,所以他能不费力地模仿英国口音而且能运用自如。因此,他完美无缺地扮演了这个角色,使满座为之开怀倾倒。宾客们看到他的言谈和行动与邱吉尔惟妙惟肖,头上恰如其分地戴一顶耷拉着的黑礼帽,都禁不住哄堂大笑。

宾客全都离去之后,我把蒋夫人送回她的房间。她显然对这次晚宴很高兴,因而要求我坐下来再谈一会儿。她说,她同国防部长在席上和会客室里都谈得很多。国防部长认为建立中美联合参谋部以事先制订应付突然事变的计划的意见是正确的,而且应该予以实现。他还就报道中的任命雷德福上将为参谋长联席会议主席的计划征求她对雷德福的意见。他想要知道蒋夫人对雷德福的印象如何,特别是雷德福是否能够合作,因为威尔逊本人并不认识雷德福。蒋夫人说,她肯定雷德福能够合作。她还赞扬了雷德福。威尔逊对此很高兴,因为他必须决定是否推荐他。蒋夫人还说,她对同威尔逊交谈这样有兴致,以致担心怠慢了坐在她另一侧的众议院议长,所以她尽力使后者高兴。这些都使我坚信她感觉灵敏而又聪明。如果她是一位男子,我认为她很可能是一位第一流的外交家。

正如正式宴会有时发生的情况那样,有一位客人即萨默菲尔德夫人没有来,这就需要仓促变动座次安排,而更麻烦的是必须在某种程度上改变陪客座次。按照老式规矩,一位女宾必须由一位男宾陪伴。主人必须注意使他们相称。座次安排也是如此。邮政局长在预定的八点左右到达时告诉我们说,他的夫人可能晚来,因为她前往俄亥俄州的克利夫兰看望她生病的母亲,定于当晚飞回华盛顿。飞机本应于七点着陆，但是由于天气不好而误点。他向飞机场打电话，据告飞机要到八点二十分才降落。承他好意，要求我等候不要超过半小时。这可是我的造化，因为这使我有时间进行安排。他在八点三十五分再次和飞机场通电话后，肯定她还没有到达。我很快想到了我的武官萧勃的夫人。萧很帮忙，给她打了电话，简直是命令她前来。同时我也很同情她的为难，因为我知道一位夫人要在几分钟内为参加正式宴会而准备就绪，是多么不易。我高兴地派我的车子去接她。当她在二十分钟内就来到而填补了空白时，我真是万分感激。

招待蒋夫人的第二次宴会于 3 月 10 日星期二晚上举行。这次来宾名单中包括内政部长道格拉斯·麦凯夫妇，参议员马隆、麦卡锡、布里奇斯、乔治和马格纳森以及他们的夫人，副国务卿史密斯夫妇，助理国务卿麦卡德尔夫妇，众议员泰伯，美国前驻华大使赫尔利的夫人，及大使馆的一些人员。席间，内政部长由于是在席的唯一内阁成员，当然坐在蒋夫人的右侧首位，他的右首是我妻子，参议员布里奇斯则在蒋夫人的左首。一切都进行得很顺利，而且我已经示意我妻子告知麦凯，我将举杯祝美国总统健康，并欢迎他致答词。但是参议员布里奇斯突然起立以适当言词提议为自由中国、为蒋委员长和蒋夫人的健康干杯。我等了几秒钟之后起立，在感谢布里奇斯的祝酒之后，按原订计划祝酒。然后我请内政部长讲几句话。他显得有点茫然，但还是说了几句恰当的话，赞扬蒋夫人、我妻子和我，随后提议为我们夫妇健康干杯，因为布里奇斯已经为蒋夫人祝酒了。

散席后，陈之迈无意中听到布里奇斯夫人批评她丈夫第一个讲话。布里奇斯回答说，他是参议院临时议长，至于内政部长，他算老几。布里奇斯夫人向我道歉，但是我说，我感谢议员的祝酒，因为这是一位非常热心的朋友为我国事业祝酒。这也安慰了布里奇斯。显然这位参议员认为宴会所遵循的礼仪是有问题的。一般做法是众议院议长居首位，政府的最高代表居第二位。由于众议院议长不在场,就把内政部长安排在首位,而把作为参议院临时议长的参议员布里奇斯安排在第二位。

这次宴会也有一些最后一分钟的座次变动。史密斯将军来到后说,他的夫人由于感冒不能来了。这使我和我妻子有点吃惊。我们又一次面临和前一天晚上同样的烦乱。这次我吩咐陈家博赶快把座次安排变动一下,把座位顺序前移一个,然后要求他用电话通知他的妻子前来填补最后一个空位。

宾客离去之后,我陪同蒋夫人上楼。这时她对我说,史密斯将军同她进行了长谈,特别是关于从缅甸遣返部队的问题,她再次同意我的意见,即我们应当在原则上接受美国的建议,然后再商谈实施细则。

第二天上午,我接见了蒋纬国将军。他是为了看望他的继母而再次到华盛顿来的。他来见我是为了了解有关出版蒋委员长反共文稿的最近进展情况。稍后,我陪同蒋夫人和游建文坐我的汽车前往国会出席众议院议长马丁和参议院临时议长布里奇斯在众议院议长餐厅为蒋夫人举行的午宴。到达后,我们被领到众议院议长室,议长在那里接待我们,然后又陪同我们步入餐厅。这次午宴大约有三十六人出席,其中包括:参议院议长副总统尼克松,佐治亚州参议员乔治,加利福尼亚州参议员诺兰,科罗拉多州参议员米利金,衣阿华州参议员希肯卢珀,纽约州参议员莱曼,以及众议员周以德、玛格丽特·丘奇、弗朗西丝·博尔顿和凯瑟琳·圣乔治。参议员和众议员的夫人们未被邀请,宴会厅已经座无虚席。

应邀讲话的除蒋夫人和我外,有参议员乔治和诺兰,副总统尼克松,丘奇夫人和周以德。丘奇夫人曾在韦尔斯利学院教过蒋夫人一年英语。她说,从那以后,她从蒋夫人学到的东西比蒋夫人在学院时从她学到的东西多。我赞扬蒋夫人为自由中国无可匹敌的女代言人,并称赞了她的爱国精神和才能。我还感谢美国在反对侵略的共同斗争中以及在自由和民主事业中对我们的援助。蒋夫人作了即席发言,讲得很中肯,也很得体。她没有事先准备讲稿,这样做好得多,因为在那种情况下,事先准备好的讲演是不相宜的。

午宴进行中,众议院议长在祝酒后要求我祝酒。因此,作为对他慷慨陈词的答谢,我提议为美国总统的健康干杯。我说:

> ……我和我的夫人对你,议长先生,表示感谢,并对参议院临时议长表示感谢,感谢你们的友好,使我们有机会和你们一起在这个美好而值得纪念的集会上向我国第一夫人蒋夫人致敬。她是我国的伟大爱国者和中美合作事业的忠实朋友。她刚才的讲话,不仅表达了她个人的情感,而且也表达了中国爱好自由人民的情感。因此,为了感谢美国人民对我国的传统的亲善和友谊,并表达我们对这个伟大国家人民的热爱和钦佩,我举杯祝酒。(由于酒尚未斟好,我继续说)我知道我们杯中盛的是水,但是我认为好极了,因为这水是纯洁和有益健康的,而这正代表美国人民的两种品质。因此,我要求你们和我一起为美国总统的健康干杯。

我为蒋夫人安排的第三次宴会在当天即 3 月 11 日晚间举行。这次宴会在最后时候又重新安排,因为商业部长辛克莱·威克斯上午来电话说,他和他的夫人由于他患了流行性感冒而不能来了。幸而前一天晚上经蒋夫人建议并经我们商量决定加上了于斌主教,这就只需要再找一位女士。空军武官衣复恩的夫人应邀填补了这个空位。

宴会最后很活跃,自愿或应邀讲话的人里有副总统尼克松,他为答谢我的祝酒说了几句恰当的话。讲话的人还有共同安全署署长史塔生,共和党参议员诺兰、蒙特、希肯卢珀、兰格,民主党众议员詹姆斯·理查兹,和鲁斯先生。蒙特和鲁斯是自愿讲话的,其他几位,除参议员兰格经过一番劝说外,都很快响应了我的邀请。蒋夫人在我的请求下,以非常出色的即席发言,向美国人民表示赞赏、感谢和敬意,从而结束了晚宴。

散席之后,蒋夫人向我表达了真诚的感谢和愉快。她说,她很高兴能见到这样多的重要人物,他们都是她希望晤谈的。我感谢她的赞扬,并说,由于时间仓促,各项安排都是临时准备的,并未达到应有的完美程度。她说,她很抱歉她的来访事先通知过晚,尽管如此,看来准备得很好。她说,今后一定多给我们一些时间。

我在日记中记道:

> 除了在使重要人物接受邀请方面时间紧迫外——而且由于新政府刚刚上台,国会和政府大多数人士的正式约会早已事先排满——还有一些想不到的问题。比如说,马隆夫人于7日给我妻子来电话,对没有接到宴会请帖表示极为失望,尽管这些年来,她丈夫和她一直是我们事业的坚定朋友,而其他一些远不如他们关心我们事业的人,却被我们邀请会见蒋夫人。

> 然而这是误会,因为我们不得不仓促行事,而且三个晚上的宴会请帖必须在不同时间送出。我让我妻子去看她,向她说明她和她丈夫的请帖即将发出,而且他们的名字属于第一批名单之中。花了两个小时才使她平息下来。我为这件不愉快的事感到遗憾,因为马隆夫妇不但是我们国家的也是我们个人的真正朋友。

最后,在3月12日星期二,我为蒋夫人举行了一次冷餐午宴。来宾包括国会、国务院和武装部队的成员,新闻广播界的代表和社会人士。这实际是一次临时准备的活动,是两天前才决定的,为的是提供一个机会,使蒋夫人能够见到她希望见到,但由于宴会座位已满而未能列入邀请名单的那些朋友,或由于另有约会而未能接受宴会邀请的那些朋友,其中包括许多参议员,如印第安纳州的威廉·詹纳,华盛顿州的哈里·凯恩和马萨诸塞州的约翰·肯尼迪。还有社会领袖,如约瑟夫·戴维斯夫妇,罗伯特·古根海姆夫妇和莫里斯,卡弗里兹。还有国务院许多成员如政府的新任副国务卿唐纳德·洛里夫妇等。使我惊奇的是,约一百三十人竟能在客厅、琴室、走廊和一楼半房间的小桌旁舒适地入座。这使蒋夫人也很高兴,因为午宴包括她的许多老朋友和对华友好人士。

霍比夫人在当天晚些时候前来同蒋夫人一起用茶。她为未能接受我们的宴会邀请而感到遗憾。蒋夫人急于想会见的陆军参谋长柯林斯将军,定于下午五时来到。她的外甥和黄仁泉一直在尽力安排他来访,并成功地约定了下午五时。但是柯林斯到最后时刻未能前来,因为他必须出席国会的听证会。他让他的夫人代他来访。下午六时,蒋夫人及其一行乘汽车离去,表面上是去纽约,但后来证实实际上是前往她外甥布置的在十六街的公寓。

就在蒋夫人离开之前,我们给她的一行连同大使馆的一些工作人员以及政府驻外其他机构人员照了几张相。她特别向我和我妻子致谢。她说,由于我们的经历和人缘好,才能在这样短的时间内办成这么多重要人物的聚会。她准备把这些情况告诉台湾人士,我领会她是指蒋委员长。她还向大使馆工作人员致谢,他们大多数都在场为她送行。我记得她在乘车前往国会出席午宴途中,也曾向我和我妻子表示深深的感谢。

就在离开之前,她说她想在我客厅里壁炉架上的她那张照片上签名。我只得告诉她说,那张照片她已签名,但那是送给大使馆空军武官衣复恩夫妇的。为了这个场合,我不得不向他借来,但是故意把签名和赠送人姓名盖上了。她立即提出回到纽约后寄给我另一张,供我们在客厅里和蒋委员长的照片摆在一起。

经过蒋夫人访问华盛顿并在双橡园逗留五天的一阵忙乱后,星期五显得格外宁静。这形成了鲜明的对照。给人的印象是做了一个梦,梦境完全消失了,又回到了正常的人间。唯一使人想起来这场梦的是游建文从纽约来电话,告知蒋夫人平安到达纽约并再次感谢大使馆人员和我为她在华盛顿所作的安排。

3月15日，我参加了约瑟夫·戴维斯夫妇为新任空军部长哈罗德·塔尔博特举行的招待会。他视察了包括台湾在内的远东空军基地，刚刚回到华盛顿。他以前是一位飞行员，看来也是一位非常注重实际的行政官员。虽然外面下着大雨，前来参加为他举行的招待会的人还是很多。我同十多位朋友谈了话，包括：参议员塔夫脱夫妇，海军部长安德森夫妇，副国务卿洛里夫妇，博内夫人，黑兹利普夫人，古根海姆夫人，法官里德夫妇等。古根海姆夫人想要在蒋夫人认为合适的任何日子为她举行晚宴。

第二天，我收到了蒋委员长个人来电深切感谢我在蒋夫人访问华盛顿期间对她的照料，这真使我喜出望外。其中有一句说，蒋夫人受到了各种特殊关照，因此他要表示无任感谢。

我召集那些积极进行安排和执行这项任务的大使馆人员开会，感谢他们在安排蒋夫人来访方面的配合和有效帮助。我对他们说，不仅是我感谢他们，蒋夫人也感谢他们。她在星期四离开双橡园前，曾亲自向他们致谢。她在纽约还打来了感谢电话。我还对他们说，蒋委员长也亲自给我来电。崔存璘说，安排的成功，主要是由于我亲自过问并负起全部责任，而没有蒋夫人前一次来访的那种"厨子多了煮坏汤"的情况。那一次她的侍从都设法插手全部安排，造成了极大的混乱、很糟的结果和不好的印象。

3月17日，我收到了蒋夫人寄自纽约的私人信，感谢我和我妻子为她的访问所作的十分周到的安排，并且说虽然日程很满，她并不感到很累。我非常高兴，因为把她的电话致谢和来信以及蒋委员长的来电放在一起考虑，就清楚地表明她对这次安排是很满意的。第二天，我口授了给她的回信，外加给叶公超的两封信，一封是私人信，另一封是汇报蒋夫人的来访情况以及她告诉我的在她访问华盛顿期间她同各位要人的谈话内容。

第二节　朝鲜停战及其对国民党中国的影响

1953 年 1 月—8 月

一、僵局打开：对战俘问题的协定；自由中国前途难卜

1953 年 1 月—6 月 8 日

艾森豪威尔总统在竞选时虽然许下停战诺言，在就职之前又到过前线，但 1953 年 1 月他上任时，朝鲜战争何时结束，看来仍很渺茫。他对第七舰队发布了不再阻止从台湾向中国大陆进攻的命令，这无疑是企图对在朝鲜的共产党人施加压力，以使他们坐到谈判桌上来，而事实上却使美国的许多盟国担心战争会进一步扩大。当然，北平的共产党政权也立即加以煽动，谴责总统的声明是美国企图把战争引向中国大陆的迹象。与此同时，北平政权再次指控美国空军向北朝鲜和东三省发动细菌战。在美国方面，为了贯彻艾森豪威尔在国情咨文中的另一项声明，即他正"密切注意大韩民国增加兵力的进展情况"，政府批准了增建朝鲜师团的计划。

在板门店，相持不下的局面依然如故。联合国在上述外交形势日趋紧张的情况下，于 2 月底召开了第七次会议，大部分代表觉得对于朝鲜局势无能为力。联合国除了在上年 12 月根据印度建议作出大会决议外，毫无进展。

突然，在 1953 年 3 月 5 日，全世界传遍约瑟夫·斯大林逝世的消息。苏联部长会议新任主席和新的统治集团三驾马车之一的格奥尔基·马林科夫在斯大林葬礼上向公众讲话，语调总的说来是比较温和的。他着重谈到共产党国家集团同自由世界和平共处的可能性，以及通过和平谈判解决一切重大问题的可能性。苏联方面接着又作出许多和解的姿态。比如，3 月 12 日在德国上

空英国飞机遭到苏联飞机的袭击,俄国人对抗议的答复是和解的。俄国新政府对造成伤亡道了歉,并建议商讨空中安全的问题

然而,西方民主国家的态度仍然并不乐观。许多人士担心斯大林的继承人最终会比大元帅本人更坏,更难于对付。但我个人的想法,像我在3月15日的宴会上向最高法院里德法官所说的那样,认为苏联的新独裁者马林科夫,对西方会采取强硬的政策以获取苏联人民的好印象并建立自己的威信。另外,他也不敢挑起第三次世界大战,因为苏联尚未准备好。法官同意我的见解。

一星期以后,我和宋子文博士在他的寓所共进午餐。他约我叙谈,意在了解一下斯大林逝世和马林科夫继任后,我对国际形势的估计。我告诉他在最近的将来看不出有甚么变化。装出一副和平姿态的用意在于促成三巨头即艾森豪威尔、马林科夫、邱吉尔的会晤,但不是为了就国际形势达成某种协议,而是为了建立马林科夫的威信,因为他从来没有出过国,在外国几乎不为人所知。然而苏联还没有做好战争准备,至少再有四年或五年的时间,也未必准备得好。我说,没有爆发第三次世界大战的危险。

对这个问题,我的意见一直是坚定不移的。过去在宋子文多次问到时,我已经表明过。不但他认为会爆发第三次世界大战,而且台湾各界,都有这种看法。特别是军界。但我仍然相信,尽管莫斯科领导人有变动,第三次世界大战的危险并不是迫在眉睫。另一方面,我那时也并不认为莫斯科领导的变动,会给紧张局势带来明显的缓和。

首先,我觉得莫斯科新领导人正在等待华盛顿的信号,因为近来美国的领导人也在变动。他们看得很清楚,新的美国政府还未订出明确的政策,究竟作出怎样的方案,还要等着瞧。除非事先对问题经过透彻的研究讨论,不能指望任何一届新政府会贸然订出明确的政策,尤其是明确的外交政策。至少艾森豪威尔在当选以前,对于要执行怎样的政策,并不曾进行过研究和得出明确的结论。他要等待,看看形势,还要和他极为尊重的顾问们商讨。

所有这些,莫斯科非常清楚,它有许多代理人和代表巧妙地布置在华盛顿。

其次,约瑟夫·斯大林的统治时间延续得相当长久,给莫斯科政府留下了烙印,需要很长时间才能有所变动或更改。我想再说一点。斯大林刚刚死后的形势,正如一位长期用铁腕统治一个国家的独裁者或强硬领袖突然不见时在那个国家常常发生的情况一样。不能很快地得到顺利解决,而且必然会出现剩下的领导人之间展开权力斗争,就像苏联不久发生的情况。所以我确实不能设想莫斯科会订出意义明确的新政策。

我告诉过宋子文,自由中国的真正危险来自英国不断对美国的政策施加影响,因而使美国政府优先考虑欧洲,而在亚洲,尤其是对红色中国,则实行温和政策,即使不是姑息,至少也是不挑起争端,这对我们极为不利。我又说,伦敦还想在中国大陆促进铁托主义,目的也许仅仅是要证明它以往对中国的态度是正确的。宋子文本人的印象是在朝鲜达成某种停战协定,对奥地利订立和平条约,都有可能,因为他认为马林科夫需要两三年的喘息时间来巩固他自己在国内的地位。

年初,1月23日,当奥地利新任驻华盛顿大使马克斯,勒文塔尔博士来作礼节性拜访时,我同他讨论了奥地利和平条约的问题。他首先对来访时间太晚表示歉意。他说他是上年9月到达华盛顿的,但他除担任驻美大使外,还兼任驻多米尼加共和国、古巴和加拿大大使,他必须到所有这些国家去递交国书,因而就来晚了。他说,来访的第二个目的是,遵照本国政府的指示,对台湾的中国政府在安理会上支持巴西关于奥地利和平条约的提案表示感谢。他请我把这一信息转达给我国政府。

我说,我乐于照办,又说,正如大使所知,中国政府和人民一贯和奥地利友好,我国政府乐于在安理会支持巴西的提案。(提案呼吁各大国同意订立条约,结束占领,让奥地利完全行使主权。)

勒文塔尔说,他的政府即将派以奥地利外交部商业司司长为首的代表团前往台湾。这位司长是他在部里的助手。他相信代表团不久就可到达台湾,研究奥地利和自由中国之间开展贸易的可能性。

　　我说,我知道奥地利代表团要作远东之行,我为他们能访问台湾而高兴。我认为台湾生产的许多商品适合奥国市场,主要的出口物资有食糖、大米、香蕉、菠萝等果品,香茅油和樟脑。虽然大米多数卖给日本,而食糖则是远销拉美、东南亚和欧洲的。近来有一批食糖运往西德,并且同英国签订了出售食糖的合同。

　　勒文塔尔说,代表团访问台湾回到维也纳后,将提出报告,他希望两国间的贸易能得到促进。他说明代表团有两个目的,一是使远东了解奥国,二是研究贸易的可能性。眼下由于奥国外交部的经费有限,奥国仅在印度设有一个代办,他是全亚洲唯一的奥国代表。由于同样的原因,他自己也被派驻四个国家。我问他在四国工作时间如何分配。他说,事实上大部分时间放在美国,因为这里的工作最繁重。在渥太华有一个奥国代办,但所有的重要事务都要向他请示。又说,渥太华与华盛顿之间的电话往来,就像华盛顿与纽约之间那样方便。

　　谈到奥地利和平条约时,我说,自由中国一直希望它能签订,遗憾的是至今未签。

　　勒文塔尔说,他的国家迫切希望签订和平条约,这样就能按自己的意愿治理自己的国家了。不幸的是,大国对于条约的内容意见不一,结果奥地利现在不但要负担俄国军队的,而且还要负担美国和英国军队的占领费,这就大大消耗了奥国的财力。我说,据我了解,正是苏俄在早日签订条约的道路上设置了一个又一个的障碍。勒文塔尔说,很明显,俄国并不想签订条约,这样它就能继续在奥地利驻扎军队。

　　勒文塔尔表示,他同情自由中国目前的困境。他说,奥国人民最喜爱中国人民。他记得以前有一位驻北京的奥国公使,在被政府召回时,极力要求收回成命,说他不能生活在别的地方。当他的努力失败时,他离开了北京并且自杀了。勒文塔尔又告诉我,他以前认识一位姓黄的中国公使的女儿,他高兴地得知这位女士现在平安地住在美国。

我说,我与她的父亲黄荣良非常熟悉,他被派往奥地利和我也有一定的关系。黄先生是一位能干的外交家。谈到这里,勒文塔尔起身告辞。

3月16日,参议员诺兰的办公室来电话说,诺兰将在参议院就有关远东、朝鲜战争和美国对台政策作重要演讲,建议大使馆派人去参议院旁听。我派了陈之迈和一等秘书赖家球前去。后来陈报告说,诺兰赞成积极的政策,在北朝鲜向敌军施加更大的压力。陈说,一个新的论点是要美国驻联合国代表提出一项决议案,宣布苏联是侵略朝鲜的帮凶。

虽然在联合国讲坛上经常指控苏联在朝鲜所起的作用,但是提出这样的决议案倒是新的想法。新任美国驻联合国大使小亨利·洛奇刚刚在2月25日的政治委员会议上向俄国代表提出了挑战,要求他们对于俄国怂恿和支持侵略朝鲜的十件事实作出反证。

在我的建议下,蒋廷黻博士于3月21日前来与我交换意见。我们讨论了一些国内和国际方面的问题。关于联合国秘书长赖伊的继任人选问题,他赞成提名泰国的旺亲王作为折衷办法。旺亲王是一位外交家,当时任泰国外交部长。蒋征求我的意见,我说,从西方的标准看,他不太能干,也正是由于这一原因,他很有可能被各方面所接受。我是坦率地提出我的意见的。蒋博士也认为他相当消极,但是在目前,联合国由于苏联的不合作而陷于瘫痪的情况下,他觉得这样一位秘书长可能是这一时间能够接任的最佳人选。他说,我们驻曼谷代办孙碧奇曾经受命在曼谷向旺亲王试探,据悉他表示愿意。但旺亲王建议,先不要提他的名,等到其他候选人经过讨论落选,而需要有新人打开僵局时再说。蒋博士还提到墨西哥的内尔沃和伊朗的恩泰札姆,但我们都认为,在现实情况下旺比其他两人更好一些。

当然,最后是瑞典的哈马舍尔德的提名先后得到安理会和联合国大会的批准。安理会里的僵局由法国提议推荐哈马舍尔德来填补这一有争议的空缺才算解决。过了几个月,当我向主管联合国托管事务的副秘书长、我的老同事和老朋友胡世泽询问哈马舍尔德的情况时,胡说新任秘书长对他的能力和工作远较他的前任更能赏识。他认为前任秘书长赖伊政治意识太浓,他对秘书处人员的政治背景特别重视。由于国民党中国的影响和力量随着共产党在中国大陆的胜利而下降,胡世泽和其他在联合国秘书处工作的中国人就不怎么被赖伊看重了。而哈马舍尔德却不一样。

3月底,国际上相继出现了一些异常重要的事件。3月28日,我正在纽约参加一些约会,闻悉北平宣布接受马克·克拉克将军的建议,交换在朝鲜的伤病战俘。这次共产党接受联合国总司令1953年2月22日提出的立即交换伤病战俘的建议,引起了许多对于朝鲜和平前景的猜测。它听起来像是有诚意的,也很可能是认真的,因为它是紧接着莫斯科和北平所做出的许多和解的姿态而来的。莫洛托夫表示愿意斡旋,使拘禁在捷克斯洛伐克的英国人获释;苏联为击落一架英国飞机造成多人伤亡的事件,向英国驻德占领区高级专员道歉,并提议探讨如何防止将来发生类似事件,北平也释放了被长期监禁或软禁在家的几名美国和法国的教士。所有这些都从侧面证实了这一有关朝鲜的姿态的诚意,这意味着在阐明莫斯科的政策。

3月28日的声明发表以后,刚从莫斯科回到北平的周恩来接着于30日在电台广播,建议在下述条件下恢复停战谈判,那就是,敌对行动停止后,双方立即遣返各自拘留的坚决要求遣返的全部战俘,并将其余战俘移交给一个中立国家,"以保证他们的遣返问题能得到公正的解决"。然而他宣称他的政府和北朝鲜政府(也由他来代表发言)并不放弃全部战俘必须释放和遣返不得拖延的原则,同时他们也不承认联合国军司令部提出的有些战俘拒绝遣返的说法。

我在 4 月 1 日的日记里写道,3 月 31 日选出瑞典的哈马舍尔德继赖伊任联合国秘书长一事,是"苏联改变态度趋向合作的另一迹象,至少新闻界是这样看的"。我又写道,中国共产党同意接受原先印度的提议把不愿遣返的战俘交给一个中立国家做最后处理,"实际上共产党方面并未让步,而是西方把它看作是让步,渴望停战,几乎不惜任何代价"。

一天以前,联合国和共产党司令部的代表已在板门店开会,会上将联合国军司令的一封信交给了共产党方面,信中提议联络组早日开会,以便安排立即交换伤病战俘,并且表示希望恢复停战谈判。

在这一周里,我与参议员弗格森讨论了这一问题,当时我们是在为财政部副部长马里恩,福尔索姆先生举行的鸡尾酒会上相遇的。福尔索姆是酒会主人在佐治亚大学时的同班同学,任现职以前一直在罗切斯特的柯达公司工作。弗格森同意我的看法,以为对交换伤病战俘和休战问题达成协议的可能性很大,但下一步如何还是疑问,因为从铁幕后传来的可靠消息太少了,而且克里姆林宫新政权发动新和平攻势的动机也难以断定。

同一周内,金问泗大使来同我商量,他应当怎么办。我总的意思是劝他留居现职,特别是在朝鲜休战有了新的希望的时候,而且在联合国的任何讨论或休战以后的政治会议中,我国的国际地位将会随之发生动摇。金问泗曾告诉我,他已写信给叶公超辞去比利时大使一职,希望另任他职,例如联合国托管理事会的副代表或驻加拿大大使,或其他工作。我最初曾建议他作外交部顾问,因为当时有好几位这样的顾问驻在美国;而且向他暗示,在我的大使馆里当顾问,美国国务院可能不同意,因为我们曾经多次发现过美国的这种态度。在这种情况下,我确实认为,他最好是稳坐原位不动。事实上,仅仅一星期以后,就有不少谣传,说拟议中的休战后的政治会议将扩大范围，美国政府不但考虑在朝鲜半岛狭窄的腰部分割朝鲜，而且还在策划托管台湾。还有迹象表明，英国对白宫的影响正在增加。

俞大维将军于4月8日来访，报告他近来和美国官员会谈的情况。他说，他问过主管中东和非洲事务的助理国务卿拜罗德将军，朝鲜停战谈判对于台湾和南朝鲜问题可能产生怎样的影响。拜罗德认为，对我们和南朝鲜都不利，但是对别的地方却会有好处，例如对欧洲和中东，在那里，任何东西方紧张局势的缓和都是会受到欢迎的。至于我们如何才能摆脱不利影响，他提不出甚么建议。

俞大维离开大使馆不久，蒋廷黻从纽约打来电话说，有一位《纽约时报》记者告诉他次日报上要刊登一篇文章，内容是华盛顿正在考虑可能建议由联合国托管台湾，作为当时难题的解决办法。这似乎在证实拜罗德的预言，停战谈判可能不利于台湾和南朝鲜。记者曾请蒋发表评论，他答称，对于这类事他毫无所闻，如加以评论就太荒唐可笑了。我对蒋说，我也一无所知，可是这种意见在华盛顿的一些现政府领导人中，过去是有过考虑的。

次日早上，所说的那篇文章刊登在《纽约时报》的第一版上。篇幅很长，一般地介绍了朝鲜战争停火协定草案签字以来美国政府所持的态度。文章提到，美国政府拟按1952年2月所商定的，扩大政治会议的范围，承认印支战争和朝鲜战争实际上是一个问题，应当同时解决。又说，它还拟提议在朝鲜狭窄的腰部即现在的战线三八线以北约一百英里处，划一条南北朝鲜分界线。又说，美国政府感到台湾问题非常棘手，所以正在考虑提议托管，使台湾在联合国的保护下成为一个独立国家。

记得在1952年2月，双方同意在达成停战协定后三个月内举行政治会议时，共产党方面的谈判代表要求会议讨论全部远东问题，而联合国军司令部坚持会议只限于讨论朝鲜问题，后来在简短的讨论题目后面添加了"等等"字样，作为折衷办法。读了《纽约时报》的文章,似乎美国政府已经决定,像我曾经担心的那样,利用"等等"字样为会议讨论其他远东问题(包括台湾的最后处置)开辟道路。如果属实,那是不能容忍的,但我知道报纸消息往往是捕风捉影,我不急于下结论。

那天早晨十一点钟,主管远东事务的新助理国务卿饶伯森来作礼节性的拜访。在谈到他以往在中国工作的情况和他自1946年退休以来发生的变化后。我说,共产党攫取中国的目的,是苏联统治全世界计划的一个重要组成部分。我说,我担心目前共产党关于交换伤病战俘以及恢复朝鲜停战谈判等等和平表示,不过是图谋哄骗西方产生一种虚假的安全感,以使莫斯科新政权赢得时间巩固它在国内和国外的地位,而毫无实现持久和平的诚意。西方对待这些和平的表示必须提高警惕,特别是因为世界人民都在渴望和平。我又说,最大的困难在于自由世界和共产主义世界在道义或法律上都没有共同准则。在自由世界,一旦担负起某种责任,就认为道义上必须去实现它,而共产主义世界却不是这样想法。

饶伯森说,共产党人订了协议,只有在符合他们的要求时才会遵守,否则他们就毫不迟疑地把它撕毁。他回想起在1945年8月签订的中苏条约中,苏联政府承担在与日本停止敌对行动后,两星期内开始从满洲撤走苏军,三个月内全部撤完。可是对日停战协定签字后,苏军留在满洲,且尽一切可能阻止中国军队登陆。

谈到这里,我说关于莫斯科发动的和平攻势,我已注意到那天早上的《纽约时报》有一篇华盛顿专电,说什么美国正在考虑由联合国托管台湾,最后目标是制造一个台湾共和国。并说,美国愿意解决朝鲜问题,条件是在朝鲜半岛狭窄的腰部划分南北两个朝鲜。我不知道这些消息究竟有多少真实性,我想处在饶伯森先生的地位,可能对此有所了解。

饶伯森回答说,他迄今并未见到所说的电讯,但是如对这几个问题做出这样的决定,他是会感到极大震惊的。他说,那天早上他曾和杜勒斯国务卿会晤了一个小时,但一点也没听他谈起这一类消息。

我说,听说那篇报道没有根据,我非常高兴,因为关于台湾的这一类建议,不仅对自由中国,而且对美国和自由世界的共同事业,都是有害的。普天下热爱自由的人民对此都不能理解,只能认为是自由世界方面在抵抗共产主义侵略上的软弱表现。

饶伯森重申,他不信这篇报道有事实根据。

后来我在给外交部的电报中叙述了《纽约时报》那篇报道的要点,并报告我乘饶伯森先生来访之便,问过他这件事情的真实性。我说,饶伯森答称他一无所知,而且认为报道不可靠。我又说,发电以前不久,白宫在中午发表声明,简单说道,分朝鲜为两部分一事,迄未确定,托管台湾一事未曾考虑,有关谣言毫无根据。

在同一天的另一封电报里,我分析了形势,回溯托管台湾一事并非新的想法。过去几年,美国朝野早有这类看法。甚至有些现任领导人,在他们掌权之前,也有这种意见。美国政府制订政策的部门,遇上某些问题时,总是先拟定几个解决办法。所以具体到这一次,可能是透露出来的应急计划之一,虽然还没有被正式采用。

接着我指出,前几天的新闻报道虽然被否认了,看来仍然反映出一个完全一致的观点。而且《纽约时报》驻华盛顿办事处主任说过,这一说法来源于同一高级部门。所以它完全可能是由美国政府新闻发布官员提供的,所述政策没有得到政府领导人的批准,却故意预先透露出来,为的是试探各方面的反应。当然,这事对我们非常重要,大使馆要全力注意,预防产生不良影响。另外,我建议我方应根据下列要点发表声明,公开驳斥这种主张:

(1)托管一事不但对我们有害,而且表明民主国家缺乏勇气,奉行绥靖政策。这一行为只会助长共产党人之野心,在和平道路上设置更多的障碍。

（2）提出这一主张，结果势将削弱和挫伤反共阵营之群众志气，实际上与对敌发动心理攻势之目的背道而驰，因而是不明智之举。

（3）民主阵营必须团结成坚强整体以显示反共决心及坚决维护自由之理想。只有通过此种行动，方能防止共产主义之威胁，取得自由世界之安全。

结尾时我告诫说，我们的声明必须根据原则，措辞要有分寸，以免刺激任何方面。

在第三个电报中，我请外交部将该电转呈蒋总统。我说，诺兰参议员刚刚前往白宫和艾森豪威尔总统讨论朝鲜和台湾问题。当走出白宫时，他告诉新闻记者，白宫中午发表的声明，正确地代表了艾森豪威尔总统的意见。诺兰又说，他高兴地从总统那里获悉，伦敦《泰晤士报》的报道并不真正代表杜勒斯国务卿对朝鲜和台湾的政策。也就是指伦敦《泰晤士报》有一条消息，曾再次证实《纽约时报》的报道，而且进一步把所谓朝鲜分界线和托管台湾说成是国务卿自己讲的。

那天有两位来访者征询我对朝鲜停战前途的看法。第一位是新任墨西哥大使唐·曼努埃尔·特略，他是在中午来作礼节性拜访的。第二位是孔令傑，他陪同蒋夫人从纽约到台湾小住之后刚回美国。

特略大使有很长的经历。自从上次在旧金山相遇以来，他历任副外长、代理外长，去年最后当了外交部长。使我惊奇的是，他详细地谈到了墨西哥的毛邦初案件，这位将军的引渡问题在那里已悬置很久。他说，在叶公超有特殊任务去墨西哥时，他曾见过叶。他还问我，对于苏联的和解新姿态以及中国共产党提议交换战俘和恢复停战谈判，我有甚么想法。

我说，我的想法是，苏联的新政权希望赢得时间，以便巩固它在国内和国外的地位，因此我相信朝鲜停战协定是会签订的，至于停战协定签订以后会出现甚么问题？对于目前使俄国和自由世界分隔的许多政治问题,俄国是否愿意作出实质的让步？还得等着瞧。但不管发生甚么情况,有一件事实是肯定的,即俄国不会放弃建立共产主义世界这一基本目标。现在苏联政策的改变,显然是要麻痹西方,增强共产主义世界的力量。

特略说,他同意我的意见,俄国即使签订了朝鲜停战协定,也不会放弃它原来的目标。但他又问,对于俄国改变迫害九名苏联医生(其中大多数是犹太人)的政策,我将作何解释。

我说,在我看来,采取这个步骤有两种原因。第一,原来的决定曾惹起国外大量的批评和反对。为了配合麻痹西方的新政策,莫斯科新政权不希望进一步挑起国外的反苏情绪。第二,原决定虽然是斯大林政权宣布的,看来并未得到苏联统治集团的一致同意。

特略博士说,由于原决定是由斯大林作出的,而斯大林被苏联人民看作是上帝,现在翻案,人民不可能有好感,因为它表明斯大林犯了错误。

我说,共产党对过去发生的一切从不介意,他们强调的是现在和将来。他们可以随时修改历史以适应当前的政策,而从来不把历史看作是事实的记录。接着我问他,听说危地马拉的共产党曾经非常活跃,这一情况是否属实。

特略的回答是否定的,他说,危地马拉政府不属于共产党,它只是试图实行土地改革,遭到地主们的强烈反对。又说,在他自己的国家,共产主义不成为问题。按照墨西哥的法律,一个政党至少要有一万五千名党员,才会被承认,而共产党在墨西哥始终凑不到那么多的党员。早在 1917 年,墨西哥就已开始进行土地改革,今天农民生活得比以前好得多,因为他们种的是自己的土地。

我说,我听了很高兴,因为土地改革是造福人民的基本改革,特别是在一个国民经济主要依靠农业的国家。

孔令傑也问我关于停战谈判的前景。我告诉他,这一次我认为停战协定以及交换伤病战俘的协定是会签订的。但美国面临的政治问题能否同样顺利解决,仍是疑问,这要看美国在长远而公正的和平原则上能作多大的让步。我相信美国人民虽然渴望和平,以使他们的子弟能从朝鲜回来,但他们不会容忍不体面的和平。但是我们最大的危险却在联合国,那里我们的朋友不多而敌人不少,颇有同意红色中国进入联合国的倾向。孔令杰说,蒋委员长对于朝鲜前途的意见和我大致相同,但台北其他人士显得过分乐观,说甚么停战决不会成功,因为共产党人没有诚意,他们会提出其他问题来阻挠协定。

我们谈话的含义很清楚:从我国政府的观点来说,朝鲜停战对我国政府不利,假如这样解决朝鲜问题,至少说明美国对台湾和大陆中国的态度一反常态。那天早上《纽约时报》的文章所说美国正在考虑由联合国托管台湾,就足以证明在逆境中美国的政策会发生如何不利的转变。当然,在世界形势多变之际,我无法断言,但是我猜想,既然美国政府不易大获全胜,又不愿投降,那么,朝鲜问题和远东问题的解决,恐怕就只能是修修补补的办法,零打碎敲的解决。而事态的发展正是如此。我认为果真如此,就不能说是美国政策本身的反复。因为同样的问题继续存在(也许形式上缓和些),美国不得不至少要维持有利于台湾的政策(与杜鲁门政府大部分执政时间的政策相比而言)。正如我和孔令杰讲过的,那时最严重的危险是,联合国为了取得朝鲜的和平,不惜屈服于共产党提出的要求,允许红色中国进入而把国民政府逐出,或在停战后的政治会议上作出类似的决定,这种可能性是有的。当然,我最为担忧的是英国给予华盛顿的影响。至于托管台湾问题,人们很快发现,至少在某种意义上,在报纸上较早地披露这一意见,实际上是有好处的。

4月9日的同一下午,我出席了几个招待会,第一个是德意志联邦共和国的代办,第二个是达里斯·克兰夫妇,第三个是在卢森堡公使馆由卢森堡公使勒·加莱夫妇和比利时大使西尔弗克鲁亚夫妇举办的。

德国招待会是为西德总理康拉德·阿登纳举行的。他年已七十七岁,体格健壮。会见时,他态度友好。他的助手们显然认为我们的会晤是重要的,很快招来摄影师为我们拍摄合影。他的外交部长也在场,走来和我交谈,弗丽达·乌特丽还为我介绍了总理的好几位助手,并说,自由中国和西德有着共同的事业,都是国际共产主义进攻的目标,为反对共产党统治世界,中国提供人力,德国提供技术。

西德总理于两天前抵达华盛顿与美国高级官员会谈。他已经公开发表过一些与我相同的看法。比如 8 日他向全国新闻俱乐部演说时说,他没有看到令人信服的证据足以说明俄国政策有所改变,德国苏占区的自由选举和释放仍在俄国人手中的德国战俘(他当然特别关心这一行动)方能成为这种证据,但在过渡时期,西方必须坚定地执行自己的政策。在外交委员会演说时又说,对于俄国的和平行动不应拒绝,而应以审慎和怀疑的态度加以观察。

比利时与卢森堡的招待会是为庆祝比利时公主和卢森堡王子的婚礼而举行的。好几位朋友包括埃德加·莫勒和利奥·帕斯沃尔斯基(当时他在布鲁金斯学会工作)谈到了《纽约时报》关于联合国托管台湾的文章和白宫的否认。他们两人都对这种主张感到惊异,并对迅速否认感到高兴。他们认为,这是一些被派处理朝鲜和远东问题的重要人物心中暗藏的意见。然而他们认为,过早的透露竟惹起如此强烈的批评,这样,它实际上已被彻底扼杀,因为将来也很难再提出来。

同一天,宋子文打来电话,建议在纽约开一次有他和胡适、蒋廷黻参加的会议,商谈《纽约时报》报道的联合国托管台湾问题。我同意,随即决定在 4 月 15 日星期三召开。那时问题差不多已经圆满解决。4 月 10 日,我在大使馆召开会议,讨论该报道,寻求对付这种局势的办法,以防止继续发展。会上,一等秘书崔存璘报告说,蒲立德曾经说过,国务卿杜勒斯是4月8日《华尔街日报》摘要发表和4月9日《纽约时报》头版刊出的那条消息的最高来源。但蒲立德说,在朝鲜半岛狭窄的腰部划一条新的南北朝鲜分界线作为可能的解决办法,这一设想虽来源于杜勒斯,而联合国托管台湾的问题,则是4月6日星期一杜勒斯请二十多位新闻记者晚餐时,一位记者作为一个问题提出来的。杜勒斯仅仅答称,这可能是解决办法之一,而没有作进一步的表态。其实,美联社的海托华4月8日晚在电话中答复一等秘书顾毓瑞提问时也曾这样说过,虽不甚明确,但足以证明,这个主张是在一次高级官员和新闻记者的背景讨论会上一位记者提出的,而那位高级官员在回答时曾经指出,托管是许多解决台湾问题的可能办法之一。这是在谈到朝鲜停战协定签订以后,面临许多棘手的政治问题,探讨有甚么解决办法时,信口说出来的。

在4月10日发给外交部的电报中,我综合了所有不同的说法。我说,根据三方面的密报,杜勒斯国务卿6日晚间,邀请了二十位著名记者吃饭,对政治形势作背景介绍。杜勒斯说,目前朝鲜和平谈判含有逐步解决远东问题的可能性,照他个人的想法:

(1)南北朝鲜的分界线应划在朝鲜半岛的最狭窄处,即三八线北约一百英里处。

(2)中国共产党不应援助印度支那的胡志明军队。

(3)以上两点可以作为解决问题的基础。这时有个新闻记者询问台湾的问题;它是怎样发展的? 是否将以联合国托管的方式保持独立? 杜勒斯先生答称,这也是解决的途径之一。

在电报中我说,换言之,杜勒斯的答复透露了台湾问题将不和朝鲜划分界线问题放在一起。我又说,像上面那样的背景说明,看来是企图试探公众舆论,可是消息透露后,各方面大量的反应都不以为然。因而国会的许多重要议员都特别强烈地加以反对。白宫发表声明予以否认,并且说毫无事实根据。再则新闻界对声明非常不满,他们说,国务院和白宫显然联系不够,以致缺少协调一致,为此,报纸是不应受到责备的。根据这一反应,我总结出一般的看法是,在此刻透露这一消息,很可能使这种设想的方案将来更难实现。

4月10日同一天,我为我的老朋友前捷克驻巴黎公使斯特芬·奥苏斯基举行小型宴会。他给我一本他的著作《自由之路》的中译本。他告诉我,中文本是由一个在香港的中国人翻译的,中译系由美国国务院发起,该院曾写信征求他的同意。像往日一样,我们两个老朋友促膝谈心。

他认为,马林科夫政权的和平攻势曾经得到斯大林在逝世前批准。但政府的改组是新事,是为了新政权易于统治。我说,和平攻势是一个战略行动,使马林科夫有时间在俄国国内巩固新政权的地位,在国外,提高他在卫星国和一般自由世界中的威信。由于西方民主国家不会发动战争,我们可以预见到不太紧张的冷战将持续下去,而第三次世界大战的危险将大大减少,因为苏联基本上不希望战争,不需要发动战争。没有战争它也可以达到目的。

奥苏斯基对于这点不太同意。他认为卫星国内的动乱将会增加,克里姆林宫将会发现有必要用武力镇压解放运动,从而招致西方的武装干涉。至于改变以所谓叛国罪而迫害几名医生的政策,他认为是贝利亚和马林科夫之间争夺领导权的迹象。

谈到我们共同的朋友捷克总统贝奈斯和外交部长扬·马萨里克时,他说,贝奈斯对西方怀有偏见,因为1938年慕尼黑协定之后,他对西方的幻想破灭了。以后,他就一直深信西方是不可靠的,每当受到强大压力的时候,为了摆脱困境,他们就会出卖盟国和朋友。1943年贝奈斯访问了华盛顿,并和罗斯福总统会谈。他问总统,美国在战后是否会全部撤回它在欧洲的势力和权益。总统说不会,又说美国将在那里保持它的权益,并为维护世界和平而努力。贝奈斯要他提出保证,罗斯福却说,按照美国宪法,他不能给予保证。这句话在贝奈斯心中起到了决定性作用,使他得出结论,战后美国会回到它的孤立主义政策上去。因为在欧洲无论英国或法国都没有力量抵抗苏联,他心中预料的结局是,欧洲要被苏联统治。他下定决心,捷克为了自身的利益,必须与苏联合作,以保持独立。他想,既然如此,就要抢先采取与苏联合作和友好的政策。由于这是不可避免的,贝奈斯就对奥苏斯基说,他要在四点钟办成,因为其他跟着在十二点钟办的人,也许会发现动手太迟了。

奥苏斯基说,他强烈反对贝奈斯的意见,断绝了他们长期的友谊和合作。奥苏斯基的意见为贝奈斯所不能理解的是,哪一个美国总统也不可能照贝奈斯所希望的那样办事。事实上,罗斯福告诉过贝奈斯,在战争时期总统能做许多在和平时期和战后无权办理的事。但贝奈斯总认为自己对局势的看法是正确的,于是特地为捷克斯洛伐克共产党争取更多的选票以便在捷克国会中成为重要集团,免得使莫斯科烦恼。

我告诉奥苏斯基,上次我在 1947 年或 1948 年联合国大会上见到马萨里克时,他显得非常消沉沮丧。一次,我把他带到大会会场的一角,问他为甚么不拿出捷克外长和代表团团长的身份,在大会活动中发挥积极作用。他的回答是:"有甚么用? 我不能说我想说的话,倒不如不说为妙。"接着奥苏斯基告诉我,他曾建议马萨里克下决心不回捷克,并登上大会讲坛宣布他的决定,充分说明理由。但马萨里克不能下定决心,尽管奥苏斯基警告他说,一旦他回到布拉格,就再不会让他出国了。马萨里克天性不会自己拿主意。奥苏斯基说,他的一生对于重大问题的决定,不是听他父亲(第一任总统)的,就要听他的老板贝奈斯的。

奥苏斯基告诉我,在共产党的天地里,个人没有决定自己命运的自由,只有接受和执行领导人的命令。即如和他很熟悉而且像老朋友那样经常见面的苏联驻伦敦大使迈斯基(我要说我和他很熟悉,为了某些共同感兴趣的问题,我和他见面的次数很多),有一天告他,不要太多地单独邀请他,偶尔也要把他的秘书一起邀请,因为在大使馆里这位秘书是他的真正老板,因为他是党员,安排在大使馆,就是来监视他这位大使,并向莫斯科报告。

奥苏斯基在我们交谈时是自由捷克斯洛伐克人全国会议主席,也是东欧国家委员会主席。他说,在美国这里的东欧代表是非常分裂的。有两个组织都想接近白宫。他曾建议他们联合起来,否则他就不和他们来往,因为他知道艾森豪威尔总统不会两个组织都接待。他发现,确是如此,现在两个组织已经合并了,或者,至少那些对合并不满的人已经退出了。

次日,4月11日,交换伤病战俘协定在板门店签字。交换工作定于4月20日开始,共需二十天。4月9日,共产党方面已答复了克拉克将军要求他们就解决全部战俘问题提供详细意见的信件。复信再次提议立即遣返所有愿意回家的战俘,其余"由于受到恐吓和压迫而充满恐惧不敢回家的战俘"则应移交给一个中立国家,"通过我方(共产党方面)的解释逐渐消除恐惧,从而达到遣返问题的公正解决"。4月17日,联合国军司令部在复信中建议以瑞士为拟议的中立国家,并以六十天为期限,使两方鉴定不愿遣返的战俘的真实态度。逾此期限,中立国将对那些仍在他们监护下的战俘的命运作出安排。

两天之前,我飞往纽约参加宋子文召集的会议,讨论美国的外交政策,特别是有关朝鲜停战谈判和最近美国报纸报道的杜勒斯倾向于联合国托管台湾的声明。参加者除我之外尚有蒋廷黻、胡适、江季平和宋子文,会议即在他的寓所举行。我汇报了在华盛顿听到的消息,即杜勒斯的话是在他宴请二十几位新闻记者,对于政府对欧洲和朝鲜的政策作非正式的简要说明时,随口答复一位记者的。当时他对于这个问题心中并无确切的意见,更没有作出甚么决定。这种思想在美国负责领导人心中,已经蕴藏了一段时期。比如,据我回忆,艾森豪威尔两年前和董显光在纽约谈话时,就曾认为这可能是解决台湾问题的一种办法。

我又说,美国人渴望和平与经济繁荣,而美国政府,鉴于1954

年国会两院选举的重要性,必然想赢得参众两院的稳定多数票。(这时共和党在参议院只多一席,在众议院多十二席)。情况变化多端。幸而托管台湾的意见过早发表,以及立即遭到强烈反对,使这一意见以后在美国更难再提。至于台湾以外其他地方的反应自然是良好的。

蒋廷黻说,在4月9日星期四的联合国宴会上,有人提出托管台湾想法的所谓最高来源问题。美国在安全理事会的副代表格罗斯毫不犹豫地说,就是杜勒斯本人,但是他只是在答复问题时顺口说的。蒋廷黻曾亲自访问过美国劳工联合会的洛夫斯通,他说已打电话给蒲立德,查询传闻是否属实,如属虚构,应予否认。蒲立德打电话给参议员诺兰和布里奇斯,要求采取行动。诺兰于4月9日晨前往白宫,白宫于当天下午发表了辟谣声明。

胡适比较乐观,他说,我们可以指望中国共产党愚蠢地阻挠和平解决,从而犯更多的错误。蒋廷黻也不太担忧,但不像胡适那样乐观。我说北平的共产党政权把台湾问题看成他们的肉中刺,现下他们可能要利用西方的渴望和平来谋求有利的解决。美国不会让台湾落入红色中国之手,但台湾问题可能会提出来,并且也不能不有某些解决方案。最可能的解决方案是,保留中华民国和红色中国成为联合国会员国,如果大多数会员国投票赞成压倒美国反对的话。换言之,中华民国,台湾,从此就要多事。我说,即使红色中国进入了联合国,美国在短时期内也不会承认它

我解释说,托管的想法由来已久。由于反击共产党对美国侵略台湾的指控和保卫台湾困难重重,只能以联合国的名义采取防御行动,而这只有在台湾成为联合国的托管地区,才能实现。我作出的这一结论,也许就是一些美国领导人的想法。中国驻联合国代表团的江季平于是说,红色中国不会自己提出台湾问题,因为他认为台湾按理说是属于它的。我说,如果红色中国愿意的话,它会提的,因为它过去也曾提过,不过它只把这作为美国侵略台湾的问题提出。

胡适对于讨论朝鲜停战谈判可能对我国产生不利影响的问题显得有些不耐烦,首先退席。在其他人离去后,宋子文请我留下多谈一会。他问我,对于美国有关朝鲜停战和政治解决远东问题的外交政策的前景,俞大维是否感到不安,我说,是的。我告诉他,俞大维为了准备回台湾述职在上两星期走访了许多美国重要官员。他们向他承认,情况的转变不利于自由中国和南朝鲜,并且表明他们对此无能为力。然而,他们感到满意的是,这对于自由世界的其余部分是有利的,如中东、西欧,以及其他地方。这就是说,美国政府所讨论的,主要是牺牲亚洲和远东为西方求得局势的缓和。

　　4月16日傍晚,日本大使馆为上村公使晋升驻菲律宾大使举行告别宴会。出席的大多数是日本人,极少熟识的或重要的来宾。但我却见到了土耳其大使埃尔金,他带我到一个角落去聊天。他说,他参加过美国陆军参谋长劳顿·柯林斯为北大西洋公约组织最高司令部副总司令陆军元帅蒙哥马利举行的宴会。蒙哥马利应邀向北约成员国大使和土耳其、希腊大使,若干高级将校及少数美国著名社会领袖等共约四十人讲话。他坦率地说,自斯大林逝世以后,形势已经改变了,苏联内部的权力之争,已经导致和平攻势,这对自由世界是一个大好时机。因此,他要求要尽一切力量实现朝鲜的停战及和平解决,这将会造成莫斯科和北平的分裂。随着北平脱离莫斯科的怀抱,亚洲就会重现和平,而西方列强就能把全部的注意力和力量,集中在欧洲,也为那里带来和平。

　　主人请众议院军事委员会主席杜威·萧特对蒙哥马利的看法发表意见。萧特也同样地坦率。他说,美国人民要和平,因为他们承担朝鲜战争的百分之九十的伤亡和费用。(这是对英国的讥讽,因为萧特像许多国会议员以及政府一样,感到英国人在朝鲜没有作出应有的贡献。)但萧特说,他们只求体面的和平,并决心去争取它,甚至不惜更多的战斗和牺牲。接着,蒲立德应邀讲了几句话。他说,如果英国不顾它的孩子们正在朝鲜死亡,继续执行它与苏联和中国贸易的政策,那当然是由它自己决定的事。可是美国在朝鲜流的血,花的钱,多达百分之九十,为了决心争取体面的和平宁愿付出比百分之九十更大的代价。

柯林斯将军问蒙哥马利,对这两位的看法有何意见,是否愿意加以评论。蒙哥马利只是说,他们是很会讲话的人。他没有再说什么。但埃尔金大使告诉我,美国人的看法是意味深长的,表达了美国人民对朝鲜停战局势的普遍情绪。(可以看出几句屋角闲谈极为有用,可以获得在别的地方可能无法知道的消息。不过关于这件事,我从另外两条渠道也听到同样的传说。)

一天中午,贝祖贻来访,告诉我星期六晚上他曾与蒲立德和他的小女儿在一起。蒲立德把陆军元帅蒙哥马利在柯林斯举行的宴会上的讲话,杜威・萧特的答词和他(蒲立德)自己的意见告诉了他。蒲立德说,他们两人都对这个英国人认为有必要和在朝鲜的共产党人缔结停战协定的看法,坦率地表示了异议。

其后不久,我与蒲立德在他家共进午餐。他也告诉我柯林斯为蒙哥马利举行晚宴的事。他说这位英国人并没有作正式的讲话,只是在妇女们已退入乡间俱乐部的休息室之后,应主人之请即席发表他的意见。杜威・萧特给蒙哥马利一个极好的回答,说美国无论如何不会不顾一切来结束朝鲜战争,而是将继续作战,直到获得体面的和平,即使美国人民的负担将从现在的90%增加到100%,也在所不惜。至于蒲立德自己的回答,他说,主人请他把美国舆论告诉蒙哥马利,他深感意外,但他以客气而明白的语言告诉这位英国将军,将军没有到过中国,可能不像他那样了解那里的情况。他曾访问过中国,久已了解中国人民。然而毛泽东并不代表中国人民,事实上人民恨他;他们希望蒋将军率领一支军队反攻大陆,把他们从共产党的统治下解放出来。他又说,亚洲不会出现和平,除非蒋解放了中国。

蒲立德提醒我,英国对白宫的影响很大,比杜鲁门当政时还大。他说,艾森豪威尔去年秋天竞选总统时提出并发表的对外交政策的意见,已经有了很多改变。英国外交大臣艾登,按照邱吉尔的老路,想把艾森豪威尔拉到欧洲第一的英国观点上去,现在蒙哥马利作为总统的贵宾又在白宫住了十天。

4月16日,我先从土耳其大使埃尔金处听到蒙哥马利言论的消息,又收到了外交部长叶公超发来的要电。电报包括蒋委员长就苏联和平攻势的意义和对付的办法写给艾森豪威尔私函的内容。一个具体建议是在恢复停战谈判时,应坚持时间限制,因为蒋委员长认为,这是共产党为了自己赢得时间而耍的花招。(全文见附录四。)电报要我去见总统,尽快把信的内容亲自告诉他。原信已经或即将委托某种安全渠道,某一可靠人士,带往华盛顿。

我在日记中写道:

> 那是一封私信,有仓猝草就的迹象,也许不是蒋委员长本人指示写的,虽然他一直很关切朝鲜停战情况的发展。但系他的一位亲信或家属所写,其目的是警告艾森豪威尔总统不要落入共产党的圈套。

> 这封信原想在艾森豪威尔就对外政策向美国报纸编辑协会发表演说之前交给他。可是演说时间定在今天(4月16日)中午。即使把信的内容告诉他,也已经为时过晚。艾森豪威尔于十二点一刻到达华盛顿,没有参加协会的午宴,而是在一点钟刚过就前去发表演说。从那里他到棒球赛开幕式去开球。然后立即飞回北卡罗来纳,去参加五点钟的另一个约会。

由于艾森豪威尔总统在这一周的其余时间(今天才星期四)还要回到佐治亚的奥古斯塔继续度假,我必须想出最好的办法把蒋委员长的信尽快转告他。仔细筹思了一夜,我决定直接写信给他,附去蒋委员长的亲笔信内容,并说明我是如何奉命办理的。我把信附在致白宫谢尔曼·亚当斯的信里恳请这位总统助理把附信尽早尽快地送给总统。我派使馆专人把信送往白宫。

与此同时，16日，我曾参加"F"街俱乐部的招待会，在那里遇到众议院前议长约瑟夫·马丁，便交谈起来。我问他，在交换伤病战俘以后，从即将恢复的停战谈判来看，他对国外形势，尤其是对自由中国地位的影响，有何意见。马丁说，杜勒斯的这段插曲很不幸。美国人民不可能接受托管台湾的主张，而参众两院的国会议员们自发地立即作出反应，更会使我增强信心。此外，他认为这一事件虽属不幸，但也不失为好事，因为经过国会的强烈反对和白宫的迅速否认，将来就不可能死灰复燃了。

18日晨，我去看过敏症专家斯图尔特大夫。打完针，我去办公室。窗户半开，觉得相当冷。我照常开始工作，赶办一些事。突然，我感到浑身发抖牙齿打战，我记起去年8月打了强烈针剂后，有过这种反应。我打电话给斯图尔特大夫，他说剂量保证没有增加，要我服两片阿司匹林，并请我放心。我回家一量体温，是一百零五度。我又打电话给大夫。他嘱我卧床休息，取消当天的一切约会。

这天我原已约定五点钟到国会山去见周以德，只好派谭绍华代表。大约六点半，谭回来报称，一天前，杜勒斯向众议院和参议院外交委员会作证时，周以德也在场。国务卿说明了关于他的由联合国托管台湾的设想是在什么样的情况下误传的，并且否认他抱有那样想法或做过那样的声明。他告诉周以德和他的同事们，早在1950年在联合国中曾经考虑过这种意见。周以德还亲自打电话告诉我他对杜勒斯的说明感到满意，杜勒斯知道周以德会把真相告诉我，消除我的疑虑。

周以德曾去印度，他是在那里第一次获悉这件事情的。消息传得真远。所以他自己也急于查核和澄清事情的原委。他告诉谭绍华，从许多方面在听到联合国托管台湾的消息后所表现的愤怒情况来看，他认为再也不会有人提出那种办法，至少美国不会。他相信美国人民是不会支持的。

于是我在 20 日把周以德的报告详细报告外交部,作为最后的保证。我说,周以德自印度回来之后,在杜勒斯前往欧洲参加北大西洋公约组织会议的前夕见到了他,当时杜勒斯正在和参众两院外交委员会的议员们商谈。这时有位委员问杜勒斯关于报纸上的消息及其来源。周以德自己也问了杜勒斯,他答称所有这些消息都是没有根据的。他说,为《纽约时报》写这篇报道的莱维罗,在杜勒斯接见新闻记者时,甚至并不在场。但有位出席的新闻记者问他,如果朝鲜和平谈判获得成功,台湾问题将如何解决?有没有可能托管?杜勒斯只是说:"早在 1950 年,在联合国中曾考虑过由联合国托管台湾的问题。"后来,一位国会议员在会上说,既然杜勒斯说报道不正确,他能否引用杜勒斯的话来更正。杜勒斯表示同意。我说,于是周以德特此借机把全部情况告诉我,因为我国政府对此事极为关注和担心。

4 月 25 日晚,我参加了副总统尼克松在"F"街俱乐部的宴会,这里是许多大人物喜爱的娱乐场所。这次为艾丽斯·朗沃思夫人举行的宴会,有四十五人出席。在副总统的提议下,我们都为她的健康干杯,副总统还作了非常恰当的讲话(是他规定的当晚唯一的讲话),赞扬他在华盛顿保持了共和党的优良传统,并在首都帮助维护了美好的社会风气。朗沃思夫人是特迪·罗斯福的女儿,真是一位了不起的妇女。甚至年近八旬的高龄,她还坚持作瑜伽式的严格锻炼,她强调,这使她保持了让大家羡慕的良好健康。

其他宾客有外交使团团长挪威大使莫尔根斯泰因和夫人,丹麦大使考夫曼和夫人,参议员埃弗雷特·德克森和尤金·米利金及他们的夫人,司法部长赫伯特·布劳内尔和夫人,参议员诺兰的父母老威廉·诺兰夫妇,雷·亨利夫妇,蒲立德,小威廉·伦道夫·赫斯特以及坦克斯利夫妇。我和参议员米利金及威廉·查德伯恩在宴会后畅谈了英国的政策和它的目光短浅。查德伯恩是纽约的著名律师,订有不少国际合同。他说,他在纽约为英国政务次官约翰·福斯特爵士举行的宴会上,曾议论过英国政府在承认红色中国上的草率行动。于是,约翰·福斯特爵士告诉他,艾奇逊早在 1949 年 9 月就曾告诉贝文,要率先承认,并且进一步使英国外交大臣了解,美国在适当的时候会跟着承认,可是这一行动并未实现,因为美国人民用国会反对的手段阻止了它。

我说,我虽然两次出使伦敦,却对英国匆忙承认北平政权的政策并不理解。这种行动实欠考虑,它来源于对红色政权的性质和态度的错误理解。红色中国与莫斯科互相勾结,目的在于消灭英国在亚洲的影响。我说,英国对美国的嫉妒可能与此有关,此外,想要保护英国在中国的贸易和投资,保住香港,也是作出这种决定的一部分原因。但整个政策是一种错误的判断,可能认为共产党征服大陆不过是另一次内战,英国还会像过去一样,在那里残存下去。

我又说,上半世纪的连续战争,无疑地使英国人感到厌倦了,他们的确流过血,变穷了。有一位政治领袖、议会议员,一次在伦敦告诉我,如果美国人想和俄国人强硬下去,那就让他们去打仗吧。他们在两次世界大战中赚了那么多钱,担负得起再打一仗,但是这次英国人将站在一旁瞧着,如同美国人在上两次世界大战的最初几年那样。我说,这种态度,可能就是为什么英国人不愿跟随美国人坚决反对俄国人的原因,并且也许是因此引起了在英美关系以及组成联合阵线对付苏联和共产党侵略(特别在亚洲)时许多本来可以避免的摩擦和困难。参议员米利金深感兴趣地倾听着,而查德伯恩则对我的发言不时表示欣赏和赞同。

我还和他们说,现在共产党的和平攻势,是计划从朝鲜作战略性转移,以便赢得时间,巩固马林科夫新政权在俄国国内的地位,并且巩固苏联在卫星国中的地位。我说,马林科夫、贝利亚和莫洛托夫都属于亚洲第一论者的阵营,共产党现在的目标是:拿下印度支那,入侵缅甸和马来西亚,向印度进军。米利金同意这一看法。

事实上,早在 4 月初,越盟大规模的攻势已在进行。武元甲将军的部队已侵入老挝而且占领了大片土地,法国人几乎没有抵抗。5 月 6 日,我和主管远东事务的助理国务卿饶伯森一起讨论了这个问题以及最后在 4 月 26 日恢复的朝鲜停战谈判问题。令人惊异的是,当天晚些时候得悉越盟叛军突然开始从老挝撤退。

　　关于朝鲜的停战谈判和共产党侵略老挝,我对饶伯森说,这些事必然会使他更为头痛,我不知道他对朝鲜停战前景有何看法。

　　饶伯森答称,他对板门店会议抱有很大怀疑,即使缔结了停战协定,也不等于朝鲜问题解决,他认为,朝鲜问题怕会长期存在下去。共产党缔结协定只是权宜之计,一旦觉得对他们有利,就会毫不迟疑地予以撕毁。他回忆俄国人虽然签订过波茨坦协定,但在日本投降后,依然不让美国军舰载运的中国士兵在东三省登陆。

　　我说,我认为关于朝鲜冲突的所谓共产党和平建议,无非是俄国人和中国共产党方面的另一个策略性行动。关于越盟的侵略老挝以及迅速向泰国边境推进,我说,这已引起世界各地极大的关注和不安。根据报纸报道,老挝政府正在考虑把这一问题在联合国提出。美国对这种意见表示同情,但是伦敦态度冷淡,而巴黎则表示反对。我知道泰国政府也急于要把这一事件向联合国提出,泰国大使已经拜访了国务卿。

　　饶伯森证实泰国大使已经拜访了杜勒斯,泰国认为局势严重。但他认为,泰国大使虽曾谈到把问题提交联合国的可能性,他的真正目的是要求美国赶快向泰国提供武器,以便加强边境的防卫。对拟议中的向联合国的呼吁,美国的政策尚未决定,但他认为法国的态度未免目光短浅。

　　我说,我不明白为什么法国要反对。

　　饶伯森说,法国担心如果联合国受理共产党侵略老挝问题,可能会在非洲引起不良反应,鼓励非洲的法国保护国起来向联合国要求承认他们国家的主权,从而使法国为难。

谈到这里我起身告辞。这次长谈谈及许多其他问题,所以我问饶伯森关于这次会见,我该向新闻记者说些什么。我建议,鉴于远东局势严重,这次会见是为了交流情报和交换意见。饶伯森说,我可以尽量多说,但要使他们摸不着边际。

在此之前,即在会谈转到远东局势之前,我提出蒋委员长给艾森豪威尔总统信件的问题,信中分析了共产党做出和平表示的动机。我说我想总统已经写了复信,又说,我还没听到台北的有关消息。

饶伯森对于我尚未得到消息,显得有点惊异,他说总统的复信已以外交信袋发出,必然还在途中。但国务院已电告蓝钦大使,指示他信到后即亲自送交蒋委员长。饶伯森接着说,总统的复信解释了他自己对共产党在朝鲜的和平攻势的看法,这和蒋委员长的看法极为相似。复信和蒋委员长的信一样长,甚至更长一些。他说,他要给我一份副本供我参考,为此他要给马康卫打电话。

我请他暂时不要麻烦,我将派人去向马康卫要。(我这样做了,副本系通过中国科的马康卫向国务院要来,内容见附录四。)我对饶伯森说,我猜想复信是由国务院起草的。

饶伯森说是白宫起草的。又说,总统乐于处理这类信件,而且喜欢亲自动笔。

次日,我应加州洛杉矶的全国广播公司评论员弗利特伍德·劳顿之请,对朝鲜停战的前途,以及台湾在远东反共斗争中的任务和力量发表意见并录了音。他又问我对于印度支那形势的看法。我回答说:

> 印支形势极为严重,尤其是上星期前后。越盟共军曾向泰国和缅甸边境推进,现则听说已在撤退。这一撤退可能只是一种战术行动用以争取时间。印支、缅甸和泰国是亚洲的产米地区。如果共产党真的控制了大米供应的重要来源,他

们就能取得对东南亚所有其他地区(包括印度在内)的支配地位。

我们最近的情报表明,1952年11月24日,苏联、红色中国和越盟在莫斯科签订了一项三边协定,规定由克里姆林官供应武器和弹药给越南共产党以建立五个新的步兵师,并供应二十七艘舰只以建立海军。而中国共产党则保证提供三十万正规军和地方武装来帮助越共,并给予三百架飞机的空中支援。

鉴于这一严重的威胁,我高兴地听到现已采取紧急措施加快提供物资来加强印支的防务。

傍晚,我接待了前教育部长李书华先生,当时他正在美国哥伦比亚大学从事研究工作。他经常住在法国,认识许多法国人,特别是政治领袖和知识分子。此外,去年他还在巴黎的联合国教科文组织工作。所以他能向我证实以前李石曾夫妇曾经告诉我的法国人害怕第三次世界大战以及法国人打算和共产党妥协的情况,因为法国兵力薄弱而且共产党在法国政府尤其是法国国会很有影响。

上星期李石曾偕同夫人来访,在回答我的询问时告诉我,法国切盼东西方和解,即使牺牲亚洲也在所不惜,因为法国人民疲于战争,怕在欧洲再次发生战争。他们不同情美国对共产党的强硬态度,而把中国共产党人当作广阔的中国大陆的事实上的统治者,他们认为这是应该承认的事实。他说,在私下谈话中,法国人向他坦白承认,法军是脆弱的,对俄国的侵略军最多只能抵挡四十八小时。他们希望避免战争,几乎不惜任何代价,更不惜牺牲亚洲。如果这也不行,那么他们就希望把和俄国摊牌的时间尽量拖长。李夫人住在巴黎多年,她也证实了这点。

李氏夫妇正在首途前往台北。他是去参加改组后的国民党中央执行委员会第二次会议。因此他问到美国关于朝鲜的政策。我简单地说,由于美国人民非常希望和平,而且共和党竞选人曾答应结束朝鲜战争,因而美国政府渴望停止冲突,但政策仍然摇摆不定。另一个主要因素是经济,在人民心目中,停战将会导致减税。我也说,朝鲜停战必然会导致政治解决的会议,这可能损害我们的事业。

早在4月29日,我在乔治敦大学国际关系俱乐部作了一次演讲。听众差不多包括这一学生组织的全体,但不足五十人。这是我历次演讲中听众最少的一次,但后来有些人却提出了一些颇为高明的问题。至于演讲本身,它全面地阐明了我对当时世界形势的估计以及正在发生的变化。

4月30日,我接待了巴拿马大使唐·罗维尔托·乌埃尔特马特。这是一次礼节性拜访。在受任驻华盛顿大使之前,他是农工商业和政治界的著名领袖。他告诉我,巴拿马运河的航运一年比一年增加,为了适应未来的需要,必须再开一条运河,或把现在的航道加宽。他又说,虽然建造运河的荣誉归于戈策将军,实际上首先设想和设计的是一位法国工程师。

5月5日,我回拜了委瑞内拉大使塞萨尔·孔萨莱斯。我们第一次见面是在1932年,当时他是委内瑞拉驻国际联盟代表团的秘书。在任现职之前,他一直是委内瑞拉在纽约的常驻联合国代表。4月17日他作礼节性拜访时告诉我,他也觉得大使馆工作要比驻联合国代表团工作微妙得多。他又说,他当时正从事于设法防止美国的一项不利于外国石油进口的政策,因为石油是他的国家向美国出口的主要商品。委内瑞拉的国民经济在很大程度上依靠向美国出口石油,美国消费委内瑞拉所产的大部分石油。

我回拜时,他进一步告诉我说,委内瑞拉很幸运,从不短缺美元,这要感谢它有宝贵的石油对美国出口。它的货币是稳定的,和瑞士法郎一样硬,但它要密切注意观察美国国会的事势发展,因为关于美国进口国外原油的立法如有不利规定,就会深刻影响委内瑞拉的经济。

5月6日,我回拜了伊朗大使阿拉尔-伊阿尔·萨莱赫。像早在 1 月份他对我作礼节性拜访时一样,谈话主要涉及伊朗特别关心的一般国际关系问题和伊朗本身的情况。自 1928 至 1933 年,萨莱赫曾在伊朗政府中担任不同的司法职务,后来改任财政、司法、内务部长。为英伊石油争端,他作为伊朗代表团成员于 1951 年 11 月出席联合国安理会,1952 年 6 月又去海牙出席国际法院,直至 1952 年 9 月改任驻美国大使。因此,他的消息颇为灵通,我们的谈话非常有趣。

根据我的笔记,上次在 1 月 22 日会谈时,我提出了伊朗石油问题。我说,根据报载,石油问题接近解决,而他曾是伊朗议会石油国有化委员会主席,必然出力不小。

萨莱赫说,一星期前,石油问题好像很快就会得到解决,但现下还需要一些时候,因为美国曾协助推动问题的解决,但美国政府新近改组更迭,而解决的方案要由它批准。

我表示钦佩摩萨台首相的法学渊博,口才出众,他在 1951 年 11 月把伊朗事件提交给联合国,1952 年 6 月又提到海牙国际法庭。我说,我知道他(萨莱赫)是和首相一致的。

萨莱赫说,首相已是七十三岁高龄,而精力还很充沛。每晨七点正,摩萨台博士便打开卧室的门,请来他的秘书,一直工作到中午十二点。然后进午餐,睡一会儿午觉,又继续工作到十点钟左右,这时才停止办公,关上房门休息。萨莱赫接着说,他自己组织了一个新的政党,取名"伊朗",全力支持这位首相。他又说,他从孩童时代起,便是摩萨台博士的支持者。不幸的是,伊朗的一位有影响的穆斯林领袖卡沙尼先生和首相有了矛盾,但全国和议会的大多数人都是支持首相的。

我问他伊朗人民对美国感情如何,并说,据我了解,他们对美国很友好。

萨莱赫说,美国曾一直在通过军援和第四点计划援助伊朗,但援助数量远比伊朗需要的少。美国在伊朗的军事顾问团不足五十人,要做非常有效的工作,为数实在太少了。可是伊朗人民对美国一直怀有深厚的友好感情,特别是自从国务卿罗伯特·蓝辛发表声明支持伊朗,并拒绝承认 1919 年英国与当时的伊朗腐败政府签订的秘密条约以来,更是如此。根据这一条约,英国取得了向伊朗派遣军事、财政、工业和警察顾问的权利。实际上是把伊朗变为英国的殖民地。伊朗人民痛恨这一条约,作为蓝辛声明发表的结果,在条约上签字的伊朗政府垮台了。

萨莱赫又说,直到今天,蓝辛声明在伊朗人民心中仍然是个重要的历史文件。这一文件是他的国家向伍德罗·威尔逊总统领导下的美国呼吁之后产生的。当时英国没有通知美国就签订了这个条约,虽然两国是亲密的同盟国而且在凡尔赛和约上被认为是合作的。美国对这一密约的谴责在大多数国家中造成了深刻的印象,从此美国的威信日益增高。

萨莱赫认为,伊朗人民和所有其他人民一样,热爱自己国家的自由和独立,而英国则一心要欺压他们,统治他们。例如在伊朗南部,他的同胞就没有受到英国人的平等待遇。有些旅馆不让他们进去,他们外出,坐火车只能坐二等或三等车厢。英国人一贯看不起伊朗人民,而把他们自己看作是统治民族。

我评论说,英国人在思想上、政策上似乎都有些过时,而世界已经走到前面,亚洲人民已经向前迈进了。

萨莱赫谈到英国人承认共产党中国的问题。

我说,这件事我不能理解。

萨莱赫说,英国人是会那样做的,同时又试图和美国人合作。至此,话题又转到石油争端上。萨莱赫说,在伊朗南部,伊朗特许英国人的石油开采权已经实行,名义上虽是伊英合办企业,但英国人一切都保密,采出、精炼,或卖给英国海军部多少石油,都拒不告知伊朗政府。他们又拒不透露英伊石油公司的收入有多少。这完全是英国方面的态度傲慢。今天,伊朗人民在其他问题上可能意见不一,可是在把英国人赶出伊朗这个问题上则是坚决一致的。

当我问到杜德(共产)党的情况,以及它是否得到苏联的支持时,萨莱赫答称,伊朗政府已宣布该党为不合法,然而该党党员仍在秘密活动。至于伊苏关系,萨莱赫说,两国有一千多公里的共同边界线。苏联与伊朗相邻的所谓加盟共和国中,许多居民在种族上、语言上和宗教上都来源于伊朗。其中好多人在伊朗还有亲戚,所以渗透是伊朗政府的一个大问题

我提到阿塞拜疆问题在有利于伊朗的情况下得到了解决时,萨莱赫说,那是一件伟大的成就。现在苏联支持的阿塞拜疆叛乱分子已被击溃,中央政府已经进驻并密切监视这一地区。然而渗入的危险依然存在,尤其是因为伊朗北部人民必须与苏联一边的人民进行贸易,售出他们的椰枣、果品、大米和羊毛,并从苏方买回需要的东西。由于受到运输费用过高的限制,他们的伊朗产品不可能找到其他市场。所有这些使渗入的危险更加严重,管理也更加困难。

萨莱赫又说,由于这些经济的和政治的原因,伊朗的对外政策必须十分谨慎,它一向设法保持中立。因此,加入北大西洋公约组织的问题虽经反复讨论,但对此事的政策是要十分慎重的。若干世纪以来,俄国一直想推进到波斯湾的温暖水域并控制伊朗。苏联继承了这一政策,所以伊朗不愿执行可能被莫斯科认为是挑衅性的政策。

在我后来回拜时进行的谈话中,我问他,当前印度支那局势的严重,是否意味着中东紧张局势的缓和,尤其在伊朗所受共产党的压力方面。

萨莱赫的回答是否定的,并说,局势依然很紧张,因为俄国人正寻找一切机会向伊朗施加压力。他说,苏联邻近伊朗北部的居民是伊朗人,和伊朗同胞说同样的语言,遵守同样的风俗习惯。俄国人时时刻刻都在试图把他们作为特务送入伊朗北部,推动颠覆伊朗政府的运动。俄国人甚至用第二次世界大战时期伊朗制造的武器装备他们。当时,根据与美、英、苏的协定,伊朗成为同

盟国的军事基地。苏联政府强迫伊朗兵工厂大批制造步枪和小型武器供它使用。苏联拿走了武器,可是至今未曾付款。俄国人把这些武器分发给他们的伊朗特务,从而对他们的武装叛乱可以推卸一切责任,因为武器上标有"伊朗制造"字样。

谈到伊英石油争端,萨莱赫说,这形成了对俄国人有利的局势,而且最近美国在这个问题上支持英国,使伊朗处境更加困难。英国人的态度盛气凌人。他们不肯和伊朗达成令人满意的协议,希望伊朗无法克服它的经济危机,最终将会屈服。事实上伊朗已向英国人提供了最合情理的条件。作为议会石油国有化委员会主席,他本人曾正式写信给英伊石油公司首脑,建议让英国油轮提走该公司已经生产并储存在伊朗的石油,保留大约三千六百名英国技术人员在他的国家。委员会只要求油船每装运一批油,即由船长在委员会印制的收据上签个字。但英国当局借口收据上印有"国营伊朗石油公司"名称,不准他们在收据上签字。他们害怕在那种收据上签了字,就等于承认了石油工业国有化法案的有效。

我说,我知道伊朗政府现在要请海牙国际法院裁决这一事件。

萨莱赫说,他的国家同意这样做,条件是法院所应解决的是对伊朗政府所实际接收的石油和财产要求补偿的问题,对于将来的利润不得提出任何要求。但英国人仍在坚持要求分享将来的利润。他解释说,租借油田在几年以前已经延期,离满期还有四十年,而英国人竟要求像没有国有化一样,补偿它到满期时为止公司能获取的利润。这在伊朗政府看来纯属无理要求。

我认为,那显然是要求补偿意外损失,过去,在仲裁时一般是不允许的。

萨莱赫表示同意,并说,一个显著的事例是墨西哥政府把美国人在墨西哥的石油工业收归国有。他又说,伊朗人民决心实行石油国有化的政策,收回他们的全部主权。他回顾说,最初是前国王不经伊朗政府批准,甚至瞒着伊朗政府把油田租借给英伊石油公司的。由于公司把百分之五十三的股份卖给了英国政府,它实际上已经成为英国政府在伊朗南部广阔地区的代理人。成百名英国秘密特务试图离间伊朗人民对中央政府的忠诚,分散他们的力量,以便英国人更牢固地控制这块地方。但是他强调说,伊朗人民现已完全识破了英国人的阴谋,决心要把他们连根除掉。

我说,伊朗有幸出了个摩萨台那样的大政治家,他在体力上和精神上都有勇气来处理伊朗面临的危急局势。

萨莱赫表示同意,并说,摩萨台首相确是一位非常伟大的人物,他本人曾在首相身边二十多年,担任各种职务。确实,摩萨台博士喜欢大部分时间躺在床上,而他的大部分公事也是在床上办理的。他办事有条不紊,每晨七点钟他打开卧室的门,按铃表示他准备工作了。这时他的秘书们必须在那里,接受他的指示。他一直工作到近午,这时进午餐,并唤来他的五岁左右的小孙女。当他吃饭的时候,她在他身边玩耍。吃完饭,他锁上房门睡午觉,到三点左右他又开始工作,直到夜晚十点钟。这时他才进晚餐,十一点钟左右就寝。萨莱赫又说,虽然他年纪较轻,但在这位首相下面工作,觉得很紧张。他还指出,摩萨台博士必须坚定不移地执行石油国有化政策,因为伊朗人民需要这样办,如果他偏离政策或立场不稳,人民将会变得不满,而共产党就会乘虚而入。

这时他又提到我问起的关于把石油争端提交国际法院的问题。萨莱赫说,当英国建议把争端提交国际法院时,摩萨台首相一度非常反对由国际法院裁决这一案件。首先,首相要知道,英国人要法院干些什么,而英国人拒绝回答。因此摩萨台一度坚决拒绝出庭。他怕他的出庭将会意味着他接受国际法院的裁决,从而使他自己受到法院可能作出的判决的约束。但萨莱赫曾对他说,他如果拒绝出庭,会造成一种印象,似乎伊朗害怕世界舆论。反之,如果出庭,他倒可以申述理由,说明为甚么伊朗不能承认国际法院有资格受理此案,因为这是关系到内政的问题。最后他成功地说服了首相出席法庭的审理。结果,法庭的多数裁决,其中包括了英国法官的,都有利于伊朗。萨莱赫又说,在石油争端中,美国人不幸站在英国一边,使伊朗人民既恨英国又恨美国。

5月7日早晨,我回拜墨西哥大使唐·曼努埃尔·特略。在谈话中,我们提到每年大约有三十至四十万墨西哥劳工按照墨美双边协定越过国境到美国干农活。特略说,墨西哥领事密切注意的是,在基本工资、工作时间、卫生条件等方面美国雇主是否遵守协定。主要的麻烦是被美国农场主偷运入境,以低工资雇来干活的墨西哥工人所受到的虐待。当地的当权人物本身往往与问题有牵连,因为他们也是农场主。我告诉他,我们和美国当局也有难以相处之处,因为他们违反条约规定与惯例,最近对居住在墨西哥边境的中国商人,缩短了美方签证的有效期。这些商人为做生意每年经常来往多次。以前签一次证有效期为一年,不管来往多少次,但是最近只限一次,从而使他们遭受不应有的困难,尤其是他们现在每走一趟,就要付两元半美金的签证费。

8日,我参加谭伯羽夫妇的晚宴。谭伯羽是国际货币基金组织执行董事会的中国执行董事。在座的十五位客人中有基金会法国执行董事让·里乌斯·拉让泰和副董事加布里埃尔·费拉。拉让泰以前是法国财政部官员,是正统的经济学家。他不赞成勃鲁姆和樊尚·奥里奥尔的社会主义政策。奥里奥尔是勃鲁姆内阁的财政部长,最近已成为第四共和国的总统。他也认为中国废止银本位制,在美国的影响下采用管理货币(因为西方银本位国家希望在美国国内抬高银价)是失策。他认为,为了使世界经济得到稳定,必须回到金本位,或金银双本位去。我又和拉让泰夫人闲谈,她是西班牙妇女,不太喜欢美国人的生活哲学,一来因为它意味着终日匆忙,二来因为它不懂生活艺术,照她的意见,生活艺术是文化的主要成就。

5月7日,在朝鲜,共产党人向联合国方面提出了八点新建议,对于选择中立国照管不愿遣返的战俘,以及有关战俘在中立国居留多长时间这些一时陷入僵局的问题,显然有了突破。八点当中包括建议由捷克斯洛伐克、波兰、瑞典和瑞士(即早先已经同意组成中立国监督委员会的四个国家)加上印度组成中立国遣返委员会,以照管拒绝遣返的战俘,为期四个月,到期如仍有留下的战俘,则交给拟议中的政治会议来处理。

5月9日,我在乔治·霍姆斯为卫生、教育及福利部长霍比夫人举行的鸡尾酒会上遇见了朝鲜大使,同他谈论了上述问题。朝鲜大使对我说,他曾很坦率地向美国听众讲过朝鲜的局势。如果停战协定规定朝鲜分成两半或者共产党中国部队留在北朝鲜,他的国家就不会接受。前一天饶伯森拜访他时,他就是这样告诉饶伯森的。他还问饶伯森,怎能把波兰和捷克斯洛伐克算作中立国,委托他们监督停战决定或者照顾不愿遣返共产主义祖国的战俘?怎能信任共产党国家遵守协定?饶伯森个人同意他的想法,并说,对共产党最近提出的八点建议,美国尚未作出任何决定。

5月11日下午,我召集谭绍华、陈之迈和顾毓瑞开会,讨论邱吉尔关于举行高级会议解决东西方问题的建议。这一建议是邱吉尔那天在下议院作关于世界时事的发言时提出来的。在发言中,邱吉尔表现出异乎寻常地屈从于苏联的主张。比如他说,苏联有权要求保证不致受到复兴后的德国可能发动的侵略;波兰仍应成为缓冲国;共产党关于朝鲜休战的八点方案应予接受,作为讨论和达成协议的基础。更出人意料的是,邱吉尔承认他的建议事先没有和华盛顿商量过。很明显,他的建议反映了他的大使阿尔瓦里·盖斯科因爵士所了解到的莫斯科的意见。

邱吉尔心中盘算的是政府首脑会议,"各大国之间……最高级会议"。他说,会议应该是非正式的,"更要采取较多的保密和隐蔽措施",不应由一大群人员参加,处理"繁琐的技术细节"问题。他是搞秘密外交的老手,自然赞成开那样的会,在那里美国和苏联会斗得互不相让,而联合王国,以他为代表,可以扮演仲裁人或"诚实的掮客"的角色。当然,可能是英国国内的政治形势促使邱吉尔发表这种英国所有党派都会欢迎的演说。但他也必曾注意到,以美国为牺牲,甚至也以苏联为牺牲,他在这个会议里究竟能为他的国家捞到些什么。我在会上告诉陈之迈和顾毓瑞说,如果我们的美国朋友要我们对邱吉尔在国会的演说发表意见的话,务必记住这几点。我说,邱吉尔仍然认为世界的重心在西欧,而且仍用维多利亚女王时代英国的优越感考虑问题。(邱吉尔演说摘要见附录五。)

会后我接见了李翰博士。他来汇报他去肯塔基大学参加外国语言讨论会的情况。是我建议他去并宣读一篇论文。他还汇报了在纽约参加联合国统计委员会的情况。他说捷克斯洛伐克代表仅以两票(苏联和捷克)对我们中国一票当选为副主席。其余十二国全部弃权。我想这事异乎寻常。事实上,我认为这样的选举是否有效大成问题,除非现行选举程序规定,弃权者作缺席论。可是即使如此,需要的法定人数一条又怎样讲呢?因为十五人中只有三人投票。

5月12日,孔令傑在赴台北前夕,前来辞行。他说,他总感到华盛顿正在炮制甚么不利于我们的事,但不了解其中详情。我说,局势多变,美国政府很可能对共产党让步以换取朝鲜的停战。以后在政治会议上会发生什么情况还难断定,但这里人民的厌战情绪以及要求改善经济和渴望和平的压力,尤其是来自美国的所谓盟国的压力可能使美国政府改变原意而作出更多的让步。我告诉他,邱吉尔昨天的演说就是一例,它反映了欧洲的想法。

然而孔令傑最怕的是国务院正在炮制什么不利于我们的事。我说,这不能排除,但我们必须严密注视的是联合国,因为那么多国家都似乎认为应让红色中国取代我们的席位。美国新政府,具有着美国民主的特点,在开始执政时并未审慎地制订出有条不紊的计划或政策,借以处理许多重要的国际问题。不仅如此,它还害怕在外交领域单独行动,总是希望在提出任何建议时都会有支持者和联合行动者。这可能是在国际事务中幼稚的表现。

第二天下午,顾毓瑞交给我一份关于美国对英国声明的反应的备忘录。按照5月11日大使馆会议的安排,他拜访了一些国会议员和新闻界人士。他从参议员威利的办公处获悉,英国对中东局势非常担心,也对艾森豪威尔向埃及的纳吉布赠送纪念品一事感到恼火。它渴望结束朝鲜战争,以便英美部队不致在远东不得抽身。另一方面,照威利的助手的说法,毫无疑问俄国想把美国军队拖在朝鲜。因此,可能会停战,但问题不会解决。在参议员诺兰的办公处,他的助手乔治·威尔逊说,他的印象是,国会议员们已对英国态度极为厌倦。最近的突如其来的言论是莫名其妙的、不公正的和粗野的。他说,许多人受到伤害,有些人愤怒。他们不得不做出这样的结论:现在也许到了该看一看谁是美国的朋友的时候了。

斯克里普斯—霍华德系报纸的帕克·拉穆尔曾同意我们自己做的分析。他也同意这次一致行动可能表明背后还有什么文章。他认为,可能是俄英结合,强迫美国接受停战条件。另一方面,迪克·哈克尼斯则认为没有什么值得大惊小怪的。他是美国全国广播公司的时事评论员。他说,邱吉尔的演说没有什么新东西,和1951年所说的话类似,主要是说给国内听的。至于参议员布鲁斯特,顾毓瑞曾和他一起进餐,他也大致同意我们的分析。不过前一日上午他大部分时间都在国会,他得到的印象是,国会对邱吉尔的话并不像过去那样注意。

当天晚上,我在日记上写道,对于邱吉尔在伦敦所做的对外政策演说,美国新闻界和国会的反应都很不好,至于对和邱吉尔唱一个调子的英国外交大臣艾登的演说,反应则更坏。然而刚刚发表的国务院声明,则措词审慎而温和。它只是说,邱吉尔全力证明他推动和平事业的高尚意图,还谈到了艾森豪威尔总统4月16日的演说,要求克里姆林宫以实际行动来证明它对朝鲜停战和奥地利条约的诚意。在他看来,通过这两件事就可证明它有无诚意。国务院的声明并未露出英美在意图上有何分歧。伦敦伊顿—霍利新闻社5月13日说,邱吉尔的演说在发表之前曾经得到白宫的认可,在过去一周内,两位领袖曾经交换了六次私人信件。这就使人猜测,艾森豪威尔欢迎而且鼓励英国首相的演说,为的是用举行最高级会议的幌子驱使俄国人在朝鲜尽快停战,因为停战谈判最近又出现了障碍。蒙哥马利元帅作为艾森豪威尔的贵宾在白宫住了十天,直到4月中旬才走。我认为他很可能把邱吉尔的意见带给了艾森豪威尔,又把后者的意见带回去。

在西德尼·格雷夫斯夫妇5月14日的家庭招待会上,我告诉参议员弗格森,他批评邱吉尔和艾登主张的在朝鲜停战后即让共产党中国进入联合国的话,说得非常好。这位参议员说,参议员诺兰在参议院会议上也就同一问题做了精彩的发言,而他自己则提出各种问题来提醒诺兰,为的是强调诺兰的论点,引起人们的注意。

格雷夫斯招待会结束后,我参加了宾夕法尼亚州参议员爱德华·马丁夫妇的晚宴。出席的有五十余人,其中有法国大使、土耳其大使,其他参议员包括宾夕法尼亚州的达夫、阿肯色州的麦克莱伦、加利福尼亚州的诺兰、密执安州的弗格森,以及他们的夫人,还有一些报馆和电台的代表如雷·亨利夫妇,社会名流如古根海姆夫妇,以及普拉特将军夫妇。参议员马丁提议为法国大使博内祝酒,又提议为我和土耳其大使埃尔金祝酒,并向法国、中国和土耳其致意。博内首先致答词,然后马丁夫人要我讲话,我也讲了,接着是埃尔金致词。我讲了一个美国地理老师的故事,他要学生说出地理上的五个人种。一个学生不假思索立即答称:一百码、二百码、四分之一英里、半英里和一英里。① 的确,在博内的动人的谈话之后,我真想用中文来响应。我称赞了美国的思想和理想以及它在自由世界的共同斗争中所起的卓越领导作用,这对未来文明的重要是尽人皆知的,而且对我们自己一代和子孙后代的自由事业,也极为重要。许多客人和朋友告诉我,他们听了我

---

① 英语 race 一词有二义:①人种;②赛跑。——译者

的讲话很高兴，他们将来也要引用我的"地理"故事。

5月19日来访者中有位缪培荃先生，他刚从纽约来，在那里他最近曾遇见了在德国时的朋友卢修斯·克莱将军，当时这位将军是美国占领军的司令。克莱将军现在是大陆制罐公司的董事长，他请缪去作客，并从西海岸送来旅费。他是艾森豪威尔总统的密友。缪从克莱那里得到的印象是，总统不急于停战，怕停战之后就要面对随之而来的无法解决的问题。其所以无法解决，是因为美国人民所希望的（比如，继续把红色中国排除在联合国之外，支持台湾的国民党中国抗拒共产党夺取台湾），正是美国的盟国所反对的。

缪先生离去后，我和使馆人员开会，就当前国际局势对自由中国的危险，我简要地说明了我的意见，因为英国公开提议接纳红色中国进入联合国之后，随即有许多报告说，联合国内的情绪是赞成这一建议的。我还想讨论一下与这一倾向作斗争的方式方法。我强调最好的办法是美国加强与其盟国的联系，要求他们保证支持自愿遣返和体面的停战。我说，如果得到这种保证，就能使美国有理由反对姑息共产党的建议。如果得不到这种保证，美国政府至少会得到美国人民的支持而坚定不移。我又说，我们可以指出，牺牲美国的荣誉并且违背人道主义原则所取得的停战，是与美国人的良心不相容的。即使在自愿遣返的问题上妥协没有引起抵触情绪，那么，如果在停战之后随即让红色中国进入联合国（在美国的盟国一致努力促成的压力下，这是很可能的），肯定会引起反感。这种反应会影响共和党在1954年的国会改选。

在随后的讨论中，陈之迈、谭绍华和顾毓瑞全都赞同我的意见。于是我请陈之迈直接或最好是间接往见几位主要的参议员和众议员。派顾毓瑞拜访几位有影响而可靠的时事评论员，把我所作的分析告诉他们。但陈、顾两人都得注意告诫他们接触的那些议员或评论员，切勿透露这一分析的来源。我们也一致同意，那些需要联系的人们应该包括参议员塔夫脱、副总统尼克松、参议员史密斯和诺兰、众议员周以德、白宫的某些人,以及新闻界的戴维·劳伦斯和康斯坦丁·布朗等。最后,我请他们考虑意见的提纲,以及所拟联系的人物,准备再讨论一次。

次日,星期三中午,我们再次讨论,并请崔存璘参加。为了达到我们的目的,我们又在备忘录上增加了三点。陈之迈已约定在五点钟去见周以德,后又据说周以德把约会推迟到星期四下午五点,因为他已约定在当天下午三点进见总统。

星期四上午十时,蒋荫恩报告说,白宫就要发布公告,美国总统、邱吉尔及法国总理梅耶即将在百慕大开会,讨论当前的国际问题,以取得统一意见。不久以后,合众社自动收报机也收到梅耶在法国国会所作同样的公告,伦敦也报道了同一件事。最后是白宫的公告和对其他两位政治家在百慕大会面商讨当前国际问题的邀请。巴黎和伦敦方面都暗示这是四强会议的预备会,另一位是苏联的马林科夫。

国会内民主党人和共和党人的反应都非常好。参议员诺兰甚至说,在这种情况下,他暂时不急于要求在参议院立即讨论他提出的决议案,即红色中国一旦在盟国的倡议和支持下进入联合国,美国应即退出。

与此同时,顾毓瑞报告说,他的友人得到一份附在另一份给白宫杰克逊的备忘录内的我们的备忘录抄件。杰克逊是总统的特别助理兼心理战的首席顾问。顾毓瑞获悉,艾森豪威尔仍然反对在自愿遣返原则上的让步,五角大楼也是如此,但国务院在这一点上态度是软弱的。他说,据闻杜勒斯正在新德里与尼赫鲁商谈打破板门店僵局的办法。板门店谈判恢复日期已按照联合国的建议推迟到 5 月 25 日星期一。

5 月 13 日,在板门店,联合国军司令部根据共产党方面的八点建议提出了一个修正案。修正案原则上接受设立五国委员会,但只照管不是朝鲜人的战俘,而且只能由印度(它的代表将担任该会主席)提供保安部队和其他工作人员来担负照管之责。修正案还提议将向战俘解释的时间由四个月改为六十天。届期如战俘仍然拒绝遣返,则应改为平民身份释放。但共产党方面对这一方案甚至拒不考虑,而且对意欲释放拒绝遣返的朝鲜人,特别表示不满。因此,5月16日,哈里森要求休会四天,后来又要求于25日恢复谈判。

我听了顾毓瑞的报告之后,即电告蒋委员长、行政院长和外交部长,提出我对局势的看法和准备好的分析提纲,并扼要说明向华盛顿的一些领导人物传播上述意见的步骤。我于5月22日致电蒋委员长:①

> 近日来韩战谈判重开,欧亚主张妥协主义各国似有谅解,纷纷向美施用压力,促美一再让步,以求谈判成功,不惜付予任何代价。此一态势对我至为危险,同时对于美国在自由世界领导地位亦为动摇之一种重要因素。查板门店停战协定草案规定,于签订后召开所谓政治会议,对于不愿遣返战俘交其处理。联合国印度提案规定,如政治会议不能解决此一问题,即移交联合国本身处理。此一方式将使美国立于极端不利地位。美政府现在不但与敌人交涉,且须不断与其所谓盟邦折冲。如美被迫趋向妥协,对于共和党之地位亦属不利。盖韩战解决虽似为人民要求,但一旦签订停战协定,势将引起其他政治问题无穷之纠纷,较谈判停战协定时所遇之困难更难解决。盖因不仅中共希望甚奢,意在参加联合国,取我之地位而代之,以增强其国际地位,此为美国人民所不愿见者。且美之盟国与友邦如英、法、加、印等与美主张不同,颇愿迁就让步,以图苟安。故美方目前对内对外最适宜之对策为坚持光荣停战之最高原则不稍游移,力守反对强迫遣返战俘之基本立场,拒绝参加无限制之政治会议,否则事

---

① 电文录自顾氏所藏函电。

态愈演愈繁,定将引起人民之责难,影响明年十一月之选举,并将丧失美在自由世界之威信与领导地位,而使爱好自由之人民完全失望。共产党集团益可为所欲为,发动欧亚各地之侵略,自由世界既形成瓦解局面,更无所策应。美国为本身计,为自由世界计,亟须抱定上述原则与立场,要求其盟国一致赞成,共同信守。且上述原则与立场既为美国人民所拥护者,英、法等国亦难固拒。如是乃对共方任何具体要求均有准绳可循,足以协力应付,而今后对盟方任何迁就之议,与胁迫之举,美之态度鲜明,可据以拒绝,造成自由世界之团结。近周因鉴于局势之危险,曾连日就上述大意饬属分头直接间接向此间领导人物缜密剀切说明,打击妥协主义者之谬论,白宫方面亦已设法密达。各方反应如何,容续陈报。再据平时可靠来源密报,艾总统本人对遣返战俘问题,仍反对让步,国防部亦然,国务院态度较弱。拟下星期一开会。如何打开板门店僵局,尚未决定。惟美方情报估计,中共主要目的在促成所谓政治会议讨论一切政治问题,增高其国际地位云,并陈,并乞饬转示陈院长、叶部长为祷。

22日,陈之迈在一份备忘录中报告他和周以德会谈的情况。周以德刚在前一天会见艾森豪威尔。我自己则为了一些约会前往纽约,住在奥尔登饭店。抵纽约后,即起草一份致蒋委员长的电文,并派专人送交谭绍华发往台北。电中说明艾森豪威尔对遣返战俘的态度,即反对强迫遣返,并倾向于为红色中国自行脱离苏联开方便之门。

23日,我参加了宋子文的两位弟弟为他举行的晚宴。宋子安提议为他的长兄子文祝酒。继由其二弟子良简短致词,提议为东道即他的幼弟子安夫妇祝酒。一家亲密无间。我是来宾之一,但也被邀讲话,于是简单地讲了宋子文在各方面的领导才能,希望他有朝一日东山再起,在收复大陆和解放共产党统治下的同胞的共同努力中贡献力量。晚上,我将美国的朝鲜政策引起的局势和欧洲几个盟国赞成对共产党让步的态度,告诉了宋子文。并把我努力影响美国政府要它坚持原则,不要听信权宜之计言论的活动,告诉了他。

25日星期一,在板门店谈判的秘密会议上,联合国军司令部向共产党方面提出了新建议。所有不遣返的人员,包括朝鲜人在内,应移交给拟议中的遣返委员会。只让印度派军队看管战俘,等等。经过九十天仍然拒绝遣返的战俘,则或由一个政治会议在三十天内决定其命运,然后作为平民释放,或提交联合国大会处理。这些反建议多少保持机密,直到5月27日,计划的要点才在几份南朝鲜的报纸上首次披露。28日,南朝鲜外交部长在韩国议会谴责了这种新让步,他说,他的政府不能听从联合国的要求保守秘密,南朝鲜完全不能接受这种条件,如有必要,南朝鲜准备单独作战,以求统一朝鲜。南朝鲜代表在板门店猛烈攻击这些条款的声明,这次也公开见报,因而最近的让步和韩国的严厉反对,很快成为人所共知。

5月26日,在我招待一批美国援华有关人士的午宴上,这一问题成为我和塞缪尔·海斯博士谈话的主要内容。海斯博士是共同安全署负责远东国家的助理署长。其他来宾有俞大维(到台北会商后刚刚回来)、约瑟夫·布伦特(将赴台北出任共同安全署驻台分署长申克的副手)、弗兰克·特纳、盖伊·霍普、霍宝树、谭绍华、李榦、陈之迈和梁永章。海斯请我对朝鲜停战的前景发表意见。我说,最近在战俘遣返问题上对共产党作了让步,停战大有可能,但在远东不会获得持久的和平。除了南朝鲜对盟国建议的明显不满外,这种以姑息侵略者为基础的停战,将给全体亚洲人民以很坏影响。他们一向把美国看作与欧洲列强不同,在国际事务中是支持某些道德准则的。如果现在美国对待共产党侵略者也采取权宜之计,这将使他们大失所望,而给共产帝国主义国家以新的宣传武器来反对西方,这会影响亚洲人民而有利于共产主义事业,这一事业是和亚洲的民族主义和反对殖民主义的事业巧妙地结合在一起的。

傍晚,在华盛顿商讨问题的蓝钦大使来作礼节性访问。在谈到某一点时,我问他对朝鲜停战的可能性的看法。

蓝钦说,前一度好像任何一种形式的停战都难以实现,但现在看来有可能采取某种拼凑的方法来停止战斗。他问我的估计。

我说,我认为会做出某种拼凑出来的停战,特别是现在联合国军司令部已放弃了所谓反建议,且作出许多让步以迎合共产党的观点。然而我担心,除了南朝鲜不满意以外,任何停战如以牺牲道德准则的权宜之计作为基础,将会给亚洲和全世界人民以不良的影响。我相信,停战本身除停止交火以外,不能解决什么问题,相反,在政治上它会带来许多令人头痛之事。

蓝钦说,即使武装冲突停止了,他也看不到怎样才能实现和平。至于拟议中的政治会议,他知道台湾人民也很关心。但美国政府采取的立场是会议应以讨论朝鲜问题为限。

我说,这是记录在案的,我甚盼美国政府能够坚持它所宣布的政策。

蓝钦说,他不信共产党中国会被允许进入联合国,因为任何人阅读联合国宪章,都会看出让共产党中国进入这个世界组织是何等的矛盾。

我说,他说得完全正确,因为宪章要求会员国须具备两个条件:(1)必须是爱好和平的国家;(2)它必须愿意而且能够履行国际义务。就共产党中国来说,是不是一个爱好和平的国家,愿不愿和能不能履行国际义务,只要看看苏联这块样板就够了。

蓝钦表示同意,并说,联合国内虽有共产党国家,但要把他们排斥出去,怕也办不到。谈话的后一部分主要是有关援华的问题。

后来,陈之迈进来报告。他说,据大使馆以前负责公共关系的古德温,艾森豪威尔健康状况欠佳,以致出现了对尼克松将来如何的推测。陈又说,使红色中国进入联合国的运动正在进行,这是周以德告诉他的,因为周以德是反对美国在板门店的最新建议的,他准备提出这样的口号:美国正在出卖南朝鲜,就像它以前对待中国那样。周以德请陈不要误解他的用意,他的意图是掀起公众舆论,反对酝酿中的不光彩的停战。

陈之迈还报称,有位南方民主党人曾告诉他,艾森豪威尔作为一个军人,确实不想在现在停战,但在去年竞选运动中他曾对人民许下诺言,要结束朝鲜战争,他是被盟国逼着这样做的,而他个人感到需要时间来完成某些空军基地,可能是在北非和中东。后来我得悉印第安纳州的参议员威廉·詹纳在参议院发言时,曾吁请艾森豪威尔总统发表"最后声明",表示在任何情况下美国不会承认中国共产党政府,也不允许它进入联合国。

5月27日,闵上校以朝鲜海军武官的身份来访。他是朝鲜人,在中国住过三十年,也是在中国受的教育。陪同他来的是我的海军武官柳鹤图上校。闵上校的太太生于北京,并在北京长大。他自己说中国话像中国人一样。他对美国关于停战谈判的态度深为不满。他说,只要他们的国家不统一,他们的人民就继续和共产党作战。虽然南朝鲜不能制造武器,要靠美国供应,但南朝鲜的军队现有二十个师,勇敢而且训练有素。像我们一样,他认为亚洲是自由世界和平的关键,而朝中两国是亚洲和平的关键,因此,他们必须自由和独立,不受外国统治。

次日读报,我注意到参议院多数党领袖塔夫脱26日在辛辛那提的演讲,提议在有关朝鲜问题上,美国应忘掉联合国。演讲已引起了大量的批评。塔夫脱自己住在医院,演词由他的儿子宣读,从全文来看基本上是好的。艾森豪威尔发表声明,公开宣称他不同意塔夫脱的说法。他强调在反对共产帝国主义的共同斗争中,美国必须有同盟国,而要保持同盟,就有必要在各种意见上妥协,以便保持团结和合作。然而,在评价这篇声明时,我要说,首先盟国要有同样强烈的达成合作的愿望,才不致强迫美国去做全部的妥协。

晚上,在贾梅斯·奥尔·登维夫妇的家庭招待会上,哥斯达黎加大使奥雷亚穆诺问我,《美国新闻与世界报道》最近一期有篇文章说,在联合国接纳红色中国代替中华民国这一问题上,美国似乎面临既成事实的困境,这篇文章从何而来。我对他说,那是美国政府放出的探测气球,似乎没有引起多少人的重视。他同意我的看法。

5月30日,我请金问泗大使夫妇共进午餐。他一两天内要到纽约去,特来辞行。谈话之间他告诉我,叶公超部长和胡庆育次长曾来信说,他的退休原则上已获批准,但给他甚么名义以便使他仍能在美国居留,则尚未决定,如果只是不支薪金的荣誉头衔,那是较为容易的。但据前驻瑞士大使、现任外交部顾问吴南如的私人来信说,对于一位资历那样深的职业外交家,这样安排是不太公平的。

接着,我们研究了由于即将来临的停战和接纳红色中国进入联合国取代中华民国的危险使我国政府陷入的困境。我告诉他,蒋委员长最近给我的来信中表现了坚定不移的精神。我解释说,这是对我去信的答复。我去信报告,由于受到所谓盟国的外部压力和美国人民希望朝鲜早日停战的影响,美国的政策甚是暧昧,因而我们的处境很不稳定。

6月1日,我接待了蒋廷黻博士,后来他和我在双橡园共进午餐。蒋是在见过参议员诺兰以后来的,事前我曾把叶公超介绍蒋去会见的电报转给诺兰。蒋廷黻说,他先问参议员,对于朝鲜停战和红色中国可能进入联合国的局势,他有什么看法。诺兰告诉他事情不妙。他怕停战以后,英国和印度紧跟着就要加紧接纳红色中国的活动。他说,这是他提出如果红色中国被接纳,美国应即退出联合国这一决议案的主要原因。但是,他说,附在给国务院、司法部和商务部的拨款法案上的"如果接纳红色中国,美国即拒不支付联合国经费"的附加条款,更为有效。(附加条款已于5月27日以三十二票对二十票的多数在参议院拨款委员会通过。)

蒋博士于是向诺兰提出,附加条款会给联合国留下一种印象,认为美国无视作为联合国的成员国应负的义务,而且盟国和共产党国家都会谴责美国是在实行金元外交。诺兰则认为他和拨款委员会成员采取的行动是迫使美国政府在这个问题上不跟着同盟国转的唯一有效步骤。

蒋博士建议提出一个决议案,声明北大西洋公约组织作为一个旨在保卫西欧的组织,其成员国应也支持在亚洲制止共产党侵略的政策,制止共产党侵略是该组织的主要目的,抵抗共产党侵略是全球性的任务,应该在全球范围内进行。诺兰的反应是,这一提案不会像他自己那个决议案或者拨款法案附加条款那样引人注目。诺兰出去参加一个会议后,他的助手乔治·威尔逊和蒋廷黻研究了这件事。他认为,这是一个正确的意见,但很难成为一个引人注意的方案。

蒋廷黻告诉我,诺兰也曾问过他有关联合国的程序问题。蒋向他作了解释,大会和安全理事会像联合国其他理事会一样,对他们自己的程序都能完全自由运用。大会可以多数票通过由红色中国取代国民党中国在联合国的席位,但这一行动并不能约束安全理事会。在安理会内,中国不但可以否决红色中国的席位,而且可以否决其先决问题,即这一席位是属于实质性的还是属于程序性的问题。蒋对诺兰回忆说,1950年初,美国代表格罗斯遵照国务院指示,曾在安理会上宣称,席位问题是程序问题,虽然早些时候,格罗斯本人曾经辩论说,席位问题不仅包含代表个人的资格问题,这是一个程序问题,而且也包含政府的代表权问题,这主要是实质性问题。

关于朝鲜停战的条件问题,蒋博士说,他已把他在联合国大会上所说对于印度提案的意见,向诺兰作了解释。他说过,在序言里空谈自愿遣返的原则,但在决议的正文里提出的途径,却不可避免地引向强迫遣返。然而美国却投票赞成决议。参议员威利虽在听过蒋在大会的讲演之后告诉格罗斯,讲演有些道理,他只是说以后再把全部事情解说清楚。诺兰对美国已经承认并批准了决议案表示遗憾,盟国现已抓住这点,迫使美国在提出停战条件时必须符合决议的实质。

我告诉蒋廷黻,他把北大西洋组织和促使盟国支持在朝鲜体面停战的新决议案连在一起,在措词上很难做到像附加条款或诺兰提出的退出联合国的决议案那样引人注目。我说,美国能够而且应该站稳立场并告诉盟国说,他们关心西欧的安全是可以理解的,因为他们的祖国都在那里,远东离他们太远了,然而美国的地理位置不同,太平洋和远东对它来说,同大西洋一样重要。此外,美国人民,尤其是西岸人民,都认为美国的命运和亚洲的命运是紧密相连的。因为盟国都把美国看成是为自由事业而与共产帝国主义作斗争的领袖,他们不应阻碍美国为保卫它自己的切身利益而作的努力。从长远看,这些利益对盟国也很重要,因为西欧和亚洲面对着共同的危险。由于同样的原因,盟国不应歧视、低估或无视亚洲方面的危险。

我告诉蒋廷黻,我们如何经常地对我们在美国国会的朋友强调坚持自愿遣返原则以及体面停战的重要性,强调盟国与美国需要发表一个明确的宣言,以便有一个共同的立场来制订大家都能接受的停战条件。蒋廷黻说,美国代表团的成员是不诚实的。1951年初,厄瓜多尔的克维多提议邀请一位红色中国代表进入安全理事会。蒋廷黻请美国代表奥斯汀加以阻止,奥斯汀答应去和国务院谈。蒋说后来有人告诉他,是厄瓜多尔自己主动提议的,但是克维多却不止一次地告诉他,提出那个建议,他感到非常抱歉,并说,虽然那是违反他自己的意思的,但他不得不那样做。蒋博士说,很清楚,这是美国代表团要他去做的,而美国代表团自己却不提。

我问他,对于红色中国有取得联合国席位的危险,蒋委员长在台北给了他甚么指示。他说,蒋委员长很镇静,要他尽可能进行坚决的斗争。蒋委员长也反对任何形式的妥协,例如平分秋色,红色中国代表出席联合国大会,国民党中国代表出席安全理事会,或者两方都是会员国的双重代表制。我说,在技术上,那要修改联合国宪章,因为宪章明确规定"中华民国"是安全理事会的常任理事国之一,而没有"中华人民共和国"那样的规定。他说,他也考虑过这一论点,但那没有多大分量。我说,确是如此,因为那些反对的人们可以说,宪章不能干预会员国的内部事务,也不能破坏会员国人民自决权的原则。然而,我说,宪章考虑到并且规定了中华民国的席位,这是事实,特别是因为中华民国依然存在,而且得到世界上大多数国家的承认。

稍后,我接见了陈之迈,他曾去过参议院办公楼内诺兰参议员的办公室。他也是来汇报蒋廷黻和诺兰以及和诺兰的助手乔治·威尔逊谈话的情况。陈说,诺兰对于蒋廷黻提出的方案不太重视,对联合国军司令部最近的反建议也不满意。他是在反建议送交东京克拉克将军以前,从比德尔·史密斯将军处见到这一文件的少数人之一。事实上,他是在文件送出的一小时前看到的。然而诺兰对陈的论点印象颇佳,即印度的决议案和以之为基础的联合国反建议漏洞百出,在共产党反对的自愿遣返问题上有利于共产党。例如,陈曾指出,如果联合国不同意政治会议的组成,就无会可开,给共产党以九十天的期限向战俘作解释,也就毫无价值。以后会出现何种情况?战俘是不是无限期地由中立委员会监管下去?

2日陈之迈又来访。他曾与乔治·威尔逊核对了一条消息,说参议院已经通过了有关接纳共产党中国进入联合国问题的附加条款,查核结果是,艾森豪威尔与共和党国会领袖们开会时,在总统保证反对红色中国进入联合国并将竭力加以阻止的情况下,同意放弃对国务院、商业部和司法部拨款法案的附加条款。总统要求取消附加条款,因为它侵犯了总统处理外交事务的权力。理解了保证以后,共和党领袖们同意取消附加条款。威尔逊又说,总统的意见是,红色中国进入联合国的问题,只有在它与莫斯科决裂并脱离苏维埃的影响之后,才能考虑。

第二天,拨款委员会主席参议员斯泰尔斯·布里奇斯提出一份替代修正案,宣称"国会的意旨"是红色中国应被排斥在联合国之外。这件妥协修正案仅说国会反对红色中国进入联合国,而在法律上并不束缚美国总统处理外交事务的手脚,因此先后得到参议院和众议院的一致采纳。

6月5日,我回拜蓝钦大使时,参议院已经表决。我们谈到的问题之一还是朝鲜停战及其对国民党中国可能产生的影响,包括红色中国在联合国的席位问题。谈话一开始,我就引入正题说,朝鲜停战谈判想已差不多进入结束阶段。

蓝钦说,那是差不多可以肯定的,但停战协定的签订仅仅意味着战斗的停止,向和平解决迈出了第一步。贯彻停战还有许多有关问题有待解决,例如要组织一个中立委员会来监督停战,另一个委员会来处理战俘。

我说,蓝钦先生当然了解台北对于拟议中的政治会议是否举行与何时举行颇为忧虑。按照停战协定草案,政治会议只处理朝鲜问题,我希望美国坚持原议,不让其他问题牵连进去。

蓝钦说,他6月1日见到总统时,曾强调说允许共产党中国进入联合国,或美国承认红色中国,将是一种灾难,因为它必然会使亚洲人民认为共产党对中国大陆的征服已被同盟国承认并受到尊崇。

我说,我了解总统注意到其中的危险,蓝钦也认为确实如此。我又说,但当前局势的危险是美国的某些所谓盟国似乎持有不同看法,而且是亲共的。

蓝钦说,在国会里,自由中国有许多朋友,那天参议院一致通过的反对共产党中国进入联合国的决议就是明证。虽然让共产党中国进入联合国和美国承认共产党中国是两个不同的问题,但是在美国人民心中却多多少少认为是同一问题。蓝钦了解到,参议院的决议在众议院也将被通过。他解释说,怕的是在即将到来的百慕大会议上,美国将会面临它的盟国赞成共产党中国进入联合国的意见。但他相信,国会的决议宣称国会的意旨是反对接纳红色中国,将会使总统得以据此向盟国有所表示,实际上,即使他自己同意他们的看法,他也无法违反国会意旨而付诸实施,特别是因为参议院的决议是以七十六票对零票通过的。

我指出,《国会议事录》记述两党的领袖们在投票后曾说,假如未出席的参议员都出席的话,他们也会投赞成票,而总的投票数将会是九十六对零。我想这一事实定会增强总统在百慕大会议上的力量。我又说,我高兴地看到《纽约时报》的一篇社论说,参议院的决议不但代表了国会和总统的想法,而且也反映了美国人民的想法。我还说,从我得到的全部报告来看,尽管美国人民渴望朝鲜停战,不要再打下去,可是他们反对让共产党中国进入联合国。

蓝钦说,他已恳请总统不要再让共产党国家进入联合国,共产党中国当然也不例外。

我同意他的意见,强调共产党中国的行为与联合国宪章的条款和精神都是大相径庭的。

在国务院会见蓝钦之后,我回拜了埃及大使艾哈迈德·侯赛因。我们主要谈了英埃关系和中东局势,颇有兴味。我极想从他那里了解杜勒斯最近对埃及的访问,并询问埃及对此是否满意。他对此及许多其他问题的回答,在很大程度上说明了英国对埃及政策的实质,以及埃及政府和人民的反应与情感。

我一开始就说,我知道新大使对美国并不陌生。

侯赛因博士说,他1943年来这里参加在温泉城举行的联合国粮食及农业组织会议,去年出席在墨西哥举行的联合国教科文组织会议后,还在美国住过几星期。

于是我问埃及对最近美国国务卿的来访是否满意。

侯赛因回答说,访问是有益的,他本人回到埃及为的是在杜勒斯访问时他能在场。他觉得国务卿能亲自见到埃及人民和了解那里的局势是件好事,因为亲身的印象和经历总比从通讯、电报或冗长的报告中得到的知识要好些。

我说,我从杜勒斯于中东长途旅行归来后最近发表的广播演讲中得知,他对解决英埃争端抱有希望,特别是因为它不涉及原则问题。我问,这是否是对局势的正确评价。

侯赛因说,英国人原则上已经同意苏伊士运河区的主权应该属于埃及,这是真的。埃及起先虽曾坚持只雇用国际技术人员,后来也同意了任用英国技术人员,但是谁向技术人员发布命令这个问题发生了,英国人说他们要听从伦敦的命令,这是埃及政府不能接受的。侯赛因认为英国人目光短浅,邱吉尔仍在梦想大英帝国旧日的权势。但是世界已经变了,要维持和保留殖民地利益已是不现实的政策。对英国来说,采用自由政策,做埃及的朋友,要比反对埃及好得多。英国应以印度为鉴。印度一向是痛恨英国的,但自从英国恢复了印度的独立以后,在印度的英国人比英国占领时期更多了。英国现在对印度的贸易额比以前增加了两倍,印度已变成英国的朋友。如果它对埃及也采取自由政策,英国能够获得同样有利的结果。

我重复说,杜勒斯对解决英埃争端抱有希望,并问大使是否也有同感。

侯赛因回答说,如果美国采取坚定的立场而不偏袒英国方面就有此可能。但美国年幼,尚未长大成人。如果它表现出是一位坚强的领袖,埃及问题很容易解决,埃及就不再把英国视为敌人,而会变成它的朋友。总之,埃及是个小国。如果它受到像俄国那样的强国攻击,它无法自卫,必须寻求朋友的帮助,也就是美国和英国。但只要英国军队继续占领运河区,埃及人民就会把英国当作当前的敌人,而不是远在二百英里以外的俄国。结果,中东现在暴露在敌人面前,它和西方不能建立起集体防御。

他继续说,由于倡导以色列的独立,美国已触怒了阿拉伯世界,并失去了以百万计的穆斯林和阿拉伯人的友谊。他不能理解,为什么美国人民还要顺从英国的影响。例如,最近英国女王伊丽莎白二世的加冕,无非是英国和英联邦的节日,而美国人却感到极大兴趣。(我自己曾在日记里写道,加冕那天,美国报纸把典礼报道得详尽异常,以致给外人以印象,认为美国人仍然喜爱君主的豪华和仪注。)

侯赛因认为,目前英国在美国的影响远比他们现在驻有占领军的中东为大。在对外政策上,美国像是永远屈从于英国。他引证伊朗的事例,英国对伊朗的不妥协政策已使英国在那里的贸易和投资状况走进了死胡同。英国还在企图执行它殖民统治的古老政策,这是不合时宜的,然而美国看来还在支持英国和法国的殖民统治。这就是为什么受西方帝国主义欺凌的国家的人民对英法怀疑,对美国不满。为美国计,要赢得中东和远东国家的坚定友谊,就应明确宣告支持他们的民族独立精神。他相信,这样宣告之后,印度支那战争就不难取胜。

我表示同意。我说,现在印度支那大部人民对共产党与法国人和越南人之间的战争袖手旁观,人民对之并无热情。但如果美国公开出来支持印支人民的完全独立,印支人民会毫不犹豫地奋起作战,而且这种立场会得到绝大多数联合国成员的赞赏。由于继续寻求英法那样国家的支持和合作,美国已失去了联合国许多成员国的同情,并且使它为达到预期的目标要在联合国争取多数的任务更加困难。

侯赛因认为,美国凭它的威望和实力,应该比以往更有力地维护它的领袖地位。

我说,这可能是由于美国仍然是个年轻国家,缺乏经验,有意识地或无意识地,在国际事务中总把英国当作老大哥。

侯赛因说,美国应该相反地以老大哥自任,不要再把英国当作它的大叔。谈到英国的现状时,侯赛因说,它正在迅速腐朽。他在两年前到过那里,发现那里已不再是英国贵族统治。往日英国贵族还能保持其地位和威信,因为他们的财富使他们有可能保有他们的城堡、仆役、骏马和猎犬。今天,由于沉重的赋税,他们不得不降低生活方式。在工业方面,英国人是保守的。据一位权威人士说,由于现在机器陈旧,英国矿工一天的产量仅及美国矿工的七分之一,自然他的工资也就只有美国同行的七分之一。

我同意他的论点。我说英国的经济的确困难。它不但失去了大量的贸易,而且还需进口大宗的粮食。

侯赛因说,往日英帝国主义者有殖民地人民归他们统治。埃及一度努力使它的经济工业化,创办了一家纺织厂,可是英国课以重税使它倒闭。英国迫使埃及继续种植棉花,向英国出口,在英国制成棉织品,再以成品在埃及市场出售。英国人进一步威胁说,如果埃及坚持开办自己的纺织厂,它将得不到所需的棉花。最近他访问了被英国殖民化的牙买加和特立尼达,看到那里的人民由于同样原因异常贫困。所有肥沃的土地都归英国公司所有,种植甘蔗以供制糖出口,土著们被驱逐到山区,各自耕种一小块土地。如果土著们能在肥沃的土地上种稻米和其他谷类,他们就无需出高价购买进口的粮食,并能享受较高的生活水平。

侯赛因认为,西方的人民永远不会理解中东或东方的人民。西方过分强调物质的重要性而忽略了精神的价值。他记得在一次联合国教科文组织会议上,他反对在该组织章程的序言草稿中使用"不文明"字样。他要求说明"文明"的定义,可是没有得到满意的答复。另一方面,他要求决不应单凭物质标准来衡量一个国家。他引证自己的国家作为例子。虽然知识分子为数不多,但他们都有自尊心,热爱自由。由于他的反对,"不文明"一词被删除,而代之以"不发达"字样。他再度反对,最后才采用了"经济上不发达"一词。

我说,直到第一次世界大战,被视为文明世界的欧洲只包括信奉基督教的几个国家,世界的其余部分一概被认为是不文明的。现在情况已经发生巨大的变化,但古老的英国仍以 19 世纪的思想方法来考虑问题。

侯赛因表示同意，又重复说，邱吉尔领导下的英国仍在梦想一度土地辽阔的大英帝国的威望和光彩。

三天以后，谈判、辩论，僵持了一年有半的有关战俘问题的协定终于在板门店签字。考虑到预期要举行的政治会议对中华民国的影响，我们的盟国韩国的困难处境，朝鲜分裂后给远东的影响，允许红色中国进入联合国的压力等等，比以往更需要谨慎从事，我和我的全体使馆人员感到在美国首都有比以往多得多的工作要做。

二、停战协定和拟议中的政治会议

1953 年 6 月 8 日—8 月

1953 年 6 月 6 日，星期六，我到纽约去参加钱泰大使和夫人为我举行的招待会。星期日我仍在纽约，正在焦急地等待叶公超电告我的那封蒋委员长发来让我递交艾森豪威尔总统的电报。自从那天早晨谭绍华从华盛顿转告我关于叶的通知后，我就急于知道它的内容，并且几次打电话给华盛顿译电室，命令全体译电人员在那里等候。一直到 6 月 8 日星期一上午十点，才告知我电报已经来到，还需要四五个小时才能译完。我乘半夜一点半的飞机从纽约动身，以便在我到达办公室时，电文也准备就绪。我到后，阅读了蒋委员长致艾森豪威尔总统的电文，并且准备了一封给国务卿的信，请求他尽快将电报递交总统。实质上，蒋委员长的电报是打算在朝鲜停战的问题上，支持南朝鲜的立场，同时强调在目前情况下实现我方过去曾提出的某些建议的明智性。

艾森豪威尔总统曾以个人名义致函李承晚总统，为联合国建议停战进行辩护，并要求南朝鲜予以支持。作为答复，李承晚向艾森豪威尔提出了他自己的停战建议，两天前，南朝鲜驻华盛顿大使馆公布了它的内容。李承晚总统的建议要求：中国共产党和联合国的军队同时撤出朝鲜；美国和南朝鲜缔结防卫条约，保证再受攻击时，美国及时援助；给与南朝鲜军队足够的援助和美国在南朝鲜保留海空兵力,直到南朝鲜完全有能力自卫。李承晚更进一步宣布1953年5月25日的停战建议是完全不能接受的。如果不接受南朝鲜的建议,就必须允许它继续打下去。

艾森豪威尔给李承晚的答复是由马克·克拉克将军于6月7日递交的,蒋委员长致艾森豪威尔的那封信也是在那天。同一天李承晚公布此事时说,艾森豪威尔总统曾说:"我们没有理由延长带来一切苦难的战争以指望用武力统一朝鲜。"他保证要试图用一切和平办法在即将召开的政治会议上和联合国内实现朝鲜的统一。他也表达了愿意在停战结束以后和南朝鲜议定一个共同防御条约,但须经参议院批准。但是李承晚在公布这个答复时,声明这个答复不能令人满意。他宣布他的国家处于紧急状态,又命令所有在美国的南朝鲜军官回国,又宣布他的国家不会参加任何让中国共产党继续停留在他的领土上的停战协定。

第二天上午十时,蒋委员长的电文来到。全文如下:

艾森豪威尔总统阁下:

朝鲜停战协定似将签字。如此项停战能结束共产党在亚洲之侵略,实为吾人所共同祈求者,亦即对美国领导下亚洲自由人民信念之支持。倘停战不能完全符合此标准,则将使该地区的自由人民幻想破灭,并将削弱美国政府之道义领导。为避免此种可能性,我要求立即考虑发布某种有关下列两问题之声明:朝鲜问题及远东一般局势。

关于朝鲜战争,建议美国政府(1)严格坚持联合国为朝鲜所订的目标,即建立一个统一、独立和民主之朝鲜;(2)为共同捍卫联合国之目标,继续给与韩国道义支持及军事援助以确保其安全;(3)确实兑现联合国司令部代表于板门店谈判中作出之保证,即停战后举行之任何政治会议之范围应仅限于讨论朝鲜问题。

关于远东之一般形势,大都认为停战之后亚洲国家之安全仍然受到威胁。为应付可能再出现此种侵略,亚洲各国自由人民之全体及个别实力必须增强。在欧洲,北大西洋公约组织有所发展,并在共同实力方面进一步加强。现已届美国政府考虑对亚洲反共国家给予强有力保证之时,而于受苏联与中共直接威胁之国家,即中华民国、泰国及印度支那,尤应给予有效援助,以增强其国防军力。为确保亚洲和平,美国政府似有必要声明拟与上述直接受威胁国家缔结双边或多边共同安全条约①,并声明适时帮助,组织成立所有亚洲反共国家之总组织。

蒋介石

6月8日下午四时,我把我的附有委员长来电的信交给负责远东事务的助理国务卿饶伯森。那时,战俘问题协定终于签字的消息已经到达华盛顿。

我对要求饶伯森立即接见表示了歉意,并且解释说我有蒋介石总统发来的一份重要电报,要递交艾森豪威尔总统,有一封我给国务卿的说明信,请他将电报转递总统。我说我认为把电文送交给最高当局的最快方法就是把它交给饶伯森先生。

饶伯森说,他已经在别处看到蒋总统要致电给美国总统的报告。

我说这个就是。

饶伯森说,他会立刻转交国务卿。然后我说,我愿趁此次拜访他的机会,向他询问有关朝鲜停战局势的一两个问题。我获悉联合国军司令部和共产党在遣返战俘问题的协议上已经签字,停战协定还有待签订。

饶伯森说确实如此。

我不知道停战协定签字后的局势将会如何。

---

① 编者注:关于顾维钧博士最初对国务院,特别是对杜勒斯先生和艾利森先生陈述国民政府要求和美国缔结共同安全条约一事,参阅本章第三节(一)和杜勒斯3月19日会谈。

饶伯森说,如我所熟知,交换战俘是缔结停战协定的唯一障碍,而这个问题现在终于解决。他相信跟着就会签订停战协定。还有一两个行政管理问题要在停战协定签订之前解决,但他预料不会有多大困难。

饶伯森接着说,遣俘协议涉及很多问题。当然,它是妥协的结果,有关国家不可能对它完全满意。他自己也不明白,例如波兰和捷克,如何能在中立国家遣返委员会里被视为中立国。但这是联合国拟定和同意的。美国曾经反对印度提出的决议,而最后还是和其他五十三个国家一起投了赞成票。五个国家弃权,其中包括国民党中国。让印度做委员会的主席也是得到联合国同意的。但是,重要的事是共产党国家接受了自愿遣返的原则。不允许以武力或强迫手段施加于那些拒绝遣送回本国的战俘。他解释说,除印度外,其他四国的代表,每方都可有相等的不超过五十名的助理人员。战俘所属国代表向战俘解释有关遣返问题时要在委员会每一个成员国和拘留国的各一名代表面前进行。所以共产党接受志愿遣返的原则确实是一大让步。

我说这是联合国的胜利。

饶伯森同意这个说法。他还说艾森豪威尔总统对这个问题从一开始就采取坚定的立场。

我说这表明和共产党国家打交道时,在重要的原则性问题上采取坚定方针的明智性。

饶伯森说,他为这个胜利很少得到人们的注意感到遗憾。由于共产党国家接受了自愿遣返的原则,在委员会进行表决的问题上对他们作出的让步也就无所谓了,委员会以多数通过代替了联合国最初提议的一致通过。但是,对共产党国家的这个让步并不很重要,因为委员会可以修改这个原则。他接着说,此外,只允许印度部队在战俘中维持纪律。那些英国人训练出来的印度士兵仍保持英国军队的传统。再者,也只允许他们携带轻武器。饶伯森还说,总之,停战只不过是停止了战斗,而真正重要的却是在停战协定签字后解决各种问题。

我提到停战协定草案拟议召开的政治会议的条款里也涉及了战俘拒绝返回本国的处置问题。

饶伯森说,共产党国家最初要求四个月的限期。在此期间,战俘所属的国家可以派遣代表到战俘营去解说遣返事项,并且说服他们回去。但是最后终于同意这个期限应该定为九十天。九十天后,那些仍然拒绝回去的战俘将移交给一个政治会议进行审议。经过政治会议三十天的审议之后,那些仍然拒绝遣返的战俘将以普通平民的身份释放。以后,他们可以留在朝鲜,也可以得到前往中立国家的机会。

我问如果由于某些原因没有举行政治会议,而中立国遣返委员会的九十天看管期限已满,那该怎么办?

饶伯森回答说,在这样的情况下,从中立国委员会看管时算起,满一百二十天即可释放他们。

我说我理解,换句话说,无论有无政治会议,一百二十天的期限都适用。

饶伯森说:"是的。"接着他又说,他猜测政治会议的成员将由联合国安排决定。

我指出,根据停战协定草案,政治会议的范围应局限于朝鲜问题。美国在联合国的代表已明确表示美国将不讨论其他问题。我问美国是否仍持这样的态度。我国政府非常重视这一点。

饶伯森作了肯定的答复。

我说我希望在另外一个问题上得到澄清。最近报刊上充满了各方面有关接纳共产党中国进入联合国的报道,而且有些美国的盟国已公开表示赞同。不久前,我曾在收音机里听到英联邦总理们在伦敦开会时主张在朝鲜停战协定签字之后再接纳共产党中国进入联合国。我推测,不仅有些国家在这个问题上要对美国施加压力,而且邱吉尔在百慕大会议上也会提出这个问题。我不知道美国是否仍然反对这一行动。

饶伯森提起那天参议院以七十六对零的票数反对这项提议，说这是表示美国参议院态度的全体一致意见，美国政府对此也有同感。他个人认为考虑到共产党中国的主张和行动，允许它进入联合国将是一大悲剧。

我说我明白艾森豪威尔总统在这问题上与参议院的看法一致，此外总统也曾向参议院某些领导人保证美国不仅将投票反对共产党中国进入联合国，并且还要争取其他会员国支持美国的这个立场。这时，由于我们已经谈了很长时间，我于是起身告辞。

两天后，蒋廷黻从纽约打电话给我，问我是否能在本周末到纽约去（那天是星期三），他有重要事情相告。我告诉他，我必须留在华盛顿，他说那他就在电话中向我说。美国驻联合国的代表小亨利·卡伯特·洛奇前一天下午去拜访他，和他讨论了一些问题，特别是接纳共产党中国进入联合国的问题。在朝鲜停战协定签订后重新召开的联合国大会第七次会议上将面临这个问题。

首先，洛奇说，据说6月底在日内瓦召开的经济及社会理事会上国民党中国的代表权问题将再一次受到挑战。由于他自己不能参加会议，美国代表将是位新人。他通知蒋博士这个情况，为的是蒋可以采取必要的步骤去防止任何不利的后果。他说美国反对任何这类提议，但是他认为最好是获得尽可能多的反对票。

关于停战协定草案规定的政治会议的成员，洛奇说，当联合国大会复会时，将由大会来决定。他愿意知道他（蒋）对这个问题的看法。他又说，共产党中国是必定参加的，美国、苏联、英国、法国、印度和南北朝鲜也都要参加。

蒋廷黻说，他的回答是中国政府反对共产党中国参加任何这类会议，并且对任何安排有共产党中国参加的会议感到不满。他认为参加会议的代表权依法应该属于国民政府。

话题又转到政治会议的议事日程，洛奇坚持认为此事不应由联合国大会讨论。他指出，事实上，停战协定草案已经提到，某些与朝鲜有关的问题,如撤走外国军队,南北朝鲜的政治统一,等等,都要由盟国和共产党国家的谈判代表商讨。蒋表示他同意洛奇的看法。

关于接纳共产党中国进入联合国的问题,洛奇告诉他(蒋),他曾和英国代表会谈。英国代表极力主张允许其进入联合国,理由是,允许苏联和其他共产党国家进入联合国,而拒绝共产党中国加入是不合理的。洛奇回答说这有很大的区别,首先,美国在朝鲜与共产党中国的军队以及北朝鲜作战,蒙受伤亡达十三万五千人,美国人民不会忘记这个悲惨的经历。不管怎样,英国代表给洛奇的印象是在洛奇明确表示美国坚决反对以后,他的国家将不再在这个问题上过于坚持。洛奇还告诉蒋廷黻,如有必要,美国代表将行使否决权。

蒋廷黻告诉我,当他对美国在这个问题上的决定表示满意时,也提醒洛奇注意联合国安全理事会记录的实际情况,说早在1950年奥斯汀先生就已经声明美国认为接纳共产党中国进入联合国的问题是一个程序问题,不能行使否决权。至今还没有美国代表宣布不同的观点,他认为最好是美国采取措施来取消奥斯汀先生的声明。

洛奇说,他始终不能理解为什么竟会作出这样一个声明,但是无论如何,现任政府并不认为必须受它的约束,必要时,他要行使否决权以阻挡共产党中国进入联合国。洛奇还告诉蒋廷黻联合国大会要在百慕大会议之后才能召开。他预测参加百慕大会议的三个国家会设法决定一项一致同意的政策提供大会复会时采纳。那就是说大会到7月中旬才能召开。

我谢谢蒋廷黻向我通报,并且说关于即将在日内瓦召开的经济及社会理事会上可能产生的局势,大使馆曾和国务院接触,发现美国采取同情而且对我方有利的态度。国务院请大使馆放心,在联合国各种不同的机构和附属机构举行过的一百多次会议上,美国代表团始终都在贯彻支持国民党中国代表权的政策。

蒋廷黻说,他曾向洛奇建议国务院最好与出席经济及社会理事会会议的各个国家进行接触,并且争取他们支持国民党中国保留代表权。我说那是一个好建议,因为大使馆一贯采取同样的路线敦促国务院支持我们在一切国际会议上的代表权。

于是我建议在美国政府决定行使否决权以阻止共产党中国进入联合国之前,最好让其他代表团先知道美国代表团的态度。这样,他们就更易于下决心支持美国的立场。

蒋廷黻说,他还曾告诉洛奇他很同情南朝鲜对已经提出的停战协定所持的否定态度。他担心亚洲人民会对该协定作出不利反应。

我说这点很重要,于是接着告诉他我刚转给艾森豪威尔总统一封蒋总统的电报。最后,我告诉蒋我所听到的有关美国政府对共产党中国进入联合国一事目前所持的立场。我说美国政府的主张是,当共产党中国有与克里姆林宫脱离的明显迹象时,才是考虑接纳其进入联合国的时候。换句话说,如果毛泽东成为共产党中国的铁托,那么美国社会就会考虑此事。我说,分明在艾森豪威尔总统的指示下国务院曾进行研究过在共产党中国出现铁托主义的可能性,而得出的结论是最近的将来没有任何这种发展的迹象。事实上,我了解美国政府已经就此准备好一份备忘录,强调它的结论,以便回击邱吉尔在百慕大有可能提出来支持其论点的任何理由。邱吉尔认为在朝鲜停战结束后应当允许共产党中国进入联合国。

蒋廷黻还记起他和洛奇谈话中的另一点。洛奇曾问他对选择锡兰作为举行政治会议的地点的意见。他回答,锡兰既已承认共产党中国,他不认为那是个合适的地方。他建议在菲律宾的碧瑶,那里过去曾几次作为国际会议的会址。选择它要更好些。虽然那是一处消夏胜地,他相信在两三个月内,所有会议需要的设备都可准备齐全。蒋说洛奇认为那是一个很好的建议,可以考虑。

我于6月9日为詹姆斯·赖斯顿先生和夫人、约翰·海托华先生和夫人、诺曼·佩奇先生和顾毓瑞夫妇举行午宴时，谈论的题目之一就是南朝鲜李承晚总统的不妥协态度。海托华和赖斯顿都认为那是没有用的，因为美国必须休战，美国人民要求休战。不实行休战，又不情愿全力以赴来求战求胜，那只会继续对峙僵局，慢慢地、不断地耗尽鲜血。但是我告诉他们，我同情南朝鲜人民，因为他们在战争中受的损失最重，自然对允许一百万共产党中国的军队留在朝鲜土地上感到不快。那不仅威胁他们的生存，也扼杀了他们统一国家的希望。

第二天，下午我召集陈之迈和顾毓瑞一起商量。他们曾在早些时候汇报某些主要参议员和众议员对南朝鲜反对联合国的谈判代表在板门店同意的停战条款的反应。因此，上午我告诉他们我要和他们之中的几个人碰头。顾毓瑞首先汇报朝鲜大使馆韩参赞告诉他南朝鲜仍持反对态度。至于杜威·萧特等众议员，则同情南朝鲜的态度，并且谴责英国的态度，因它应对艾森豪威尔在停战协定条款上决定妥协负责。陈之迈曾见到诺兰的助理乔治·威尔逊，他说，威尔逊告诉他，参议员诺兰最近劝李承晚不要打乱停战安排而要同意美国的做法，这个声明不是他个人的意见，并且曾受到很大的误解。参议员威廉·詹纳也是陈联系过的人，他是完全反对停战协定的。他认为给亚洲带来和平，使朝鲜得到统一的唯一办法就是让国民党中国从美国得到充分的支持继续干下去，收复大陆。

第二天，我将大使馆收集的由于韩国强烈反对所引起的紧张局势的全部机密情报，摘要给外交部发了一封电报，内容只有四点：

(1)由于战俘问题的协议已经签订，而且就停战协定的其他条款取得一致意见已有一些时日，所以美国当局的态度是，现在不可能再重新进行谈判或对之进行修改。

(2)美国公众和官方人士对南朝鲜的立场不无同情，但是他们认识到由于停火是人民的迫切要求,又由于除非再进行一场大规模的战争,就不可能达到南朝鲜的希望,所以战争如再继续下去必定使人民更加反对战争,从而加强那些赞成孤立的人的态度,促使已经削弱了的西方列强联合阵线进一步分裂。

(3)美国的公众和政府虽然同情韩国的立场,他们暗地里承认南朝鲜的反对实际上造成了极端困难的局势。瑞士和印度对于在战俘遣返委员会中任职最初表示犹豫就是一个例子。因为如果南朝鲜顽固地拒绝停火条件,就不能达成停战协定。此刻,美国应付这个局势的政策表面上是给予南朝鲜各种保证,可是同时施加压力希望南朝鲜同意停战协定的条件。虽然美国盼望这种政策最后将取得成功,但也感到没有把握。

(4)不管南朝鲜的反对会发展到什么程度,它已给人们造成了深刻的印象,认为现在的停战协定的条款极不理想,不仅无助于获得体面的和平,而且还留下许多有待解决的问题。这种印象和给予南朝鲜的各种各样的保证也必然对未来的政治会议谈判有严重的影响。这种趋势和印象似乎已使美国更加坚持它的政策。

美国希望停止朝鲜战争的另一个重要因素是关心共产党在其他亚洲国家,特别是印度支那的活动。当俞大维在6月的第二周拜访助理国防部长佛兰克·纳什和共同安全署署长史塔生请求他们协助催促通过我们要求的增加1953—1954年度援助时,发现他们更想知道的是我们对印度支那军事局势的可能发展的看法和我们能够做什么及愿意做什么。当6月11日俞大维向我通报和他们谈话的内容时,他说他很谨慎地避免代表台北回答他们对印度支那问题的询问,但是他发表了他个人的意见。

他告诉他们,在印度支那,与红色中国的政治关系问题不及全面的战略形势重要。云南南部和印度支那北部属于一个多山高原,它通过老挝延伸到缅甸南部和泰国北部。很明显,共产党的目的是要征服并控制这个高原的全部,并且将它建成为一个巩固的基地,从那里可以进攻印度支那的港口和大城市,如河内、海防和西贡。他指出,这个战略和他们用于征服大陆的战略是相同的,在延安坚守住一个牢不可破的基地,并且通过华中和华北来扩张他们的控制,最后不大费力地拿下南京、上海和广州等大城市。(无论共产党在什么地方作战,即使在印度支那,这仍然是他们的战略。)

俞大维说他担心法国将要失掉整个印度支那;因为它既不愿意也不准备和共产党打到底,剩下的只有美国参战。否则,合乎逻辑的做法只有以和解为基础的政治解决。那恰恰是共产党心目中所想的,并且也是他们早些时候于马歇尔将军的赞助下在中国所取得的成就。

几天以后,我收到蒋委员长秘书沈昌焕的信,说他和几位朋友希望我能访问台湾。我把信给顾毓瑞看。他不知道这事,但认为让我去台湾是个好主意,他认为这可能是蒋委员长的授意。我不同意,因为蒋委员长在5月18日给我的信上还没有提及此事,而沈昌焕的发信日期不过是5月28日,虽然是由朋友刚带到华盛顿。我告诉顾毓瑞,过些时候杜勒斯访问台湾时我可能去,而这就是为什么我要提起这封信的原因。但是现在离开这里是很不适宜的,因为即将签订朝鲜停战协定,随后,联合国大会的特别会议和政治会议也要召开,这些都直接影响自由中国的利益和命运。叶公超、蒋夫人、俞大维和蒋廷黻都是最近回去的,他们已把美国的情况告知我们的人了。所以我认为没有必要在这个时候去台湾。

19日我给沈昌焕和叶公超写信,对他们说,影响台湾和远东的局势动荡不定,在酝酿中的朝鲜停战协定和随之而来的百慕大三巨头会议甚至会使局势变得更为危急,在这个关头,我认为我不应离开华盛顿。但是我问叶公超,沈昌焕的信是来自上面的授意还是仅仅是他和另外几个朋友的意见。

到6月16日,在停战协定签字以前,只有停战线仍有待解决。但是美国公众和政府对在停战协定签订后,必须处理的各种问题在看法上似乎仍不一致。杜勒斯在 6 月 16 日的记者招待会上回答记者问题时,终于用了很多时间谈到拟议中的政治会议。他说联合国大会要选出一个委员会代表联合国参加这个会议。南朝鲜也是参加国之一。另外一方,除了北朝鲜和共产党中国是当然参加国外,可能也要将苏联包括在内。

关于政治会议的讨论范围,杜勒斯说前政府已决定限于朝鲜问题,但是还不能确定华盛顿的新政府是否会承认这个决定。现在正在讨论这个问题。如果政治会议的范围实际上扩大了,那就会包括印度支那问题。在那一点上,杜勒斯引用艾森豪威尔总统曾经发表过的两次声明的言辞,大意是如果朝鲜战争的结束仅仅促使共产党人在别的地区发动侵略,那么它就完全是一个毫无意义的行动。

当有些记者问起是否会在政治会议上讨论共产党中国参加联合国的问题时,国务卿回答说这是个"令人不快的举例"。他未加任何解释。然而,第二天上午,艾森豪威尔总统在回答一名记者的问题时说,他同意国务卿所作的答复,并且重申被杜勒斯引用的他的声明的大意。

因为这个消息是如此含糊,我要我的工作人员去有关方面打听各种反应。他们所听到的可以归纳如下:

(1)虽然美国的下级官员正在研究停战后可能产生的各种问题,总统本人还未作出任何决定。

(2)总的印象是美方还很犹豫、为难。原因是,一方面感到西欧盟国的态度不够鲜明,另一方面美国国会明显地拒绝支持西欧盟国的任何立场。结果是政府无论走哪条路都面临着矛盾的困境。

(3)美国当局虽然强烈希望实现朝鲜的统一,但是,就像德国和奥地利的统一问题那样,他们无法肯定这个问题不会拖延下去,真能得到解决。

（4）尽管美国当局，像杜勒斯有一天在记者招待会上的答复中所流露的那样，在接纳共产党中国进入联合国的问题上表现得犹豫，不过，美国似乎仍然坚定反对此举。

（5）关于台湾托管问题，虽然还在由下级官员进行研究中，但不可能采纳它作为政策。

（6）美国当局仍然处在英国集团的压力之下，其结果是政府持乐观态度，认为所有远东问题都能用政治方法来解决。但是根据此间权威人士的看法，局势的实际发展不久会唤醒美国当局面对现实。

17日我把以上的汇报电告外交部。18日朝鲜有了新的惊人的发展。联合国军司令部发布的新闻稿如下：

> 在午夜和今日黎明之间，大约有两万五千名有反共斗志的北朝鲜战俘从朝鲜的釜山、马山、论山和尚武台的联合国军司令部的战俘营中逃走。
>
> 根据大韩民国高级官员的声明，现已弄清楚这一行动是在韩国政府最高层秘密布置下精心策划的。战俘在这次大规模行动中获得了营外的援助。守卫战俘营的韩国保安部队阻止逃走不力，而且有充分证据证明韩国的警卫人员和战俘之间实际上是串通的……

我对李总统的坚决反共和热烈的爱国主义精神深表同情。他把那即将实现的停战协定精确地解释为一种僵持局面。这种局面将使他的国家仍然陷于分裂，绝少希望实现他所为之努力奋斗的统一。但是他用来坚持他的立场的策略则是相当拙劣的，而且是令人恼火的。

在他的实际处境中，李承晚不得不在很大程度上依靠美国的友好和同情来达到他的目的。虽然在目前的形势下用政治解决来实现朝鲜统一的希望甚微，但是没有美国的支持，南朝鲜的未来似乎会更加暗淡。尽管这样，李承晚这个刚愎自用、顽固执拗的人,其言行都仿佛他是可以坚持己见和发号施令的人。这就是他在策略上的错误,虽然他的动机完全是令人钦佩的。他应当关上门坐下来,彻底考虑这些问题,并且他也应当晓得他应像理解他自己的观点一样去理解美国的观点。

不过,对事态的不幸如此,美国应负部分责任。如果美国政府在板门店如此突然地向共产党作大量让步之前多和他作些商量,这件事本是可以避免的。每个事物都有两个方面,在某些方面,美国政府对付南朝鲜政府的方法和他们时常对付我国政府的方法一样。艾森豪威尔政府未和南朝鲜李承晚总统预先充分协商就在板门店作出了让步,正像杜鲁门总统并没有和蒋委员长商量就宣布台湾中立一样。

以上是我对南朝鲜释放北朝鲜战俘的看法。美国公众和官方的反应,则正像我向部里所报告,是对李承晚的单方面行动极感惊讶,并担心其对谈判的影响。共产党是否会中断谈判?如果他们不中断谈判而签订了停战协定,南朝鲜政府是否会遵守其条款?

18日上午国家安全委员会举行了一次会议。会议历时两个半小时,由艾森豪威尔总统亲自主持。会后国务卿杜勒斯发表了一项声明,大意是南朝鲜政府是联合司令部的一部分,其单方面释放战俘事实上违反了司令部的义务和权力。他还说美国作为联合国的代表,是完全真诚地试图和共产党方面达成停战协定的。这明显地意味着表示美国无法对南朝鲜的行动负责。他还声明艾森豪威尔总统已把这项意见通知李承晚总统。

另外一个发展是南朝鲜总理访问华盛顿举行高阶层会谈。他是18日到达华盛顿的,上午就去拜会了杜勒斯国务卿。他原来的目的是要逗留几天以便与美国当局举行进一步的会谈。杜勒斯国务卿也决定在6月18日晚上为他举行晚宴,可是午后报道说宴会取消了。南朝鲜大使馆发表了一项声明,大意是宴会取消的原因是由于有了最新的出人意料的发展,总理已于当天下午匆匆离开美国返回南朝鲜。但是根据机密情报透露,在总理和国务卿的会谈中,双方各持己见,会谈未能取得重要成果,以致继续会谈已属无益。

周末,我去纽约赴一些约会。6月20日星期六,我赴郭府晚宴,宋子文也在座。他要我和他谈谈朝鲜局势,美国对台湾的政策和中国共产党进入联合国等事。我告诉他局势不稳定,因为所谓的美国盟国不顾南朝鲜的反对,正在竭力敦促美国赞同他们的计划达成停战协定,接纳红色中国人联合国,并且促成一个包括苏联在内的四巨头会议。

宋子文对杜勒斯的软弱很不满意。但是我告诉他,不能单独责备杜勒斯,白宫为了国内的政治原因,并由于盟国的压力,也同样地过分急于不惜任何代价要达成停战协定。我也表明我的看法,如果美国在板门店向共产党作出如此突然和巨大的让步前多和李承晚进行磋商,由李的"不妥协态度"引起的危机是可以避免的。

三天以后,蒋委员长给我发来另一份转交艾森豪威尔总统的电报,要求他在朝鲜停战问题上用最开明的精神和宽大的度量来考虑李承晚的态度和观点。上午十时半我收到这封电文,随后即送交给杜勒斯国务卿,并附去一封说明信,请他"尽快"递交给最高当局。

在其他各点中,蒋委员长强调南朝鲜与美国订立共同安全条约的请求应当得到艾森豪威尔的"即时的考虑和赞同,以便能在任何停战协定签字之前签订"。蒋委员长写道"这样的政策不仅会缓和朝鲜日趋紧张的局势,而且会加强人们的信念,相信世界上弱小国家在维护自由和摆脱奴役中正得到阁下的领导……"。(全文见附录六。)

蒋委员长的电文在观点上和对当时形势的理解都是值得称赞的。中国和朝鲜几个世纪以来就是亲密的邻邦。由于后者的历史起源和民族文化,两国的亲密关系一向被称为唇齿关系。唇亡则齿寒。

此外，鉴于东亚重大的共同威胁，蒋委员长前些时候曾访问朝鲜和李承晚总统交换意见，正像他曾访问菲律宾总统季里诺一样，也是为了提醒他注意来自共产主义对东亚的和平与安全的共同危险。这两位国家元首保证合作来阻挡共产主义潮流，以便加强各自国家的安全。

但是，总的来说，艾森豪威尔总统和美国政府的处境更加复杂。虽然美国对于亚洲和太平洋地区的未来极为关注，也认为很重要，可是他不得不重视和考虑欧洲的局势和欧洲盟国的意见，因为美国即便不是更多、也是同等地关心大西洋国家。例如：它不得不考虑伦敦和巴黎对朝鲜局势的看法。此外，美国已有意地把朝鲜战争交给了联合国，因此不能漠视这个世界组织的一般观点。所以艾森豪威尔总统并不能像国民党中国和大韩民国希望的那样完全自由地采取行动。此外，整个看来，当时美国人民不明白为什么美国要单独为朝鲜战争的继续打下去承担主要负担。所以蒋委员长的观点不能顺利地被华盛顿接受是在预料之中的。

6 月 23 日，也就是我把蒋委员长的电报递交艾森豪威尔总统的同一天，国务院的一位发言人告诉记者说，联合国大会主席莱斯特·皮尔逊曾写信给李承晚总统，指出李承晚所采取的措施威胁了朝鲜的和平前景。皮尔逊还说，作为联合国大会的主席，对他所采取措施的反应是和美国政府告诉他的美国的反应相一致的。一件从巴黎发来的合众社新闻说明法国也要给南朝鲜写信强烈抗议释放战俘。它的目的也是要表示法国完全支持美国的立场。英国在前一天已经发出一封同样的信给南朝鲜。

那天下午在双橡园为大约二十五名从南朝鲜回国的军人举行一次茶会。此举是由归国军人接待委员会的一位成员提议的。我们为他们准备了茶点、饮料、音乐和跳舞。大使馆的女士们也出席招待了他们一下午。我接待了他们并致简短的欢迎词。我讲了几个笑话，针对陆军、海军、空军和海军陆战队各有一个，但是只有两个笑话引出了笑声。另外两个没有达到预期的效果，因为他们没有弄明白其中的意义。陪伴他们的一位舞伴卢因森小姐对我说，这并不稀奇，"因为这些青年们已习惯于严明的纪律，他们的思想不可能反应很快"。

6月24日我出席泰国大使馆的国庆招待会。我在那里和日本、葡萄牙和西班牙的大使闲谈。但是最令人感兴趣的是我与周以德的谈话，他对我谈到朝鲜的局势。他说李承晚的立场在美国舆论界得到的支持比显露在表面上的要多。他本人不能大胆地说出自己的意见，恐怕被说成反对政府显得不忠。他问我是怎样想的。我说这是一个最不幸的局势，如果从一开始就多考虑李承晚的观点，还是可以防止的。于是周以德接着说，他能理解南朝鲜反对停战，那将会使得朝鲜仍然分裂，而且留一百万中共军队在朝鲜的土地上。他又说，李承晚一定想到慕尼黑事件。当我说到甚至在最近美国和联合国还都想试图用和平和政治手段为朝鲜统一与苏联谈判，而两次都已失败时，周以德说他看不出来怎么能用政治手段造成统一。那当然是问题的关键。

25日我离开华盛顿去路易斯安纳州的门罗，那里宣布6月26日为蒋介石日。我回到大使馆已是6月27日，星期六上午。我翻阅在我外出时收到的重要电报。有一封是蒋委员长发来的，指示我在星期一会见杜勒斯国务卿时转达给他一个口信。其性质是答复杜勒斯通过美国驻台北代办霍华德·琼斯6月25日递交蒋委员长的那封电报。还有一封是叶部长6月25日发来的电报，通报杜勒斯的这封电报。根据叶部长的电报，杜勒斯的电报宣称：

（1）李承晚总统企图迫使联合国和美国军队继续在朝鲜作战是不会成功的。

（2）如果李承晚总统坚持这样做，对朝鲜的义务将留给大韩民国的军队。

（3）美国政府承认这样会给朝鲜造成不幸，但它没有其他选择,因为李承晚总统拒绝停战而且威胁要从联合国军司令部撤出大韩民国的军队。

（4）如果由于美国撤军而造成朝鲜的军事惨败,毫无疑问将迫使美国重新考虑它的对台政策。

琼斯在递交电报时还说,这封电报是在收到我们总统6月23日致艾森豪威尔总统电之后发出的。当询问到"重新考虑"的确切意义时,琼斯拒绝阐述,但是解释说如果整个朝鲜被朝鲜共产党和中国共产党占领,美国在远东的地位自然会受影响。叶部长给我的电报中说,他本人把这些看做是含蓄的威胁,可能出于怀疑我们与李承晚曾密切磋商,也是我们总统23日电报的后果。叶部长还告诉我,我们的政府将不再答复。他又说他可以告诉我,我们的政府和李承晚最近没有交换意见,但是他说在这个阶段没有必要让美国知道这一点。不过,他希望知道我和蒋廷黻的反应。

27日我在日记中写道,杜勒斯的电报:

……显然是因6月23日蒋委员长致艾森豪威尔的电报引起的。它敦促美国更开明地对待李承晚,并支持李承晚的在停战协定签字之前订立美朝共同防御条约的要求。蒋委员长在最近这次电报结尾时说,如果他的意图不能得到充分的理解,他将视之为极大的不幸。

星期日谭博士和我一同翻译蒋委员长致杜勒斯的口信。我们用了四个小时,终于成功地用不带刺激性而且友好的语言表达出它的详尽含义。

鉴于朝鲜的严重局势,最近我曾发两封电报给艾森豪威尔总统。我所希望的是弱小国家的地位不会最后成为强大侵略者的牺牲品。这样就不致在小国和弱国中有损美国的领导声望,同时也不会鼓励侵略者去发动其他侵略战争。这种侵略战争最后会导致人类的第三次最大灾难。这就是促使我发这两封电报的思想。如果我的真诚建议得不到充分理解,我将深感遗憾。

在这之后,我起草复叶部长的电报,因他曾要求我评论杜勒斯给蒋委员长的电文。我说,此次李承晚公开反对签订停战协定,美国当局对此表示极大不快,并且对李承晚专横独断地释放战俘尤感愤慨。他们觉得李承晚是想拖延战争。美国立即抗议李承晚的行动,而且英国、法国、加拿大和澳大利亚,接连向李承晚提出抗议。这也是有意表示和美国结成联合战线,因为他们了解美国当局是感到何等的烦恼与不安。与此同时,我们的总统在6月23日给艾森豪威尔总统发去电报,表示他希望美国和南朝鲜之间的共同防御条约能够立刻签字。而那正巧是李承晚提出的要南朝鲜赞同停战协定的条件之一。我说,由于那个原因,美国方面一定会怀疑我们和李承晚共同策划向美方施加压力。因此,杜勒斯国务卿的声明很可能是向我们传达一个警告。

我说,从另一个角度来看,李承晚的固执态度虽然是由他的强烈的爱国主义思想所激起,却很可能使得他无法找到一个适当的和解方法。那样,双方都必然会各走极端,结果,从军事上看,形势是难以维持下去的。如果是那样,美国政府由于愤慨,很可能考虑到整个局势过于艰难而退出。

从这点看来,杜勒斯的电文显示出有让我们明白如果南朝鲜由于美方撤军而败北,对台湾也不是件好事。我又说,很可能他也希望我们间接劝告李承晚不要走极端。

在解释杜勒斯的电文时,还有一点须加考虑。正如我在电报中告诉叶部长的,美国政府鉴于国际局势紧张,最近几周以来正认真地重新考虑它在远东和其他地区的政策。这从专家们写的各种备忘录即可明显地看出。这些备忘录是假设不同的可能和发展,并且根据这些假定设想出对待它们的各种不同政策和方案。虽然美国对台湾的政策尚未作最后决定,但它也是一个有几种解决办法的问题。因此,我告诉叶,当杜勒斯说美国可能不得不重新考虑对台湾的政策时,可能是他打算暗示对这问题也已做好了准备。

同一天下午,我重复阅读了最近有关朝鲜停战形势,中国军队撤离缅甸和对百慕大会议的一些推测等电文的全部卷宗,准备第二天早上和杜勒斯会谈。

上午十一时,我见到了杜勒斯,他一反常例,没有让任何其他人在座。我一开头就解释说当我请求会见他时,我预期朝鲜停战协定已经签字,是希望他能向我澄清美国对若干问题的态度和政策,那些问题很有可能会在百慕大会议、联合国大会和停战协定草案拟议召开的政治会议上进行讨论。但是在过去的一周,发生了许多新情况。和我的预期相反,停战协定仍未签字。我又说,蒋总统就朝鲜问题又给艾森豪威尔总统发了一封电报。并且我了解到他(杜勒斯)曾致电蒋委员长,表明他认为李承晚阻挠停战协定签字的任何企图都是不会成功的。

杜勒斯说情况是这样的。他接着说在他给蒋委员长的电报中,他指出如果因李承晚拒绝与美国合作而停战不能实现,那么保卫他的国家的责任就要留给大韩民国的军队了,美国也就会感到不得不从朝鲜撤走它的军队。那时灾难必然会降到南朝鲜身上,而美国政府就一定得重新考虑它对台湾的政策。杜勒斯指出李承晚在过去始终是迫切要求自由世界的团结与合作的。美国出兵朝鲜就是为了显示团结与合作。但是现在李承晚威胁要破坏团结并且拒绝与美国合作。杜勒斯认为这样的政策是自取灭亡。

我说,我很高兴地注意到饶伯森先生和朝鲜的谈判十分成功。我希望通过努力会获得谅解而带来大家希望达成的停战(饶伯森已为 25 日的谈判抵达朝鲜)。

杜勒斯说,直到昨天(6 月 28 日)为止,事情进行得还算顺利。但是今天上午他得知又出现了新的困难。

我问是不是关于李承晚要求在停战协定签字前,先和美国签订互助条约。

杜勒斯回答说那不是主要的。艾森豪威尔总统已向李承晚保证,在停战协定签字后签订这样的协定。当然这需要经参议院批准,所以这个保证没有约束力。现在李承晚所要求的是,美国须明确承诺如果拟议中的政治会议不能给朝鲜带来统一,那么美国就得和南朝鲜一起共同以武力来实现统一。这是一个美国不能作出的承诺,美国军事当局也一致反对那样一种承诺。杜勒斯继续说,他们的看法是美国有足够的军事力量在朝鲜发动一次攻势以肃清北朝鲜的共产党敌人,但是没有足够的力量来守卫整个朝鲜,来抵御满洲的共产党中国和在东面拥有海参崴、西面控制着旅顺口的苏联。共产党军队处于这样的战略地位,对美国的武装力量是大为不利的。

国务卿认为企望得到朝鲜统一不能诉诸武力,而必须寻觅其他途径。他相信如果停战协定签了字,美国会给与最多的经济援助来恢复南朝鲜的经济,并把它建设得繁荣昌盛。在三四年内它将成为自由世界援助和合作精神的突出的范例。这样不仅北朝鲜人民愿意加入南朝鲜,甚至连人民生活艰苦、经济实际已告枯竭的红色中国,也会觉得不必依靠苏联,并可能改变它的政策。但是如果李承晚坚持他那种为美国所不能同意的要求,而且如果他单独和共产党作战,南朝鲜肯定会陷入灾难。

杜勒斯说,美国新政府已采取把重点放在亚洲的政策。那就是对亚洲自由国家增加援助来帮助他们抵抗共产主义的原因。如果美国现在由于李承晚的态度被迫从朝鲜撤军,又如果失去朝鲜,这就意味着新的美国政策的失败。他说,这样的结果必然迫使美国重新考虑它对亚洲的政策,包括对台湾的政策。特别是现在法国出现一种正在增长的情绪,就是赞成法国从印度支那撤军。巴黎新成立的政府可能会采取这个政策。在这种情况之下,朝鲜丢了,法国军队从印度支那撤走了,他重复说,美国政府就不得不重新考虑它对亚洲和对台湾的政策。

我说,关于这一点,蒋委员长带来一个口信叫我转告杜勒斯先生,为了尽可能准确些,我想念给他听,于是我念了上述口信。

杜勒斯没有要那个口信的副本,但是他说目前美国对亚洲的政策是用军援和经援帮助弱小的国家,使他们能够抵抗共产主义。那就是为什么美国一直和南朝鲜一起在朝鲜对共产党敌人作战。如果李承晚现在拒绝与美国合作,他的拒绝只会导致美国从南朝鲜撤军,也会给他自己的国家招来灾难。他希望国民党中国不要作任何事去鼓励李承晚的自取灭亡的政策。

我提到杜勒斯曾说过重新考虑美国对台湾的政策,并且说这引起了我极大的关注。我不知道杜勒斯先生心中究竟有何打算,这个重新考虑会趋向何方。

杜勒斯回答说,第一步可能导致缩减对台湾的军事援助,但是他说事实上他还没有形成任何具体想法。但是如果由于李承晚的强硬态度,结果使朝鲜归了共产党,又如果法国真的从印度支那撤走,那么就会迫使美国不得不重新考虑它对亚洲的政策,包括对台湾的政策。

提到停战协定草案内规定的解决朝鲜政治方面的问题的政治会议时,我说我认为会议的成员是极为重要的问题。我不知杜勒斯先生是否已经在这方面有什么想法。依我看来人数不宜过多,这样,美国就不会使自己有处于少数派的危险。

杜勒斯说,这正是他想要防止的。他以为我考虑的是出席政治会议与共产党打交道的联合国代表团成员。他说美国不会同意只是作为十个或十二个国家中的一个,在投票时被人压倒。他认为在这样的会议上美国和南朝鲜应有主要发言权,尽管联合国代表团应当有出兵到朝鲜的那些国家的代表,可能加上印度。他又说他已把美国对南朝鲜和美国在联合国代表团中应起什么作用的意见告诉了李承晚。

我认为这是一个明智的、必要的做法。我说美国和南朝鲜毕竟在战争中首当其冲,并且蒙受的损失最重。因此,他们在代表团中应当有决定性的发言权,尤其是因为有些在南朝鲜出兵很少的国家说得已经很多,并且还坚持要求采纳他们的主张。

我说会议的议事日程问题也是重要的。我了解到停战协定草案规定,会议的讨论应局限于朝鲜问题,并且已经明确,附加的"等等"是指朝鲜问题的其他方面。我又说我国政府感到应该非常强烈地坚持这一点。

杜勒斯说,美国坚持同样的立场。

我表示希望美国在这点上立场坚定,并且不允许在讨论中提出其他问题。

杜勒斯说,唯一的例外将会是如艾森豪威尔总统在去年4月发表的一次谈话中所声明的,共产党必须保证在朝鲜停战后不转移他们的军队到其他地方再发动一次新的侵略战争。总统强调,如果共产党人采取这样的行动,停战只是一个骗局。

我说我能理解让共产党人提出这样保证的重要性。

杜勒斯说,美国将坚持要得到这样的保证。

我认为,共产党国家或联合国代表团的其他国家不见得会不提出其他的问题,例如:接纳共产党中国进入联合国,甚至台湾问题。

杜勒斯说,美国会加以反对。

话题转到接纳红色中国加入联合国的问题上。我说,我从报纸上了解到虽然英国、印度和加拿大等国家主张在签订停战协定之后接纳红色中国进入联合国,但美国是反对的。

杜勒斯说,美国对此坚决反对。

我说,美国的立场在此之前已经是众所周知,但那些赞成这样做的国家会对美国施加很大的压力,因此,最好采取步骤加以反对。

杜勒斯说,他正在考虑这个问题。两天前他曾给美国驻六十五个国家的使节发去电报让他们向各驻在国政府提出这个问题,意在争取在政治会议或联合国的大会上得到支持。

我说,已有流言说将就朝鲜停战局势召开一次联合国大会的特别会议,但是我看不出召开这样的会议将能起什么作用。

杜勒斯说,虽然印度提过这种建议,但他不认为会召开这种会议。他已告诉大会主席皮尔逊,美国不能同意召开这样的会议,因为它仅能给一些代表团提供一个对李承晚进行批评的机会,而丝毫不起建设性的作用。

接着,我提到延期召开百慕大会议一事。虽然原来计划在5月底召开会议,但由于梅耶内阁垮台使法国一个多月处于无政府状态,致将西方的计划打乱。到6月27日,法国最后确定任命约瑟夫·拉尼埃为新任总理的次日,英国宣布邱吉尔由于健康状况不佳需要休养,因此我问杜勒斯这个会议以后是否还有可能召开。

杜勒斯说,那是很成问题的。索尔兹伯里勋爵将以代理外交大臣的身份从伦敦前来和他会谈。他在回答我的另外一个问题时说,会谈的主要内容将是苏伊士和德国问题。他更进一步说,英、法、美三国外长将集会非正式地讨论几个问题来代替百慕大会议。他希望这次会议在华盛顿举行。索尔兹伯里勋爵和皮杜尔先生将分别代表英国和法国。

我说近几日来有消息说马林科夫在莫斯科已失去自由,并甚至传说克里姆林宫内发生枪战,还有消息说在捷克斯洛伐克和东德发生一系列的动乱。我问他,根据他自己所属部门的消息有些什么看法。

杜勒斯回答说,两天前马林科夫在莫斯科的剧院中露面观看了一场芭蕾舞演出。至于捷克斯洛伐克和东德形势,虽然有些工厂仍然继续罢工,但苏联军队足能应付这种局势。当我起身告辞时,杜勒斯说他很高兴见到我并且与我进行了这次谈话。

后来我在日记中写道:

> 这次接见和其他各次不同,国务卿是在没有人员陪同的情况下单独接见我的。我们真诚地、甚至是亲切地谈了四十

分钟。这次接见是在两周以前约定的,当我提到在这期间事态已有很多发展,例如:百慕大会议因为邱吉尔的健康问题而延期,推迟缔结朝鲜停战协定,蒋总统致艾森豪威尔总统的电报以及杜勒斯本人致蒋介石总统的电报等等。国务卿立刻说他的电报是发到美国驻台北大使馆的,并且把电报的内容告诉了我。我当时没有把委员长(致艾森豪威尔总统)的电报念给他听,而是等有适当的机会时再说,因为我希望避免引起反感,也不愿在他解释他自己所发的那封电报的动机时打断他的思路。

我给叶公超发去了一封约一千二百字的电报,请他转呈委员长。我口授了例行存档的摘记,并给委员长直接发去了一封较为简短的电报,答复他 27 日让我将口信转达杜勒斯的来电。我告诉委员长我还没有机会向杜勒斯谈任何实质性问题时,杜勒斯就告诉了我他给委员长的电报内容。我还告诉委员长,杜勒斯在解释不可能接受李承晚总统请求美国协助以武力统一朝鲜时的谈论,还有关于那些会导致美国重新考虑对台湾和亚洲政策的因素。电报中我还说,在杜勒斯解释完毕之后,我把委员长的口信英译文念给他听作为答复。我接着简略地报告了谈话的其余部分。

星期二我用电话和蒋廷黻约订于星期四,7 月 2 日和他会晤。星期四我搭乘飞机赴纽约,在蒋的办公室和他会面。我把答复叶公超的电报的梗概告诉了他。叶 25 日的电报中也曾要求听听蒋的意见。我交给他叶公超发来的电报以及委员长对杜勒斯的声明的副本各一份。虽然有一次他说从未自我处得到足够的消息,其实我总尽量使他知道这些消息。我还把我和杜勒斯谈话的概要告诉了他,特别是杜勒斯对于朝鲜停战协定局势的分析和美国对李承晚拒绝参加停战协定的政策。还有杜勒斯对美国可能改变对台湾政策的想法,和他对印度的尼赫鲁想要召开联合国大会特别会议的看法。

于是蒋廷黻告诉我说他在新泽西对新泽西共和党青年俱乐部的演说引起了《时代杂志》编辑的极大兴趣。在那篇演说中他说在朝鲜停战只不过是从短期观点来说是正当的,李承晚有能力贯彻他不打算在协定上签字的意图。

关于接纳红色中国进入联合国的问题,蒋说,三年来苏联还是第一次在联合国会议上没有提出驱逐国民党中国的问题。这次会议是在日内瓦召开的经济和社会理事会。蒋廷黻认为这次不同于往常是由于英国劝告俄国不要使局势恶化从而破坏克里姆林宫发起的和平攻势带来的缓和。

以上的消息是鼓舞人心的,但从其他方面来的消息则不然。蒋廷黻得知印度总理尼赫鲁、巴基斯坦总理穆罕默德·阿里成功地说服了埃及的纳吉布上校承认红色中国并且同意和不结盟国家的亚洲集团合作。他要我查明这则消息是否属实,因为留在纽约的埃及副代表是一位不大负责的人,而我回华盛顿后回拜埃及大使时能见到他。

显然尼赫鲁反对国民党政府的势头毫未减弱。6月23日我和前驻拉萨办事处主任沈宗濂讨论了尼赫鲁的态度,沈先生对于尼赫鲁对国民党中国所持的态度也甚感失望。但是他认为尼赫鲁的态度是由于对亚洲的西方殖民主义根深蒂固的仇恨产生的,出于对任何有勇气站起来反对西方的亚洲政权的同情。我问沈先生,既然尼赫鲁那样憎恨西方和英国,那又如何解释他自愿地依附于英联邦?沈也不明白。

沈先生对西藏的情况仍然是很了解的。1948年他离开那里,但一直在注意着那里的局势的发展。他说根据乾隆皇帝的钦定,达赖喇嘛和班禅喇嘛的关系是弟子和师傅的关系,但实际上达赖喇嘛掌握精神和世俗的权力是至高无上的,而班禅喇嘛的世俗权力只限于他自己的领地(他的私人财产)。

沈说西藏的政治权力属于贵族和三个大喇嘛寺院。这两个集团的权力分配是按双方所搞的阴谋活动成败而决定其消长。

一般说来,在拉萨,掌握着三千多人的军队的贵族权力更大些,但在各地农村,三个大喇嘛寺院则变得颇具影响,因为他们现在也维持一队武装力量来保护他们的私人财产、利益和他们自己的商人。他说最近共产党成功地改编了政府军,这个行动使他们能更有效地控制西藏,特别是他们能派自己的一支两千人的队伍进入西藏,约八百人驻在拉萨,其余分布在通往印度的商路沿线和江孜。他回答我的问题时说,印度独立后,在西藏取代英国的印度已没有军人在西藏。原先与中国协议,准许他们派驻的武装卫队已不得不撤走。

7月4日宋子文为他的长孙作满月,我参加了在他家举行的宴会。在回答他的问题时,我告诉他最近杜勒斯有电报致委员长。他的反应是在美李关于朝鲜停战的局势中委员长最好不要介入。

数日后我接见了一位前朝鲜国防部长李先生。他认识唐绍仪先生,唐和李的父亲是密友,在任汉城总领事时曾住在李家。李先生一生多半住在中国,是在中国受的教育。抗日战争时期他加入了中国军队,英勇作战。抗战胜利后,他回到朝鲜,在李承晚任临时总统时曾任国防部长。

这是他第一次访问美国,希望能使人们对他的国家的目标有更好地了解,特别是关于李总统对朝鲜停战协定的立场。他谈及中朝两国间的传统友谊和兄弟关系,并引用我国谚语形容中朝两国有如唇齿相依。他说朝鲜停战不单对他本国有害,对国民党中国也不利,因为,军事上红色中国就能在北朝鲜建设机场和空中力量来进攻南朝鲜,政治上这将导致接纳红色中国进入联合国取代国民党中国,取得安理会的永久席位。

我对当时朝鲜的对美态度表示了同情并对美国在朝鲜停战谈判的目光短浅深表惋惜。但是我告诉他,很多美国朋友向我解释说美国的处境也很为难。我说美国显然是感到本国舆论的压力,即或条款不利也急于达成停战协定,同时,美国也无法抗拒欧洲盟国的压力,虽然它并不是不了解共产党决不会放弃他们的以控制亚洲作为达到统治世界的一个步骤这一基本目标,以及这个不利的停战协定对亚洲人民的危害。我告诉他,原因的实质是美国在领导世界政治方面还不成熟,并且在对外政策上缺乏连续性及稳定性。

我问他是否认为美国会因它的亚洲第一的新政策失败而感到幻想破灭或失望就完全撤出亚洲。李先生认为不会。从亚洲撤退将意味着失掉日本和亚洲大陆,而由共产党人控制西太平洋。他说这样美国本身就会受到共产党的威胁。我说美国军方认为,在朝鲜打摊牌式战争会使美国在战略上处于极为不利的地位,它将处于左是旅顺、大连,右是海参崴,中是红色中国的包围之中。中国可以在毗邻朝鲜的满洲聚集它的全部军力。李先生说,正好与此相反,美国在朝鲜与苏联打仗将使它处于有利的战略地位。他说虽然南朝鲜会三面被共产党敌人包围,北部又被北朝鲜所封闭,实际上成为一个孤岛,但美国在那里是有利的,因为他不可能找到比南朝鲜更好的盟国,而且通过南朝鲜的合作,军事上就可以控制它的土地和人力,以及在海、空方面保持霸权。敌人是无法向它的海军挑战的,驻在南朝鲜的空军可以四面出袭海参崴、西伯利亚东部、满洲北部、外蒙古和扬子江流域的华中地区。谈到这里他加问一句:美国在对苏联的战争中岂能找到比南朝鲜更好的亚洲盟国?

李先生为英国以其恶劣影响左右美国,而美国又看不清英国只是为了它本身的利益而在美苏之间充当调停人,深感惋惜。他说英国仍有称霸世界的野心,在他看来,伊丽莎白女王加冕时的挥霍无度只不过是宣传噱头,那是为了让全世界认为它仍然是伟大的和强有力的。他向我转达了李总统的问候,并且说总统非常钦佩我近几年的演说。

7月8日我收到外交部情报司发来的代电。代电日期是6月30日,要求我们在宣传朝鲜局势方面注意几点。它们是:

（1）在朝鲜实现停战并不意味着有希望实际解决朝鲜的问题。

（2）撤军问题比交换战俘问题更为复杂和重要。

（3）政治会议牵涉到许多原则性问题，所以会有更多的困难。

（4）共产党企图通过和平谈判来争取时间使新的苏联统治阶级在国内巩固它们的权力和加强对卫星国的控制，并且破坏民主盟国之间的团结为下一步的侵略作好准备。

（5）大韩民国为生存而奋斗值得我们同情。各民主国家在处理国际问题中应该尊重有关国家的主权，应事先征求它们的意见。

（6）遣俘必须严格遵守自愿的原则。对战俘们进行说明的共产党的代表们是试图给战俘洗脑筋，所以对他们的工作应该加以监视，并且记者应有充分自由来收集和报道他们的活动。

（7）联合国在朝鲜的目标必须实现，不能修改。决不允许那些推行姑息政策的人造成另一个慕尼黑。

我认为在当时的情况下，宣扬以上各点不符合我们的最大利益。在他们发出上述代电十天以来，围绕停战谈判的情况演变到更加微妙的状态。此外，委员长在台北已接见了蓝钦大使，提出了我国政府的不同看法，表现出对最近的发展比较敏感。

在我收到外交部代电后几个小时，我就接到关于蓝钦谒见蒋总统时谈话内容的电报通知。来电说，在谈话过程中注意力转到太平洋条约上。（委员长6月7日致艾森豪威尔的信中的建议之一是美国支持这样的条约。）蓝钦说现时美国不便出面主动地提出这样一个条约，因为，首先，恐怕亚洲国家会对美国的这一行动提出批评，给它贴上"新帝国主义"的标签。其次，不知有多少远东国家会真正欢迎美国的军事支持或防御援助。因此，美国认为远东各国需要建立某种基础，然后美国才能支持它。总统（委员长）说如果美国不主动建议这样一个条约，要实现这个目标的希望是极小的。我们自己不愿主动地去推动它。但是美国一旦采取行动,那些现在犹豫不决的国家也会改变他们的态度。

此后,他们的谈话更具体地转向朝鲜停战协定问题。委员长说,朝鲜提出的问题——如果政治会议商讨三个月之后仍毫无结果,美国会不会立刻帮助朝鲜以武力实现统一?——是不实际、也不合乎情理的要求。但为了达到停战,美国应该和朝鲜达成一个安全条约,虽然它是一个大陆国家。朝鲜要求在停战协定之前签订安全条约,委员长认为这个要求是合理的。

蓝钦回答说,美国一向反对签订任何不能执行的条约。如苏联和共产党中国决定尽全力来吞并南朝鲜,在防御上美国无从帮助。他说在欧洲是北大西洋公约成员国联合起来共同防御,美国的职责是从旁协助。他希望在亚洲有可能作出同样的安排,比如,中国、日本、南朝鲜已经形成一个集团,也就是说,对共同行动作出某些安排,那也是实现所提议的条约的一个途径。

最后,委员长告诉蓝钦中国对朝鲜停战所抱的态度:

(1)我们过去只对美国谈对这个问题的看法,虽然韩国的各界人士希望我们公开发表意见,但我国政府仍保持沉默。这个事实表明我们无意鼓励韩国的李总统,因为在我们方面是赞成停火的,而且希望它成功。

(2)我们不愿看到美国和韩国因为对停火问题的意见不同而闹翻,这对整个远东的反共形势是有害的。

(3)韩国应该得到安全保证。

(4)他希望韩国不坚持反对停火。

(5)在我们这方面将继续避免作公开声明,除非是迫不得已,才以之作为最后一着;作为最后一着,我们将依照下列原则阐明我们的观点:

1.我们希望韩国不会对停火坚持反对和拒绝到底。韩国应该理解停火是美国的一项政策,并且是美国人民的要求。韩国应尊重美国的反共领导地位。

2.在朝鲜统一前,美国应给以安全保证。

3.如果韩国已获得安全保证,但仍坚持在三个月之后看到政治会议未带来任何结果时,即执行诉诸武力统一的政策,则韩国的这种态度是不合理的。

7月9日我给外交部发去电报说,自从他们来电后围绕停战谈判的情形已发展到一个更微妙的阶段。既然我国的总统在台北对美国大使的最近一次谈话中表明了我们的观点,所以我打算按照我国政府的目前立场暂时保持缄默。

不过,外交部在事后对它的立场重新进行了估价。7月11日我收到一份经过相当仔细考虑的系统指示;这是7月4日外交部以另一份代电发来的。指令说,朝鲜情况的最新发展引起国际间的不安,因此我们必须慎重从事。根据政府最近的重要决定,他们对所有驻外使节都发出指令。以下是他们认为应该注意之点:

(1)关于停战协定及遣返战俘:

a.虽然停战会对我们的国际地位有所影响,表面上我们决不能流露任何反对的迹象。当我们必须表态时,我们可以解释说联合国在朝鲜的军事行动因各种约束受到限制,既然不可能取得基本的胜利,为了避免不必要的伤亡,就需要停战。但停战后联合国必须以和平的方式谋求达到其原来想要达到的目的,即建立一个统一、独立和民主的朝鲜。

b.虽然交换战俘协议已明白规定严格遵守自愿遣返的原则,但仍允许共方派遣他们的官员来说服共产党战俘回到共区去。再者,它还规定由同情共产主义的印度派遣部队来监督遣返。这些条款都违反了自愿遣返的原则。在联合国大会第七届常会上讨论印度的提案时我们的代表团已明确指出这个程序是不当的。我国外交部长5月13日在立法院和6月3日在总统府的会议上都作了同样声明。目前,我们应该继续表示反对上述的安排。

c.虽然我们口头上支持最近南朝鲜释放北朝鲜战俘一事,但由于这一行动引起的微妙情况和我们必须关注中美关系,政府决定各级官员应保持沉默。舆论则可继续发表对这件事的看法。
(此处指令附带说,韩国政府决定和实行释放战俘并未和我们磋商,我方也无意参与此事。但它说此点仅供参考,没有必要向公众解释。)

d.我们极为关注那些不愿回共区去的中共战俘,停战协定付诸实施时,我们愿意接纳他们来台湾。但我们也必须考虑到我们是联合国成员国之一所应采取的立场。因此,在适当时机到来时,我们要在联合国里指出这个问题,但不认为此事应以韩国政府为对手来进行谈判。

e.我们在外的外交人员,当谈论停战协议和交换战俘的措施时,应把联合国作为考虑中的当事人,而避免批评美国政府。

(2)关于政治会议:

a.由于我们不能确定是否能在该会议上获得席位,以及即使我们有席位,也碍难和共产党中国代表同时出席会议,我们决定不去争取席位。我们在外的外交人员谈到这个问题时,应强调这个会议的目的是用政治方法解决朝鲜问题,中国共产党是侵略朝鲜的一方,不应参加该会议,否则那就等于承认侵略的结果,从而鼓励侵略行为。

b.至于政治会议的讨论范围,前联合国停战谈判代表乔伊海军上将已明确指出会议不涉及朝鲜以外的问题。我们觉得我们应该坚决维护这种立场,因为政治会议的目的是在寻求和平解决朝鲜问题的方法以政治手段代替军事手段。如果讨论的问题超出了朝鲜的范围,那就等于向共产党投降并扩大他们侵略的收获。应不断强调这点来引起自由世界各国的注意。

(3)关于中韩进行缔结军事同盟谈判的报道:

1953年6月11日韩国议会通过决议要求韩国政府和我国谈判结成攻守联盟。韩国政府截至此刻,尚未在此方面采取行动,而我方在此时也无意和韩国政府缔结此种条约。(提出这点也仅供国外使节参考,不需向公众发表声明。)

（4）关于目前美国政府对我国政府的立场：

虽然美国很希望签署一个停战协定，并因此不得不考虑英国及其他国家对此问题的观点，但它并没有露出任何迹象要改变其支持我国国际地位的政策。

外交部的指令在结尾时说，有关的大使馆应仔细注意和研究以上各点，在运用时审慎小心。遇有任何合适的机会，大使馆应对其所派驻国家的政府和人民充分阐明我们的观点和立场，并随时将所得反应报告外交部。

在此电发出（7月4日）和收到（7月11日）的这一段时间里，朝鲜局势又有了一些重要发展。7月8日共产党最终对克拉克将军恢复谈判的要求作了答复。在南朝鲜释放了北朝鲜战俘之后，共产党指控联合国方面不守信用和有意纵容。但他们并没有威胁要终止谈判，而是对联合国方面控制南朝鲜军队和政府的能力以及停战协定对南朝鲜的适用性提出了一些问题。为答复这些问题，6月29日克拉克将军在与共方的通讯联络中建议双方代表应立即开会磋商最后安排。8日共产党以冗长曲折的方式答复同意，10日在板门店重新召开了全体会议。

同日，俞大维来访，向我报告他最近在五角大楼和共同安全署总部与一些美国朋友交谈所得的印象。他说关于朝鲜情况，李总统顽固地拒绝停战使美国人很不高兴。俞将军的意见是如果盟军的防线能向前推到朝鲜半岛的中部，那将比较容易防守。如果停战达成协议而南朝鲜拒绝承认和签字，则美国军队撤到后方，大韩民国也许能单独防御。

11日，也就是我收到外交部指令的那天，李承晚和美国助理国务卿饶伯森在汉城发表联合声明。引自1953年7月20日《国务院公报》的有关部分如下：

> 这些讨论巩固了我们在停战后仍然继续紧密合作来达到共同目的的决心，表示了自从三年前共产党进行侵略以来我们的关系。

关于战俘,双方再次肯定决不强制遣返。在规定时间到期时,所有战俘凡是不愿返回共产党管辖区的都将在南朝鲜释放,那些非共产党员的中国战俘,则可以到他们自己选择的目的地去。

双方政府同意缔结共同防御协定,谈判在进行之中。

双方同样地讨论了政治、经济和国防等方面合作的问题,我们的会谈显示了对上述问题有广泛的一致看法。

双方特别愿意强调双方决心共同努力在最短期内实现我们共同的目标,即建立一个自由、独立和统一的朝鲜。

在以后的几周中,杜勒斯透露了李承晚曾在 11 日分别写信给艾森豪威尔总统和他自己,表示他决不作任何妨碍实施停战协定的事。但是在联合声明发表之时,则很难判断李与饶伯森的谈话有何成果。12 日《纽约时报》一则专电甚至引述李承晚的话说,他同意不阻挠停战三个月,美国人认为在此期间他们可以统一朝鲜,并能使中国撤军,他的政府不信,但是同意等着瞧。

7 月 13 日,我设宴招待韩国大使梁裕灿并有双方使馆的高级官员参加。在谈话中韩国大使馆的李将军对美国与共产党打交道时态度软弱深感惋惜。他相信共产党永不会改变他们的目标。他说,他曾告诉这里的美国权威人士,国民党中国是美国的朋友,是共产主义的坚决反对者。

4 月中旬吴国桢先生辞去台湾省主席的职务,于 5 月底来到美国,7 月 20 日抵达华盛顿。从次日起我陪他作了一系列礼节性的拜访,这些访问都是我为他和美国政府的领导人会见而安排的。7 月 21 日,我首先带他拜访从朝鲜和李承晚商谈后回到华盛顿的饶伯森。

根据那次谈话的记录,吴先生一开始就问起签订朝鲜停战协定的可能性。

饶伯森说他不知道应该怎样说,但他希望能够签订停战协定,并且将他的手指交叉起来①。

我祝贺他成功地完成了这样一项艰巨任务。吴国桢则说当他听到饶伯森先生去朝鲜担任这个使命时,他相信一定能成功,因为饶伯森先生对待这个问题是极为诚恳的。他觉得饶伯森先生一定会摊开所有的牌,和李承晚坦率交谈。他认为这是解决问题的最好办法。

饶伯森说他曾遇到困难,但他发现李总统在谈判中始终是友好的。然而,当他去朝鲜时,他曾感到失望,甚至愤恨,因为李违背了他与联合国军司令部的协议,释放了两万七千名战俘。虽然如此,他对李是钦佩的,别人说李是搞个人崇拜,但饶伯森并不相信。与此相反,他深深感到李是个伟大的爱国者,虽然这位韩国总统自称七十八岁,但他的夫人说他已八十三岁。他唯一的愿望是在他离开政治舞台之前见到国家的统一。他的一生都是为了他的国家的独立而战斗,这是他的最强烈的愿望。

饶伯森说他不喜欢韩国外交部的朴部长。他详细地叙述了在他这次使命将结束时,已与朝鲜政府就停战协定达成的最后谅解,他根据韩国的请求同意推迟二十四小时再行公布,因为他的印象是韩国需要时间来进行翻译并和原文核对。那天是星期六,他答应在星期天公布。但是在星期六下午朴发表了所达成的谅解的朝鲜文本,美国报纸都登载了这一消息,这样一来几乎破坏了他所达成的协议,因为它使人对所达成的协议产生一个错误印象。他非常气恼,去向韩国总统抗议。李总统同样也很生气,将朝鲜的声明扔在地上,拍桌子,并且说要撤他的外交部长的职。饶伯森补充说还有几点不同意见需要消除,他不知道什么时候才能签订朝鲜停战协定。

话题转到停战协定签字之后将会出现什么情况,苏联清洗贝利亚对其内部和在卫星国中的地位会产生什么影响。对这些问

---

① 手指交叉起来是表示希望能够实现愿望的手势。——译者

题吴国桢所表示的看法和饶伯森的大不相同。后者说清洗贝利亚将使苏联不稳定,还要看马林科夫将如何摆脱这个困境。他认为在苏联和卫星国内一定有一段时间不稳定,如东德和捷克斯洛伐克,那里的人民已经起来造反,而且变得难以驾驭。可是,他不知道苏联军方站在哪一边,这是左右局势的一个重要因素。

吴国桢说他认为清洗贝利亚,马林科夫已巩固了他的地位。他解释苏联共产党组织的性质说,党内只有一个人知道全盘事务和所有的人,而所有其他领导人只能知道党的部分活动和有关人员。例如贝利亚只了解他所管辖的情报人员,而马林科夫掌握整个党,他了解党的每一个重要成员以及党内的一切活动。吴国桢相信马林科夫能够继续推行克里姆林宫的三个主要目标,即:向非共产主义国家渗透,分裂自由世界,最后用战争来实现统治世界。因此,他不认为停战协定会带来任何成果,因为共产党是不会改变他们的根本目标的。

饶伯森说他遇到那么多障碍和使人气馁的事情,希望从吴博士处得到一些鼓舞人心的乐观看法,不过吴博士好像对于未来颇为悲观。

吴国桢说无论对错他是姑妄言之,他看不出前途有什么令人乐观的地方。

关于这次谈话我在日记里写道:

> 饶伯森在中国时他们就认识,是老朋友。谈话立刻转入讨论共产党在朝鲜的战略。吴国桢一上来就称赞饶伯森在釜山和李承晚谈判成功,说饶伯森在谈判时善于把所有的牌都摊在桌面上,这不能不加强李的信心。但是,谈到苏联内部情况时,他们的看法则不同。饶伯森认为在克里姆林宫内会继续进行权力斗争,并会削弱苏联的国际地位。但吴国桢则肯定马林科夫对贝利亚已取得决定性胜利,这个胜利是共产党组织结构和性质所必然产生的结果。这种性质和结构只让一个人,现在是马林科夫,掌握一切,因而使他能够清洗

旁人,甚至权势最大的贝利亚。贝利亚只能控制秘密警察和内务部,而不能控制党的其他机构。吴国桢坦率地告诉饶伯森说饶伯森的观点不切实际,而且没有根据,从他任上海市长时和共产党的活动打交道以及他自己亲身审问过几百名共产党人所了解到的事实,即可证明。

22 日晨,我陪同吴国桢去拜访杜勒斯。吴还是相当坦率,例如在马林科夫和贝利亚权力斗争中苏联军队起的作用这点上,他断然表示与杜勒斯看法不同。但这次谈话肯定比昨天的更正式一些。中国科的一位秘书也在场,谈话从例行的相互问候开始。然后吴国桢问杜勒斯朝鲜停战的前景如何?

杜勒斯沉默了一会儿,然后说他们的商谈更接近于签停战协定了。

吴国桢说中国共产党渴望停战,如果 4 月里邱吉尔不发表那篇口气软弱的演说,联合国本能够提前并在较好条约下获得停战。

我说邱吉尔不仅在停战问题上,在其他方面好像也特别卖力讨好中国共产党。我真不明白,像他那样一位经验丰富的伟大政治家为什么明显地只关心眼前利益,而不把眼光放远一些。我又说,我当然明白英国一向视美国为它在经济和商业领域里的竞争者,并认为和中国大陆做生意来支持英国的经济大有前途。

杜勒斯说这只不过是考虑中的一点。他相信邱吉尔也是因为国内的政治形势才积极赞同与共产党中国交往的意见。英国舆论极热衷于同共产党中国发展商业和建立共事的关系。还有一点要考虑的是邱吉尔快要退休了,他想做一件值得夸耀的事来结束他的宦海生涯,例如举行一次四巨头会议,在会上由于他的特殊才能和经验,他一定能够充当重要的角色。

吴国桢认为虽然停战协定指日可待,但他不相信形势会有多大变化,因为共产党将继续追求他们的目标。他说克里姆林宫有三个目标是不会改变的,他再度提到向非共产国家渗透,分裂自由世界和以战争使全世界实行共产主义。他问国务卿对以后的发展有何看法。

杜勒斯回答说那很难说，因为对于苏联内部的事态知道得很少，他认为多半要看苏联军队的动向。

吴国桢说他不能赞同这种看法。由于共产党的组织，苏联军队干不了什么。他曾预言斯大林死后贝利亚将被马林科夫清洗掉，因为作为党的领袖，后者了解党内的每一个人，而贝利亚掌管特务组织，他只了解特工人员。他说解释共产党的组织机构需要很长的时间，他在这方面的知识使他作出上述的预言，后来应验了。他还说苏联的将军们甚至可能被共产党派来执行监视任务的勤务兵所监视。

杜勒斯大吃一惊，只是说没有人能确定苏联内部正在发生什么事情，因为外部世界知道的可靠消息太少了。

几分钟后，国务卿要到白宫去见总统，于是我和吴国桢起身告辞。紧接着，我们去见副国务卿比德尔·史密斯将军。谈话以吴国桢询问朝鲜停战协定的可能性开始。

史密斯说他相信几天之内可能谈妥，但那仅意味着停止敌对行动而已，解决不了真正的问题。问题须在政治会议上进行讨论，没有人能知道会议会有什么结果。

吴国桢说共产党想要停战，如果不是邱吉尔的起抵消作用的声明，联合国本能获得较好的条件。但是停战协议改变不了多少现状，因为共产党会继续追求达到他们的目标。吴于是提到苏联共产党组织的性质。这次他说马林科夫既然成功地清洗了贝利亚，他将继续进行清洗，因为这是共产党统治不可缺少的部分。他说他相信马林科夫采取这样的政策，首先是为了巩固他在苏联的地位，然后加强苏联在卫星国之间的地位。此后，马林科夫则将展开和西方的斗争，以达到共产党统治世界的目标。

史密斯说那还有待证明，但他也不相信共产党会改变他们的目标。然而，毫无疑问，苏联本国和某些卫星国内是有麻烦事的。

在俄国历史上,至少有三次由于扩张过度不能消化它侵略所得而被迫吐出一部分已经到口的东西。他相信苏联目前已达到这种阶段。他还说东德的反抗和动荡不安说明德国人民是不容易控制的。如果苏联宁愿采取从东德撤退的办法,而不用军队去控制东德以免将来留下麻烦和一旦与西方作战时成为隐患,他也不会感到意外。他接着说,在捷克斯洛伐克也是这样,那里的民族主义精神非常强烈,人民很不安定,除非布拉格的共产党政府招苏联军队来控制住他们的人民,否则这仍将是麻烦事情。

下一位,我们拜访了负责中东及非洲事务的助理国务卿拜罗德将军。我看出他正在为中东,尤其是伊朗和埃及的情况感到不安。谈话中他对美国夹在英国和反对英国的国家,如埃及、伊朗等双方之间的困难处境感到难受。

互相寒暄后开始谈话。我说拜罗德先生经管的范围内有很多使他头痛的事。

助理国务卿回答说,确实如此。不仅是伊朗的局势和英国与埃及间的争吵,还有非洲的突尼斯和摩洛哥的问题。谈起伊朗,他说人民党发起反对摩萨台首相的示威幸喜没有发生事故。但那确实是由于首相的蛊惑民心的宣传使伊朗的石油问题未能解决,以致使伊朗的经济处于崩溃的边缘。伊朗已接受补偿的原则,但是在雇用英国技术人员的问题上又陷入僵局。如果摩萨台更合作一些,这个问题可在两年内得到完全解决,会给伊朗的经济带来好处。

关于埃及,拜罗德说那里的局势紧张,如果得不到减缓,继续下去,将会发生冲突。纳吉布将军了解这种情况,但现在实权在一些年轻的上校手里。不过,他们的威望不够高,还须要利用纳吉布将军充当政府的首脑。谈到苏伊士运河问题时,拜罗德说美国对之很感兴趣,也愿进行帮忙。但是埃及政府要求美国保持中立,而英国反对。英国希望美国站在他们那边,来同埃及谈判。可以预料埃及人对此是反对的。僵局还未打破。

谈到埃及,我说据报印度的尼赫鲁和巴基斯坦的阿里从伦敦回国途经埃及逗留期间,曾怂恿埃及加入由印度领导的所谓的中立集团并在朝鲜停战协定签订后承认共产党中国。我不知道国务院是否曾收到这样的报告,拜罗德先生对此是否能有所指教。

拜罗德回答说,美国驻开罗大使曾和埃及人谈论过这两位总理和纳吉布将军的谈话。这两位总理确曾建议埃及加入中立集团,但是没有提到说服埃及在朝鲜停战后承认红色中国。

我说我很高兴知道拜罗德先生没有收到证实埃及打算在停战后承认共产党的消息。

与此同时,我已和埃及大使艾哈迈德·侯赛因博士约定回拜他的时间,主要是为了弄清楚埃及对红色中国的态度。其实,自从蒋廷黻告诉我埃及在尼赫鲁说服之下可能承认北平这个消息并要我在回拜侯赛因时提出这个问题之后,已和他约定 15 日会见。但那次以及后一次约定都因大使患病而被取消,我们最终于7 月 24 日见面。

在这次访问时我开头说我想对侯赛因博士的来访进行回拜,同时想借此机会问一问我最近得到尼赫鲁总理和巴基斯坦阿里总理在他们参加英王加冕后从伦敦回国时访问了开罗,与纳吉布将军会面时敦促埃及在朝鲜停战后承认共产党中国,并加入以印度为首的中立集团这一消息是否属实。我不知道埃及大使能不能说明一下他们政府对这两个问题的态度。

侯赛因博士回答说他收到了这两位总理和纳吉布将军谈话的通报,他注意到他们曾怂恿埃及加入由一些亚洲、阿拉伯和非洲国家组成的中立集团,但他的政府没有作出明确的反响。不过他没有注意到谈及任何关于承认共产党中国的问题。

然后侯赛因解释说加入中立集团的做法违背他政府的情感。他说埃及是反对共产主义的,并希望有一天与西方国家一起加入由美国发起的共同防御。它也希望有一天能得到美国的经济和军事援助。目前由于苏伊士运河问题和英国争吵,埃及只好将这些问题搁置起来。他的政府仍然希望能圆满解决这个问题,除非确实没有希望取得令人满意的解决办法,否则埃及不会考虑参加中立集团。

我说报纸上的报道说,英国原则上已同意从苏伊士运河撤退,只差细节有待商定。

侯赛因承认情况正是这样。他说他的政府坚持留下来维修运河的英国技术人员要由埃及管辖,但英国政府仍执意要他们直接接受伦敦的指示。这种情况显然是由于邱吉尔仍然根据大英帝国旧日的煊赫来考虑问题。英国首相宣称他坚信维持运河为有效基地是重要的,这不但符合中东的利益,而且也是为了全世界的自由事业。侯赛因接着说,不过,邱吉尔的思想过时了。世界已经前进。现时各地民族主义情绪已更加不可阻挡。将近七十年来埃及人民憎恨英国的统治,所有埃及的政党一致同意废除英国对运河的控制,恢复埃及的主权。纳吉布将军的政府为了达成一个友好并满意的解决办法对英国过分让步,有些让步的性质甚至使人民不满。但纳吉布将军是本着和解的精神作出让步的,为的是创造一个友好的气氛,能在主要问题上达成满意的解决办法。在回答提问时侯赛因说美国在这个问题上是同情埃及的。

我问起英国驻埃及大使施谛文爵士,他曾任驻中国大使。

侯赛因回答说施谛文爵士因病已回英国,现在是罗伯特·汉基先生任代办。他还说邱吉尔很器重汉基,他曾被选任驻伊朗大使。但摩萨台拒绝接受他。

我再度提到印度的尼赫鲁和巴基斯坦的阿里劝埃及在朝鲜停战后承认中国的消息,并说我感到特别不安,因为那则消息没有指出埃及政府的态度。

侯赛因说就承认共产党中国这个问题来说,尼赫鲁从 1950 年起就游说埃及这样做,他不止一次访问开罗。但他的政府并未动摇,他不认为他政府的政策会有任何改变。虽然如此,他要设法从开罗获得直接的消息,收到时他会通知我。

谈到美国的态度和政策时,侯赛因对美国没有明确地采取反对英、法在世界上殖民统治的立场表示惋惜。世界上被压迫的人民已经前进,上次的大战大大鼓舞了他们的民族主义情绪。他相信如果美国采取不通过法国直接和印支国家打交道的政策,并且鼓励他们要求独立的民族愿望,那么在那个地区反对共产主义的斗争会更为有效。

我同意这种观点,并且说有许多印支的民族主义者和共产党一起战斗并不是因为他们相信共产主义,而是要摆脱法国的管辖和统治。这和许多印度国大党党员在英国没有撤退和允许印度自由、独立之前和共产党一起工作几乎一样。

侯赛因说全世界人民已觉醒,特别是西方国家在上次大战期间几次发表声明支持被压迫民族争取自由,这样的声明已载入大西洋宪章。现在西方列强好像已经忘记了那些宪章,但是受压迫人民赞成它,渴望实现他们的民族愿望。

我说,目前趋势很明显地是朝着民族主义和独立的方向发展,任何人想要阻挡或扭转这种趋势是注定要失败的。

7月27日当我如约和蒋廷黻在他的办公室相见,讨论一些问题时,我高兴地告诉他埃及大使的回答是相当肯定的。首先我详细地告诉他侯赛因对我所提问题的答复。我还说我从负责中东和非洲事务的助理国务卿拜罗德那里探听到同样的答案。据拜罗德说,国务院收到了驻开罗、新德里和卡拉奇大使们的报告,证实尼赫鲁和阿里曾向埃及总理建议埃及加入以印度为首的所谓中立集团,但并未提到朝鲜停战后埃及承认共产党中国。

蒋廷黻说我的话使他放心。他说这件事起因于他和巴基斯坦驻联合国副代表博卡哈里先生的一次谈话。博卡哈里告诉他在伦敦举行的英联邦总理会议上,邱吉尔要求尼赫鲁和阿里回国时在开罗停留一下和纳吉布将军谈两件事:

(1)早日结束苏伊士运河问题;(2)在联合国里支持共产党中国。邱吉尔打算使英联邦的总理们在接纳共产党中国加入联合国的问题上统一思想,以便在百慕大会议上影响美国。虽然那个会议因为邱吉尔的健康不佳而延期,但是英国仍然为接纳共产党中国进入联合国以及和苏联举行四强最高级会议而努力。

蒋廷黻说,由于听到博卡哈里的消息,他一直感到不安。可是博卡哈里说他本人极端反对接纳红色中国加入联合国,虽然他的政府已承认北平。博卡哈里进一步建议蒋给他熟识的巴基斯坦外交部长,也是派驻联合国的首席代表穆罕默德·扎夫鲁拉·汗爵士写封信,或者给博卡哈里本人写封信。他将在信上注上他本人反对巴基斯坦在联合国里支持共产党中国的意见后转给他的外交部长。蒋说,结果是他给博卡哈里写了一封信,阐明联合国不应接纳共产党中国的理由,博卡哈里将信转给了巴基斯坦外交部长,但尚未得到回音。

蒋廷黻还告诉我,他给中国驻开罗大使何凤山写了封信,探听埃及政府在承认共产党中国问题上的态度,并且已收到何大使的回信,说埃及外交部长向他保证他们从来未曾有过这种想法。埃及外交部长也跟着请何转请他(蒋)给予指点,介绍一下美国国会中哪些议员最有影响,埃及为了解释与英国因苏伊士运河问题争吵的埃方立场,应和什么人接触以争取参议员们的同情和支持,因为开罗觉得参议院在政府制订政策时具有很大的影响。蒋对我说,他觉得不便提供具体姓名,所以他给何大使回信说,他的意见是,华盛顿的埃及大使馆很可以用一些在美国搞公共关系的人,来达到埃及政府想要达到的目的。

我和蒋廷黻研究的第二个问题是停战协定后的政治会议。那天上午十时,华盛顿时间是昨天晚上,威廉·哈里森将军和北朝鲜的首席代表南日将军在板门店签订了停战协定;下午克拉克将军在釜山,金日成元帅和彭德怀将军在平壤签署。

几天来报纸上已经大事刊登这件事。两天以前我也收到外交部一封很有趣的电报,指出共产党急于签订停战协定。电报说,据可靠消息,中共华南局宣传部最近发给各级共产党领导人一份学习文件,传达了朝鲜和平条约的主要条款。文件中说:"不论美国如何破坏和平谈判,我方仍应尽最大努力来取得停火,因为祖国现在急需休整和建设的时间,而且我们将争取到时间来积蓄力量从而取得将来的更大胜利。因此我们决定寻求达成停火协定⋯⋯"。外交部的电报说,从这个文件我们可以清楚地看出共方是极为迫切地要求和平,即使联合国采取更坚决的态度,他们也会接受联合国的条件的。因此美国尽可按照李承晚和饶伯森的协议去做。来电要我将以上情报通知美国政府,提请他们注意。

不管怎样,我在这里的主要用意是指出停战协定既已签字,这就使得把某些问题在一个政治会议上提出来显得更为实际和迫切。停战协定第四条第六十款重复了协定草案,原文如下:

第四条　向双方有关政府的建议

六十、为保证朝鲜问题的和平解决,双方军事司令官兹向双方有关各国政府建议在停战协定签字并生效后的三个月内,分派代表召开双方高一级的政治会议,协商从朝鲜撤退一切外国军队及和平解决朝鲜等问题。

因此在 27 日我和蒋廷黻谈话时我告诉他,我想讨论的第二个问题是关于政治会议的组成和范围。台北对此极为关注。我想,在这个问题上他也和我一样接到了电报。

蒋廷黻说他收到了。

我说叶博士建议我和他(蒋)商议之后与国务院接触,通知他们中国政府的观点。我接着说,关于政治会议的范围,我在 6 月底见到国务卿时已经向他强调会议应只限于讨论朝鲜问题。虽然规定召开政治会议的停战协定草案中提到朝鲜统一问题,撤走外国军队问题"等问题"。我说我曾向杜勒斯指出我不认为"等问题"这一词意味着任何超越朝鲜之外的问题。我的印象是杜勒斯和我的观点相同,认为除了可能要求共产党作出在印度支那不进行侵略的一般保证外,不应包括其他政治问题。

关于会议的组成,我说台北似乎觉得不可能排除共产党中国而由国民党中国单独派代表,所以不打算要求席位;同时国民党也反对和共产党中国的代表共同参加会议。我接着说,外交部的电报还指出了不应该准许共产党中国参加政治会议,因为它在朝鲜是侵略者。并说政治会议是为了解决朝鲜的政治问题,北平政权无权参加。我个人认为,如果中华民国不能单独出席会议,那么,虽有共产党中国代表参加,也应该出席。可是政府已做出决定反对这种双重代表,就如对奥运会和国际红十字会的做法一样。

蒋廷黻说一个星期之前他曾要求会见美国常驻联合国代表参议员洛奇,因参议员不在市内,副代表杰克·罗斯(约翰·罗斯)前来拜访,并进行了讨论。他向罗斯建议,政治会议应是隔桌对坐谈判,而不是圆桌会议。罗斯接受了这个意见,并推荐给国务院。

我回想 6 月底我和杜勒斯会谈时,国务卿曾表示他赞成举行双边会议,那就是说,举行隔桌对坐谈判,而不是圆桌会议。我认为那是一个正确的决定,因为是由联合国军司令部和共产党谈判并签订停战协定的。既然政治会议是停战协定产生的,并且是为了解决朝鲜问题的,它应该像停战会议那样是隔桌相对的会议。

至于会议的组成,蒋坦率地告诉罗斯说可以有几种选择。一是单独由国民党中国派代表参加而没有共产党中国,这是他的政府的愿望。如果只有共产党中国参加而没有国民党中国,这是不符合台湾的中国政府的意愿的。但是如果是一次隔桌相对的会议,联合国一方的代表应限于派遣军队去朝鲜的十七个国家。采用这种方式派代表的话,将排除苏联,这样国民党中国就不坚持要派代表出席。另一方面,如果安全理事会的其他四个常任理事都参加而单独没有国民党中国,它将难以忍受这种做法。

蒋廷黻还说他本人和我的看法一样,如果我国政府不能单独参加,哪怕有红色中国的代表出席,自由中国也是有个代表为好,当然,他了解我国政府对这种双重代表的方式是极为反感的。他还说罗斯告诉他,美国代表团研究了这个问题,赞成隔桌对坐的会议和一个小型的联合国代表团。至于如何组成,美国代表团认为除美国和南朝鲜之外,当然应包括英国和法国在内。最好不要苏联,除非共产党方面建议它参加。在这种情况下,苏联必将站在共产党一边。蒋说,按罗斯所说,美国也曾考虑过将印度包括在内,但因两种理由而被否定。其一,印度已以中立国的身份充任遣返委员会的主席。其二,如果印度参加,巴基斯坦一定也会要求参加。罗斯恐怕英国不仅会要求把印度,而且连苏联也包括在内,希望能全面解决远东问题。

我说我知道澳大利亚也想在会议上有个席位,而且我认为伦敦也会支持它的要求。

蒋廷黻说,如果将印度排除在外,就需要选择另一个亚洲国家。当然,如果能包括菲律宾,美国一定乐意,但由泰国参加比较容易在联合国通过。

我说杜勒斯认为拉丁美洲国家不会要求派代表。但是在上次和他谈话时我向他指出,政治会议中美国应注意争取多数席位,免得像在联合国一样经常被多数票所压倒。杜勒斯说这次美国将采取坚定的立场来维护它的观点,不让自己被多数所左右。

关于会议的讨论范围问题,蒋廷黻说,他曾告知罗斯,会议应局限于朝鲜问题。罗斯说美国可能想要共产党方面保证不在印度支那采取冒险行动。

我说我曾向杜勒斯指出,一旦提出新问题,就会给共方造成提出其他问题的契机。不管怎样,共产党对印度支那的保证并没有多大意义。

蒋廷黻表示同意。

我问及定于 8 月 17 日召开的全体大会要开多少天。

蒋廷黻回答说他认为不会超过一个星期,最多十天。大会将要决定联合国代表团的组成和政治会议的开会地点。他想起罗斯曾对他说过锡兰的科伦坡是个好地点，但他建议在碧瑶开，罗斯认为这里更好，已向国务院建议。由于国务院仍在考虑联合国代表团的组成和开会地点等问题，蒋表示希望我尽快访问国务院使我国政府的观点能载入记录。

当天我返回华盛顿，给外交部发电，报告美国政府和公众对那天签订朝鲜战争停战协定的反应。我说反应很冷淡。全国各地没有像第二次世界大战停战后的那种欢庆。大众的情绪似乎觉得在南朝鲜的流血将不再重演，美国军队虽然不能撤出朝鲜，但可以随时换防，回家。不过，停战并不是和平，而且，对朝鲜问题能在政治会议上得到解决，或者共产党不再进行侵略并没有保证。所以它们还是保持高度警惕，并感到扩军和援外不应放松。

我还说因为朝鲜战争是在双方僵持的基础上结束的，任何一方并未获得胜利，一部分美国人很感不满，并觉得共产党会开展一个广泛的宣传来打击美国在远东的领导地位。但是这里的当局说大多数美国人普遍认为在朝鲜取得军事胜利无论如何也解决不了共产党威胁的问题，而且，由联合国把战争继续下去会牵涉许多复杂的问题。他们指出，艾森豪威尔总统就是因为这个原因才在他的竞选活动中声称他要亲自去朝鲜促成停战。他的这一声明受到选民的热情支持，也是他获得竞选胜利的重要原因之一。于是，美国当局全力谋求停战，一方面恢复自由调遣军队来应付共产党的威胁，另一方面，实现总统对选民的承诺。最后我说，以上是我从分析不同方面的种种报道得出的反应。

7月28日我进一步向外交部报告说杜勒斯在刚才对新闻记者发布的一项声明中说，美国无意以接纳共产党中国进入联合国作为换取朝鲜统一的代价，如有必要，美国可以运用它的否决权来以防止这种做法。他还说美国认为政治会议不应该讨论接纳共产党中国进入联合国这个问题，其他友好国家也没有这种想法。

他还宣布他将于8月2日启程去朝鲜与李总统会谈,以便使美国和大韩民国就政治会议取得一致的立场,并为订立安全条约进行磋商。同行的将有国会的两党领袖——参议员亚历山大·史密斯、威廉·诺兰、林顿·约翰逊和理查德·拉塞尔。他说如果在政治会议上共产党方面表现没有合作诚意,那么美国在会议九十天后便退出会谈;但那不意味着立即恢复作战。最后,关于会议的组成,他说美国还未认真地加以考虑,但苏联有可能参加。

当天,和随后的几天一样,我应邀接见了新闻界人士。他想采访我对朝鲜停战引起的远东局势,尤其是对国民党中国的地位会有何影响的看法。当天接见的是国际新闻社的远东编辑乔治·杜尔诺,两天后接见了美国广播公司的爱德华兹。

7月29日我去国务院拜访助理国务卿饶伯森。我对他说,鉴于朝鲜停战已成事实,我国政府要我声明它对政治会议的看法。我接着说中国政府认为不应当允许共产党中国参加会议,因为它与朝鲜问题毫无关系,朝鲜完全不关它的事。它派所谓志愿军去帮助北朝鲜完全是侵略行为。我补充说,当然,我国政府明白共产党中国是停战协定的一方,因为彭德怀将军代表北平政权在协定上签了字。

我继续说,关于会议的性质,我国政府的看法是既然停战协定是以联合国军司令部为一方,共产党为另一方的双边协定,那么政治会议也应采取隔桌对谈的讨论形式,而不应是圆桌会议。关于联合国代表团的组成,我说,中国政府认为美国和南朝鲜是联合国方面的主要参战国,应当是合法代表。但是如果代表团应扩大一些,那么推选其他代表的公平合理的标准应是根据他们对朝鲜战争的贡献。换句话说,可请派兵到朝鲜的十六七个国家中的一些国家派人参加联合国代表团。但是中国政府认为不应邀请俄国参加联合国代表团,因为它一向反对联合国干涉朝鲜。我记得北朝鲜发动侵略时,安理会在1950年6月之所以能通过派军队实行制裁的决议,仅仅是因为苏联代表缺席,而自从苏联代表回到安理会后,这个机构就瘫痪了,虽然安理会的主要责任是维护国际和平与安全,但它始终未能对朝鲜问题采取有效行动。最后是联合国大会采取了措施。

谈到会议的范围,我说中国政府深信会议应仅限于讨论解决朝鲜问题,诸如朝鲜的统一、外国军队撤出朝鲜,以及这个被战争破坏的国家的重建问题。虽然停战协定第四条第六十款关于政治会议要讨论的问题中有"等问题"字样,我理解代表联合国参加会谈的乔伊海军上将已经阐明"等问题"一词不适用于超出朝鲜问题各个方面以外的问题。因此任何其他问题,如接纳共产党中国进入联合国的问题,或台湾今后的地位问题,都不应在这次会议上讨论。我强调说我是按台北的指示来陈述这些观点的,以便美国政府加以注意。

饶伯森说,他很高兴我把我国政府的观点陈述得如此清楚,并要他的助手将我的话仔细记录下来。然后他说,关于我提出的各点,美国政府还没有对其中的任何问题做出决定。他个人的看法与我刚刚申明的观点是一致的。虽然在派军队去朝鲜的联合国会员国中美国做出了巨大牺牲,但大韩民国做出的牺牲更大,因此在政治会议上应享有完全的发言权。这就是杜勒斯先生要去朝鲜向李总统了解韩国对会议的看法的理由。关于会议的性质,他(饶伯森)个人认为应当是隔桌相对的会议,但是也有人认为应当是圆桌会议。

关于共产党中国是否参加,饶伯森回顾停战协定中规定由有关政府的代表参加会议,既然共产党中国是协定的一方,他推测不得不让它参加。如果当初让他去起草协议,他是不会这么措辞的。关于第六十款中的"等问题"一词也是这样。他不明白为什么要加上这个词。关于俄国,饶伯森也认为不应邀请它参加联合国代表团。

我说俄国从一开始就反对联合国采取任何行动,对联合国在朝鲜问题上打算采取的任何措施都投反对票。如果共产党要求让俄国参加,那它应参加共产党一方。如果把俄国包括在联合国的代表团内,它只会制造障碍,争吵不休,麻烦无穷。

饶伯森说俄国是朝鲜战争的幕后支持者,它为共产党提供了飞机、坦克、大炮和弹药。它甚至派俄国人去共产党战线的后方协助,并承诺为朝鲜的作战机构提供军需。

我说照我看俄国是联合国的真正主要敌人,把它包括在联合国代表团之内是荒谬的。另外还有一个问题中国政府也十分关切。如果联合国代表团不包括俄国,那么国民党中国不参加就不显得那么尴尬,因为对朝鲜的武装贡献是一个合理的标准。而根据这个标准,我国政府虽曾想要派遣军队,但未被接受,也就没有派任何部队。根据这一标准,俄国也没有理由要求作为联合国一方的代表参加会议。但是如果因为其他原因让俄国同安理会的其他常任理事国,如英国和法国一起参加,那么中国将是唯一不参加会议的常任理事国。这样被排斥于会议之外,对国民政府的声誉是个打击,不仅会使台湾的人民,也会使大陆和海外的中国人感到失望。

饶伯森说他完全理解中国政府的观点,他本人认为如果俄国要出席会议,它就应站在共产党一边。这样共产党就构成一方,而联合国是另一方。他认为这也就是为什么会议应当是隔桌相对的原因。但是有些国家,如英国和印度,愿意会议采取圆桌会议的形式,以便讨论,并且在可能的条件下,解决与总的远东局势有关的一切政治问题。为了这样的目的,当然就不大可能将俄国排斥在外。

我说如果会议上提出其他问题,联合国代表团的各国代表会就不同的问题各执己见,使联合国代表团在会议上更难形成联合阵线,会议也就不可能取得成功。我认为,如果要使会议取得成功,就应采取比较实际的办法,将会议的议程限于朝鲜问题,如朝鲜的统一,以及从朝鲜撤走外国军队。如果会议能圆满地解决朝鲜问题,那就是了不起的成就,因为它会为各方面创造出较好的气氛。经过一段时间让政治会议上达成的协议得以实施,并考验共产党方面执行协议的诚意,然后再讨论其他问题也不迟。看来这是一个较为实际和明智的方针,也使会议不至负担各式各样与朝鲜无关的问题。

饶伯森说这也是他本人的看法,但还要看联合国大会如何决定。

我说,如果会议要讨论其他问题,那么我国政府希望参加,也应当参加。因为有些问题是国民党中国极为关切的,如接纳共产党中国进入联合国以及台湾今后的地位问题。如果在它背后讨论这些问题,而不给它机会发言,那是不公平的。

饶伯森表示同意并叫他的助手记录下来。

我问印度是否已表示愿意参加会议。我说我觉得不应邀请印度,因为首先,它被选为遣返委员会的主席,其次,它一向宣称自己是中立的。

饶伯森说他也认为印度不应当参加政治会议。他认为印度并不纯粹是中立的,而是站在共产党一方。它从来没有派过一兵一卒去朝鲜,而立场一向是亲共的。但是英国赞成包括印度,并且肯定会极力作此主张。

我追述了6月底与国务卿的谈话。当时杜勒斯先生告诉我他反对接纳共产党中国进入联合国,并说他已指示美国各驻外大使,要他们设法取得驻在国对这个问题的支持。我问,得到的答复的要旨是什么。

饶伯森说他没有见到什么答复,无法就此发表意见,但他的印象是收到的答复很少。不过据他了解,英国和法国急于同共产党和解,国务大臣劳埃德最近在议会上说英国赞成把联合国的席位给共产党中国。饶伯森预计英国会努力促成此事。另一方面,澳大利亚则强烈反对。

当我说这种立场与伦敦的恰恰相反时,饶伯森说正是如此。然后我谈到一些其他的迫切问题。

杜勒斯于 8 月 4 日到达汉城。四天之后,与李承晚一起草签了两国的共同防御条约。关于政治会议,他们在联合声明中宣称将在会议上做出努力以保证和平统一的朝鲜成为自由独立的国家。但是如果事实证明他们的这些努力都属徒劳,他们准备在会议召开九十天之后同时"退出"会议,然后就实现朝鲜的统一问题进一步协商。声明还宣布南朝鲜政府同意在双方同意的政治会议的九十天期间内,不单方面采取军事行动来统一朝鲜。

8 月 13 日陆军部长罗伯特·史蒂文斯举行检阅和游园会,这是为奥马尔·布莱德雷将军和约翰·劳顿·柯林斯将军退休而安排的,场面令人难忘,宾客如云。受检阅的空军队伍中,甚至还有一小队直升飞机。但是它表现了典型的美国民主精神,主人没有在门口列队迎接宾客。我同一些外交界同仁找了一阵子才找到了布莱德雷,后来又找到柯林斯。他们俩分别在两处接待来宾。

客套一番以后,我同也前来参加游园会的泰国大使交谈。他似乎不能肯定他的国家是否包括在参加有关朝鲜的政治会议的联合国代表团之内。他极力主张一切派军队去朝鲜的国家都应参加这次会议。我对他说,我同美国国务卿谈话时也主张遵循这一原则。我说我还强烈主张会议应只讨论朝鲜问题以保证最大的成功机会。他表示同意,但他对会议能否成功表示怀疑;因为他察觉到南、北朝鲜对统一问题的观点和利害都是互不相容的,每一方都极力要朝鲜统一在自己的控制之下,无法和解。

至于会议的地点,泰国大使表示赞成在日内瓦,不希望选中曼谷,因为,他说,曼谷没有召开这样的会议所必需的设施。朝鲜大使是游园会上的另一位客人。我向他提出这个问题时,他说,他曾建议合乎逻辑的开会地点是檀香山或旧金山。他的理由是应当使美国的舆论详尽地了解朝鲜问题,而要做到这一点,唯一的办法就是在美国土地上举行这个会议,让它的报纸和无线电台详加报道和广播。他强烈主张会议不讨论与朝鲜无关的问题。

当晚我宴请菲律宾外交部长伊利扎尔德，他是来美参加 8 月 17 日开幕的联合国大会的。我的客人还有秘鲁大使贝尔塞梅耶、哥斯达黎加大使奥雷亚穆诺及其他几位，包括菲律宾中央银行总裁米克尔·库亚德尔诺。伊利扎尔德和平时一样热诚和亲切。他告诉我早晨他同杜勒斯谈过朝鲜停战协定和政治会议问题。会议将包括菲律宾在内，议程应局限于朝鲜问题。至于会议的地点，他相信最恰当的是纽约的联合国总部，因为它是世界中心。他不赞成在菲律宾的碧瑶，因为设施不足，而且保护会议代表的责任重大，无法承担，尤其是保护共产党方面的代表，因为菲律宾的舆论是强烈反对共产主义的。他告诉我对于支持国民党中国的事业，可以算上它。

菲律宾中央银行总裁库亚德尔诺对我说他一向是中国的朋友。在即将召开的世界银行和国际货币基金组织理事会议上，他将支持中国的主张。他听说捷克斯洛伐克将在会议上再次对我国的代表权问题提出异议。如果这个问题付诸表决，他将投票反对这一动议。

不久之前，我同国际货币基金组织执行董事会的中国董事谭伯羽有过一次谈话，恰好谈的是中国在世界银行和国际货币基金组织中的地位问题。7 月 30 日他告诉我他认为我们应当援引捷克斯洛伐克先例，拒付拖欠世界银行的款项。他打算向财政部长严家淦提出这个建议，因为他即将赴台湾商议此事。但是我告诉他，政府对这个问题要慎重考虑，因为我们国际地位不稳，不能和捷克斯洛伐克相比。我说，就世界银行本身而言，我们因丧失了大陆而财政来源缩小，并不能构成我们未能按期付款的充分理由。如果我们未能偿付本应付清的欠款，那就会给那些反对我们、主张邀请共产党中国取代我们的人以又一个借口。

8 月 14 日，星期五，早晨我拜访了副国务卿比德尔·史密斯将军，中国科科长马康卫也在场。我对副国务卿说我急于要求见他是因为我收到我国政府一封电报，指示我将我国政府对下星期一将召开的联合国大会以及以后要召开的朝鲜政治会议的看法通知美国政府,请予以考虑。我说大约两周以前我见到饶伯森先生时已对他讲了大部分的观点,但我国政府希望能将其观点更正式地记录下来。我来此之前没有来得及将备忘录准备好,因此在拜会之后,我将送一份备忘录给他。

然后我讲述了备忘录中的五点意见。备忘录原是外交部拟好为递交朝鲜政府之用的,我将措辞做了适当修改,逐点讲给副国务卿。(此文件原是为朝鲜政府准备的,希望李总统在汉城与杜勒斯国务卿会谈之前能有时间加以研究。但事实证明这已办不到,于是政府让我把文件正式递交给美国政府。鉴于预定的目的已改变,措辞也必须做相应的改动。由于局势紧迫,我等不及将文件改写成为新的正式备忘录,便要求并获准了会见副国务卿。所以如此匆忙是因为我们不断地得到暗示,一些盟国,尤其是英国及联合国的一些其他会员国,在即将召开的联合国大会上坚持为政治会议做出对我国政府很不利的安排。但文件本身正如我对史密斯将军所讲,大部分是重述我和蒋廷黻博士已对美国政府和联合国的美国代表团讲过的各点。原文见附录七。)

我讲完第一点之后,史密斯将军说中国政府应当相信美国完全清楚它自己在朝鲜做出的重大牺牲,并希望在即将召开的政治会议上维护它的地位。

我说我国政府完全理解这一点,也希望提出自己的观点供美国政府考虑。然后我接着讲述了余下的四点,并说我猜想国务卿在前不久的朝鲜之行中与李总统已经讨论了这些问题。我想知道史密斯将军能否向我透露为了在政治会议上形成联合阵线,南朝鲜和美国在哪些问题上达成了一致的意见。

史密斯回答说杜勒斯归来之后已发表了他与李总统的会谈结果,并明确表示他们之间没有任何秘密协议。史密斯说我向他阐明的中国政府的观点,总的来说,实质上与美国政府的观点是一致的。美国在朝鲜做出如此重大牺牲,它不会让别人在会议上用选票压倒它。他说美国不应当被人用选票压倒,是因它所做的重大贡献使它有权与南朝鲜政府一道享有居支配地位的发言权。如果只按人头计算,把美国算做其中之一,从而使其他国家的观点占了上风,那是不公平的。讲到会议的形式,副国务卿说停战协定中提到了双方——联合国代表团和共产党人。关于联合国代表团的组成,美国认为代表团应当由数量有限的国家,比方说由那些派出军队在朝鲜战场上做过重大贡献的国家中的十来个组成。

我说我认为这似乎是唯一公平合理的标准。

史密斯说选择参加代表团的国家只能以这个标准为根据,否则联合国的六十个会员国可能都要求参加会议。

我说按照这个标准自然不应包括印度和苏联。

史密斯说如果其他国家承认他们在道义上和物质上支援了共产党,那么应由共产党邀请他们同共产党坐在一边。至于会议议程的范围,他说杜勒斯先生已宣布主要问题是朝鲜问题,美国政府不打算讨论其他与朝鲜无关的问题。他补充说,当然,因为必须同联合国的其他会员国商讨这个问题,并取得他们的合作,有可能需要做些让步。

那正是我的政府所担心的事。于是我急忙表示希望美国在议程问题上不做任何让步,因为仅解决朝鲜问题一项,就够困难的了。如果这个问题能得到解决,并实现朝鲜的统一,会议就是取得了重大成就。另一方面,如果试图超出朝鲜问题之外,再讨论其他问题,不仅使会议的注意力偏离其主要目的,而且会使问题复杂化,造成困难,共产党则肯定会乘机加以利用,使联合国代表团陷入难以摆脱的困境。

史密斯解释说当他提到有可能做些让步时,并不是指在议程范围上做任何让步。他考虑的是如果某个国家坚持联合国代表团应当扩大,例如让土耳其也参加,那么美国是不会反对的。

我说,我听说英国极力主张开圆桌会议,以便将印度和俄国也包括在内,我希望美国不要屈从这种压力。

史密斯说,不论会议采取圆桌会议还是隔桌相对的形式,美国对任何问题的立场都不会变,不会仅仅因为赞成某一意见的人多,就被说服。当问到会议地点是否已确定,史密斯说还没有,并补充说还要等到下周在联合国大会上讨论。然后他对我向他转达了我国政府的观点表示感谢,并说等我将备忘录送来后他将加以研究。他还补充说他很抱歉会见时间这么短,因为他另有约会。

我为他在我临时提出要求后就接见我表示谢意,并且说我很高兴能向他表达我想说的各点。

史密斯让我不必客气,什么时候想见他就尽管来。

当天下午大使馆人员就将备忘录修改好,通过马康卫交给史密斯。我像往常一样起草了给外交部的电报,报告会谈的情况,后来又报告备忘录已递交给美国。

三天之后,星期一,联合国大会在纽约再次召开。这是联合国第七届大会的第三次会议。就在第一天,当政治委员会开会以便草拟对政治会议的建议时,英、美对会议的性质和范围的分歧便立即表面化。有十五个会员国建议一切曾向南朝鲜派兵的联合国成员国都应参加会议,另一项由澳大利亚和新西兰提出并得到英国支持的建议则宣称如果参战的两个共产党国家希望苏联参加,就应当邀请它。英国、澳大利亚、加拿大和新西兰则提出另一项邀请印度参加会议的建议。

8月18日美国代表洛奇说明了美国的立场。他支持举行双边会议的主张,并说如果对方希望苏联参加,它也可以参加,但只能以交战国,而不能以中立国的身份参加。他还说会议应局限于朝鲜问题的范围之内,如果会议取得成功,可以召开另一个会议讨论远东的其他问题。英国代表立即发言主张召开圆桌会议,并竭力主张让印度参加。会议就是这样进行的。苏联代表维辛斯基表示赞成圆桌会议,并于18日提出了第四种议案,列出苏联建议参加的代表名单,这项议案还实际上使共产党中国和北朝鲜在政治会议上有否决权。

不过,最后在投票表决时,十五国的决议草案以及赞成苏联代表参加的议案被通过,赞成印度参加的建议也被采纳,但只得到微弱的多数,而且有许多国家弃权,于是印度代表梅农说他不要求将此决议提交联大讨论。维辛斯基的议案被否决。

8月28日联大会议通过了十五国的建议,并通过了印度提出的由联大秘书长将联大的决议通知共产党方面的提议。我国政府最担心的情况没有出现,不过我们还未完全越过障碍。共产党方面如不接受联合国的决定,会出现何种情况? 联合国为实现自己的愿望,能做到何种地步? 联合国会不会在盟国的压力下妥协,从而对我们不利?

第三节 美国和自由中国之间的互助合作问题

1953 年 3 月 16 日—8 月

一、争取军事合作及解决诸如在印度支那和缅甸的中国军队等问题的努力

1953 年 3 月 16 日—5 月

1953 年春,台北和我国驻华盛顿大使馆继续催促美国在军事领域及与此有关的情报工作方面与我国进行更为密切的合作。1953 年 3 月 16 日下午,我接见了倪宣祥(音译),继续进行上周未得结束的谈话。他是蒋经国领导的国防部政治部成员,也是那个部门的计划处成员。他是由蒋经国派来美国的。他说,他的主要目的是了解蒋经国访美是否适当,如果适当,以何时来访为宜。他还奉命探讨同美国在情报领域在中国大陆进行有效合作的方式。关于这一点,他对我说,台北不满意的一个很大原因是西方

企业公司所派的特工人员能力和地位都是一般的或普通的,这些人坚持要求与中国方面最高当局商讨重大事项,而其中有些人即使不算是粗鲁的人,也是很不懂事的。当一位这样的人经我们提出意见或不满而被召回更换之后,不久又由华盛顿派回,这就使得合作更加困难。

关于美国官方对蒋经国访问的意见,倪宣祥在三天后告诉我说,美国反应良好。他决定用电报请示蒋经国,是否由他回国亲自汇报。我表示愿意为他拍电,他同意后,立即起草发出。

倪宣祥还给我讲述了李弥将军及其部队在缅甸的情况、活动和问题。他讲得有趣而真实。这件事情比我想象的要复杂得多。在游击队首脑和第三势力鼓吹者以及台北国民政府的忠实支持者之间,都相互敌对。他们的代理人和分支遍及曼谷、马尼拉、东京和台湾。至于李弥本人,尽管他是个冒险家,却是委员长的拥护者,而且是一位伟大的领导人。他还是一位坚决的反共将军,共产党杀了他的母亲、妻子和兄弟来对他进行报复。

3月17日,我接待了俞大维将军。我把我同副国务卿比德尔·史密斯讨论的要点告诉了他;讨论的是关于在缅甸边界李弥部队以及美国政府所极力主张的把这些部队遣返台湾的问题。同我们的其他军界人士一样,俞大维反对这个主张。对于仰光把这个问题提交联合国大会或安理会的决定所引起的紧急情况,他似乎无动于衷。然而他同意了我的建议,先顺应情势答应撤退,把棘手的实施问题留待从长讨论和以后商定。

同时,俞大维向我叙述了美国对台军事援助物资的交运情况。一般来说,最近两个月交运是加快了。关于委员长迫切希望在台湾建立联合参谋长会议的问题,他说,奥姆斯特德将军在他从台湾访问回国后所提出的报告中已向美国政府建议了这一点。虽然这个建议尚未列入国家安全委员会4月份会议的议事日程,但奥姆斯特德预计会予以提出讨论。

谈到美国政府内部对委员长和我国政府的政策的各方面情

况,俞大维说,离我们所希望的还差得很远。美国政府中几乎没有一个人赞成为光复大陆而进行反攻。这不是因为他们反对这样做,而是因为他们认为我们的人力和武装力量有限,这样做不会成功。俞大维说,即使有美国海空军的支持,我们也不能指望成功,而指望美国派出地面部队支援,实际上是不可能的。俞大维说,就是把这个问题放在一边,美国军事机构人士对我们的同情程度也不相同;虽然马歇尔将军的支持者在军事机构中仍有影响,不过在那里反对我们的人比国务院少。他补充说,并不是这些部门整个对我们怀有偏见,而是这些单位中的一些个人常常直接或间接对于增加对国民党中国的援助的任何建议提出批评和异议。因此,虽然美国新政府不同于杜鲁门执政时期,我们仍然需要谨慎行事。

同日,陈之迈在和蒲立德共进午餐后,向我报告了他们的谈话要点。蒲立德也说,马歇尔在华盛顿政府人士中仍有影响。蒲立德还说,他本人因胡适对台湾的不满态度而极为失望。在享培克举行的一次宴会上,蒲立德曾询问胡适最近访台的观感。胡适的回答是有些改善,但没有言论自由,并以他的侄子被捕为例说明。他因自己不得不出面干预,恳请委员长释放他的侄子而感到痛心,并且说,不是每个人都有一位影响大得足以促成释放的叔叔。

蒲立德认为胡适的不公正判断是由于他的心脏病,因为蒲立德发现他的父亲患同样的病,几乎造成全家破产,就是由于心脏衰弱而造成的不正确判断。蒲立德又举司徒雷登为例。司徒雷登一度突患心脏病,部分瘫痪,造成判断失常。蒲立德援引司徒雷登对中共事业的同情和支持作为证明。

3月19日,按照前一天的安排,我拜访了杜勒斯。当时仍然担任负责远东事务的助理国务卿艾利森也在场。实际上,他在国务卿接待室等着我。他说,杜勒斯几分钟后便会得空。艾利森拿着有关李弥部队从缅甸撤出问题的文件夹。他说,他认为我将提出这个问题。我说,我并无此意。然而我向他询问了这方面的最新情况,因为我已经好几天没有从我国政府听到这件事情的消息。艾利森回答说,蓝钦曾两次会见中国外长并曾要求会晤蒋总统,但日期尚未确定。艾利森接着说,他仍然切望能在台北达成一项协议。我说,我获悉我国政府已经同意蓝钦提出的三点中的两点,而且实际上已经接受第三点。艾利森表示同意,并说,还需要由蒋委员长接受撤军的原则。

我说,我打算提请国务卿注意四个问题。第一,叶公超外长在得知杜勒斯打算访问远东,而且其中包括台湾之后,嘱我向他转达热烈欢迎的口信。第二,我想和杜勒斯商讨建立中美联合参谋长会议问题,我国政府很重视这个问题。第三,我国政府指示我提出缔结中美军事安全条约问题。第四,我愿请国务卿帮助我了解英国目前对我国政府的态度。我曾接到关于杜勒斯和艾登最近在华盛顿举行会谈的若干报道。这些报道表明,英国外交大臣对我国政府仍然不表同情,他甚至向杜勒斯提出在中国大陆上建立所谓第三势力,以调和英美对国民党中国的相互抵触的政策。我向艾利森询问这些报道是否属实。艾利森回答说,他认为英国对国民政府的态度现已有所好转,他们在最近几次会谈中并没有谈到在大陆中国建立第三势力。我表示对我自己所得的报道没有事实根据感到欣慰。

这时候,有五六个人从杜勒斯的办公室出来,我则被领了进去。我在拉开话题时,先提到国务卿看来是顺利经受了就职两个月来的繁重压力。

杜勒斯说,这两个月真是相当艰难,幸而他的健康情况能够经受这种重压。昨天他参加了国会的两个委员会会议,在那里花费了五个小时——上午三小时,下午两小时——但拨款委员会的一位委员告诉他,前任国务卿艾奇逊有时一天之内在国会花费的时间甚至比他还多。

我说,参加国会各委员会会议想必占用国务卿的大部分时间。

艾利森说，那天上午他也在拨款委员会花费了一小时。

我说，我为四个问题请求会见国务卿，我相信只有杜勒斯先生能对这些问题给予权威性的答复或予以澄清。第一，叶外长在获悉杜勒斯先生打算访问远东而且其中包括台湾之后，嘱我向国务卿转达热烈欢迎的口信，并嘱我说明一俟国务卿确定出访计划，中国政府将发出正式邀请。

杜勒斯对叶公超的口信表示感谢，但是他说，他没有出访远东的计划。他说，他目前的安排是4月上旬访问中东，如果时间允许，他还将访问印度和巴基斯坦，并将从那里回国。当问到他是否打算在夏末出访远东时，杜勒斯回答说，虽然他希望将来有一天访问远东，但目前还不好说。他补充说，关于他计划出访远东的新闻报道是不真实的。

我说，我愿提出的第二个问题是我国政府关于建立中美联合参谋长会议的愿望。既然台湾的防御被认为是自由中国和美国的共同利益，我国政府认为非常需要建立这样一个会议，以便研究保卫该岛的一切可能的方案。在当前形势下，没有人能够肯定中共永远不会侵犯台湾。如果他们有朝一日向该岛发动攻击，除非事先已制定联合防御计划，否则就很难临时准备应急的有效措施。我说，据我所知，即使在防空方面，如果发生来自中共大陆的空袭，中美空军之间也没有系统的合作方案。然而我相信，一切国家的军事机构的习惯做法是，在和平时期制定各种可供选择的方案，以对付潜在敌人的进攻。就台湾来说，危险局势要求建立中美联合参谋长会议，以制定各种详尽的防务计划。如果中共不进攻，那当然好，但是如果它发起进攻，那么，中美双方的军队会有联合击退进攻的准备。我希望国务卿支持这个建议。

杜勒斯认为这个建议是合理的。

我说，由于艾森豪威尔总统已向美国第七舰队发出关于台湾脱离中立地位的新命令，中共可能有朝一日向该岛发起进攻。

当杜勒斯询问到是否有这种进攻的迹象时,艾利森说,台湾对面沿岸的中共空军已有所加强。

我说,中共一些部队也已向台湾对面的沿海各省移动。

杜勒斯相信,一旦中共进攻,美国海空军会进行干预,但作战部队将是岛上的中国陆军。战斗将是两栖作战的性质,而且他认为届时联合军事行动计划必已制定。

艾利森说,五角大楼曾研究各种可供选择的方案,这些方案目前正在国防部和国务院之间进行讨论。取得一致意见后,最终方案将送交雷德福海军上将,他将和中国政府商讨。

杜勒斯询问了蔡斯将军率领的美国驻台湾军事顾问团的职责。

我回答说,据我了解,这个团的职责限于训练中国军队和教给他们如何使用美国根据军援计划运交台湾的武器和装备。蔡斯无权和中国政府讨论建立联合参谋长会议的问题。

杜勒斯以询问的眼光望着艾利森。艾利森证实了军事顾问团的职责限于我所提到的那些。然后这位助理国务卿重复说,拟议中的联合参谋长会议的建立以后将由雷德福在台北提出讨论。

我询问这个建议是否需由国家安全委员会批准。

杜勒斯回答说,他认为不需要。当他征求艾利森的意见时,艾利森说,没有必要。一俟五角大楼和国务院对这个建议取得一致意见,就可以和中国政府讨论并商定。

我说,这是很令人鼓舞的。接着,我提出了第三个问题。我说,政府嘱我向杜勒斯提出并征求意见的第三个问题是参照不同形式缔结中美军事安全条约,例如,参照美澳新三国条约和美菲双边条约。我说,鉴于亚洲形势复杂,可能不易拟定一个像西欧的北大西洋公约组织那样的全面军事防御条约。但是既然台湾的安全被认为是中美的共同利益,两国间缔结双边条约将为日后亚洲各国间的全面条约增加一环。因此我愿了解国务卿对这个建议的反应,以及如果同意的话,国务卿认为我国政府在最近将来向美国政府提出这个建议是否可取,还是国务卿认为中国政府提出这个问题的时机尚不成熟。

杜勒斯回答说,原则上他对中国的这个建议十分中意,而且他本人对缔结亚洲共同安全条约的意见曾有过很多考虑。但他指出,美澳新三国条约和美菲双边条约实质上是一样的,并不是两种形式。

我认为这两个条约的一个重要差别是,美菲双边条约没有规定建立外交部长会议以及举行定期会晤。

杜勒斯说,那是因为签约国只有两个,所以不宜设立外长会议。

艾利森指出,三国条约有三国军事参谋部定期会晤的规定。

杜勒斯说,他想了解拟议中的条约的范围将包括哪些中国领土。如果这个条约限于台湾和澎湖列岛的防御,他想知道对于那些仍在国民政府控制下的大陆沿岸小岛应该怎么办。如果这些岛屿被列入条约范围之内而又遭到中共袭击,或者如果国民党从这些岛屿向大陆发起进攻并遭到中共反击,美国将不得不援助国民党。这就使美国承担它目前可能不准备承担的责任,因为在两国间的军事安全条约中,总是有对一方安全的威胁将被认为是对另一方安全的威胁的规定。另一方面,如果把这些小岛除外,势必损害国民政府的声誉及领土主权。他相信国民政府不愿给人这样一个印象,即目前在它管辖控制下的沿岸岛屿不在它的合法主权之下。他又说,他不知道这个问题的最好出路是什么。

我建议为了对付这个难点,或许可以采取中日双边和约所使用的提法。

杜勒斯说,他记不起那个提法的确切措辞了,但是他想大意是条约适用于中华民国政府现在或将来在其控制下的领土。

我说,实质就是这样,而这样的提法可能对拟议中的条约就足够了。

杜勒斯说,还有其他一些困难。大韩民国也提出和美国缔结军事安全条约,而出现同样困难,因为韩国坚持把北朝鲜列入条约范围之内。这样一个条款将意味着美国有义务收复并永久防御作为大韩民国部分领土的北朝鲜,而美国有朝一日可能要从朝鲜撤军。因此,如果美国同国民政府缔结一项包括它有权管辖的中国全部领土的军事安全条约,这就开创了一个会被大韩民国抓住的先例,韩国就会坚持要求美国给予同等待遇。此外,英国曾就香港、新加坡和马来亚提出过同样的要求,法国也曾就印度支那提出过这种要求。

我听说关于这些领土,美、英、法三国军方曾达成定期协商的协议。

杜勒斯说,没有达成任何协议。

艾利森进一步证实杜勒斯的话,并说,曾讨论这个问题,但美国未予同意。

杜勒斯重申他希望有朝一日能缔结像欧洲北大西洋公约那样的亚洲军事安全条约。但是他说,目前中国、印度支那和朝鲜都因内战而分裂,这使他很难实现他的愿望。他补充说,同处于和平状态,疆界已有明确规定并得到国际公认的国家是不难缔结军事安全条约的。

我说,我理解这种困难,但是我相信能够找到克服困难的某种办法。我觉得中美双方都应继续研究这个问题,并努力寻找克服困难的圆满提法。我说,台湾一直得到美国的军事援助,而且美国军事顾问团驻在那里。从军事观点看,拟议中的条约缔结与否可能区别不大。但是在外交上,它是美国对自由中国政府的国际地位给予道义上支持的表示。在心理上,它不但对自由中国和海外华人,而且对大陆的中国人,都会起精神鼓舞作用,因为这样一个条约会提高他们解放大陆的信心,并向他们保证无论共产党在亚洲有何举动,美国决不会使台湾从自由世界的地图上消失。

杜勒斯说,他一定继续研究这件事情,并希望我也再加考虑。

艾利森建议说,建立联合参谋长会议或许能达到拟议中的军事安全条约的目的。

我说，我愿提出的第四个问题是关于英国对国民党中国的政策。我收到了若干报道，大意是说在最近华盛顿的英美会谈中，英国在对我国政府不抱同情态度的同时，鼓吹建立并支持大陆第三势力的政策，作为应付它面对共产党中国所遇到的困难的手段。我询问这些报告有否根据。

杜勒斯说，他发现这次英国的态度已有明显好转。艾登曾向他保证，英国不仅在欧洲，而且在远东，愿和美国尽力合作。艾登的唯一条件是，这种合作必须以不危害英国内阁的地位为限。艾登的意思是反对党工党和英国在中国大陆的既得利益集团不断向英国政府施加压力，要它不改变承认中共政权的政策，而且英国政府不能执行违反这种明确愿望的路线而不冒在议会招致失败的极大风险。但是，杜勒斯说，英国没有提到第三势力，这方面的新闻报道是毫无根据的。

我说，得到杜勒斯先生的这种权威性说明，我感到很高兴。然后我站起来告辞。这时杜勒斯向我询问中国政府是否准备从缅甸撤军。

我回答说，我国政府实际上已全部接受美国关于这个问题所提出的三点，目前意见分歧很小。

艾利森说，仍望蒋委员长原则同意从缅甸撤军的建议。

杜勒斯强调指出，他认为这是一个需要非常认真对待的问题，并诚挚希望中国政府尽力帮助他予以解决①。

我说，我一定照此敦促我国政府。

在陪同我回到客厅时，艾利森停步片刻，并对我说，缅甸政府

---

① 原编者注:两天前，缅甸政府通知美国政府说，1953 年 6 月 30 日以后，缅甸不希望美国再提供援助。缅甸政府这样做，就放弃了已拨出的援助拨款一千一百万美元。主要理由是所声称的美国在供应李弥部队方面所起的作用。如果缅甸政府不终止接受援助，反对党就会指责已经处于虚弱地位的缅甸政府，说它由于受惠于华盛顿而对李弥部队的存在与活动采取讨好的态度。见 1954 年《国际事务观察》第 298—299 页。

现正面临严重的局势。缅共借口李弥部队在缅甸,强烈要求组成联合政府,以应付局势。艾利森说,如果容许共产党进入政府,那就意味着非共产党政府在缅甸的结束,国家就沦于共产党统治之下。美国不愿看到发生这样的情况,而且那将不利于国民党中国。

我表示同意并重申我国政府实际上已全部接受美国三点建议,接着回顾说,我在3月6日同史密斯将军会谈后,曾立即报告我国政府。当我接到答复时,我对答复的内容略感吃惊。答复说,我的报告已于政府会议上研究,蒋总统不能同意发布撤出李弥部队的命令。我觉得对我所汇报的史密斯将军的建议必有某种误解,因为我理解美国所期望的是中国政府原则同意撤出李弥部队的建议。更明确地讲,是建议组成包括中、美、缅三方代表的小组,就地研究撤军的可能性,并指望中国政府保证一旦这个小组认为可能撤军,中国军队就按小组所作的详尽安排撤离。据我理解,美国并没有要求委员长发布从缅甸撤出李弥部的命令的意图。

艾利森说,我的理解是正确的。美国政府所期望的是中国政府原则同意撤军建议;至于实际上是否把这些部队遣返回国,这将取决于中、美、缅三方代表的调查结果。艾利森还认为应当要求泰国加入上述调查小组,因为如果把李弥部队撤退到台湾,必将通过泰国。据他所知,泰国政府很愿意提供过境便利。他再次强调了如果中国政府能够同意撤军的原则,这会加强缅甸政府对缅共的地位。

我说,正如我对杜勒斯所讲的那样,我将立即就这个问题再次致电台北,而且我希望可能由此产生某种圆满的结果。然后我向艾利森询问被拘留在印度支那的中国军队的情况是否有新的进展。

艾利森回答说,他已分别致电巴黎、曼谷和西贡,敦促他们就这个问题加速达成协议。但是如果中国政府能保证李弥部队从缅甸撤出,这将加强美国的地位,说服法国同意把印度支那的中国军队遣返回国,因为美国可据以指出中国政府在李弥部队问题上的良好合作。当然,他的意思不是说,中国军队从印度支那遣返要以中国政府同意从缅甸撤军为条件。美国从一开始就关心中国军队从印度支那撤出,而且今后将继续关心。然而,中国政府同意撤出李弥部队将有助于处理把中国军队从印度支那遣返的问题。

会晤后,我照例向叶公超外长发出电报报告。但是为了迅速,我先拍发一则简短电报,建议如果总统尚未约见蓝钦讨论从缅甸撤军问题,就不妨等收到我和杜勒斯及艾利森的会谈报告电文后再作安排,这样他们就会知道这里的讨论情况。

在以后的十天期间,我收到了在台北讨论这个问题的记录抄件以及蓝钦致叶外长各函的副本。这些都是由从台北刚刚到达这里的人亲自面交的。包裹内有一张李弥部队部署及兵力图和一张缅甸政府军和反政府军的分布图。

艾利森曾谈到蓝钦和叶外长最近在台北的两次会晤。第一次是在 14 日,第二次在 16 日。16 日那天,蓝钦对叶公超说:

> 如你所知,我已向国务院报告我们前天的会谈情况。当时你通知我,贵国政府在三方调查委员会完成调查以前,不能考虑向李弥发布命令把他的部队撤回台湾的任何协议,即便是原则上的协议。现在我已收到国务院关于这个问题的另一封电报。我遗憾地通知你,国务院仍然坚持贵国政府遵守一项事前原则同意撤军的协议。国务院的看法是,除非中国政府有意撤回这些部队,否则把调查委员会派往缅甸就是没有意义的。国务院还通知我,3 月 9 日蒋夫人和艾森豪威尔总统在白宫共进茶点时,我国总统利用那个机会把美国政府关于这个问题的希望通知了她。我还了解到在 3 月 12日,中央情报局的艾伦·杜勒斯先生同蒋夫人曾就这个问题进行详谈。如果你已收到这两次谈话的消息,请予见告。事

实上,我已向国务院索取更详尽的消息。

叶公超说:

> 很抱歉,我尚未收到有关对蒋夫人的谈话和她的答复的消息。我很遗憾,贵国政府不能同意我们在讨论发出撤军命令之前,先派调查委员会访问缅甸。我认为通过解释我们的立场,我已说明了一切。我将向我国政府报告国务院的最新答复,除此以外,我没有更多要补充的。然而我想重申,目前同意发出这样命令的可能性甚微。

蓝钦回答说:

> 我十分理解贵国的立场,但我奉命必须重申我国政府的立场。

他们两人于 19 日又一次讨论这个问题,也就是我同杜勒斯及艾利森会谈的同一天。事后蓝钦致函叶公超称:

> 关于我就这个问题的以前去信和我们的多次会谈,同时为进一步证实我们今天的会谈,我现将今日上午收到的电报的主要内容奉告如下:

> 我国政府指令我表明"我们有绝对必要立即获得中国政府原则上同意撤退"它在缅甸边境地区的部队到台湾。我还奉命"想尽一切"办法"立即",获得"赞同的决定"。

> 电文还提到华盛顿从蒋夫人所得的印象是,双方即将就上述步骤取得一致意见。

> 上述指令以最有力的措辞加强了过去几周来我所表达的意见。我确信,上述的全部含意对你是明确的,而且无须深入这个复杂而不幸的问题的细节和是非曲直。我可以向你保证,我深信没有可以代替立即原则上同意撤军的明智而切实可行的办法。

> 在你今天同蒋总统谈这个问题时,请代问何时能为这个

问题而紧急召见我。

蓝钦被约定于 3 月 21 日同委员长本人商讨这个问题。事后他又致函叶外长。他在信中说,他愿按照蒋总统的要求,书面陈述在他看来是那时美国政府立场的核心。这就是:

我对美国政府的立场的理解是,要求中国政府立即采取的步骤是在原则上同意撤退尽可能多的部队。

他要求叶外长将此转达总统,总统曾要求他通过叶公超给予答复。但是蒋总统显然认为蓝钦的陈述在当时情况下是不适当的,因而叶外长和尚未就任的大使蓝钦在 22 日再次会晤,以商讨修改阐明美国政府在这个问题上的立场的致叶外长的信。

根据寄给我的他们会谈的记录,叶外长再次强调了中国政府预见到撤走这些部队面临着严重困难。当蓝钦大使询问如果有机会去台湾,是否会有相当多的士兵不愿意去时,叶公超断然回答说,"没有一个人!没有一个人自愿撤离"。然而经过深入讨论后,双方终于同意起草一个详述原先美国所陈述的立场的文件,以满足叶外长的要求而且可能为蒋总统接受。这个文件的形式是蓝钦大使致叶外长的私人便函。草稿如下:

亲爱的乔治①:

为阐明我昨天关于李弥部队的去信,下面两句话表明美国政府的立场:

要求中国政府立即采取的步骤是,原则上同意在切实可行的范围内把李弥部队从缅甸撤出。然而不言而喻,鉴于中国政府在执行这样的协议方面所面临的实际困难,对因超过当时情况下可行与合理范围而未完成,中国政府不承担责任。

请尽快告知贵国政府是否同意以上所述。

---

① 乔治(George)是叶公超的英文名字。——译者

您的忠诚的

蓝钦

1953 年 3 月 22 日

接着,叶外长向蓝钦指出,执行上述协议所需采取的下一个
步骤是,必须使局势趋向平定。他明确指出,在对李弥部队来说
的军事局势稳定以前,中国政府不能作进一步的努力。他说,这
些部队每天都遭受云南共产党领袖罗翔(音译)部下的攻击,罗部
曾由缅甸政府供应武器;同时,这些部队在孟萨附近还遭受缅甸
军队的地面和空中的猛攻。

叶公超说,中国政府请求美国政府要求缅甸政府中止攻击李
弥部队的一切行动,并中止向诸如罗翔部队等其他非正规军供应
武器弹药。中国政府反过来将重申命李弥部队不进攻缅甸军队
的命令,并将重新发布以前所下的不再向这些部队供应军需品的
命令。当上述步骤完成时,接着就必须制定一个方案,以确定什
么是"切实可行的"。如果采取成立调查委员会或实地调查机构
的方式,则必须确定这种委员会的组成及其表决程序。

根据会谈记录,叶外长十分强调中国政府尽力执行任何原则
上的协议的愿望。他显然感到不安的是,唯恐达成一个原则上的
协议而日后证明为无法执行。他想事先尽可能准确地规定在执
行上什么是切实可行的含义。他一再强调,无论是他还是委员长
都不愿意处于因不能执行实际无法履行的协议而遭受指责的
地位。

同日,即 3 月 22 日,那封商定的信送交了叶外长,称呼的上
面写着"亲启"字样。3 月 26 日,我获悉蓝钦在 3 月 24 日收到了
回信。

在此期间,我在华盛顿有很多约会。3 月 20 日,我前往纽约
参加在广场饭店举行的中国流亡知识分子救济会第二次年会。
周以德先生主持大会,鲁斯先生、乔治·菲奇夫人和奥尔曼法官
应邀报告他们最近的远东之行,特别是香港和台湾之行。鲁斯对

台湾情况的印象极好。其他两位发现难民急切期待援助并对委员会援助缓慢感到焦急。胡适说,委员会能力有限,甚至这些已经到手的款项,分到每个人只有几美元。所以他主张这个工作由政府或国际机构操办。蒋廷黻在被问到联合国援助的前景时说,没有希望。他谈到一位老朋友,目前是在香港的难民,曾写一封令人怜悯的信恳求他向一些人或机构推荐工作。但蒋廷黻不知道该推荐什么工作或向谁推荐,所以他只好寄了一张支票以表同情。这也是我在没有办法或机会推荐某人时所通常采取的做法。

周以德最后请我发言。他向我解释说,邀请最后发言是对我表示敬意。我不想参加委员会所面临的问题的讨论,也不想赞成前面的某一位发言人,但我对为援助目前流落在香港的中国知识分子所作的努力表示感谢。我承认这项工作的重要性,称赞美国朋友的助人精神,并向他们保证,台湾政府和我愿对他们的工作提供一切可能的帮助。

次日上午,根据我的提议,蒋廷黻如约前来交换意见。我把我同比德尔·史密斯、约翰·艾利森和约翰·杜勒斯的谈话要点告诉了他;内容是关于李弥率领的国民党军队从缅甸边境撤退的问题(我尚未从台湾收到这个问题的材料)。他赞成我的意见,最好同意美国的建议,也就是原则上同意撤军而将执行撤军的全部细则留待以后,在有美、缅、中三方代表参加的调查组查明撤军建议可行或可能的条件下制定。这将是上策。然而蒋廷黻更为担心的是,如果缅甸像它所威胁的那样把问题提交联合国,联合国调查委员会会在现场发现什么。他说,如果提交联合国,联合国肯定会通过决议,委派一个调查委员会出发收集所有情况,然后汇报。

话题转到台湾局势时,我向蒋廷黻询问起胡适在即将召开的国民大会上当选为在台湾的中华民国副总统的前景如何。他说,胡适在1月份从台湾返回美国后曾对他讲,台湾根本没有人向他谈起这件事。蒋廷黻问我是否打算在最近将来回台湾一行,并说他愿在联大结束后再回去。我说,我没有这个打算,原因有三:(1)叶公超刚刚返回台湾并已将美国情况告知国内人士;(2)艾森豪威尔政府对结束朝鲜战争或应付整个远东局势尚未采取或决定采取哪些具体措施;(3)我想避免卷入台湾目前关于改组所进行的政治角逐之中。

蒋廷黻说,他想要回台湾是为了为他的工作搜集资料,而不是为了其他目的。(那时,涉及他的离婚,他觉得他的处境相当尴尬。然而他必须去了解政府的意见并查明实际情况,因为作为常驻联合国代表团团长,而且经常担任我国出席联大的首席代表,他必须发表重要的讲话。)

那周的晚些时候,我再次接见了国防部的倪宣祥。他是前来辞行的,并在夏功权少校之前不久来访。夏功权也即将返回台湾。他由于蒲立德的帮助而应召回国工作。蒲立德于1952年12月访问台湾时曾在高雄向委员长进行友好的疏通。夏功权一直渴望回国,但得不到国防部的许可,所以蒲立德亲自出面向委员长进行疏通。

至于倪宣祥,他说,他所见到的美国人对蒋经国访美是否适宜意见略有分歧。有些人认为不合时宜。他们对访问时间长短问题也有分歧,有些人赞成短暂逗留,有些人则赞成逗留时间长一点,以便更多地观察和了解美国及美国人民。倪宣祥说,但是总的来看,他们都赞成蒋经国的访问,而且国务院会在适当的时候发出邀请。

关于美国对台湾的印象,倪宣祥发现参议员诺兰和国务院的马康卫都听说过台湾的某些政治倾轧和摩擦,他们都劝告我们致力于政治和睦,以免我们的美国朋友在为我们争取更多美援的工作中感到为难和阻力。众议员周以德曾提出在保证台湾安全方面,应改进我们那些很不民主的做法,他显然是指我们的特种警察在民众中的行为。

倪宣祥还说,和他谈话的人都急于知道委员长去世后由谁继承,因为他们想要提前考虑准备美国的行动方针。倪宣祥说除委员长本人外,没有人知道,而且在台湾提出这个问题是很敏感的。他的话是对的。我对他说,在我上次在1950年回台湾时,我自己曾对委员长提出这个问题,并告诉他,看来美国朋友对这个问题十分关心,希望委员长以国家利益为重,及早采取必要的预备步骤。

据倪宣祥说,在这方面吴国桢已被排除在外了。只有陈诚和蒋经国是可能继承委员长的候选人。只有他们具备政治、军事和孚众望的感召力。他说,虽然有很多能干而且经验丰富的归国学者长期在政府部门工作,但他们多数是职业政客,没有政治影响,只是被真正的领袖利用为工具。我补充说,有人对我讲,这些人"往往仅供装饰门面之用"。

顾毓瑞前一天来报告说,他曾和威廉·沃顿少将进行谈话。沃顿是共同安全署派往台湾研究经济和军事援助及其效果的五人小组成员之一。这个小组叫做"布里斯评价小组"。(我很快还要详谈这个小组的报告。)沃顿是一位退役的海军陆战队军官。他刚从台湾回来。他对顾毓瑞说,他已向白宫报告了任务的执行情况。概括地讲,他发现我们的军队训练有素,士气高昂,但装备甚少。他认为远东局势的关键是解放中国大陆,他在报告中就是这样写的。但是他补充说,只靠自由中国是办不到的,因为它力量不足。只有在美国的支持下才能办到。他说,比如他自己,用上三个美国海军陆战师就能拿下上海。

那一周我还接见了好几位台北来客。台湾省营茶叶公司总经理陈清汾在从台湾经由北非和欧洲执行推销台湾茶叶的任务途中,前来对我进行礼节性拜访。他说,他在丹吉尔销售了相当数量的当年绿茶,但发现在向非洲推销茶叶方面,日本的竞争十分激烈。他还发现如果我们的产量能够增加,国外市场还能买进更多的台湾茶叶。但是,他说,这需要更多的流动资金,而吴国桢省主席是不赞成的,因为这意味着发行钞票,而发行钞票可能导致通货膨胀,而此时我们的生产成本已属过高。

另一名来访者是台湾省政府统计考察团副团长李植泉。他在美研究联合国统计问题已经几个月。他原在南开中学毕业,后来是清华大学学生。近七年来,他一直在陈仪、魏道明、陈诚以及当时的吴国桢主席领导下的台湾省政府工作。他于3月20日来访致意。他客观地叙述了1947年使台湾声名狼藉的二二八事件的经过。当时陈仪任省主席。台湾当地居民至今仍然把这次事件叫做屠杀。他说,那次事件主要是由于省主席对局势处理不当,特别是由于听信了省政府的文武顾问的错误意见。他还说,陈仪任用大陆来台人员的政策以及释放和雇用曾被日本拘禁于附近岛屿的地痞流氓分子的政策也起了使二二八事件恶化的作用。

次日下午,游建文应我要求来访。我交给他致叶公超函两封,要他面交部长,因为他将于次日同蒋夫人返回台湾。我还向他谈了我们继续开展宣传工作的必要性。我说,这样做目前更为急需,因为以前我们有共和党人帮助我们,而目前共和党政府对自由中国和整个远东的政策仍不固定,而英国在这个问题上正竭尽所能影响美国政府的想法和最后决定。(当然,后来随着朝鲜局势趋向解决——尽管是暂时性的,英国对美国政府施加不利于我们的影响产生了作用,而且威胁越来越大。这一点读者可回顾前一节。)

22日,我前往艾德威尔德机场为蒋夫人去台湾送行。她在外甥孔令侃陪同下由孔祥熙寓所前来机场,但在上午七时我到机场时,他们尚未到达。只有另一个外甥孔令傑、外甥女孔令仪、游建文夫妇及蒋夫人的秘书在机场。后来又有几位中国人来到,使送行人数达到约二十人。她本人在登机前十分钟才抵达,由宋子文陪同走进专用候机室,我和蒋廷黻都正在那里等候。约有半数送行者来晚了,是在她步入机舱后才来的。在我提议下,包括宋子良在内的几个人登机向她告别。我上前告诉她,国务卿杜勒斯对李弥部队从缅甸撤出问题很关心,并赞同在台湾建立中美参谋长联席会议的想法;后者是她非常想要知道的事情之一。她告诉我,麦克阿瑟将军仍有权势,几天前他们曾一起进餐。她还刚刚获悉蒋纬国之妻恰好在她丈夫回国前死于台北。她和蔼而周到地低声对我说,她并未忘记曾答应送我一张照片,回到台湾后即将办理;她补充说,她随身所带的相片都是加洗的。后来她所答应的照片如约送到。

英国玛丽王后于3月25日去世。我两次在伦敦任职时,她曾亲切接见我和我的夫人。为此,我想向在位女王拍发我们的私人唁电,哀悼她祖母去世。当我阅悉委员长款待同马克·克拉克将军一起访问台湾的联合国军副总参谋长英国的斯蒂芬·舒史密斯将军时,我更想这样办。但在同谭绍华和傅冠雄商议后,我改变了主意,因为他们都劝我不要这样做。他们说,国内公众是不会理解个中原因的。

几周后,我设宴招待原驻英大使郑天锡夫妇。他们当时定居伦敦,并正在访美。郑天锡说,他们夫妇将于5月返回伦敦,11月或12月再来美国。他要求我在他们重新入境时如果遇到美国当局留难予以帮助。他说,他将听从我的劝告,在美国签证六个月期满前返英,以向美国官员表示他访问的诚意和无意定居美国。然而他返英也是为了参加伊丽莎白二世女王的加冕典礼;英国外交部为他在伦敦保留了三个席位。对玛丽王后最近去世,他通过私人秘书向在位女王发出致王室的唁电,并立即收到答谢。我告诉他说,我本想以个人名义向王室发唁电,但在谭绍华和傅冠雄的力劝下,我终于未发。

加冕仪式在1953年6月2日举行。那天上午十一点,我从大使馆出发拜访了澳大利亚、加拿大、新西兰和南非四国大使馆,并留下了祝贺名片。我到英联邦成员国中仍和我国政府保持外交关系的四国大使馆,亲自留下名片表示祝贺,这是我为应付局面而想出的解决办法,这个局面的出现是由于英联邦八国大使联名邀请我参加英国驻华盛顿大使馆为庆祝伊丽莎白二世女王在伦敦加冕而举行的招待会。所有八国大使肯定将排成迎宾行列,如果我出席,我不可能选择单同与自由中国保持外交关系的国家的大使握手致贺。

外交部曾向驻外使团发出指示,大意是只能参加仍然承认自由中国的英联邦成员国使领馆举行的庆祝活动,但是没有谈到如何处理邀请参加联合庆祝活动。所以后来当我看到一则合众社的台北电讯时感到吃惊。这则电讯报道称,蒋介石总统向伊丽莎白二世女王拍电祝贺加冕。电讯甚至进而提到英国在 1950 年 1 月已经承认红色中国并撤销了对国民党政府的承认。真不知道蒋总统的贺电是怎样措辞的。如果这封贺电不是直接发往伦敦,而是发给同我们仍有外交关系的政府或外交部长,由他们转给他们的元首伊丽莎白女王,那么,海外的误解是可以避免的。

在回到1953 年 3 月后半月各事的话题时,我愿意简单提一下委员长手稿的出版问题。蒋委员长曾为这份手稿亲自写信给我。蒋经国也曾和我商讨。蒲立德曾被要求将手稿交鲁斯出版。3 月16 日,我给纽约鲁斯打电话,询问这份几乎够一本书那样多的手稿的付印工作进展情况。这份手稿论述了反共的原则,题目是《反共抗俄基本论》。鲁斯说,他已阅读原稿,因原稿篇幅太长,将在《生活》杂志上以适当形式发表。但他将于周末把改写稿寄台北请委员长核准;并希望委员长修改后尽速寄回出版。他已致电委员长说明此意,又嘱我转请委员长对缩略稿尽可随意增删并尽快寄回。我急忙向台北发出了电报。我还用电话告诉蒲立德我从鲁斯那里刚刚获悉的情况,并询问耶鲁大学出版社对出版这份手稿的答复。蒲立德尚未听到耶鲁(大学)出版社社长乔治·戴教授的回音,但将立即向他询问。

次日清晨,蒲立德给我回电话说,他已接到戴教授的电话回音。戴已读过委员长的手稿并认为值得出版,但他必须得到耶鲁(大学)出版社董事会其他董事的同意。蒲立德为此消息十分高兴,并说,耶鲁(大学)出版社在美国声望很高,这将使这本书能大量发行。我表示同意并感谢他的努力。我告诉他,我将据此电告蒋委员长。他询问是否鲁斯已确定答应以缩略形式刊出此文。我说,我的理解是这样。蒲立德说,他对此很高兴。总之,这件对委员长很重要的事情,办理得很圆满。3 月 26 日,将在《生活》杂志刊出的缩略文章的副本送往在台北的委员长和驻华盛顿大使馆征求意见;而耶鲁(大学)出版社则正考虑出版全文。

3 月 26 日,我还收到了叶公超的来电。他通知我说,委员长现已接受美国的建议,原则同意李弥部队从缅甸撤出。事情是这样的。叶外长曾将未就任大使蓝钦 22 日给他的信向蒋总统报告,并根据总统指示,24 日再次函复。复信的要点如下:

(1)中国政府原则同意撤回该部队,但对因"超过在当时情况下可行与合理的范围"而未克完成,不承担责任。

(2)有关各方必须对上述协议保守秘密。如果将来包括缅甸政府和李弥将军在内的任何一方认为有必要正式宣布,必须事先和中国政府商议。

(3)敦促缅甸政府停止对李弥部队的一切敌对行动,并停止以武器供应进攻李弥部队的缅共部队。

上述各点满足了美国方面的要求而被接受。然而,看来我们答应得晚了一点。缅甸外交部长于 25 日在仰光宣布,他已致电联合国秘书长,把这个案件提交联合国,要求联合国宣布国民党中国为"侵略者",并将采取措施驱逐李弥部队。同一周内,缅甸的控诉被列入了联合国大会的议事日程。

在这种情况下,台北政府采取了这样的立场,即:李弥部队不是中国军队的一部分,而且既然中国政府没有全面控制这些部队,就决不能对他们的行动负责。我在一封 4 月 4 日的来电中得知政府的这一立场。来电嘱我转达我国驻南美各国使团。来电接着说,政府的立场是基于以下的事实:

(1)1950 年初李弥残部在缅甸避难,政府并不知道,更不是政府的命令。

（2）政府从未以军需品增援他们。

（3）他们进入缅甸后，立即遭到缅甸政府军的不断进攻，但中国政府对这种进攻从未提出异议，反而曾八次劝说这些部队从缅甸撤出。

俞大维于 3 月 31 日来访。他对我说，他已奉召回台北述职。他给我看了陈诚院长的来电。来电说，委员长通过王世杰命令他立即返回台北。问到原因时，俞大维说，他不知道，但推测这关系到需要美国来年度预算中对台军事和经济援助的意图的最新消息，尽管美国方面尚未制定任何计划或草案。我则推测这是使他担任拟议中的参谋长联席会议的中国代表。他在第二次大战后期曾担任这个职务，当时魏德迈是委员长麾下的参谋长。

我首先对俞大维谈了把李弥部队遣返回国问题。杜勒斯很重视这个问题，在 19 日和我会晤时曾要求我尽力协助。关于希望建立的联合参谋长会议，我对他说，蒋夫人访问华盛顿时曾告诉我，3 月 9 日她在白宫进茶点时曾向艾森豪威尔笼统地提到这件事情，并发现他态度不明确；然而在双橡园的宴会上她和国防部长威尔逊也谈了这件事情，并发现他颇为赞同。我还对俞大维说，我自己发现国务卿杜勒斯对这个想法表示赞同，他认为这是"合理的"。

接着俞大维回顾说，他曾把奥姆斯特德将军向艾森豪威尔总统提出的四点建议通知我，但我记得他只提到一点，即建立联合参谋长会议。这次我从俞大维听到的其他三点是：（1）将澎湖列岛和金门岛的驻军列入由美国训练和装备的部队；（2）在中国空军收到喷气式飞机之前，在台湾驻扎一些美国喷气式飞机部队（自冲绳美国空军基地派出）；（3）自美国冲绳部队第十三航空队增派人员，以加速训练飞行员掌握驾驶喷气式飞机。

下午一时，我设午宴招待纽约化学银行的西摩·德里本先生和查尔斯·洛夫先生，以答谢他们那次我未能接受的宴请。他们打算周游远东,包括游历台湾,以探讨和研究贸易与投资的可能性,特别是在远东和台湾。大部分的话是由资历较深的德里本代表这家银行讲的。我对他说,我们欢迎私人资本在台湾投资,这特别是由于我们已和美国政府签订协议,保证不把外国投资收归国有并保证利润能兑换成美国货币。

他们两人都熟知怀特公司在台湾的交往和活动。这家公司根据经济合作署的建议,曾从事为经济复兴所必须的调查研究工作。事实上,他们两人都对研究在工业复兴方面成立中型合资企业的可能性感到兴趣。德里本坦率地说,他目前是这样想的:他在俄亥俄州一家制造柴油机的公司的朋友有意在台湾开办一家中型工厂。除了这种发动机的多种用途外,基本想法是这家公司在这个工厂投入一些资金,开始时先投资十万美元左右。如果赔钱,他们可以在超额利润税中钩销。

我首先很想了解他们的银行和共产党中国过去和现在的关系,因为曾得到一些报道称,这家银行曾通过邹秉文的公司为对红色中国的出口提供资金。德里本再次十分坦率地说,他的银行曾为此开立账户,但已冻结,最近两年同大陆中国已无来往。他说,他和他的银行都坚决反共,而且这正是他为什么急于外出参观台湾的原因之一。我告诉他,我听到他这样讲很高兴,因为否则他将在极为不利的条件下外出,这是由于我们的台湾人士为了台湾岛的安全自然对这一点十分介意。

崔存璘也出席了午宴。他谈到了国民政府在向花旗银行、富国银行、大通银行以及捷运公司支取存款时所遇到的麻烦,但欧文信托公司则极为友好合作。德里本说,这些他都知道,并说,他的朋友欧文信托公司的弗雷德里克·哈特曼为人极好。他是在哈特曼的鼓舞下才打算出访远东的。关于业务的前景,他说,他所考虑的是今后的岁月,而哈特曼在这方面很有远见,他曾两次访问台湾,几次到过远东。

4月2日,我设午宴招待阿恩特博士以及与援华计划有关的各方面人士。阿恩特作为共同安全署派往台北的中国分署的经济顾问即将前往台湾。海斯博士是来宾之一。他对我说,共同安全署署长哈罗德·史塔生正计划访问远东和台湾,但很可能在他代表美国政府向国会提交共同安全署计划并在国会拨款委员会作证之后才能成行。

海斯是史塔生的副手。他接着谈到了布利斯报告。记得众议员周以德曾于1953年2月初对美援运用委员会秘书长王蓬说,史塔生告诉他,共同安全署将向该署各受援国派出一系列实地调查小组。史塔生还说,已选定通用面粉公司董事长哈里·布利斯先生领导去台湾的小组。最后选定的其他成员是:诺伍德·奥尔曼法官、雷蒙德·莫耶、克林顿·莫里森和威廉·沃顿少将。奥尔曼是中国的好朋友,早些时候曾在纽约中国流亡知识分子救济会的年会上谈他的台湾之行。莫耶那时是福特基金会的。莫里森是明尼苏达州的明尼阿波利斯控股公司经理。沃顿在这个小组于3月下半月自台湾回来后,顾毓瑞已和他取得联系。正如海斯对我讲的那样,布里斯报告现已直接呈送史塔生,而且是机密文件。他认为这个报告将成为史塔生决定中国分署人事变动的根据。

约一周后,俞大维来访并报告了他最近走访几名美国重要官员所听到的情况。他见到了史塔生并对他谈了我国政府非常希望在下一个财政年度除固定的经济援助外,再获得约三千四百万美元,以便着手进行一项使台湾经济自给自足的规模不大的工业化四年计划,从而使四年之后有可能停止继续接受经济援助。俞大维向史塔生询问他回国后如何向台北汇报。史塔生告诉他,汇报时就说,史塔生将非常认真地研究所提的建议

俞大维还向史塔生提到了建立中美联合参谋长会议的问题,并暗示虽然委员长本人几个月前曾向美国负责官员亲自提出这个建议,但一直未见答复,台北对此颇为不解。史塔生询问这个建议是否是在美国新政府就职前提出的,显然他想知道耽搁的责

任在谁。

后来,俞大维见到了共同安全署的弗兰克·罗伯茨先生。罗伯茨为已经向史塔生提出参谋长联席会议问题而感到高兴。他说,这个问题最早将于4月底的国家安全委员会会议上提出讨论。他给俞大维的印象是,这件事不难通过,因为讨论只是走走形式。俞大维对我说,他想知道美国当局是否已批准这个建议,那样的话国家安全委员会的通过就只不过是按法律规定的手续而已。我提醒他,我曾对他谈过我同杜勒斯和艾利森会谈这个问题的情况,那次会谈使我领会到一旦国务院和五角大楼同意这个计划,雷德福就会再次前往台湾同我国政府进行讨论。

俞大维还见到了饶伯森。他刚刚接替艾利森的负责远东事务的助理国务卿的职务。俞大维是对他进行礼节性拜访。俞大维对我说,他利用那次机会把我们对四年计划以及建立参谋长联席会议的希望告诉了饶伯森。饶伯森询问这些事情是否已由大使馆正式提出。俞大维说,他的回答是,"还没有提出,因为我们不愿得到书面的否定答复"。于是我提醒俞大维说,我在3月19日同杜勒斯和艾利森会谈时曾提到参谋长联席会问题并发现国务卿是赞同的,而且他认为鉴于有可能需要进行两栖作战,这个建议是合理的,因为只有通过美国陆海军的合作,才能进行两栖作战。最后,俞大维曾会见负责中东和非洲事务的助理国务卿拜罗德将军。他是俞大维的老朋友。他们的交谈是关于朝鲜停战对朝鲜和台湾的可能影响。

次日上午十一时饶伯森来访。记得这是他作为新任负责远东事务助理国务卿的礼节性拜访。饶伯森是一位令人愉快的人。对中国十分同情。我们自1946年6月就彼此相识。那时他是美国驻重庆代办,同时还是设在北平的所谓国民党、共产党、美国三方代表的军事调处执行部主席。他和中国人民相处很好,而且作为马歇尔将军在三人小组的代表,他和中国政府各级官员都能合作。他一直很公正,并且努力了解局势。遗憾的是,他未能对马歇尔施加更大的影响。当然,这取决于马歇尔在和委员长会谈方面同饶伯森商量的程度。

开始谈话时,饶伯森说,我是他前一天宣誓就任负责远东事务的助理国务卿之后拜访的第一位大使。他说,他没有谋求这个新职,因为他的愿望一直是想把时间用在经营生意和家庭上。第一次世界大战期间,他在美国空军服役。二次世界大战时,罗斯福总统要求他负责澳大利亚的租借事务。当他从澳大利亚调到中国时,他讲明只干两年。因此,当赫尔利将军任驻华大使时,他请求这位将军免去他的职务。但是赫尔利坚决要求他留下,并电请国务院说服他留任。不久,赫尔利本人提出了"原子弹式的"辞职,并被马歇尔所接替。

饶伯森接着说,他为了同样目的也向马歇尔提出辞职,并使马歇尔相信不是由于缺乏为他服务的愿望,而纯系由于以前的谅解,即大战一停他就结束在政府任职。但马歇尔恳求他留任,并且说,当杜鲁门总统打电话请他担任新职时,他本人已退出公职并盼望着过悠闲生活。马歇尔还说,那时他不得不在二十小时内离开利斯堡前往华盛顿,而且不久以后就前往重庆。饶伯森说,因此,他又担任了十个月驻重庆大使馆代办并代表马歇尔任军事调处执行部主席,以监督国共双方武装力量整编协议的执行。饶伯森又说,他在1946年9月离开中国,并从那时起就一直过平民生活。

我说,自他退出公职以来的几年间,发生了巨大变化,而且并不都是朝着好的方面变化的。

饶伯森说,的确如此,在中共占领大陆方面尤为如此。这不仅对中国,而且对美国也是令人悲痛的事件。他在中国时,觉得无论是国民党还是共产党都无意合作共事组成联合政府。所以他认为马歇尔从杜鲁门和国务院那里接受的任务,即促使国共双方和解并组成有广泛基础的联合政府,是一个棘手的任务。他认为是办不到的,但马歇尔相信是可能的,而他的使命的失败使他大为失望。

然后我们对共产党的目标和表里不一交换了看法。我还向他询问了那天上午《纽约时报》的一则电讯。那则电讯宣称，美国正考虑由联合国托管台湾。我们对此进行了简要讨论后，我说，以饶伯森对远东事务和问题的知识和阅历，我认为没有人比他更适合于他目前担任的职务了，尤其使我高兴的是这位助理国务卿在自由中国有这么多的朋友。

饶伯森说，他本人非常同情中国人民，并十分钦佩委员长和蒋夫人。他很遗憾，由于一次重要的董事会议，他和他夫人未能参加我和我夫人为蒋夫人最近访问华盛顿而举行的午宴。

我说，我和蒋夫人都惦念着他和他的夫人。

饶伯森回顾了由于他想同美国家人团聚而向马歇尔提出辞呈时，马歇尔曾说，他将安排饶伯森夫人携同子女前来重庆。这样饶伯森夫人便在重庆与他团聚，此后她一直同情和热爱中国。和她一起出来的两个孩子也是如此。关于他的新工作，饶伯森说，他认为对他来说这是个最艰难的工作。他在回答我的问题时说，他的部门主管朝鲜、台湾、印度支那、菲律宾、缅甸、马来亚、新加坡以及印度尼西亚的事务。这是个充满麻烦的地区，但是他说，他决心尽力处理好这些难题。

饶伯森告辞前还要求我如果有什么要国务院办的事情，尽可同他商量，不必客气。我诚恳地向他表示感谢。

饶伯森走后不久，俞大维来电话称，他的一位朋友说《纽约时报》关于联合国可能托管台湾的文章对他说，美国政府尚未就这个问题作出任何决定。后来他亲自来找我说，这个想法在美国一些官员的思想中已潜伏若干时间。它最近的暴露只不过是一种潜在想法的不小心的表露，而据他的美国朋友讲，尚未作出决定。不过，他的朋友说，美国政府想法之暴露对自由世界人民心理上的打击是严重的。我们应当利用这个事件，敦促美国给我们额外援助以开始四年计划和同意建立我方谋求的联合参谋长会议，以此来弥补损害。我同意这个重大失误所造成的心理上的恶劣影响，但我怀疑借此迫使美国接受我方要求是否明智。然而我说，无论如何，我们应当坚持这些要求。

那天下午，达里斯·克兰夫妇为华盛顿格里德龙俱乐部——一个入会限制严格的新闻记者俱乐部——的主席杜克·舒普先生举行招待会。我在那里见到了新任陆军部长罗伯特·史蒂文斯。他刚从朝鲜和日本访问归来。他说，他很遗憾，由于出访时间短促，以至没有时间访问台湾，甚至连冲绳也没有去。但他希望下次能访问这些地方。我请他相信，我国政府将热烈欢迎他，并请他在决定再次出访时告诉我，以便我能事前电告台北。

10日上午，我接见了联合国妇女地位委员会的中国代表曾宝荪女士。她是世袭侯爵曾纪泽的孙女。曾纪泽是外交官，清朝时曾出使英国宫廷。他是著名的一等侯曾国藩之子。曾国藩是一位著名的儒将。他在19世纪中叶先在自己乡里，后在家乡湖南省创办团练，以对抗公开宣称以推翻满清为宗旨的太平军。和曾女士同来的还有她的两位弟兄。他们都受过良好教育，毕业于伦敦大学，英语讲得很好。

谈到中国报刊时，曾女士说，期刊杂志几乎可以自由谈论台湾的任何事情，但日报的报道受到审查过严，结果是读起来没有什么趣味或启发。她对《纽约时报》关于联合国可能托管台湾的报道感到忧虑。我向她解释了那段报道的由来和实际情况。

那天下午，艾尔弗雷德·科尔伯格先生从纽约打电话给我。他刚从台北回到纽约家里。叶公超在台北曾给他一封信，请他交我。他问可否派人把信送来。我同意并向他致谢。

次日下午，那封信到达我处。来信把孔令傑无报酬在大使馆任职一事告诉了我。这是叶公超和陈诚院长安排的折衷办法。最初的意见是任命孔令傑为大使馆公使；这个意见是蒋夫人提出的并获得委员长的赞成，而且后来陈诚也赞成。

叶公超的信还说，这次将接受吴国桢辞去台湾省主席职务的辞呈。吴国桢将作为自由旅行者到美国游历,但是没有向他提出任何建议,就是说,没有向他提出具体任务或职务。

据我记忆,我最初得到孔令傑任命的消息是在 4 月 7 日;当时我的一等秘书傅冠雄报告了孔令傑已从台湾返回的消息。傅冠雄说,由于委员长的劝说,孔令傑有了参加大使馆工作的想法。他还说,据孔令傑称,委员长得到了我经常前往纽约的报告,但蒋夫人对委员长说,纽约与华盛顿之间交通方便,不会影响大使馆的工作。蒋夫人还对委员长说,由于我长期在职,我同美国建立了良好的联系。

孔令傑本人于 4 月 9 日来访。他从台北带来了蒋夫人送给我的美丽照片。他说,他在台北仅逗留了四五天,并于 4 月 4 日回到美国。他告诉我,3 月下旬马克·克拉克将军夫妇的台北之行,引起了我们对美国积极支持我们光复大陆的极大希望,但是美国政府急于响应莫斯科的和平建议及中共关于恢复停战谈判的建议,这使那里的情绪沮丧。他向我询问了停战的前景。此点我前面已有记述。

他说,他曾出席为马克·克拉克夫妇举行的午宴,并在客人走后,同委员长和蒋夫人叙谈。委员长谈到了台北的政局,而且说,国内外全面重新团结的时刻可能已经来到,美国尤其如此。他说,委员长不断得到我经常不在华盛顿的报告。但蒋夫人告诉他,纽约与华盛顿之间只有一小时的路程,正像委员长的山间休养地草山到台北那样,而且纽约和华盛顿之间的电话联系十分方便,比草山与台北之间更方便,所以自纽约打电话到华盛顿办理重要公务,不会影响大使馆的工作,就像委员长从他的山间官邸给行政院打电话一样。孔令傑说,蒋夫人的话很有效,现在改组华盛顿使馆的想法已成过去。他秘密地对我说,这里大使馆有人一直在向台北汇报我的情况,这些报告并不完全对我有利。他又说,接近我的一位下属一直在和一位武官一起(当然这一切我都知道)向台北寄送报告,而且由于后者提供充裕资金,一直在大量请客以建立联系。

孔令傑为我们的人对其长官不忠而惋惜。他自己对中国人内部存在派系十分忧伤，派系妨碍他们为国家的共同利益而协作。他说，委员长起初曾嘱他参军，而且提出来要让他完成一期军事课程。但是他谢绝了，并对委员长说，他不能和中国军队里的不同派系共事。他痛恨派系之间的不断尔虞我诈，而不顾国家的公共利益。后来，他说，委员长让他组建海岸警卫队，他以同样原因再次谢绝了。我对他说，像他这样的人，受过能得到的最好的军事训练，不能用于革新和改善军队，我认为这对中国也是憾事。我知道几位西点军校毕业生和一些德、法军事学院毕业生，在校学习成绩优良，但回到中国后没有得到机会利用他们的知识或技能。然而我们却一直花费大笔费用聘请外国军事顾问在军事上给我们出谋划策。

孔令傑说，他甚至觉得他一向在美国做的工作也不合意。那是一种徒劳而无尽无休的工作。我说，所有外交工作都是这样。从事外交工作的人见不到自己的努力成果，而在其他领域，从事工作的人能够感到自己在创业，或经过一定时间能够见到成效。特别是我国的外交，看来你不得不面临一个又一个危机，不仅要求不懈的努力，而且引起不断的焦虑不安。他也认为这是消极的工作。他已经到了应当为立业而有所作为的年纪，觉得他愿意脱离政府工作而致力于建设自己的未来。委员长这次曾对他说，既然他主要在华盛顿工作，就应当在大使馆有个官衔。他回答委员长说，只有在我任大使的条件下，他才接受一个官衔，而且只干两年。

我说，我自己一直在考虑引退。我认为应当由年轻人接替我。我觉得自己像一匹筋疲力尽的老马，无力继续奔跑，这特别是由于我发现工作艰难费力，不断从一个危机转向另一个危机。但是，我说，他年富力强，不应当灰心。他说，他可以说是刚刚开始生活，所以必须做一些更富有建设性的工作。他又说，我和他不一样,他认为我已扬名于世,而且将作为一位伟大的外交家载入我国的史册。他还需要为自己着手在某方面成名。但是我对他说,以他的文化水平、聪明才智和在美国的经历,他能够在这里有助于我国的事业,而且不应当过于灰心。他说,无论他从事其他什么工作,他都将为国家和为委员长效劳。他曾对委员长说,公职本身对他没有吸引力。他问委员长能给他提供什么。委员长回答说:"为国效劳的机会。"孔令杰答复说:"不管我为自己选择什么工作,我都会为国效劳。"

我对他说,1950 年 8 月我去台湾时,委员长夫妇都对我谈起了他,要求我把他作为亲侄那样照料。所以我一回到华盛顿,就设法让他来见我。我又说,他应当继续为我国的利益而工作。

当我们转到其他话题时,孔令杰说,他发现委员长实际上强烈反对美国人所主张的在海南岛登陆,而且他坚定地同委员长持相同看法。我询问是不是因为这样做的人力代价过高而且补给困难,但是孔令杰却认为只需三十万人,而且美国海军能够解决补给问题。三百万人口的海南岛还能很容易地提供二十五万新兵入伍。尽管如此,他重复说,委员长比他所料想的更为强烈地反对。然而我说,作为密切合作的一项措施,我赞成这样的行动,以便导致为更大的联合行动而同美国进一步合作。

同时,我当然能够理解委员长反对这个行动的原因。所说的美国人——我想是指美国海军,特别是雷德福海军上将,以及中央情报局的一些人——所想做的事情不是委员长想要做的。美国人急于转移中共对朝鲜的注意力,委员长则急于从中共手里光复大陆。他不愿意为登陆海南而消耗力量,因为那样做无助于光复大陆的事业,尤其是坚守海南的代价太大。此外,我们实际上还没有为决定性行动做好准备。军队虽然已经有所改善而且在继续改善,但是条件仍然较差。最后,我认为委员长对非嫡系部队仍然不信任。而如果决定占领海南,并加以坚守,他就不得不依靠那些部队。

几天后,我出席了格里德龙俱乐部在斯塔特勒饭店举行的招待会。这是每年一度的聚会,而且照例在招待会后上演节目,嘲讽政府和其他政治领袖。艾森豪威尔总统当时在场。他情绪很高地观看了一出关于他的滑稽歌剧;副总统尼克松和内阁各成员也都这样。有些短剧对批评对象嘲讽得相当厉害,例如嘲讽劳工部长德尔金的《艾克找来冲刷劳工问题烦恼的管子匠》一剧。这次演出,或者更确切地说,专为这次上演而谱写的歌曲的演唱,是由三十六位著名记者、广播评论员和新闻社头头们组成的合唱队演出的。他们显示了出色的演唱天才和高昂情绪。这是一个十分活泼有趣、令人愉快的场面。

　　4 月 13 日十二时,我接见了李鸿音。他刚刚结束在美国为时几个月的社会福利管理的研究工作。他是由联合国资助来美国的,即将返回台湾汇报。他对我说,他遍游全美,而且证实了我这样的看法,即美国人民对台湾和对自由中国的重要性颇有善意,但了解很差。他认为计划周密而范围广泛的宣传很有必要,因为在美国,归根到底,舆论决定国家的外交政策。他说,向他提出的许多关于台湾事实上缺乏民主的问题,使他十分尴尬;有些人甚至认为我们的政府制度仍然是法西斯和个人专断的。他说,美国人强调的是政府的精神实质而不是政府的形式(事实的确如此)。他对我解释说,被蔡斯将军发现并抗议的对驻台北美国军事顾问团进行间谍活动的事件,对这里的当局和人民的态度都有一定的影响。

　　我这里应当补充的是,政府并非不知道台湾情报工作无孔不入所造成的恶劣影响。我自己后来去台湾述职时,曾有一两次提到这一点。但他们的回答是,台湾处于共产党特务的袭击、渗透和颠覆的严重威胁下,因而岛上的安全是首先要考虑的事。

　　次日,我邀请俞大维和我共进午餐。按照委员长的要求,他即将返台述职。我想和他谈一谈。我对他讲了希望引退的三个理由。我说,我于上年 11 月已经向叶外长说明。我对俞大维说,美国对中国的局势的政策仍然不定,而且在我们有朝一日回到大陆之前,危机还会不断发生。像他或叶公超或吴国桢等比较年轻的人,更有力量应付这种局面。俞大维说,他不愿意给陈诚或总统带去这个口信,并请我直接写信。他补充说,委员长无论如何还不会让我引退,而且他自己认为大换班要等到来年总统改选和新内阁组成之后。

俞大维完全同意我这样的看法,即台湾地位将持续不稳定,今后几个月需要审慎注视。他说,他前一天刚见到魏德迈将军。魏德迈由于美国对华政策的不确定,对我们的前途也持悲观看法。俞大维答应代我向委员长、陈诚和叶公超各呈一封信。他说,由于体弱,他自己不会接受任何外交或行政职务,所以他期待几周后返回这里,但不会接受任何职位。

俞大维于次日清晨飞往台北。我到国民机场为他送行。从那里我前往纽约宋子文的住所,和蒋廷黻、宋子文、胡适以及江季平一起就美国外交政策进行商谈。两天前,即 4 月 13 日,叶公超给我和蒋廷黻拍来两封重要电报,内容是关于最近与美国大使蓝钦(蓝钦作为大使已于 4 月 2 日向蒋总统呈递国书)达成的有关在缅甸的李弥部队的协议,协议包括两点。第一点要求美、中、缅三方军事代表在仰光就撤军的预备步骤举行会谈;第二点要求在蒋廷黻即将在联合国安全理事会的发言中宣布或列入国民政府原则上同意遣返。这两点建议是蓝钦于 9 日提出的。然而我们对这两点建议的同意是以我国政府的如下保留为条件的:(1)缅甸必须停止进攻我们撤离的部队,并撤回或推迟讨论它向联合国的控诉;(2)双方首先实现停火。

这个协议是叶公超两封来电中一封的内容,另一封嘱蒋廷黻在他关于缅甸决议案的首次发言中列入以下各点:

(1)为了消除李弥部队在缅甸所造成的紧张局势和寻求这个问题的切实可行的解决办法,中国政府一直不断和美国政府进行磋商。但是由于缅甸政府军在缅共分子帮助下连续攻击和屠杀李弥部队,并由于中国政府左右这些部队的力量有限,这种磋商没有产生任何效果。

(2)然而中国政府仍然愿意同美国和其他有关政府朝这方面继续努力。至于实际上能够完成的程度,中国政府目前不愿预作判断。它认为只有双方先行停火,否则将一事无成。

为此,当我于15日为参加会谈而在宋子文住所见到蒋廷黻时,我们两人自然讨论了联合国关于缅甸控诉的情况。蒋廷黻说,为了阻止缅甸决议案的通过,有必要提出另一个决议案来取代它。这样的决议案当时正在起草中。联合王国曾建议指定一位联合国的调停人,比如菲律宾的罗慕洛将军,或荷兰的斯蒂凯尔。但美国不很热衷于这个想法,而蒋廷黻也不感兴趣。我同意在我们当初未能阻止缅甸把这个问题提交联合国之后,最好尽可能不使联合国介入这个问题。

蒋廷黻于4月17日在联大第一委员会发表了首次讲话。4月21日,叶外长在台北发表了如下声明:

中国驻联合国代表在联合国大会第一委员会的发言中已十分清楚地表明,中华民国政府并不控制李弥将军所属的云南反共救国军。这些部队的大部分由云南的反共居民组成。因此,指控中国政府侵略缅甸不仅毫无事实根据,而且有损中国作为联合国热爱和平的成员国的名誉和地位。

为了消除缅甸北部的紧张局势,最近几周美国政府一直和中国政府进行频繁磋商,但由于缅甸联邦政府军队连续不断对李弥将军部队采取军事行动,以及缅甸北部的共产党分子也同时对该部进行袭击,中国政府遗憾的是它的劝导没有产生任何效果。

中国政府不能对力所不及的事情承担责任,但仍然准备继续同其他有关政府工作,运用自己一切可能的影响,在情况允许下,实现李弥将军部队从缅甸领土撤出。

同日,阿根廷在第一委员会提出一个折衷决议草案,号召所有国家尊重缅甸的领土完整和政治独立,并要求缅、中两国政府和其他有关各方为实现立即撤军问题开始谈判。这和缅甸原决议案要求安理会谴责"台湾国民政府"对缅甸的"侵略行为"大不相同。然而阿根廷的决议案并未为争议双方的任何一方所接受。第一委员会最后通过了墨西哥的草案;这个草案在通过前由黎巴嫩、阿根廷和智利三国联合提出的修正案予以修改。

根据墨西哥的决议案,联合国大会对局势表示遗憾,谴责"外来军队"出现在缅甸领土上和他们对缅甸的敌对行为,并宣布他们必须被缴械和同意接受拘留,或立即离开缅甸。大会还建议进行中的谈判应在某些成员国(指美国和泰国)的斡旋下予以继续,以便通过立即解除这些部队的武装和撤离缅甸,或者通过解除武装和拘留,结束严重局势。敦促所有国家,如果缅甸提出请求,予以协助,并敦促所有国家不向"外来军队"提供任何援助,因为这种援助可能使这些部队继续留在缅甸或继续他们对缅甸的敌对行为。最后,请缅甸向下届联大进行报告①。

第一委员会于4月22日以五十八票赞成,零票反对,两票弃权通过了修正后的墨西哥决议草案。缅甸代表弃权,以表示他的失望,因为决议案不够强硬并避而不提国民政府。蒋廷黻以象征的方式对决议案在总体上弃权,但他在逐段表决时,投票赞成规定所有国家应承担的义务的那些段落。正如他在第二天联大全体会通过这个决议时所说明的,他之所以像在第一委员会那样弃权,是因为既然委员会已明智而公正地略去缅甸对他的政府进行侵略的指控,而且事实上略去了任何提到他的政府的部分,他就没有理由投反对票。

说来也很奇怪,正好在同一天,即4月23日,我收到了外交

---

① 原注:1953年5月1日《联合国公报》第323页。

部关于最近我国政府就遣返拘留于印度支那的中国军队所作决定的消息。法国政府早些时候曾于 1 月份提出一个遣返计划,主要包括如下几点。

(1)第一批送回伤病员,年老体弱者和妇女儿童,共五千人。

(2)第二批再送回五千人,时间要待一个月以后,以察看中共政权是否有不良反应。以后各批可每隔一定时间进行,直到遣返完成为止。

(3)中国方面应绝对保密,如果走漏任何消息,法方可以停止继续遣返,因为走漏消息可能引起中共的危险反应。

我国政府认为法国的计划过于繁琐,这会造成执行中的拖延及困难;而且我国政府认为关于整个遣返工作取决于共产党方面的反应的规定是尤其不能接受的。为此,我国政府在 4 月 14 日向法国发出备忘录,大意如下:

(1)我们不能单方面承担严守机密的责任,因为法国已于 2 月初允许新闻记者搜集和得到有关拘留在印度支那的我军的消息。

(2)我们不能同意以中共反应作为遣返与否的标准,因为我们把遣返这些军队看作是人道主义的和法律上的义务。

(3)我们要求法国政府保证遣返全体官兵。

(4)只要我们的交通工具允许,我们愿意自己承担遣返工作,分一批或两批护送。

外交部嘱我找机会与国务院联系,把政府的决定通知他们。对此我予以照办,吩咐谭绍华前往国务院拜访马康卫。

许多美国人对雅尔塔和波茨坦协定的宿怨在 1952 年的总统竞选运动中由共和党人重新挑起。1953 年 2 月,艾森豪威尔总统在国情咨文中说:

> 我们永远不会默许奴役任何民族,以便为我们自己赢得
> 想象中的利益。我将于日后请求国会通过一项适当的决议,
> 明确本政府不承认包含于过去与外国政府的秘密谅解中的

允许这种奴役的任何性质的义务。

这在某些地方引起了新政府会否认雅尔塔协定的希望,而且普遍引起了对雅尔塔会议究竟作了些什么的议论和评价,尽管从来也没有通过总统咨文中所提到的决议。

记得早些时候,在 2 月份,艾德莱·史蒂文森就提出了这个问题。4 月 17 日来访的埃德加·莫勒也曾提出。莫勒曾说,美国签订的雅尔塔协定是出卖中国,而且遭到中国政府的强烈反对。西方一所不知名大学的一位远东史教授对他提出质疑,要求他或者拿出事实,或者收回他的说法。莫勒为此感到烦恼;他想要了解事实,以使他能够答复质疑。我解释说,由于国内的政治原因,我国政府的一些领导人曾表示满意并曾敦促立法院批准 1945 年8 月的中苏协定;这个协定是美国依照雅尔塔协定建议的,并由罗斯福总统向中国极力要求的。起初,我国立法院强烈反对批准中苏协定,而且甚至发生反对这个协定的民众示威。但是美国一直极力"劝说"中国派代表团前往莫斯科缔结条约。宋子文虽然是中国代表团团长,却没有签字,但是为了签约,他带去了刚刚接替他的新外长王世杰。

至于那位提出质疑的教授引证的乔治·凯南在他的书中所讲的话,即我们的让步超过了我们不得不让步的程度,也超过了雅尔塔协定所要求的程度,这可能是指外蒙古和唐努图瓦(即乌梁海)的地位问题。但是,我说,凯南的说法显然是诡辩。他也许打算为美国在雅尔塔会议上的政策辩护。他叙述了那些有利于他的论点的事实,而略去了那些和他的论点相反的事实。

为什么事隔多年,雅尔塔协定能够唤起这种强烈的兴趣和情绪呢?显然是因为号称以民主、民族自决与和平原则为基础的美国外交政策,居然在当时把现今被视为卑鄙的在世界上划分势力和利益范围的政策作为指导方针,实在令人诧异。也就是说大国之间在损害和不顾被压迫民族的权利和愿望的情况下划分势力和利益范围。雅尔塔会议所同意的的确是势力范围政策的理论和原则,和殖民帝国时代所奉行的政策相差无几。各大国过去为了扩大殖民领地,曾努力争斗较量,最后为了结束斗争,他们之间就瓜分了征服的土地。然而以反对英国殖民主义的斗争而起家的美国却也照这个原则办事。我常常想知道,罗斯福总统在多大程度上真正创始了这个两大国瓜分世界的想法;我说两大国,因为这种想法,主要是罗斯福与斯大林之间达成的解决办法,英国则在很大程度上被排除在外。我想,从表面上看这个想法蛮好,因为这个政策旨在促进和平,因为从那时以后,另一场世界大战的危机只能作为苏美两个主要大国的冲突结果而发生。

当日傍晚,我出席了林顿·约翰逊在卡尔登饭店举行的招待会。约翰逊当时是参议员,后来在我写这部回忆录的时候,成为美国总统。当时,随着他当选参议院的民主党领袖,他刚刚开始他的声望和权势的上升时期。约翰逊夫妇的招待会是为他们的得克萨斯同乡举行的。站在迎宾队列里的有约翰逊夫妇,卫生教育和福利部长奥维塔·卡尔普·霍比夫人和她的丈夫霍比州长,和海军部长安德森夫妇。两党中知名的得克萨斯人也都出席了。我向前众议院议长萨姆·雷伯恩和前参议员汤姆·康纳利夫妇致意。这位前参议员、参议院外交委员会主席特别友好。他在询问了远东事态的最近发展情况后,对我国表示了良好祝愿。很多其他知名人士也出席了,其中有首席法官文森和法官汤姆·克拉克。

4月20日,我和蒲立德共进午餐。我们曾在柯林斯将军为蒙哥马利元帅举行的宴会上交换了看法,这次我们继续谈论,还谈论了英国对美国政府施加影响的危险。然后我们又扯到其他话题。蒲立德说,艾森豪威尔身边两位有影响的人物是:讲话稿撰写人埃米特·休斯,和总统特别助理兼艾森豪威尔的心理战略首席顾问杰克逊。这两位过去都是鲁斯在《幸福》、《生活》和《时代》杂志的同事。他又说,谢尔曼·亚当斯已经很不受国会的欢迎,他作为总统助理可能为时不长了。蒲立德说,在外交政策上对总统最有影响的顾问是比德尔·史密斯将军;他于艾森豪威尔在德国和其他地方统率军队的许多年间,是艾森豪威尔的参谋长、桥牌搭档和玩伴,是一位应予注意的人物。他和总统的关系就像萨姆纳·韦尔斯和富兰克林·罗斯福总统的关系那样,而杜勒斯则远不如史密斯那样受到总统信任或亲近。

蒲立德很喜欢台湾,并将于下月前往台湾在高雄附近建一座房子,以便每年都在那里住几个月。他在上次访问时,发现委员长声望还像过去那样高。但是,他说,孔家、宋家和蒋夫人都不孚众望。委员长喜欢她,但是在蒲立德看来,她关心得更多的似乎是她自己的家族。蒲立德对吴国桢的辞职表示惋惜,说,吴国桢是能够共同为国家起很大作用的六七位有才干的人之一。除吴国桢外,他还提到几个人,其中有孙立人将军、叶公超、俞鸿钧、王世杰和我。

我对他说,吴国桢既已辞去省主席职务,就会成为在这里接替我的适合人选。蒲立德说,为了中国,我应当留任,特别是因为局势如此动荡而又孕育着我所深知的灾难的可能性。他说,任何一位新手,无论能力多强,也需要几个月甚至几年的时间来熟悉这里各种力量的相互作用以及影响事态发展的重要人物所起的作用。

晚间,我同我夫人出席了安斯伯里夫妇举行的宴会。正当我们即将步入宴会厅就座的时候,参议员普赖斯·丹尼尔突然被叫走。女主人建议我们大家最好等他回来。这位议员前去参加点名,以便在参议员莱曼发表阻挠议案通过的演说时凑成法定出席人数;莱曼的演说是要努力阻挠对沿海低洼地区石油法案的表决。丹尼尔像他所应允的那样在九点回来,因为他在点到他的名字之后立即离开了参议院。

这在华盛顿政界是十分典型的,而对女主人是很不方便的。事实上,次日晚间,参议员拉塞尔·朗夫妇为我们举行宴会时,发生了几乎相同的情况。首先,主人由于参议员韦恩·莫尔斯发表阻挠沿海低洼地区石油法案的冗长演说而在参议院耽搁了。到了九点十五分,女主人请我们入席。汤刚刚端上来,主人回来了,我们都很高兴。但我们只高兴了片刻,因为他刚入席,就又来电话请他赶回参议院,因为需要为了法定人数再次点名。所以他匆匆离去,但半小时就回来了。这次他总算能够呆到宴会结束。客厅里举行了舞会,多年来我第一次跳舞,而且是和女主人为招呼其他宾客率先起舞。

一位叫做张祖荣的先生于 4 月 24 日来访。他事先没有通知也没有约会就来了,是由一位住在华盛顿的中国人领到大使馆来的。他来自荷属圭亚那。我国领事撤走后,他一直在那里照管中国利益。他是一位活跃而富裕的商人,国语讲得相当好,很想同我用国语交谈。他已入荷兰籍,同圭亚那的荷兰当局相处很好。他说,那里大部分华人都忠于委员长和国民政府,中共的影响几乎不存在。

4 月 27 日星期一下午,大使馆全体工作人员开会。我提出几件事情要求工作人员注意:(1)对其他人讲话要谨慎,这是每个外交官不言而喻的本分,特别是因为一位外交官的话,不论他的官衔或地位多么一般,都很容易被看作是他的上司或政府的观点;(2)要保守大使馆工作机密;(3)起草函电要更加仔细,以使我不必修改;(4)关于抄送外交部和中国政府其他机构的中英文报告问题,篇幅短的应由撰写者本人抄缮;长的应由打字员和抄写员在打字室办理;(5)遵守办公时间,要更加准时。

在讲到第五点时我谈到了那天上午的一件事情,但是我没有提到是谁提出怨言的。事实经过是蒲立德曾在上午十时打电话给我说,他想在当天上午来大使馆办理签证,但是没有人接电话。他又说,其他各大使馆和美国政府都是上午八时或九时开始办公,并询问我们的办公时间。我解释说,多年来一直是从上午十时至下午六时。但是,我说,接线员应当从上午九点半起就在班上。蒲立德挂上电话后,我给大使馆通电话,发现接线员在十点零一分时才到,而负责办理护照的秘书那时候才正要离开住所。

最后,我要求大使馆各部门提出 1952 年工作的报告和数字,以便对完成的工作量有个概念。我还吩咐建立阅览室,把比较重要的日报和期刊存列供大家使用,希望这会导致大使馆日后建立工作图书室。这是我在驻巴黎大使馆曾采取的十分成功的两项措施。

5 月 5 日,外交部通知我说,法国政府接受了我们的计划而且愿意向我们保证遣返全部被拘留人员。但是,由于台风季节即将到来,法国政府希望我们于 5 月中旬以前派船运送这些军队。外交部来电还说,尽管给我们剩下的时间很短,而且集中所需船只和款项也有困难,但是我们仍将努力办理,以便早日开始遣返工作。

总之,在印度支那的中国军队的复杂问题终于解决了,而不像在缅甸的中国军队问题那样,或许是由于更加微妙,在当年的其余时间里一直继续争论。5 月 15 日,台湾国防部派出第一批船只去把印度支那的国民党军队运送到台湾,而且正如外交部通知我的,从 15 日开始,每三四天就增派一批船只前往富国岛,以争取在 6 月 20 日前结束运送工作。外交部于 7 月 4 日又来电通知我,最后一艘船已于 6 月 28 日返回台湾。这样,全部被拘留的国民党军队的遣返工作顺利完成。外交部嘱我秘密地向国务院转致谢意,感谢其在整个谈判期间所给予的帮助。

早些时候,在 5 月 6 日,即在我获悉法国接受我们计划的次日,我曾和负责远东事务的助理国务卿饶伯森谈话。这是我的礼节性回访,但是我们附带商讨了若干问题,其中包括拘留在印度支那的军队的遣返,自由中国和西德恢复正式关系的愿望,以及共产党对老挝的入侵。会谈开始时,我说,我本想早一点对饶伯森的礼节性拜访进行回访,但是听说他一直很忙,不仅忙于办公室工作,而且忙于出席国会的听证会。

饶伯森说,他一直有一大堆工作。前一天晚上他约定八时出席晚宴,然而到九时才能离开办公室。星期一晚上,他在办公室一直干到十二点半。他又说,国会的听证会也占去了他一大部分白天时间。

我对饶伯森说,拘留在印度支那的中国军队的遣返问题终于解决了。我向他叙述了当年早些时候法国向我们提出的计划和我们的反对意见,我们特别反对使中共政权的态度左右拟议中的遣返工作。我说,幸而法国认识到中国政府意见的合理性,而且现已同意把两万名以上的中国被拘留人员全部予以遣返。法国人还表示希望遣返工作能在当月中旬实现。我国政府考虑到为此备齐船只和提供资金的困难,觉得时间很紧,但是答应尽力而为。我相信国务院已经收到蓝钦大使关于这个问题的报告,但是,我说,我愿意亲自向他说明此事,因为国务院过去对这件事情曾表示友好的关注并在推动解决方面帮了大忙。

这位助理国务卿说,他还没有见到报告,但是他相信很快就会送到他的办公室。他又说,他为问题得到解决而高兴。

关于中国政府和西德重新建立外交关系的愿望,特别是作为第一步先在汉堡和斯图加特两地恢复领事馆的愿望,我回顾了两年前曾向国务院提出这件事情,而且国务院一直在从中斡旋。我说,当时波恩政府方面对同意这个建议有点犹豫不决,而同时英国也反对。但是由于西德政府现已恢复自行处理对外关系,英国的反对应已不再起作用。为此,我表示希望美国对波恩施加有利的影响,以帮助实现中国政府的愿望。我知道斯图加特在美国占领区之内,如果在那里立即重建中国领事馆,它必将为在汉堡恢复中国领事馆铺平道路。

饶伯森说,由于他最近才上任,所以不太熟悉这个问题。他愿意请马康卫参加谈话。

我说,我不想占用饶伯森太多时间,我将于下午派谭绍华来见这位中国科科长。

次日,我接待了我国驻巴黎代办段茂澜先生。他曾去台湾述职,现正在返回巴黎途中。我们谈到几件大家关心的事。关于遣返拘留在印度支那的中国军队问题,他告诉我,法国惧怕中共的反对,所以这样长时间地推迟解决。然而他作为心腹话对我说,我们的军事当局也不热衷于遣返,因为在台湾照管这样多的官兵是个负担。我对他说,法国现已接受我们的建议,遣返工作将尽量加速进行,根据法国的建议,将于 1953 年 5 月 15 日开始。这一事态发展发生于他离开台北之后的返法途中。

关于同西德恢复外交关系问题,段茂澜说,他曾三次前往波恩并同外交部有关司的负责人以及第一和第二副部长商谈。他发现预算困难以及英国对中国恢复汉堡领事馆的反对或多或少都是借口,或者只是过去如此。目前实际困难有三:(1)德国对日本投降后 1945—1946 年间德国侨民被遣送离华时受到我们的粗暴待遇不满,对撵走德国房主和没收德国人的私人财产尤为不满,其中有一例是拿走了一位德国家庭主妇手上的钻石戒指,而她恰好是目前德国外交部一位官员的亲戚(这必是某个不负责任的士兵干的);(2)目前和红色中国进行着有利可图的贸易,货物都在汉堡进出;(3)惧怕中共报复,拿仍在中国大陆的数以百计的德国人出气。

段茂澜说,驻巴黎德国大使馆的一位秘书私下告诉他,最好的办法是让美国向波恩施加影响,这种影响在西德首都仍然是最有效的。所以段茂澜希望在这里会晤分管西德事务的国务院某一位官员。我认为这是个好主意,并愿为他安排拜访国务院三位官员:一是饶伯森,我说最近我刚和他谈了这件事;一是马康卫,谭绍华根据我的指示昨天刚和他会见;一是段茂澜的好朋友、麦克阿瑟将军的侄子麦克阿瑟先生。接着,段茂澜对我说,他在巴黎甚至和艾森豪威尔总统也谈过;那时艾森豪威尔仍然是北大西洋公约组织部队的最高统帅,但他拒绝插手,并建议我们最好联系国务院从中斡旋。

段茂澜然后提出了向法国派遣一位大使的问题。他说,外交部政务次长胡庆育一直想弄到这个差事,而且外交部曾指示段茂澜试探法国外交部对胡庆育的任命的意见。但是法国外交部长舒曼先生(1953年1月卸任)予以拒绝。舒曼的托词是,鉴于印度支那的局势,他不得不十分注意北平的可能反应。他提出他欢迎段茂澜本人升级为大使,这样就不太引人注目,正如他打算以后把法国目前驻台北的公使衔代办升级为大使一样。

段茂澜说,然而台北不相信他的报告。所以叶公超在纽约参加第六届联大时,亲自向舒曼提到了这件事,而且发现舒曼的态度同段茂澜所报告的一样。段茂澜说,目前这个问题已被暂时搁置,这特别是因为国民党中央党部根据委员长要求所提出的报告声称,胡庆育的献身报国之心不够坚定,对三民主义认识不足,而且他沉湎于酒。段茂澜本人则宁愿留任现职。正如他已经向叶公超说明的那样,他以较低的地位可以各处走访和商讨事务,而不涉及那么多的外交礼节和国家尊严。

然后我向段茂澜询问了他回到台湾的印象。他提了两点。农民的情况良好,比大陆农民的情况好。他们的文化程度也比较高。特务警察的活动仍然是忧虑的根源,在不注意宪法所保障的本国人民的基本权利方面尤为如此。但是,段茂澜说,或许安全的要求使得特务活动不可避免。在委员长询问他对台湾的印象时,他曾亲自向委员长提到这个问题。然而段茂澜对我解释说,在那些受到信任的文武官员诸如原行政院长翁文灏和张治中将军等变节投奔共产党之后,委员长对部下已失去信心。

段茂澜说,翁文灏是由委员长栽培的,从一位不知名的普通学者提拔到行政院长的显要职位,然而他还是转向了共产党方面。段茂澜对这件事情特别清楚,因为他在巴黎不得不处理此事。翁文灏当时住在巴黎,而且最后从那里前往北平。

那时我曾紧急设法转告翁文灏不要前往北平;他的女婿、世界银行中国执行董事张悦联也曾这样劝他。但住在巴黎的翁文灏当时正处于矛盾之中。显然,在其他朋友劝阻他的同时,他的接近共产党的朋友甚至共产党的代理人也在做他的工作。我们告诉他,目前他们可能急于使我们回大陆,但是共产党的话是不可信的,如果他去了,他会后悔的。然而翁文灏最终还是决定前往大陆。

那天下午,在一次鸡尾酒会上,我和约瑟夫·法林顿夫人闲谈。她的丈夫是国会中夏威夷州的代表。她把最近蒋夫人在返回台湾途中对夏威夷的访问情况告诉了我。蒋夫人事先曾函告新任州长金的夫人,而法林顿夫人则曾嘱州长本人,作为夏威夷的一州之长,要站起来恢复尊严,不要为驻岛海军当局所吓倒。她对我说,在那时以前,统率夏威夷岛美国海军的海军上将(雷德福海军上将)总是夺取州长的威望和显要地位,而这次金夫妇采取迅速而有效的行动掌握了招待蒋夫人的领导权。金州长为蒋夫人举行了午宴,还在州长官邸为她举行了招待会。雷德福夫妇设晚宴招待她。雷德福夫人在州长招待会上等着同她前往出席晚宴。金夫人邀请了许多中国血统的著名人士参加午宴,这在夏威夷历史上是第一次;而午宴却没有邀请那些像迪林厄姆夫妇这样的美国社会名流。以前在外国显赫人物进行重大访问的招待场合,迪林厄姆夫妇等名流总是显露头角的。

法林顿夫人说,她的丈夫乔·法林顿对于下周国会(参议院)表决夏威夷州地位法案,抱有通过的希望,但是没有十分把握。还有南方民主党人和十五位北方民主党人的反对票需要予以压倒或抵消。她说,他们反对的主要原因是担心提高赞成种族平等的议员集团的实力,种族平等对美国南方人是可怕的。他们的反对使他们把夏威夷州地位法案同阿拉斯加州地位问题联系起来,而在国会是不可能通过后者的。

5月12日星期二,孔令傑来我处告辞,他将于周五去台北。在讨论朝鲜的国际形势及其对美国对台湾政策的可能影响后,他说,关于他在大使馆的任职,他将不来上班。对他的任职,我曾在他刚来到大使馆时表示祝贺。我还曾说,我为他未能接受为他举行的午宴感到遗憾,我本打算借此把他介绍给大使馆的高级官员。他说,关于薪俸,他不需要,请我电告外交部。我对他说,这完全由外交部决定;虽然我认为他没有理由放弃此报酬,但最好在他这次到达台北见到叶公超时和他面谈。(当然这都是走形式,因为双方的理解是他将获得官衔而没有报酬。)他说,对这里的美国新政府来说,他最好有个官衔,因为他必须大部分时间在华盛顿工作,但是他知道台湾外汇紧缺,他不计较报酬,因为没有报酬他也能满足需要。这也是事实。

我接着向他询问了我们军队的情况。他说,简单地讲,我们的陆军很好;空军尽管装备过时,但是还过得去;海军则差,由于担心舰长变节,所以没有装备良好的舰只。

那个星期天我在哥伦比亚广播公司的《每周人物》电视节目中回答新闻界人士的问题。几天前,我曾和陈之迈及顾毓瑞讨论对可能提出的问题的回答,因为事先做好准备总是明智的。事实证明,这次电视采访进行得很顺利。节目主持人是哥伦比亚广播公司的詹姆斯·科克伦。新闻界有三位代表提问题,他们是:《华盛顿邮报》的社论撰写人艾伦·巴思,《巴尔的摩太阳报》的菲利普·波特,和哥伦比亚广播公司的评论员比尔·科斯特洛。所提问题棘手而中肯。看来我的坦率回答使他们很高兴,特别是因为——如科斯特洛事后对我讲的那样——我回答得很认真。半小时过得很快,他们都说他们还没有问完想提的问题的一半。事后,科克伦为另一个情况向我祝贺。他说,哥伦比亚广播公司电视塔五点正刚遭雷击,但恰好是在这个节目刚告结束的时候。

有些问答现在看来仍然很有意思。由于我手头有副本,我愿意在这里照录几个问答。例如:

问:如果把中共俘虏交给你们,你们愿意接受他们吗?

答:如果你指的是那些拒绝遣返的中共俘虏,我想我们是乐意接收他们的,因为他们之中的许多人是以前的国军,而且自然是反共的。但是没有人就这个问题和我们联系。

问:自从修改杜鲁门先生的第七舰队命令,允许国民党军队进攻大陆以来,中国政府在这方面做了哪些工作?

答:我们一直在改善军队的训练,同时一直在加紧对大陆的试探性突袭。在过去三个月期间,我们进行了十多次突袭,我们的海军在几次交战中击沉了中共舰只十三艘,俘获七艘,重创两艘。仅在一次突袭中,我军在广东近海登陆,杀死了中共士兵四十人,生俘四十七人。

问:艾德莱·史蒂文森最近说,在前往台湾之前,他预计看到一支强大的军队,而政府则软弱无力。访问之后,他带着相反的印象离开了台湾。你愿意就此谈谈看法吗?

答:首先,我很高兴史蒂文森先生有机会亲自看看台湾。我们在台湾确实有一个良好而坚强的政府,美国许多其他访问者也都证实了这一点。至于他谈到军队软弱无力,他必是指军队虽然训练有素,士气高昂,准备积极战斗,但是仍然需要加强装备,以使它完全可以投入战斗。军队的战斗力自然在很大程度上取决于武器弹药和装备补给。我们需要从美国得到这些东西。我很高兴地说,最近军援物资到达得更快了。

问:在缅甸边境的李弥部队的目前情况如何?李弥将军对决定从缅甸撤出高兴吗?

答:我想,李弥将军当然只能是勉强接受这个决定,因为他的目标是打回中国去。他曾在极端困难的情况下保存他的部队,例如曾遭到缅甸军队的突袭。中国政府将施加影响以使李弥部队撤出缅甸,但他不能控制他们。据我了解,四国会议目前正在曼谷举行,美、中、缅、泰四国代表出席讨论如何实现遣返。会议分两组进行,因为缅甸代表说他们的政府已经承认共产党中国,因而拒绝同我们的代表同桌会谈。

5月18日星期一下午,德克森参议员用电话告诉我,他和参议员马格纳森即将去台湾。(事实上,我已于上午获悉,并已嘱顾毓瑞给他的办公室打电话要求证实。)德克森是参议院拨款委员会主席。他对不能出发前安排和我共进午餐表示歉意,但他说,他回国后就来看我并对我谈访问印象。我知道,他和马格纳森的目的是调查台湾的情况,而这次调查关系到即将到来的国会对下一个财政年度对台湾的美国援助计划的行动。所以我表示愿意提供他和马格纳森所需的任何帮助,以便于他们访问台湾。我对他说,我将电告台北,而且我刚刚写给他一封代表政府的欢迎信。他很高兴并向我表示衷心谢意。

宋子文曾和最近从台北归来的罗伊·霍华德交谈。他对我说,霍华德对他在台湾的所见印象很好,是中国的一位真正朋友。然而和史蒂文森最近所发表的意见一样,霍华德发现我们的军队确实仍然软弱无力。他说,即使是防御所需要的东西也仍不完备;作为实例,他提到了缺少高射炮。那时,我当然十分清楚这种不足,但由于当时国会正在讨论新的援外法案而且由于日益强调亚洲,所以至少某些不足有可能通过美援予以弥补。

二、1954 财政年度的对华共同安全援助
1953 年 5 月 5 日—8 月

1953 年 5 月 5 日,艾森豪威尔总统向国会提交了一份关于1954 财政年度政府援外计划的咨文。计划中提出的军事和经济援助总额约为五十八亿美元。这比上届政府提出的数字约少十七亿美元,但与 1953 年财政年度的拨款总额相差无几。咨文说,应当在远东采取更加积极的步骤,因而必须增加对法国和印度支那联邦的援助,以便击退印度支那各共产党组织的共产主义侵犯。因此,政府的计划包括十亿零一百万美元的远东军援,约为1953 财政年度的两倍。台湾的份额属于分类数字。而分类细数尚不可能立即得到的,所以我只把总统援外咨文的概要电告外交部,并且告诉他们,我不久将把确切数字通知他们。

我还报告说,国务卿杜勒斯、国防部长、财政部长和共同安

署署长在 5 月 5 日出席了两院外交委员会的联席会议。他们每个人都对提交国会的对外经援计划作了说明。我报告说,在会议进行中,杜勒斯实质上是说美国必须加强台湾国民党军队的战斗力,而且由于台湾的防御措施取决于这个岛的经济保障,所以美国必须帮助我们改善经济。如果经济兴旺而令人满意,就会在亚洲其他地区产生有益的影响,因为部队战斗力和经济保障是亚洲各国人民所羡慕的因素。关于国防部长,我报告说,他谈到新的援外计划中有百分之二十五预定用于使亚洲能够用具有积极力量的因素来纠正弱点。

次日,我回访负责远东事务的助理国务卿饶伯森时,我谈到了新的援外计划。我说,我知道艾森豪威尔总统已向国会提交援外咨文,而且杜勒斯前一天出席了两院外交委员会联席会议说明 1954 财政年度援助款项的分配。我接着说,上午的《华盛顿邮报》刊载了一个援外款项分配表。我带了那张报纸的剪报给饶伯森看。我指出,对中国地带的军援金额略多于十亿美元。对欧洲和中国的防务支出金额都是三亿九千五百万美元。我想知道饶伯森能否说明分类细数,尽管我知道在过去两三年中美国政府的援外政策是不宣布每个国家的具体数字来束缚自己的手脚。我补充说,我的意思不是要求他对他可能提出的任何数字承担义务,而我只是希望对台湾自由中国在上述两笔金额中能指望多少有一个一般的概念。

饶伯森粗看了一下剪报。他说,他将了解一下,然后告我。当我提到马康卫或许能澄清一些情况,而且我将派谭绍华会见他时,饶伯森认为这个建议是可行的。

5 月 11 日,李榦给我带来了布利斯评价小组的美国援华报告的抄件。几天前,共同安全署发表了各调查小组的评价报告。我仔细看了报告,发现基本上是有利的,在台湾中美代表之间的密切合作方式方面,尤为如此。

此外,这个报告建议美国对台湾执行"进取而积极的政策",

目标是"不把台湾给共产党,并加强台湾的现有潜力,以回击来源于共产党控制的中国大陆的军事侵略威胁"。小组认为这些目标的实现将打破莫斯科的力量均势并导致整个共产主义的力量均势的瓦解。报告还支持我国政府的经济发展四年计划,认为这是"朝正确方向迈出的一步",并说,那种在最近将来可以"大量削减"经济或军事援助的设想是"无益的"。

李榦还把他收到的王蓬来信给我看。王蓬是美援委员会秘书长,当时他仍在华盛顿。那封信里附有王蓬致财政部长严家淦的便函抄件,内容是关于1954财政年度争取更多美援的问题,供行政院长陈诚参考。李榦认为俞大维关于向美国政府提交补充计划已为时过晚的意见是次要的。他的看法是真正的问题在于有个饱和点,超过了饱和点台湾就不能吸收更多的美元,因为我们商品消费的能力有个限度。然而只有商品销售才能增加我国货币的对应资金,这种对应资金可用来增强我们的财政地位。李榦说,正由于此,共同安全署中国分署主张开发型的项目,也就是生产项目。

李榦接着向我说明了当年我们外汇状况特别紧张的原因。他说,大米出口下降,因为农民害怕艾森豪威尔提出的台湾"非中立化"会导致战争,就把大米囤积起来;他们也不急于卖米换钱买地,因为政府曾宣布买进大地主的土地并以固定的低价再卖给农民的计划。

几天后,霍宝树给我来信,向我提供了1954财政年度美国援外计划的补充情况。如我所知,在新的援助法案中和我们直接有关系的有两项。第一,军援项下分配给"远东"的十亿多美元;第二,"共同防御用款"(即防御支援)项下分配给"台湾和印度支那"的九千五百万美元。(包括八千四百万美元新的拨款和一千一百万美元的未动用结余。)霍宝树指出,共同防御用款的分配额甚至比1952财政年度对台湾一处的经济援助金额还少。1953财政年度对台经援达到一亿零二百万美元,其中三千万美元是所谓通用项目。因此,新的援助法案规定的 1954 财政年度经济援助是否和 1953 财政年度一样多,这取决于在新的援助法案中通用项目归类于何处。他说,幸而他刚刚得到共同安全署的口头证实称,在新计划中,通用项目不在经济援助项下,而是在军事援助项下。这就意味着除非国会有所变动,新法案规定的对台湾经济援助的金额将大致等于本财政年度的可支付金额。

5 月 25 日星期一,我给前一天晚上刚从台北返回华盛顿的俞大维打电话。我们订于星期二面谈。星期二俞大维到达大使馆后,他递给我一份关于中国在 1954 财政年度对美援所提要求的备忘录抄件,也就是台北提出的援助计划。这个备忘录是他随身从台北带来的,而且已经提交美国政府。但是这个备忘录将以修订件替换,修订件是美国大使蓝钦带来的。他也刚从台北到达华盛顿(5 月 24 日)。蓝钦将把修订件递交美国政府,并把抄件给我和俞大维。

俞大维还给我带来了委员长、陈诚和叶公超给我的信各一封。前两封信是对我去信的回复,我的去信是在俞大维去台北时由我请他面呈的。第三封信,即叶公超的回信,把对美援的需要告诉了我。来信说,最新的援助备忘录①是在各有关部门的合作下第一次以真正的科学态度制订的。备忘录的目的主要不在要求援助,而是向美国当局提供情况以供参考,因为美国援外法案和计划已在国会各委员会讨论中。

那天下午蓝钦大使对我进行了礼节性的拜访。我在见到他时表示高兴,并说,自从他上次到华盛顿以来发生了许多变化。不仅政府成员,几乎所有高级官员都已易人。

蓝钦完全同意,并说,自他到达后一直忙于拜会这里的各位新领导人。接着,他说,他希望我已收到委托他带给我的文件。

----

① 原注:援助备忘录的标题是《1954 财政年度共同防御援助计划拟议提纲》,最初通过蓝钦于 1953 年 5 月 21 日提交美国政府。

我说,几分钟前我收到了那些文件。我对他说,叶公超曾通知我,那些文件已经通过他送交美国政府参考。当我又说我相信国会会要求他就中国对 1953—1954 财政年度美援的希望作证时,蓝钦说,他希望国会不要求他作证,然而他认为国会一定会要求他去。

我说,我听说参议院外交委员会的听证已经结束,而众议院外交委员会则已经听取了共同安全署和国务院的陈述。我还提到了由布利斯率领的评价小组的台湾之行,以及参议员德克森和马格纳森即将前往台湾调查与该岛援助计划的有关情况。我说,尽管台湾的经济情况大有改善,但是还有许多问题需要解决,因而美援数额的多少极为重要。我说,我知道重大困难之一是国民政府预算的百分之八十用于军费开支,而在目前情况下这些开支很难削减。

蓝钦说,这样说是对的,不过如果把地方和省政府预算都计算在内,军费开支将为整个国家预算的百分之五十。他又说,即使如此,鉴于台湾的资源有限,这个百分数也太高。

我对越来越多的美国文武官员和新闻界代表前往台湾表示欣慰,而他们的访问和逗留必将给蓝钦的大使馆增加大量工作。

蓝钦说,台湾的美国人已经增加到两千五百人左右,然而他的大使馆人员最少,只有二十名馆员,而共同安全署在台湾却有一百人左右,其中包括农村复兴联合委员会的人员。最大的机构是美国军事援助顾问团,有七百五十至八百人之多。

后来我在谈话中向蓝钦询问的关于美国军事援助顾问团团长蔡斯将军可能回华盛顿报告工作的消息是否属实。

蓝钦说,蔡斯暂时将留在台湾,以便与雷德福海军上将会晤。

我说,我认为任命雷德福为参谋长联席会议主席是十分适宜的,因为他熟知远东和太平洋的局势,而且对自由世界的防御问题持有全球观点。我说,我对他的任命已致电祝贺,而且刚刚收到回电。回电说,他将来华盛顿并希望日后访问台湾。(雷德福实际上是在 1953 年 8 月 15 日就任新职的。)

蓝钦说,他也向雷德福写了贺信,并且得知这位上将已经抵达华盛顿,但是他还没有见到他。他认为雷德福即将对台湾进行访问是十分有益的,因为他可以开始同中国国防部举行参谋人员的会谈,而这种会谈早就应该举行。

我说,有必要交换意见并制订台湾的联合防御计划。接着,我谈到了为把李弥部队从缅甸遣返所做的安排,蓝钦曾为达成这个安排艰苦工作,我说,据我了解,目前在曼谷正举行会谈。

蓝钦说,这个问题曾使他大伤脑筋,他为已经做出安排而很高兴。会谈自 5 月 22 日以来一直在曼谷举行①。

我说,另一件令人欣慰的事态发展是同法国达成了关于遣返被拘留于印度支那的中国军队的协议。

据我所知美国一直大力协助,提供运送这些军队去台湾的船只。

蓝钦说,恰恰相反,是中国政府自备的船只。他本人向中国政府指出,这是显示中国海军能力与效用的大好时机,而委员长同意了使用中国海军运送这些军队到台湾。他(蓝钦)还曾建议每艘船只运一次,这样可以使尽可能多的船只有机会参加运送工作。据他了解,有一艘船已在途中。他认为这种逐步运送的办法很好,因为这会便于台湾安置这些士兵,而且也便于在印度支那做出安排。

当我说到我相信这些士兵将从富国岛上船时,蓝钦说,除运送补给品的船只外,大部分船只都将开往富国岛。他还说,这个问题的解决为国民党中国同法国的密切合作扫除了障碍。他又说,如我所知,法国最近在台湾派了一位公使衔代办。

我提出一个新话题说,中国政府对杜勒斯在他出访近东、中东和中亚时不能前往远东十分失望。我本人在得知他的行程计

---

① 这个日期有待核实,作者的文件还提供了不同的日期。——译者

划后已向他表示失望。但他曾对我说,虽然他目前不打算访问远东,将来也许能这样做。

蓝钦说,他也曾写信给杜勒斯,表示他本人希望国务卿将来访问远东。据他了解,杜勒斯不去远东的原因是,如果国务卿前往台湾,就必须去朝鲜和菲律宾,而杜勒斯是抽不出时间来这样做的。但杜勒斯曾表示,希望在华盛顿见到他(蓝钦),而蓝钦也正期待和他见面。

当我说据报纸报道杜勒斯将于 5 月 29 日返回华盛顿时,蓝钦说,这是暂定日期,国务卿可能提前或推迟一两天回来。

我询问蓝钦是否见到过英国驻台湾的领事,据说这位领事只应当和省政府而不应当和中央政府有正式关系。

蓝钦说,他常常见到他。

我说,这位领事在台湾显然对台湾和英国之间的关系并没有多大好处。

蓝钦说,这位领事自己不会有多大作为,但他(蓝钦)曾建议中国政府利用一切机会来改善关系。例如,中国政府已经和英国解决了两起事件,但解决办法还没有执行。一件事情是红烟囱航运公司的一艘商船的一名船员被中国海军的一艘舰只所杀。另一件事情是在中国海军的攻击中一艘英轮的船长受伤。中国政府对这两件事情都承认了责任,并同意向有关方面赔偿。但中国政府至今未付赔款,英国对此十分恼火。蓝钦认为不履行已经达成的协议,特别是涉及的金额并不很大,是不明智的。他说,这两件事情迟迟不予了结,使那些不满国民政府的英国人又多一个借口。中国政府声称,英国政府冻结了中国政府机构在英国的存款,但是蓝钦认为这完全是另外一件事,没有理由把这两件事联系在一起。

我和蓝钦的意见相同,即这两起事件应予尽快处理。接着,我询问了在台湾的外交使团最近迅速增加是否属实。

蓝钦回答说,是的。他说,梵蒂冈派了一位代表,是教廷副大使黎培理;法国、泰国、韩国和菲律宾也都派了代表。巴西派了一位大使,现在是驻台湾的外交使节团团长。西班牙最近任命了一位大使。但英联邦各国都没有派代表,尽管澳大利亚驻菲律宾大使曾访问台湾。比利时没有派代表,但一些拉丁美洲国家像巴拿马和委内瑞拉都在台湾驻有代办。

次日,马康卫夫妇为蓝钦举行鸡尾酒会。约有三十人出席,大多是国务院的,有些是共同安全署和我国大使馆的。我在那里再次和蓝钦进行了简短的交谈。如我向外交部长报告的那样,他对我说,他过去几天里就我国为遣返在印度支那的军队而提出要求资金援助所做的努力看来有些成效。他认为成功的可能性很大。在同一去电里,我还报告了雷德福已经在返回檀香山途中,他在那里作好准备后将立即前往台湾。我又说,他预定抵达的确切日期将由蔡斯转告蒋总统。

早些时候,26日上午,我接见了杜鲁门政府时期的内政部长奥斯卡·查普曼先生。他一来到便说明了他目前和纽约华尔街七十号的美国信托公司有联系。这是一家小公司。为了发展机构,在他卸任内政部长后,这家公司请他参加。他说,最近以卢·雷诺兹为首的一个美国人集团向他的公司联系借款一百万美元,以购买阿拉伯石油公司的原油。这些原油将卖给中国石油公司,以供在台湾精炼。他作为机密给我看了雷诺兹和他的公司之间的往来信件。这些信件表明,打算以每桶2.12美元的价格每天购买八千六百桶原油,为期一年,以供台湾高雄炼油厂精炼。所产汽油将出售供民用,柴油和喷气式飞机用油则供中国国防部和美国驻台湾空军使用。精炼油平均价格将为每桶4.20美元。据估计,雷诺兹集团的每日盈利将为一万二千美元。

查普曼接着说,虽然他的公司一直在向各商号提供贷款,总数约为六百万美元,但财力有限,而且必须遵守纽约州关于保持贷款与存款之间的一定比率的法律。为此,他的公司目前不能向雷诺兹集团提供贷款。他知道高雄炼油厂属中国政府所有,如果中国政府能在他的公司存上一笔款项,他的公司就可以满足雷诺兹的要求,但是他愿意讲清楚,他所建议的存款和贷款本身决无联系。

我询问了查普曼心目中的存款金额。他回答说,一百万美元就能应付这种局面。

我说,我和这件事情没有联系,但是我知道中国石油公司在纽约有一位叫夏勤铎的代表,而且台湾银行会担保借款。然而我对查普曼的建议可以立即奉告的是,如果存款金额为数很小,可能不难安排。若数额为一百万美元,可能难以安排,因为如果中国石油公司有这些钱来存,它也许就能直接从一些近东的石油公司购买原油。

查普曼说,一百万美元是他随便一说,少一些而为数相当的金额就会管用。但是他对我所提的能担保贷款的台湾银行很少听说过。

我说,台湾银行是政府所有,是台湾最大的银行。它现已代替中国银行为政府的财务代理银行。中国银行由于丧失了大陆上的各分行,在台湾一直不很活跃。我还对他说,我将把这件事情向驻华盛顿的中国技术代表团提出讨论,并将尽早答复他。

同日,为约瑟夫·布伦特先生举行午宴,他作为共同安全署代表团的第二号人物即将前往台湾。午宴后,我和参加宴会的俞大维、霍宝树和李榦商讨了查普曼所谈的事情。俞大维说,中国石油公司在纽约的所有现款都在江杓将军领导下的中国采购代表团的控制之下,而且他知道中国石油公司没有很多现款可以用作存款。其次,他说,根据行政院的决定,属于政府机关的所有款项都必须存在纽约中国银行。据他所知,没有一个政府机构有大量存款。目前唯一的巨额存款属于中央信托局。第三,有关这件事情的任何决定必须由中国石油公司总公司作出,而他们在华盛顿的代表夏勤铎则无权决定。

李榦说,他曾收到有关这件事情的一封信,但尚未仔细阅读。

据他了解,这件事情还在试办阶段。如果贷款谈妥,它将使中国石油公司每日多炼油八千桶。此外,销售精炼油会有其他收益。但他听说购入原油和销售炼油厂成品都将由这个美国集团经办,尽管一定数量的收益会归中国石油公司所有。我请俞大维和李榦都同夏勤铎商量一下,以便弄清确切情况并准备适当答复查普曼。

后来在 7 月份,我接见了经济部工业司司长金开英先生。他来美国联系美国各石油公司,以便引起他们在台湾投资开采和生产石油的兴趣。他说,目前在台湾精炼石油的希望是不大的。在所钻探的约二百七十口井中,仅有三分之一左右显示有油,而且产量都有限,尽管质量比甘肃石油好。他说,美国资本家反对在台湾投资的原因主要有二。第一,远东的国际局势仍然动荡不定;第二,我们的外国投资法限制过严。

我们谈到了我们的炼油厂使用伊朗原油问题,我们的炼油厂开工不足,低于运转能量的百分之五十。他解释说,我们对外购伊朗原油犹豫不定,是由于美国的敏感性。美国的反对与其说是出于同情英国,不如说是出于不愿开创一个先例,这个先例违反美国在拉丁美洲特别是在委内瑞拉的石油工业的投资利益。这样一个先例会通过促使像委内瑞拉这样的南美国家把原油卖给第三国而引起美国的反感,正像伊朗把原油卖给英国以外的国家那样。

6 月 1 日,我和蒋廷黻进行了长谈。在我们详尽讨论了对付使红色中国得到联合国席位的压力的适当措施后,他把他从最近向政府述职之行见到台湾情况所得到的印象告诉了我。他说,自从他在两年前返台以来,台湾取得了进展,陆军的训练已较好,装备已较多,海军对适航性和官兵训练已更多地注意,训练空军学员驾驶已经到达台湾的喷气式飞机也有了进展,所有这些都给他留下了深刻的印象。此外,他说,看来部队所有官兵都吃得较好,身体健康,士气高昂。

关于台湾的政治生活,他听到大量有关即将召开国民大会以选举总统和副总统的消息,以及有关使立法院制定一项减少国民大会法定人数的法律以使召开国大成为可能的消息,因为许多国大代表已经去世,还有不少国大代表留在大陆。他说,关于胡适或其他人当副总统候选人的谈论很多,但委员长肯定将重新当选总统。他还告诉我,阎锡山将军对他详细地讲了马克思、恩格斯和列宁的学说。盛世才将军曾告诉他,他正在写回忆录,主要是说明他在当时的情况下在新疆奉行亲苏政策是对的。但是,蒋廷黻对我说,盛世才以他最后把俄国人从新疆撵走而感到自豪。

　　蒋廷黻解释说,他回台湾的第一个目的是汇报他的代表团在联合国的工作和联合国代表权问题。第二个目的是对委员长讲述以下几点的可取之处,一是召开全国会议,建立反共联合阵线,容纳一切反共爱国人士;二是罗致诸如顾孟馀和张君劢这样的著名人物参加政府工作,而不拘他们对国民政府的批评;三是为非国民党员的二流人士安排适当工作。蒋廷黻说,这样一个具有广泛基础的政府会有助于他在联合国的工作,正如经济和军事建设的改革和进展一直有助于他在联合国开展工作那样。比如,政府关于召开全国会议讨论国家大事的建议曾给海外留下良好的印象。但政府发言人沈昌焕的讲话和陶希圣的文章(当时陶希圣是总统顾问)冲淡了这个良好效果。

　　他曾在立法院讲话,也在监察院讲了话。在立法院,他听到了对外交政策和处理外交事务的许多批评。所以他向他们建议说,如果立法院的外交委员会能够指派少数负责而有资格的委员和外交部保持联系,那么,他们就会被咨询和随时了解当前问题。但是由于这个委员会做不到这一点,甚至不能选出一位主席,所以他们不能有任何指望,因为没有一位外交部长能够咨询一个约八十五人的委员会。

　　立法委员们抱怨说,他们不能自由发言,因为他们被吩咐遵守党的纪律并按照党的决议投票表决,结果是他们目前保持沉默。但由于他们目前保持沉默,所以又被吩咐讲一些话来表明观点,以便给人以民主在台湾起作用的印象。蒋廷黻建议他们仿效英国的做法。一个议案一读时,由于主要是通过所涉及的原则,所以不需很多讨论;二读时,对术语和细节应予认真讨论,而且每个人都有权充分而自由地发表意见;三读则要求党员普遍赞同,党员必须按照党的决定投票表决。

蒋廷黻还说,吴国桢辞去台湾省主席职务和执意要求予以照准(那是在 1953 年 4 月中旬),并未使委员长高兴,特别是当前自由中国在世界上的地位正处于关键的时刻。蒋廷黻说,至于吴国桢的继任者俞鸿钧,他不像吴国桢那样精力充沛,但他是一位职业经济学家,而经济问题对台湾是最重要的。此外,他的温和性格以及他的正直会使省政府与中央政府之间的关系更为融洽。谈到陈诚将军时,蒋廷黻说,这位行政院长也不很愉快,因为他愿看到一个民主政府发展得更快一些,以便更符合世界发展趋势。但是行政院并不能行使宪法赋予它的一切权利。事实上,同过去在大陆一样,总统府与行政院之间互相倾轧的老问题,在台湾仍然大量存在。然而在过去一年中,叶公超的声望提高了;目前他很满意于他的处境。

次日,我的空军武官衣复恩上校前来报告说,台北已经收到一百架 F-47 型战斗机。列入计划的七十九架 F-84 战斗机也已部分交付,并将于 1953 年 12 月完全交付。这些飞机都仅供掩护地面部队之用。为其他目的使用的 F-88 型和 F-94 型战斗机将在 1955—1956 财政年度交付。衣复恩还报告说,又一名刚在美国结束喷气式飞机驾驶训练的空军学员从旧金山逃跑了。他没有上船回台湾。

第一桩这类事件曾发生于 3 月底。那次逃跑的学员已被美国移民当局拘留在旧金山。当时国务院曾通知我们,我们应当联系安排训练课程的美国空军把那个学员送回台湾。由于美国空军实际上承担了往返的全部责任,因此我于 6 月 2 日建议衣复恩要求美国空军随时告知把毕业学员送回台湾的计划。然后他就能派人把他们护送到船上。我还建议美国空军把抵达旧金山的日期安排得与登船返回台湾之间的间隔越短越好。我补充说,要求学员在抵达旧金山之后、动身去台湾之前,向中国领事馆报到,这也能防止任何人逃跑。

6月9日,衣复恩再次前来把中国空军技术处处长朱霖将军和研究所所长陈上校介绍给我。同最近其他来自台湾的军界来访者不一样,他们是由中国政府负担费用派来研究航空科学和工程学的最近发展情况的。

衣复恩在回答我的问题时说,他现已获悉F-84型雷电喷气式飞机到9月份将全部装运到台湾,目前则仅运到二十五架。他还说,我们不打算依靠自己来研究或着手建立实验室试验电子或原子武器。当我为我们的军事装备和西方世界的差距日益加大感到遗憾时,其他人都表示同感。

6月2日下午,我为蓝钦大使设午宴。我首先提议为这位新任大使干杯。我说,他的任命"意义重大,比通常的外交任命所含的意义更大";我把他的任命看作是"自由世界团结的象征和我们为自由事业共同奋斗的友好亲善的表示"。我还说,在一个多世纪的外交往来中,没有任何一位美国公使或大使比他更受中国人的欢迎,而助理国务卿饶伯森(他也出席了午宴)也深受我国人民的欢迎。很难说他们二位谁在我国结交的朋友更多。"但是肯定没有人比蓝钦先生更受我们的欢迎"。

蓝钦致答词时为我的健康干杯,并称赞我是"世界外交使团的团长"。他的话使我觉得我们是一批互相标榜的人。国防部部长助理纳什实际上就是这样讲的。我和蓝钦同时开玩笑地说,我们这一切都是事先定好的。

午饭后,蓝钦告诉我,他已争取到一笔为数八百万美元的拨款,以资助把国民党军队从印度支那遣返(用以补充我们的款项)和在台湾修建机场。饶伯森对我说,他很高兴看到蓝钦担任美国驻台湾大使,因为蓝钦同他自己一样,十分喜欢中国人民。饶伯森讲述了他从加尔各答飞到重庆的亲身经历。在印度,每当他看到印度人的面孔时,他就感到抑郁,但在着陆时一看到神情高兴的人们,他就知道到达中国了。

晚上,我参加了飞行农民的晚宴。这又是一个典型的美国式的盛大集会,大约有二十六个州的农民代表,他们自己都有飞机,而且都亲自驾驶自己的飞机来到华盛顿,只是为了看看首都和首都人民。宴会主持人说,参加晚宴的还有代表十六个国家的大使、公使或农业专员。在出席的其他大使和公使中,我注意到意大利、多米尼加、韩国、巴拉圭、厄瓜多尔和伊朗的使节。欧洲国家除意大利外,都由使馆馆员代表。

两天后,我设宴招待饶伯森夫妇。其他客人有阿历克西斯·约翰逊夫妇、马康卫夫妇、梅乐斯海军少将、康纳少将夫妇、罗伯特·古根海姆上校夫妇、康斯坦丁·布朗夫妇、埃德加·莫勒夫妇、埃利斯夫妇,以及我的大使馆的一些馆员。我两次提议干杯,一次是为负责远东事务的助理国务卿饶伯森夫妇干杯,并在祝酒中指出,他主管的地区像朝鲜、印度支那及日本等都充满了使人头痛的事情,而我的本国对他也决不是一剂阿斯匹林。另一次是为古根海姆上校夫妇干杯,因为他是即将上任的驻葡萄牙大使。饶伯森和古根海姆都亲切地答谢并提议为我和我夫人的健康干杯。

席间,饶伯森对我夫人说,艾森豪威尔总统曾向他询问红色中国实行铁托主义的可能性有多大,他回答说,他本人认识毛泽东和周恩来,他们都是国际共产主义者,无情地追求实现共产主义目标,很不可能成为铁托式人物。他还告诉杜勒斯,毛泽东成为铁托式人物的可能性就像杜勒斯自己成为共产主义者的可能性一样。

6月5日,当我回访蓝钦时,我首先说,我相信他这次奉召回华盛顿述职的任务已经完成。蓝钦说,他曾于6月1日晋见总统,6月4日会见国务卿,并几次会见负责远东事务的助理国务卿和两位新任副国务卿。他们都忙于朝鲜停战谈判,这在目前是优先考虑的事情。但是他认为已完成他要办的事情。他为从印度支那遣返中国军队弄到四百万美元,另外还为在台湾修建机场弄到四百万美元。

我说,这大有好处,我还询问了他是否见到其他希望会见的人。

蓝钦回答说,他在国会曾见到参议员亚历山大·史密斯、希肯卢珀和诺兰,众议员周以德,以及他自己的缅因州的众议员罗伯特·黑尔。当问到他认为美国对台湾援助问题的情况怎样时,他回答说,由于国会当前的意向和政府的紧缩政策,很难指望增加对台湾的援助。他认为所能希望的一切是下一个财政年度的约三亿美元。他曾对总统和他在国会的朋友说,即使朝鲜达成停战,对台湾的军援也应继续,而且应予增加。如果放松对台湾和东南亚其他国家防务的加强,那将是一场灾难。他对我说,他认为虽然在目前情况下不可能对台湾增加援助,然而他相信日后有可能通过追加计划。所以满足于目前所能得到的援助,尽可能地予以有效运用,并把争取更多的美援留待将来,这样做是可取的。

谈到这里,我说,我知道他有外面的约会,所以我不想占用他更多时间,但是由于明天我将外出赴约不在华盛顿,我将派谭绍华去机场为他送行。

蓝钦对我这样客气表示谢意,并说其实不必。

我询问他预计什么时候回到台湾,以便能会晤正在台湾访问的雷德福。蓝钦回答说,他约在6月18日回到台湾,并且希望中途在檀香山和雷德福晤谈。

一个月后,当从印度支那遣返我们军队的工作结束时,为执行叶外长的命令,我派谭绍华向国务院秘密地表示感谢,感谢美国在遣返被法国拘留于印度支那的两万多名军队一事中所给予的全部协助。但有趣的是华盛顿各报刊已经登载了从台北发出的关于美法在遣返工作中给予协助的报道,甚至说运送军队去台湾的船只是由美国护航的。这则报道立即由国务院和法国大使馆予以否认。

6月9日,我设午宴招待詹姆斯·赖斯顿夫妇、约翰·海托华夫妇、诺曼·佩奇先生,以及顾毓瑞夫妇。顾毓瑞是我的新闻秘书。赖斯顿夫妇即将去远东旅行并将访问台湾。他们自然询问了那里的情况。我对他们说,土地改革未曾预料到的后果之一是,台湾农民由于不需要把他们收获的大米迅速出售以得到现款来购置更多的土地(因为政府正按削减后的价格向他们出售土地),所以他们根本不愿意出售大米,在他们看到米价由于缺货而急剧上涨时尤为如此。政府不得不要求日本把日本从泰国定购的五船大米转给台湾,日后用台湾大米偿还。

我们还讨论了朝鲜局势。后来赖斯顿极力劝我把"在外交界四十年的独特经历",尤其是在国际联盟和联合国的经历写成回忆录。他说,史汀生上校和科德尔·赫尔先生的回忆录,都是叫别人替他们写的,这样的回忆录都缺少邱吉尔的回忆录所显示的活力和个人格调。赖斯顿说,要写得生动就得自己动笔。

11日,俞大维前来报告军援情况。他对我说,他曾会见共同安全署署长史塔生、史塔生的代表罗伯茨、国防部部长助理纳什,和助理国务卿饶伯森。他要求他们帮助推动批准我们对增加1953—1954年度援助的申请。他们都表示同情,但认为修改计划已为时过晚,因为参众两院委员会已经讨论了这件事情。史塔生承认:(1)给我们运送的军火越多,需要的一般费用款项数字就越大;(2)台湾不宜印刷更多的纸币;(3)有必要发展某些工厂,如生产化肥的工厂。但史塔生说,尽管如此,今年已为时过晚。俞大维要求他们都研究一下我们提交的计划,以便他们能更好地理解我们的需要。他已经把一份最后修订本交给负责中国事务的马康卫,但觉得马康卫还不很熟悉情况。

记得俞大维曾发现纳什和史塔生两人都更有意于了解我们

对印度支那军事形势的可能发展的看法,以及我们能够和愿意做些什么来予以挽救。俞大维说,他在回答他们时很谨慎。他对他们说,他不了解我国政府最近对这个问题的看法,但当时正在台湾的雷德福海军上将必定正同我国政府讨论这个问题。然而俞大维向他们谈了他个人的看法,并以这样的想法作结论,即如果美国不准备参加战斗,那么,剩下的唯一合乎逻辑的做法是在妥协基础上的政治解决,这正好是共产党想要做的,而且正好是他们通过美国在马歇尔倡议下在中国大陆上曾顺利做到的。

这又使他想起来对我说,委员长已把包括马歇尔使命在内的战时和战后美国介入中国事务时期的回忆录写好,准备出版,其中大部分内容是对美国,特别是对《白皮书》中所提出的委员长应对在大陆上的溃败负责的断言予以答复。董显光曾把中文本给俞大维看过。董显光正在根据中文本准备英文版本。但是,在东京,俞大维曾力劝董显光目前不要出版,尽管董显光已大加修改,删掉了中文本的大量内容。

俞大维认为而且我也同意,马歇尔在美国政府中仍然影响很大,既然我们仍然需要同美国保持友好和得到它的援助,所以引起他的反感是不明智的。俞大维说,由于这个缘故,他总是尽力同马歇尔保持联系。他曾在去台湾前会见马歇尔,并准备再次会见。他回顾了当他对马歇尔谈到我们建立中美联合参谋长会议的愿望时,马歇尔表示如果战争爆发,那就很有必要,但是美国在和平时期将小心谨慎不承担任何义务。

俞大维在转向另一个话题时说,他仍然反对雷德福主张的占领海南岛的企图,因为这至少需要五万兵力,而这部分兵力可以更有效地用以占领广州地区,同时还因为后方勤务很困难。我把这一点在这里记下来,因为它表明了一种思考和一些理由,说明委员长为什么不愿意而且实际上是反对使用一部分中国军队去占领海南岛,而占领海南岛这一行动是美国方面所十分期望的,但这是美国海军而不是美国陆军。

6月17日，我参加了一次很有意思的冷餐宴会，是由克伦德宁·瑞安为庆祝玛莎·朗特里，即当时的奥利弗·普雷斯布里夫人结婚一周年而举行的。有四百多位来宾出席，其中包括大使、参议员、众议员和社交界的领袖等。到处搭起帐篷，很像一次游园盛会。有一个摊是算命的，另一个摊是"蛇洞"，还有一辆竞选时的记者车装饰得就像艾森豪威尔竞选总统时用的真车一样。玛莎就在这辆车里。这是一次典型的美国式宴会，尽是新主意和新噱头。在一个大帐篷下跳舞，乐师用班卓琴或吉他伴奏。《亚历山大报》出了特刊，发表了一篇整栏的报道，用诙谐的笔调描绘了这次聚会，报道的题目是"特别快车失事！"

21日下午，我参加了另一次游园会。这是每年一次的举动，由坦克斯利夫妇主办。参加的人很多，但是重要人物没有上一年多。参议员德克森是客人之一。他对我说，他在台湾曾和委员长及政府其他领导人畅谈；而且他在台湾的见闻给他留下了深刻的印象。

后来，我同美国最高法院法官里德夫妇坐在一起。值得注意的是很多人在他耳边低声表示他们对他在罗森堡案中的立场感到满意。道格拉斯法官一手裁决延缓处决两名间谍罪犯，这在首都，特别是在政府和国会中引起了极大愤慨。一名国会议员甚至提议弹劾他。这件事情还迫使美国政府要求最高法庭举行特别会议对裁决作出决定。但当最高法院于19日举行特别会议时，否决了这个裁决，所以这对夫妇于当晚八时在新新监狱被执行死刑。

22日，孔令傑上校到双橡园来见我。他刚从台湾回来并前来向我报告，他现在准备就任大使馆参事。他询问了很多关于美国对台湾的援助问题，特别是军援及其增加的希望。他说，台北非常希望按照俞大维带回的计划所概述的那样增加。但我对他说，这已经晚了一点。他照例是获得消息比提供消息的心情更迫切。他在回答我的问题时说，他在东京见到了克拉克将军，但他没有告诉我是否谈论过什么问题。

24 日,博冠雄报告说,黄仁泉来电话向我提供情况称,参议员德克森和参议员马格纳森出席了孔令杰前一天晚上举行的宴会。德克森作为心腹话说,在台北,委员长表示希望把金门岛列入军援计划之内,并希望德克森向他的拨款委员会建议这一点。德克森又说,他已向艾森豪威尔汇报了这个情况,看来艾森豪威尔对这个想法表示同情。

次日,我离开华盛顿取道佐治亚州的亚特兰大前往路易斯安那州的门罗。顾毓瑞陪我前往。陈纳德夫妇曾于 6 月 18 日前来安排我去门罗及其姐妹城西门罗的旅途和访问细节。两个姐妹城的人已宣布 6 月 26 日为"蒋介石日"。陈纳德曾愿提供一架私人飞机,但我已订妥东方航空公司去亚特兰大的机票和德尔塔航空公司去门罗的机票,所以就婉谢了。

到达亚特兰大后,我乘出租汽车观光,以消磨飞往门罗之前的时光。在桃树街环形路口我见到许多美丽的老住宅,其中许多已改作商业用,这是由于生活费用高昂和仆用不足迫使房产主出售或出租。在附近的新开发地区,住宅是现代式平房,很好看,但给人留下的印象不很深刻。

换乘的班机把我带到门罗。迎接我的有陈纳德夫妇,门罗市市长、宴会主持人俱乐部主任,詹姆斯·尤因夫妇,门罗和什里夫波特两地的报纸业主、路易斯安那州原州长、当时的地方电台和电视台的业主詹姆斯·诺埃,以及几位其他人士。在市长陪同下,我乘坐他的汽车由两位骑摩托的警察护送,穿过门罗市中心直达弗吉尼亚饭店。在那里,我们很快同其他约二十位客人在一次非正式宴会上入席。

宴会过程中,我和其他几位人士被邀请讲话,尤因先生率直地谴责了英国对红色中国的态度和政策,但是他讲得诚恳而鼓舞人心,因为他尊重事实而不感情用事。陈纳德作了美好的讲话,他颂扬蒋介石将军是美国的忠实而坚定的伙伴、中国的伟大爱国者和经验丰富的反共战士。对主人和门罗人民赞扬自由中国,宣布 6 月 26 日为蒋介石日,并再次肯定我们有朝一日重返大陆的信念,我表示感谢。我强调了中美两国人民自开始交往以来就一直是朋友,而且一个自由解放的中国对亚洲和太平洋地区和平事业是可贵的。我说,这个事业对美国的利害关系是极端重要的。我的讲话在听众中引起了共鸣,在我强调上述内容时,尤为如此。

次日即 6 月 26 日上午,尤因同另一位先生前来与我会晤。他们准备了约十七个问题,这些问题与下列各方面有关:朝鲜战争和停战情况;台湾军事力量;美援及其有效性与适合性;解放大陆的准备工作;中共统治下的民众情况与情感;反共游击队的活动;联合国中有关朝鲜战争和停战的情况;以及英国对接纳红色中国进入联合国的态度等。

半小时后,西门罗市市长一行数人前来接我去访问西门罗。他领我参观了市长办公室,并介绍了市议会的成员。后来他陪我乘车通过西门罗到"谷仓"参加约十二人的午宴。这是一次丰盛的午餐。饭后,我们前往布朗菲尔德观看约五百名路易斯安那州国民警卫队的军事检阅。指挥官陪我检阅。后来,陈纳德介绍我讲话。那天很热,约有七百至九百人在场,包括五百名国民警卫队在内。天空有一队喷气式飞机列队飞行。他们两次飞过,摄影师在机群于远方地平线的树梢上刚刚看得见时便作好准备,但飞机还是快得难于抢拍。

那天下午晚些时候,我和顾毓瑞在弗吉尼亚饭店出席了陈纳德夫人主办的中国时装表演会。在一个多小时之内,约有八至十名妩媚的姑娘做模特儿,展示了约一百三十种不同的中国服装。表演会组织得很好,约有二百五十名妇女出席;男子仅有八至十人,我是其中之一。还有国民警卫队的一位将军。他后来在他的俱乐部举行鸡尾酒会招待我们。

晚上举行了盛宴,约有四百人参加,由宴会主持人俱乐部主任布兰奇主持。陈纳德赠送我一本纪念册,粘贴的是门罗各报为庆祝蒋介石日而发表的社论。我以蒋介石总统的名义分别向门罗和西门罗的市长和市议会赠送了亲笔署名的蒋总统照片,以感谢他们与中国事业休戚与共的表示。

在这次宴会上,蒋廷黻是主要演说人。陈纳德夫人在介绍他时,称赞他敢于说出苏俄是共产主义侵略的主要密谋者。蒋廷黻本人讲述了蒋委员长作为一个人、一位中华民族的领袖和一位反共战士的一生。他讲了一句十分恰当的话,大意是委员长不会追求战斗,可是一旦投入一场战斗,就不会轻易罢手。他会艰苦顽强战斗,以争取胜利,尽管没有复仇意识激励他;而且在胜利时,他宽宏大量而有远见,这从他在日本投降后所主张的对日宽大政策可资证明。

次日清晨,我同蒋廷黻夫妇和顾毓瑞前往机场。宴会主持人俱乐部主任、蒋介石日委员会主席,和陈纳德夫妇到机场为我们送行。蒋廷黻夫妇在伯明翰换机直飞纽约,我和顾毓瑞则继续飞往亚特兰大,然后飞回华盛顿,并于当日傍晚抵达。

在以后几天里,我一直忙于处理新出现的与朝鲜局势有关的事情。但是在7月1日,我向外交部发出了电报,报告有关援助问题的最新动态。美国参议院刚刚一致通过了一项决议,大意是各援外计划都应在1955年6月底以前结束,共同安全署应在1955年6月底之前终止进行中的对外经援项目,并在1956年6月底之前结束其全部活动。这项议案是由民主党人迈克·曼斯菲尔德参议员提出的,但新任参议院共和党领袖诺兰议员也表示同意。按照曼斯菲尔德的声明,1956年以后的任何非军事对外援助都应由国务院办理。

我把这个情况报告了台北。我还说,1954财政年度的援外法案已由众议院通过(6月19日)。众议院法案的援外总额为四十九亿九千八百万美元,其中百分之五十三用于欧洲,这个百分数比1953财政年度少百分之二。亚洲及太平洋地区为百分之二十四,比上年度增加百分之十。至于那天(7月1日)通过的参议院援外法案,我说,总额为五十三亿一千八百万美元,其中欧洲可占百分之五十点三,亚洲及太平洋地区占百分之二十五。

为解决两院法案的矛盾,参众两院在不到两周之后举行了联席会议。7月13日,我把会议结果报告了外交部。参众两院一致同意总额为五十一亿五千七百多万美元。对亚洲及太平洋地区的军援总额为十亿八千一百六十二万零四百九十三美元。对台湾及印度支那的经济援助(用于共同防务)为八千四百万美元,再加上原政府法案中的未动用结余(约计一千一百万美元)。会议还决定经济援助的终止日期为1956年6月30日,军事援助的终止日期为1957年6月30日。我接着报告说,两院这个一致意见已由众议院以二百二十票对一百零九票通过。但尚待参议院通过。参议院于同日晚些时候通过。

7月12日,俞大维通报了从他最近和五角大楼及共同安全署的美国朋友交谈中所得的印象。他说,增加对台援助是没有希望的,除非从指定用于印度支那和台湾的款项中任意拨用,或从国外大宗采购,或由总统授权农业产品信贷公司转让剩余食品。

俞大维虽已询问关于雷德福在台北同委员长及我们的军界领袖的会谈情况,但尚未得到消息。然而我们讨论了争取美国同意将浙江沿海的大陈岛列入美国军援计划之内的前景。俞大维说,大陈岛的五个师应用以填补台湾陆军的空额,而全部武装力量应统一为一个整体,这样我们就能够从台湾派出为保卫沿海岛屿所需的部队。俞大维觉得这个建议的逻辑性是难以拒绝的。

1953年7月14日,在众院女议员凯瑟琳·圣乔治举行的宴会上,我同主宾尼克松副总统进行了交谈。他详细地对我谈了他即将前往的远东及台湾之行。他说,他愿意拜访我,以便就他在台湾最值得看看什么征求我的意见。他对我说,他还将拜访他将出访的亚洲其他国家的驻美大使,艾森豪威尔嘱他作为总统个人代表访问那些国家。但是他说,除了转达美国人民友好情意并实地了解情况和研究问题以供总统参考外,他没有正式使命。

几天之后,在另一次宴会上我同宋子文谈了很多。我们讨论了朝鲜局势。宋子文说,吴国桢曾在纽约见他,而且给他留下了他有不满情绪的印象。宋子文劝吴国桢不要当着美国人批评委员长或我们的政府,并敦促统一意志和合作,以促进重返大陆之最高事业。宋子文对我说,鲁斯和霍华德是吴国桢有力支持者。他接着说,吴国桢想利用他在台湾人当中的声望和这里的美国人的交往,而在台湾则利用他的美国朋友的支持,这是他的政治实力的两个方面。

次日,即 7 月 19 日,由于我曾得到通知吴国桢夫妇即将访问华盛顿,我于刚过中午时在国民机场迎接了他们,而且安排了晚间为他们举行欢迎宴会,邀请的来宾都是我的大使馆和中国政府驻华盛顿的其他组织机构的人员。我从机场把吴国桢夫妇带到喜来登花园饭店。他说,他将于傍晚六时半到大使馆,但后来派顾毓瑞通知我,他将提前在为他举行的欢迎宴会前到双橡园,因为他希望进行礼节性拜访。但是结果他和吴夫人在其他来宾都已来到时才到达。吴夫人说,她在长途飞行后睡过头了。但是吴国桢说,亚历山大·史密斯参议员和他通了电话,而当他知道史密斯夫妇和他住在一家饭店时,他觉得他应当立即前往拜访。这说明了他们来迟的原因,尽管吴夫人由于想表现得十分老练而曾说她睡过了头。

我安排在 7 月 21 日陪同吴国桢去三处拜会,都是大使馆为他约定的。首先,我们在国务院会见了饶伯森,会见情况我在前面已经记述。然后我们到卫生教育和福利部拜会了霍比夫人。在我看来,这次谈话只是例行公事。首先,除吴国桢外,我把吴夫人也带去了,因为部长是位女士。其次,霍比夫人显得相当紧张。但是吴夫人带给她一对银制人力车,是台湾的手工艺品,每辆车尾部都挂着盐瓶和胡椒瓶,很受鉴赏。后来在汽车上,吴夫人亲切地对我说,她曾打算带给我一些台湾茶,但日后将作为礼物寄给我。我想,她作为一位十分敏感的女士,由于在我面前向一位外国朋友送了礼,所以也想赠我礼物。她大概不知道我对这种事情从不介意。然而她这样对我谈是很友好的。

我们访问的第三位是内政部长道格拉斯·麦凯。谈话集中在管理印第安人的方法和政策上。吴国桢解释说,他对这方面很感兴趣,因为他在台湾曾不得不同住在山区的土著打交道。麦凯说,他不同意他的前任所奉行的政策。那时的政策把印第安人当作隔离的民族对待,他主张尽一切可能把他们和美国人同化,比如让他们在同样的学校学习,和逐步说服他们住在美国城市和小镇里,麦凯愿意向吴国桢提供有关印第安人事务局行政管理和有关内政部管理下的大型资源保护和灌溉工程的全部资料。

晚上,我为吴国桢举行冷餐晚宴。大约有七十名美国人出席,其中有许多是参众两院议员以及国务院、五角大楼和共同安全署的官员。我分别同麦卡伦、弗格森和德克森等参议员进行了畅谈。同麦卡伦谈的是当时正在国会讨论的难民法案问题。同弗格森谈的是朝鲜停战的影响。同德克森谈的是把台北控制的沿海岛屿列入美国军援计划的问题,德克森访问台北之后一直在协助实现这一目标。

次日下午一时,在陪同吴国桢先后拜访了国务卿杜勒斯、副国务卿比德尔·史密斯和助理国务卿拜罗德以后,我前去参加了参议员亚历山大·史密斯在参议院范登堡室为吴国桢举行的午宴。这位参议员以参议院外交委员会远东问题小组委员会主席的身份做东。来宾有外交委员会主席威利以及参议员托比、格林、斯帕克曼和曼斯菲尔德等共约十六位,其中包括国务院的饶伯森和新确定的美国驻澳大利亚大使阿莫斯·皮斯利。吴国桢在应邀讲话时,详述了共产党渗透和操纵的方法。那是他任上海市长时认识到的。在那里,共产党施展一切诡计来暗中破坏上海市的行政管理。他还解释了共产党的组织和控制方法,以及为什么马林科夫在斗争中已经赢得了俄国的最高权力。参议员威利显然很感兴趣,他提出了很多有关大陆中共的实力、毛泽东成为铁托式人物的可能性以及台湾希望怎样光复大陆等问题。

下午晚些时候,华盛顿的华侨界领袖在一家中式餐厅为吴国桢举行招待会。在这次招待会上,吴国桢机智地在开始讲话时先为施政不当而丧失大陆表示谢罪。然后他对包括在华盛顿的中国官员在内的二十位听众谈了台湾吸取大陆教训所取得的进步。他强调了他任台湾省主席时在施政方面的民主特征。

晚上又有一次为他举行的聚会。这是饶伯森夫妇在布莱尔大厦举行的晚礼服宴会。正如宴会主人所说,这次宴会是非正式的社交聚会。与会者共有十六人,其中包括主人夫妇,他们的女儿和年轻的儿子,我的大使馆的谭绍华夫妇,澳大利亚大使斯彭德,以及国务院官员。

次日,我带吴国桢访问了众议院议长乔·马丁。马丁谈到的一件事是,目前对国民党中国来说事态是好一些了,但未来还不是没有困难。26 日,众议员斯特林·科尔夫妇和众议员威廉·赫斯夫妇在国会众议院议长餐厅举行了午宴。傍晚,国务院的马康卫夫妇举行了鸡尾酒会。这两次都是为吴国桢举行的。

约十八人参加了午宴,其中包括参议员德尔加多及其菲律宾籍夫人。他们两位都是菲律宾 11 月大选的总统候选人麦格赛赛将军的坚决拥护者。他们既反对季里诺总统,也反对罗慕洛。其他来宾大多是两家主人在众议院的同事。就连众议院议长马丁也亲自出席。科尔在介绍吴国桢时高度赞扬了他。吴国桢即席而富于感情地谈了美国教育给他的好处、他对民主精神的赞赏以及他坚定不移地在台湾推行民主制度。

午宴后,他被陪同去众议院外交委员会远东问题小组委员会讲话。顾毓瑞参加了这次会。会上,吴国桢发言约一个半小时并回答了许多问题。他发言的题目是共产主义意识形态的本质、它的目标以及为达到其目标所采用的战略和战术。对他的提问主要是关于中国大陆的情况和台湾光复大陆的计划。

在马康卫夫妇那天晚上为吴国桢夫妇举行的鸡尾酒会上,出席者大多是马康卫办公室和我的大使馆的人员。酒会后,我出席了埃及大使馆为庆祝埃及国庆而举行的招待会。我特意出席这个招待会以表示我对埃及的友好感情,尽管那天早上我曾按约定时间回访过埃及新任驻美大使。

7 月 25 日,吴国桢来访,感谢我的盛情款待和不怕麻烦地"为他安排在华盛顿的应酬和日程"。他同他夫人即将在那天下午乘联合航空公司班机去丹佛。我同我国其他许多官员去机场为他们送行。在过去几天里,无论是在我的汽车里还是在宴会上,只要有机会谈话,我们就谈台湾的形势和为光复大陆进行成功袭击的前景。他曾坦率说,这将不得不取决于世界形势的发展。他说,由于后勤补给问题,没有美国的支援而只凭我们自己的努力是不能成功的,而美国的支持只有共同奋斗才能获得。关于台湾的情况,他曾痛惜没有这样一种用人的政策,这种政策是在政府部门尤其是军事部门用人特别是用年轻人方面,只根据才能而不根据政治势力或家庭关系。他还认为在政府特别是军事各部门之间应根据法律而不根据"上面的个人愿望"来协调,在这方面还有许多工作要做。他的这番话的言外之意不是不清楚的。

7 月 27 日晚,我接见了纽约和华盛顿的华侨界代表。他们前来商讨新难民法案的一些变动和怎样予以推动,以保证为中国国民进入美国获得足够的配额。他们和大使馆都一直在联系我们在国会中的朋友寻求协助。我们决定通过分头联系和交涉,以加强我们的工作。这些华侨代表离去后,我参加了利比里亚大使馆的国庆招待会。同往年一样,招待会安排得很豪华,香槟酒和冷肉满满地摆在好几张餐桌上。

几天之后,我设午宴招待华盛顿和纽约的华侨界代表,再次商讨新的难民法案,以及推动某些更改的方式方法,和把一些在美华人包括在配额之内以使其身份合法化的前景。众议院的周以德主张把新法案允许的全部三千名中国难民配额只分配给来自香港的难民。参议院的帕特·麦卡伦主张新法律通过后,允许进入美国的中国难民的护照必须由台湾国民政府签证。宴会上的一致意见是赞同麦卡伦的主张。我们同意本着这个目的联系国会中的各个方面。

我用电话劝说周以德改变主张，但发现他起初非常坚持己见。他告诉我，旅美华侨界代表曾和他联系，敦促他把允许来美的华人列为永久居民，但他没有同意。他说，那些已经在美华人，不管其身份如何，都没有受共产党迫害的危险或贫穷的苦恼。他也不主张难民护照由台湾国民政府签证，因为他担心国民政府排斥那些它认为不赞成它的人。我力陈香港之外有些难民同香港难民同样处于痛苦的境况，把允许入境的难民限于来自香港的难民，这将造成差别待遇和引起不满。于是他明白了要点，但是看不出怎样用适当的方式来修正他的主张。最后，他提出或许可以把入境配额的三分之二用于来自香港的难民，而把余额用于来自中国大陆以外的亚洲其他国家的难民。我觉得香港难民所占比重大了一点，香港之外的难民所占比重大一些可能更好。他同意并表示将尽可能办理。

同日下午，我前往国务院拜访助理国务卿饶伯森。我刚刚收到一份重要备忘录的中、英文副本，这份备忘录是 7 月 20 日向美国驻台北大使馆提出的。全文如下：

查 1953 年 7 月 18 日中午蒋介石总统于总统府会晤蓝钦大使时，曾特请大使转告美国政府如下：

中国政府以往曾反复敦请美国政府将中国政府于 1953 年 5 月 21 日提出之《1954 财政年度共同防务援助计划拟议提纲》附件备忘录所述之沿海岛屿置于美国军事援助计划之中。鉴于大陈岛附近之最近军事发展及中共占领其邻近若干小岛，总统希望美国尽速予以考虑并据以行动。

有明显迹象表明，敌人正加强大陈岛及其他沿海岛屿周围之活动，此或为在其他岛屿登陆之前试探各岛之防御能力。鉴于沿海各岛屿在补给与防务方面之不安全地位，中国政府以前曾多次建议使沿海岛屿与台湾及澎湖列岛之防御合为一体,并曾强调为加强台湾及澎湖列岛之防御起见,必须使沿海岛屿防御部队与台湾军队合为统一作战部队。如美国政府不同意将驻各岛部队列入现行训练计划,则上述要求将无法实现。

但迄今为止,美国或不拟承担由此而涉及之义务。为此,在最后决定此问题前,建议美国政府作为紧急措施,考虑在最近将来发表声明,宣称鉴于由中国政府军队或友好部队控制之闽浙沿海岛屿对台湾及澎湖列岛防御之重要性,美国第七舰队将继续加强巡逻与警戒各该岛屿周围之水域。此种声明决不使美国涉及防御各该沿海岛屿之责任,而对中共方面之敌对企图则有心理威慑作用。由于声明旨在达到某种心理效果,如承美国政府就其具体措辞与中国政府协商,将不胜感激。

鉴于中共最近对中国政府海军舰只之攻击,中国政府正采取有效措施,以陆军正规部队增援沿海岛屿之守卫部队并加强防御工事。中国政府就此与美国军事援助顾问团不断磋商,并得益于其意见。中国政府不仅无意自各岛撤退其部队,而且鉴于各该岛屿之战略重要性以及主要岛屿之失守必将严重影响中国军队士气,中国政府将全力予以保卫。

中国政府决心以其全部海空力量坚守沿海岛屿,并竭诚希望美国加速交付《1954 财政年度共同防务援助计划拟议提纲》(第 12 页)所要求之浅水战斗舰。中国海军目前在台湾使用之为数有限之浅水舰只,实不能移作他用,且即使可移作他用,亦难指望为数极少之舰只能满足沿海岛屿附近之种种需要。为此,中国政府竭诚要求美国政府对下列海军舰只之要求予以考虑,以作为防御沿海岛屿之紧急措施:

舰艇类型	所需数量
巡逻炮艇(巡逻护卫艇或护航巡逻艇)	20

登陆艇修理舰	2
鱼雷艇	10
车辆及人员登陆艇	100

如承同意上述要求并早日答复,中国政府将不胜感激。

由于朝鲜停战协定已于最近签订,预料台湾政府会遭受大陆共产党的更大压力,那是很自然的。从军事角度看,沿海岛屿最易遭到攻击。除最大的金门岛外,这些岛屿的防御并不坚固,而且共产党在对面的大陆上一直在逐渐加强军事力量。外交部在说明上述备忘录的来电中强调指出,最近共产党曾多次袭击台湾澎湖环形防线以外的各岛,而且为了加强这些岛屿的防御,我们已向美国大使馆送交上述备忘录,要求美国政府采取迅速措施,比如交付一定数量的海军舰只和发布公开声明。外交部嘱我一有机会就敦促美国方面按照备忘录行事,并嘱我汇报进行结果。

因此我在 29 日紧急拜会了饶伯森,要求将沿海岛屿列入军援计划之内,并要求美国政府发表声明,宣称美国第七舰队正坚持并将继续巡逻这些岛屿周围的水域,目的是阻止中共像最近那样袭击沿海岛屿,他们在最近的袭击中曾占领大陆沿岸的几个小岛。

根据会谈记录,我首先对饶伯森说,我国外交部长嘱我会见国务卿,但是我知道杜勒斯先生为准备朝鲜之行一定很忙,所以我请求会见副国务卿,然而副国务卿因忙得不可开交而建议我会见饶伯森,我接着说,我很高兴会见助理国务卿,因为他毕竟最熟悉我想要讨论的问题。

我首先提出的问题是我国政府急需一定数量的海军舰只,以使中国武装部队能够防守大陆沿岸的岛屿。我说,近几周来中共不断袭击浙江沿岸的大陈岛周围的若干岛屿而且占领了一些小岛。但我国政府决心保卫其仍然占有的岛屿,并已派出增援部队以加强这些岛上的守卫部队。保卫面对闽浙各岛,不仅对台湾的安全,而且对武装部队的士气,都很重要。万一这些岛屿失守,就会打击军队的士气。但是为了有效地进行防御,中国政府需要五种类型的海军舰只共约一百三十二艘,包括巡逻艇和浮式修理工场。

我接着说,7月20日外交部长叶公超曾就这个问题向蓝钦大使送交一份备忘录,要求美国作为紧急措施给予这些舰只,并要求美国政府发表声明,大意为第七舰队对国民政府控制下的大陆沿海岸屿的周围水域将继续进行巡逻。我说,这项声明将起到两个作用:(1)提高守卫各岛的中国军队的士气;(2)对企图袭击和占领这些岛屿的共产党起威慑作用。

饶伯森说,当天早上他收到了蓝钦大使的一份报告,但还没有时间阅读。他问会见时当他助手的阿瑟·埃蒙斯已否阅读。埃蒙斯回答说还没有。于是饶伯森吩咐埃蒙斯记录我所讲的话,以便向有关部门提出商讨。

我说,时间因素很重要,应当尽速采取行动。

饶伯森说,他很理解这一点。他吩咐埃蒙斯尽快准备好一份备忘录,而且还要说明时间对于这件事情是一个重要因素,因为如果在这些岛屿失守后再把舰只交给中国政府,就没有用处了。

我说,这正是我国政府心目中最主要的一点。我还说,我知道众议院和参议院分别在几天前和前一天对众议院6月份通过的一项法案提出修正案。原法案授权总统把一艘航空母舰借给法国,把两艘潜艇借给意大利,修正案则进一步授权总统以转让或租借方式把一定数量的海军舰只分给亚洲友好国家。我说,据我所知,有一部分是准备给台湾的。我说,他或许能够予以查明,因为中国大使馆在这个问题上和国会没有直接联系。在起身告辞时,我又询问饶伯森是否将陪同杜勒斯前往朝鲜。

饶伯森回答说,他不能外出,因为他有许多其他问题需要处理,例如印度支那问题。当我说我知道他有许多令人头痛的事情时,饶伯森说,的确如此,而且他觉得他年事已高,无力应付所有这些事情。我说,他一直处理得很好。

回到大使馆后,我立即用电话告诉饶伯森,关于我国政府希望美国发表的声明,我应当补充一点,即如果国务院同意这个意见,我国政府希望美国方面就声明的措辞与我国协商,以便使声明充分适应局势。

饶伯森说,这正是他所想的,这件事情一定会提出和我研究。

那天晚些时候,我把会谈全部内容电告台北。我还用电报向外交部长报告了 1954 财政年度援助计划最近在国会的进展情况。参议院拨款委员会刚刚建议拨款十亿零三千五百万美元用于向亚洲和太平洋地区提供军援。这个数字比授权法案规定的金额约少五千万美元。但是参议院拨款委员会还从 1953 财政年度的未动用余额中重新拨出了二亿五千六百八十四万三千四百一十一美元,从而使对亚洲和太平洋地区的军援总数达到十二亿九千一百八十四万三千四百一十一美元。这个委员会还规定在这笔援助中提供我国政府的金额至少要比美国政府在它估计数中所原定的金额超出百分之二十。我在去电中告诉叶外长说,据"我们的一位朋友"告知,这个增加部分的金额约为四千五百万美元。此外,这位朋友告诉我们,援助台湾的款项原则上可以用于我们控制下的沿岸岛屿。

至于对台湾和印度支那的经济援助或防务支援,这个委员会建议拨款八千四百万美元,这和授权法案所定的金额相同。但是授权法案规定从 1953 财政年度的未动用余额中拨出一千一百万美元用于防务支援,而参议院拨款委员会则通过重新拨出一千七百八十二万一千五百九十六美元。台湾在总额中的份额为八千一百八十二万一千五百九十六美元。

我在去电中继续说,参议院拨款委员会已向参议院提交一份报告。参议院已决定在我发电的那天晚上投票表决。表决后他们将把报告送交参众两院联席会议。

正如我早些时候报告的,众议院已通过它的拨款委员会的建议数字,向亚洲和太平洋地区的军援为十一亿九千五百万美元,共同防御经费为九千五百万美元。这两个数字都包括新的拨款和结转的未动用余额，因此比参议院拨款委员会的数字保守得多。

那天夜里一时三十二分，参议院全体会议以六十九票赞成，十票反对通过了它的拨款委员会提出的拨款法案，并且把法案立即送交参众两院联席会议。次日晚上的联席会议一致同意了一个折衷议案。这个议案把总额定为六十六亿五千二百四十二万二千三百九十美元，比参议院议案建议的数字减少了三亿九千二百八十九万五千八百一十二美元。然而正如我机密地向叶外长所报告的，向我国政府提供的经济和军事援助仍和参议院草案所建议的数字相同，即经援八千一百八十二万一千五百九十六美元和军援若干，军援的确切数字仍视为机密。然而，据了解，对我们军援总额为二亿五千五百万美元，其中包括通用项目三千万美元，再加上美国政府提出的估计数的百分之二十，使总数达到三亿多美元。这个折衷议案立即被送交两院进行最后表决。我在去电中告诉叶公超，一俟得到最后表决结果的消息，我就向他报告。

众议院立即采取行动，并于 7 月 31 日以二百七十三票对一百五十六票通过了这个折衷议案。8 月 3 日，参议院以口头表决通过了这个议案，然后立即送交总统签署。整个改组计划已在几天前即 1953 年 8 月 1 日生效。根据改组计划，共同安全署署长和共同安全署的一切职责都移交给新成立的国外业务署。

从中国的观点总结新的立法的结果，可以指出，相比之下，不包括通用项目，八千一百八十万美元的防务支援仍然比我们提出的四年计划中向美国政府要求的数字（该数字是基于外汇的需要）少约二千二百万美元，并且比我们 5 月 21 日计划的数字（基于对应辅助费用的需要）少约五千二百万美元。尽管这样，从美国政府 5 月份第一次提出计划以来，政府和国会的意向看来都相当鼓舞人心。另外，关于使用剩余农产品的新法令（1953 年共同安全法,公法第一一八号)中第五五〇条为可能利用剩余农产品规定了作为计划外援助的方法。至于军援,我们还不知道所包含的确切数额,这些数字是保密的。

早些时候,孔令傑于 7 月 31 日星期五前来向我报告,他为说服我们在美国国会中的朋友增加对我国政府援助所作的努力。他估计 1954 财政年度对我国援助的总额约为四亿美元,较上年度约增五千五百万美元。以前黄仁泉曾建议我的一等秘书傅冠雄要求我向委员长拍发专电,作为对孔令傑在援助计划方面的努力的赞许。我曾表示同意并决定在我向委员长报告此间美国形势的信中,附一封简短的签呈。这封信由谭伯羽带给委员长。他曾在 29 日来访并告我他将去台湾。

那天晚上,我照例去纽约度周末并赴约。星期六,大使馆的傅冠雄来电话说,参议员塔夫脱的追悼会将于星期一上午在国会大厦举行。参议员塔夫脱于周五上午因患血癌在纽约去世。这使我大为震惊,这对中美两国都是极大的损失。我立即向塔夫脱夫人发去唁电。星期日上午,谭绍华来电话证实参议员塔夫脱的追悼会将于星期一举行。我告诉他,我将亲自参加。

参议员塔夫脱的国家追悼会于中午十二时在国会大厦的圆形大厅举行。出席的人很多。政府方面有艾森豪威尔总统和尼克松副总统直至内阁阁员,以及最高法院的人。外交使团的大多数人都出席了。艾森豪威尔夫人坐在前排左侧,面对灵台和牧师。尼克松副总统坐在第一排前面右侧。我和其他资格较老的大使也坐在那里。塔夫脱夫人及四个儿子和四个儿媳坐在我们的前面。他们的长凳与我们的座位垂直相对。塔夫脱夫人和几个儿媳的哭泣令人悲痛而郁闷。参议员布里克致悼词,颂扬了塔夫脱的一生,全文庄重而动人。参众两院两位牧师轮流主持仪式。我在日记中写道:"塔夫脱是一位伟大的国会领袖,他的名字将作为这样一位领袖而永垂史册,而且随着时间的推移将更加伟大。"

星期日晚,我飞回纽约。在长岛海湾游泳和钓鱼,度过短暂假期。8 月 11 日,我已经返回华盛顿。我在华盛顿接见了张悦联和李榦。他们前来和我商量关于张悦联辞去世界银行执行董事职务和由李榦接任的事。政府刚刚接受了张悦联的辞呈。早在 7 月 8 日他曾来电话告知他的执行董事职位已由李榦接替,尽管他自己尚未接到财政部长的来信。他曾于上年 12 月函告财政部长,他的两年任期将于 1953 年 1 月结束,而且他希望由别人接替。张悦联曾对我说,很多人都渴望这个薪金高而工作少的职位,但是他很高兴他的朋友李榦得到了它。然后,他感谢我在他任董事四年和副董事两年期间对他的指导和帮助。

　　在这次会见时,李榦除把职务的正式变动通知我外,还谈了一个小问题。他所收到的电报一处也没有提到他在技术代表团里的团员和秘书长职务。电报只是提到由李骏尧代替他任技术代表团副团长,而这个头衔是他原先从未被委任过的,因而国务院也自然从未接到过这样的通知。我决定由大使馆将任命李骏尧为技术代表团副团长一事通知国务院,但关于李榦的团员和秘书长职务被替换一事则等台北澄清后再通知国务院。对此,他们两人都表示赞成。但是任命李榦为执行董事一事则可以循例通知世界银行。

　　8 月 12 日,李榦又和霍宝树来到大使馆。但这次前来的目的是和我商讨 1953 年援外法中的军援确切数字。经济援助的数字相当清楚,军援数字则不明确。我们所知道的二者的约略总额为四亿二千万美元。这个数字大于 1953 财政年度的数字,这是由于参议院在最后关头把军援增加了百分之二十。但是我想看看他们能否得到更为确切的消息。我还要求他们为我研究一下怎样根据第五五〇条申请分配剩余食品以及我们需要什么。

　　下午一时,孔令傑和我共进午餐。他把他的哥哥孔令侃带来见我,作为礼节性拜访。孔令傑对国会拨款援助台湾的结果相当满意。他也提出了这样一个问题,即我们是否有机会利用美国政府的剩余食品政策为台湾弄到一些物资。他要求我收集一些资料,以便他协助推动这项工作。我对他说,就在当天上午我已向技术代表团的霍宝树及李翰提出了这个问题。

几周后,孔令傑再次来访。在这期间,他已经得到了他向大使馆索取的资料。关于剩余食品问题,他说,我们目前只需要提出申请,而把计划细节留待以后送交。据他了解,最好的办法是要求得到一笔贷款,在若干年的长期间内偿还。他说,一俟我们向美国政府提出申请,他的一位美国朋友就会协助办理。

随着国会夏季休会和许多人外出度假,华盛顿的 8 月下半月过得很慢。所以我日记所记大多是社交活动。比如,8 月 14 日,我设午宴招待陈纳德将军、斯通将军、哈钦森将军、米尔顿·米勒将军以及美国第十四航空队联谊会的其他官员。这次午宴是为向这个联谊会赠送委员长捐助的三千美元奖学金而安排来招待联谊会的军官的。事实上,联谊会已经收到委员长的支票,但是他们希望我正式赠送,以便进行宣传。所以我在双橡园举行仪式,把实际上的一个空信封面交联谊会主席哈钦森。

次日,我出席了海军部长安德森夫妇在喜来登·卡尔顿饭店为海军上将威廉·费克特勒夫妇举行的招待会。这次招待会是欢送费克特勒退役。我借此机会感谢他为安排转让一些舰只为我国海军所做的工作。他说,他做了他所能做的事情,但是今后我们只得靠自己了。

数日后,我同陈立夫进行了一次有趣的谈话。他到华盛顿来是为他准备写的一篇文章查找资料。我带他和顾毓瑞到切维蔡斯俱乐部吃饭。我和陈立夫讨论了大陆失守的原因。大陆的失守彻底改变了其他国家对我们的国际地位的看法。我作为所谓世界四强之一的代表,在二次世界大战期间,度过了我们的全盛时期,经历了那个时期的昌盛。我对他说,我自然感到其他国家对国民党中国及其海外代表在看法上的差别。陈立夫说,大陆失守的原因之一是我们的军队变得骄傲自大了,军官目中无人,丧失了现实感。委员长本人变得太骄傲了。有一次,在陈立夫参加的一个会上,委员长竟然反驳说,毕竟是他使国家的地位逐步达到当时的威望与力量的顶峰。陈立夫说,当时当地他感到了亡国的危险即将来临。

关于那个时期我所经手的援助工作的各个方面,外交部提出了几个问题。例如1953年8月15日,我收到了叶外长关于我们要求为两个师提供军事装备的来电。叶公超说,最近他同蓝钦大使讨论了撤出李弥部队的问题。在交谈过程中,他提到了我同副国务卿史密斯3月6日的会谈,特别是提到了这样一个想法,即把从云南边境和从印度支那撤出的部队改编为两个师,以便加强我们的军事地位。他曾向蓝钦表示,我们希望美国方面按照副国务卿的赞同意见提供步枪和附件。蓝钦向国务院汇报后,接到了指示,否认史密斯曾表示同意。

外交部来电接着说,到当时为止,我国政府还说不出实际上能撤出多少李弥部队。政府原来打算等李弥部队的撤出有具体成果后,再请美国方面采取史密斯原先提出的措施。但政府最近决定先试探美国方面的反应,从而得到了上述答复。为此,既然根据我以前和史密斯所作会谈,问题对他们十分清楚,所以外交部嘱我设法联系国务院并电复。

我于8月17日电复。我说,我查阅了3月6日我同副国务卿史密斯的会谈记录。我发现他是这样说的:从军事观点看,为了提前谋划,我们应当迅速把云南边境和印度支那的部队撤回台湾,并加以整训,以便把他们扩编为两个师,从而增加我们的实际力量。他还说,将来改编时,美国有意提供步枪和装备,所有这些都会有利于我们方面,等等。但这不是史密斯的保证或他那方面的明确声明,因为他讲那些话的意图是劝说我们首先在原则上就从缅甸撤出李弥部队一事早日作出决定,然后着手同缅甸方面确定撤军的实际方法。这是他关于提供装备的话的前提,是他的讲话的前提,而且我在当时就是这样理解的。因此,我告诉叶公超,既然前提没有成立,而且我们在撤军谈判中并不顺当,所以美国方面不可避免地感到失望,而我们方面就不能真的指望把他当时表示帮助我们的良好意图看得这么具体,也不能指望他目前有意立即着手同我们讨论撤回的部队的装备问题。再者,我说,由于朝鲜停战,美国目前正为和平谈判做准备,而且似乎正在尽力避免在任何方面激怒对方。

至于我们对上述装备的需要,我建议应当作为一个单独问题提出,而且应当在适当的时候提出。我向外长报告说,与此同时我正在了解美国援外资金有否剩余,以便我们能予指出供上述装配之用,而在程序上美国国会有必要为追加援助通过一项新法案。

事实上,我已经派崔存璘走访负责中国事务的马康卫。崔存璘回到大使馆后,准备了一份会谈记录,供我审阅。根据记录,他首先对马康卫说,我收到了叶外长来电,把外长和蓝钦大使有关整编和装备两个中国师的会谈通知了我。崔存璘说,叶外长的来电提到了顾维钧大使和副国务卿史密斯的一次会谈。但由于电文中有一部分不清楚,顾大使吩咐他向马康卫先生了解一下蓝钦大使是怎样向国务院提出这件事情的,以及国务院是怎样答复他的。

马康卫说,蓝钦大使的报告的大意是,叶外长告诉他,中国政府希望从印度支那遣返的军队中整编和装备两个师,并要求美国政府按照副国务卿史密斯在3月6日同顾大使会谈时所做的允诺提供援助。国务院已经予以答复,大意是副国务卿想不起同顾大使有过这样一次谈话,国务院也没有案卷证明这个事实。马康卫又说,顾大使可能误解了副国务卿的意思。

听到这句话后,崔存璘对马康卫说,顾大使并未误解副国务卿的意思。他们在谈到从缅甸遣返部队时,副国务卿作为一位军事专家曾表达这样的见解,即在缅甸的军队在抗击云南边境的十二万中共军队方面,军事价值不大,更为可取的办法是把他们撤出并同从印度支那撤出的军队一起改编和加以装备。崔存璘说，可能是外交部脱离了顾大使报告的上下文而摘录一两句话。当马康卫表示现在整个事情对他都清楚了的时候，崔存璘问他是否将向副国务卿解释这件事情。马康卫回答说，他将这样办。

接着，崔存璘对马康卫说，在这一点上，顾大使希望他询问一下，如果中国政府向美国政府提出协助装备两个新的师的请求，国会是否有必要通过新的法案。崔存璘说，顾大使的看法是，国会拨出的对中国进行经济援助和军事援助的款项都是指定具体用途的。他又说，如果提出这样一项请求，那将作为一个新的问题予以提出。马康卫说，他必须向国外业务署询问是否有资金可用于满足这项请求，以及国会有否必要通过新的法案。

在提出第三个问题时，崔存璘对马康卫说，7月29日我同助理国务卿饶伯森谈话时，我提到了中国政府要求提供一些用于保卫大陆沿海岛屿的海军舰只。他接着说，国会最近通过一项法案，同意把船只租给亚洲的友好国家。崔存璘对他说，我想要了解根据这个法案这件事情目前的情况。马康卫说，据他所知，根据新法案，有二十五艘舰只分配给中国，但这件事情仍由五角大楼考虑中，一俟作出决定，他就立即通知我们。在这件事情的紧迫性方面，他同意崔存璘的意见。

最后，崔存璘说，在我和饶伯森的那次谈话中，我提到了由美国政府发表一个第七舰队巡逻大陆沿海岛屿的声明。马康卫说，最高级领导曾考虑这个问题，答复是否定的。他说，此时此刻的任何声明都必然会是含糊其词的。由于这些岛屿距离大陆太近，任何声明都可能在美国造成误解。但是如果将来情况发生变化，中国政府可以要求重新予以考虑。马康卫补充说，这个决定已经电告台北美国大使馆转达我国政府。

四天之后，我离开华盛顿再次短期休假。8月的华盛顿不仅过得很慢,而且极热。8月又是枯草热发病率最高的季节。这种病使我很不舒服。因此,我离开首都去呼吸一下海边的空气,以减轻我的痛苦。

第七章 从板门店到日内瓦

1953 年 9 月—1954 年 2 月 18 日

第一节 把世界问题拿到会议桌上的连续 尝试对国民党中国的影响

1953 年 9 月—1954 年 2 月 18 日

1953 年 8 月底,出席第七届联合国大会最后阶段会议的代表通过一项提案,决定由南朝鲜和任何曾派部队参加联合国军作战并愿出席朝鲜问题政治会议的会员国在该委员会代表联合国一方;如果共产党交战国——北朝鲜和共产党中国——提出要求,则可以邀请苏联参加为另一方代表。美国应与对方安排在双方认为满意的时间和地点开会;但不得迟于 1953 年 10 月 28 日。此项大会决定应通知对方。

在我国政府看来,此项决定大体上尚属可行,因为这样一来,会议就不会是一次有中立国参加的圆桌会议,苏联也不会是联合国一方的代表。(若苏联成为联合国一方的代表,则安理会常任理事国中唯一被排除在外的只有国民党中国,而美国在讨论时的发言,就不会那么有分量了。)此外,七届联大也无意把拟议中会议的范围扩大到包括朝鲜以外的问题,诸如台湾或国民政府的地位等。另一方面,正如我在论述这些问题的前一章结尾时所指出,国民党中国的国际地位并未因而比以前更为牢固。我们在经历 8 月决议前的困难时期之后,必须再次为捍卫我国地位而战斗。比方说,如果共产党方面不同意联合国的决议,情况又会如何？下届联大对共产党将迁就到何等程度？美国届时是否会屈服于盟国的压力而在诸如会议的性质和议程等问题上妥协让步？

考虑到这些问题，我在华盛顿和我国驻联合国首席代表蒋廷黻在纽约的紧迫任务是提前准备，并采取一切可能的步骤，以防止不利情况的出现。其中首先是防止下届大会，即将于 1953 年 9 月 15 日开幕的第八届联合国大会常会投票接纳红色中国加入联合国。换言之，中国代表权问题很可能在有关政治会议及解决朝鲜问题的任何讨论之前提出，甚至会另外单独提出，因为苏联的一贯做法是每届新的大会开始时就提出这个问题。

蒋廷黻对下届联大的全权证书委员会的成员问题很关心。

重要的是，一定要使组成委员会的成员大多数是支持我国政府代表权的国家。因此，他于 9 月 1 日打来电话说，他已向美国驻联合国首席代表洛奇提交了一份他认为最恰当的名单，即总的来看是对我们友好的。洛奇答应向国务院请示。蒋要求我将一份同样的名单直接送交国务院，并请国务院尽早向洛奇发出指示。名单所列的国家为：美国、苏联、希腊、土耳其、巴西和古巴或多米尼加和萨尔瓦多、巴基斯坦和泰国或菲律宾（如泰国的旺亲王当选为大会主席，则泰国改为菲律宾）。

9 月 4 日，我国代表团江季平打来电话，报告代表团曾于 3 日同美国代表团举行正式会晤。我方表示，如果苏联代表团在下届联大提出中国代表权问题，我们希望大会立即予以拒绝。我们说，这是所能采取的最佳程序。美国代表团答应把我方意见报告华盛顿。但他们认为我们应采取过去几年所用的办法，即推迟讨论这个问题。同时，他们指出，英国同美国意见不同，英国代表尽管认为问题可以推迟，但主张推迟应当有个时限。

下届大会主席的人选，对我国在联合国的地位，以及对大会讨论政治会议问题，也很重要。9 月 5 日晚，我参加了泰国驻美大使扑·沙拉信在大使馆举行的宴会。主宾是当时的泰国外交大臣旺亲王和美国国务卿杜勒斯。其他宾客有：国外业务署署长哈罗德·史塔生、日本大使,以及新任负责联合国事务的助理国务卿、前驻日大使罗伯特·墨菲。在夫人们离开餐厅之后,我们对即将开幕的联合国大会、大会议程以及研究修改联合国宪章会议的前景进行了讨论。

我强调了大会主席一职的重要性,而未提及两位竞选人旺亲王和印度的潘迪特夫人的名字。我还指出,作为主席,任何人都能运用权力,对大会进程施加巨大影响,因而他必须是公正的,而且是赞同自由世界的目的和宗旨的。杜勒斯除了同意我所说的大会主席职务的重要性之外,没有再说什么。显然他意识到美国已经承诺支持潘迪特夫人,而且意识到旺亲王在座,而这两位正是竞选对手。但我正是充分知道事情的微妙才提出了这个问题,特别是在那一年,鉴于朝鲜和平会议即将召开以及赞成联合国接纳红色中国的论调甚嚣尘上,我提出这个问题,正是为了引起大家注意大会主席人选的重要性。

我极力主张设法使大会主席的选举进行两次投票。因为按现行议事规则,任何一位候选人哪怕只比竞争对手多得一票就可以当选。杜勒斯证实了现行议事规则确实如此,而且证实了按修订后的规则,计算票数时,弃权票不计在内。我向他们回顾了我同前任大会主席比利时的斯帕克的争论,最后,通过大会投票,否决了主席的裁定,确认了我所提出的弃权票应计入总票数之内的主张,因为弃权者也是"出席者和参加投票者"。我重申,投空白票无损于他们参与投票这一事实。

谈话后,旺亲王为我提出选举新主席的问题,并为我提请杜勒斯注意这个问题,而向我表示感谢。他认为,若是他能从亚洲—阿拉伯集团再争得三票,从而确保拉美国家对他的支持,他还是有希望当选的。

接着,9月10日,即在我去国务院同墨菲单独谈话的第二天,我用电话把这次谈话的内容以及5日宴会后的谈话内容告诉蒋廷黻,并书面加以确认。现将我信中有关宴会后交谈时我的发言摘引如下,其细节颇多启迪意义。

　　关于即将开幕的八届联合国大会对我国具有特殊重要意义的若干问题,我于上星期六,即 9 月 5 日,趁参加泰国大使为旺亲王举行宴会的良机,提请国务卿杜勒斯和负责联合国事务的助理国务卿墨菲予以注意。我提到了据传苏联代表团有意在大会上提出我国代表权问题以及英国、印度和其他一些英联邦成员国很可能支持苏联提案,我们对此深表关切。

　　(1)我对杜勒斯说,根据议事规则,大会主席握有支配会议进程之大权。下届大会主席职位之具有特殊重要性,不仅在我们考虑我国代表权问题上是如此,而且在考虑与朝鲜政治会议有关问题上也是如此。假若来自某个国家的新任主席,对于共产主义威胁和对于自由世界的事业的看法,与美国并不完全一致,势必成为一大危害,而且可能使美国作为自由世界领袖的处境更为困难。我力陈选举一位不仅在国际事务方面有丰富经验,而且素以公正和支持自由世界事业而知名的主席,是符合美国本身利益的。

　　杜勒斯说,大会主席的作用确实重要,并表示他自己准备出席联合国大会约一周时间。

　　当旺亲王拉我到一边,对我所说的应注意今年联大主席的重要性问题表示赞赏之后,我表示希望他当选。我告诉他,我国代表团不但自己支持他,而且正为争取其他代表团支持他而进行工作。

　　我向他探询了竞选的实际进展情况。他说,上星期六上午他设宴招待了拉丁美洲十五国的代表。他们没有作出承诺,但暗示如果旺亲王能获得亚洲—阿拉伯集团国家半数以上的支持,拉美集团就投他的票。旺亲王说,从星期六晚上的情况来看,他还差阿拉伯集团三票,但他相信他能够得到黎巴嫩、伊拉克和沙特阿拉伯的支持。

我向他指出,那些承诺投印度票的国家,也许认为他们的承诺只限于第一次投票,有些国家可能觉得第二次投票时任意投自己认为合适的人不算失信。

旺亲王说,按议事规则,任何一位候选人获得多数票,哪怕只多一票,便可当选。据此他觉得潘迪特夫人很可能在第一次投票中获胜。但是在承诺投票选举印度的国家中,如果有几个国家认为第二次投票时可以按自己的意愿投票,他的获胜机会就会增加。于是我提出了一个想法。我说,要是那样,不难使一些代表团投第三位候选人的票,从而确保在获票最多的两个人之间再进行第二次投票。看来,他对我的这个想法印象很深。

(2)我还同杜勒斯讨论了修改联合国宪章问题。他表示他本人坚决赞成在 1955 年召开会议考虑这个问题,但他承认任何修正案必须得到安理会全体常任理事国的批准才能生效,而就俄国来说,这是很成问题的。然而,他认为如舆论强烈要求修改,俄国不大可能"硬顶"。

上述内容,我已于 9 日上午以电话奉告。兹再书面予以证实,以供参考。

至于我 9 日对墨菲的访问情况也颇有意思。我们讨论了苏联要求接纳红色中国参加联合国大会的意图,选举一位公正的大会主席的重要性,新的全权证书委员会的组成,苏联和印度提出要求重新考虑出席朝鲜政治会议的联合国代表团组成的可能性,以及纽约我国代表团来电所涉及的几个问题;这个来电是我赴三点钟的约会前不久收到的。

代表团奉命向我转交外交部的电文,内容是胡次长当天在台北与蓝钦大使交涉情况的通报。胡次长要求蓝钦把我们不同意美国支持潘迪特夫人当选为第八届联合国大会主席的若干论点转呈国务院。另外,我国政府对美国不得不信守诺言——如确有诺言的话——支持潘迪特夫人一事表示谅解的同时,切盼美国勿再鼓励其他友好国家投票支持她。最后，我国政府拟请美国带头促使联合国通过一项决议，"大意是由于无法证明北平政权能脱离苏俄而独立行事，因而从严格含义讲，它不是一个国家；即使它是一个国家，也不符合联合国宪章所规定的会员国标准，中华民国政府是唯一有权在联合国代表中国的合法政府；任何有关剥夺中华民国政府正式委派的代表席位的提案，概不应受理。"外交部的电文报道了上述各项，以及蓝钦表示赞同并答应立即转呈国务院等情，最后嘱我就以上两事要求美国驻联合国代表团与我国代表团接触。因此，几小时后，在和墨菲会晤时，我也提出了这两个问题。

一开始，我说，自墨菲先生调回国务院任职以来，我一直想来拜访，以商讨与即将开幕的联合国大会有关的几个共同关心的问题。我还说，我很高兴墨菲先生在远东任职期间曾访问台湾。

墨菲说，他那次访问非常愉快，逗留时间虽短，在岛上所见却也不少。

我说，墨菲先生在欧洲和非洲积累丰富经验之后，想必感到在东京和朝鲜工作很有兴趣。我说，我个人认为，亚洲的各种问题虽然表面上不同于其他地区，但这些问题都在某种程度上同世界其他地区的重大外交问题紧密相关，为此，具有对世界不同地区的情况和问题的全面知识与经验，对墨菲先生目前的工作肯定会大有裨益。

当墨菲说他发觉远东的问题同他在欧洲所处理的重要问题紧密相关时，我说，这是必然的，因为共产主义威胁是对欧亚两洲，而且事实上是对整个自由世界都有关系的问题，尤其是因为苏俄这个国际共产主义的发祥地，既是一个欧洲强国，又是一个亚洲强国，控制亚洲是苏联统治世界计划的重要部分。

墨菲表示完全同意。

谈到即将开幕的联合国大会，我说，据传俄国打算提出台湾中国政府的代表权问题，而某些国家，如印度和英国，可能支持这种企图。对此,我和我国政府非常关注。我对墨菲说,叶公超外长在台北曾向蓝钦大使谈及此事,并面交一份备忘录,其中概括了中国政府的观点,并希望美国代表团此次能采取措施,使联大对此问题得出更积极的成果。我又说,为了终止共产党集团每年在联合国进行煽动,最好由大会通过一项决议,宣告台湾中国政府是中华民国的唯一合法政府。

我接着说,蒋廷黻博士曾通知我,他在同洛奇先生交谈中,力陈联大处理这个问题的最简单办法就是对苏联提出的剥夺中国政府代表团席位的任何议案,立即予以否决。换言之,这种积极行动,对消除紧张气氛来说,比大会通过一个仅仅延期审议的决议,远为有效。我补充说,我和我国政府深切感谢美国代表团以往对我国立场的支持。我希望美国政府对我刚才扼要提到的我国政府对这个问题的观点予以同情的考虑,并希望得到墨菲先生本人的赞同。

墨菲说,蓝钦大使的报告或许已经送到国务院,但他还未见到。对于中国政府希望联大采取更积极的行动,他自然十分同情。但他担心任何这样的尝试,都会引起那些一直叫喊接纳共产党中国加入联合国的会员国更加激烈的反对,而且会巩固他们的联合阵线。过去,正是鉴于这种可能性,美国代表团才赞成仅仅延期讨论的,因为这是取得大多数代表团支持的唯一方法。

他接着说,本年英国已经表示他们打算反对无限期延期,而只同意规定时限的延期。英国的主张是延期不应延到朝鲜政治会议取得顺利进展之后。他们认为再延期一整年,时间太长了。墨菲说,美国代表团仍在同英国代表团磋商中。美国采取的立场是中国在联合国的代表权问题和朝鲜政治会议问题是两个不同的问题,因而不应混为一谈。但他认为若把时限定在年底,则说服英国同意延期还是有希望的。他又说,英国强烈反对延到八届联大整届会期结束。但是既然大会普遍倾向于在圣诞节前闭会——这是能够做到而且是准会做到的——那么,延期时限定在年底,实际上也就等于延期一整年。

我说,我要提出的第二个问题是联大新主席的选举。由于大会主席拥有左右会议进程的极大权力,中国政府非常重视由谁担任新主席的问题,并且坚信新主席应是一位富有经验和秉公行事的人。基于上述理由,中国代表团愿意支持泰国旺亲王竞选。

我提到了9月5日星期六晚上泰国大使馆的宴会。那次宴会墨菲也曾参加。我说,旺亲王给我的印象是,他能否当选为主席,取决于拉美国家各代表团的态度。旺亲王对他的处境作了如下分析:他曾宴请拉美各国的代表,同他们商讨了选举问题,他们表示假若旺亲王能够征得大多数亚洲和阿拉伯会员国的支持,他们就投他的票。在那时,他还差阿拉伯集团三票,但他相信他能得到黎巴嫩、伊拉克和沙特阿拉伯支持。

墨菲说,他了解旺亲王是位能干的人,但是本年美国已经承诺支持潘迪特夫人竞选联大主席。尽管没有为她谋求支持。

我说,大会主席是个重要职位,对讨论各项重大问题的进展,大有关系。就中国在联合国的代表权问题来说,我认为至关重要的是,大会主席必须是一位不存偏见和不同情共产主义观点的人。考虑到这一特殊问题以及其他问题,我深信一位公正的主席,不仅对我国而且对整个自由世界,都是特别重要的。

当我问到对当时形势的估计时,墨菲说,前景还不明朗,他不能断定潘迪特夫人准会当选。但他知道英联邦各国都支持她。至于拉美各国,墨菲回顾了在讨论出席朝鲜政治会议的联合国代表团的组成问题时,许多拉美国家曾表示,印度幅员辽阔,人口众多,在亚洲占有重要地位,因而代表团应该有印度参加。后来经过劝说他们才投票反对印度参加,但是非常勉强。他的话给我的印象是,拉美各国代表团由于前次受挫,这次很可能投票支持潘迪特夫人。

我说,据我了解,按现行议事规则,大会主席候选人中如有人得票超过对手,即使只多一票,也可当选。

墨菲说,不错,这是大会选举所依据的规则。

我说,我认为如果只举行一次投票,潘迪特夫人获选机会一定很大,但若进行两次或两次以上的投票,她也许根本选不上。原因是那些承诺投他票的国家可能认为承诺只限于第一次投票,而在第二或第三次投票时随意选投自己认为合适的人不算失信。我还说,我从旺亲王处了解到如有第二次投票,他获选的机会就很大。我认为不难提出第三位候选人,以便保证投第二次票。

墨菲说,这是一个很有趣的论点。他觉得选举结果实难预测。

我接着提出了大会新的全权证书委员会的组成问题。我说大会主席对该委员会成员的提名有巨大影响,而该委员会对中国在联合国的代表权问题又大有关系。中国代表团一贯主张代表权问题是个实质性问题,不能由全权证书委员会的报告来决定,该委员会仅只负责审查各代表的证书。但在过去,许多代表团曾主张中国代表权问题可交由全权证书委员会审议解决;也就是说,他们想从后门把共产党中国引进联合国。为此,我强调委员会组成的重要性,并请墨菲予以注意。我说,在纽约的中国代表团提出了一份全权证书委员会成员的名单。我把一份副本面交给墨菲,供他参考。名单上的国家是:澳大利亚、巴西和古巴(或多米尼加和萨尔瓦多)、希腊、土耳其、泰国(或菲律宾)、巴基斯坦、美国和苏联。

墨菲看过名单后说,看来是一份很好的名单。关于代表权问题,他同意我的看法,即这是个实质性问题,决不是在程序上所能解决的。

我告诉墨菲说,蒋博士已把拟议的名单交给洛奇先生。据我所知,洛奇先生已转呈国务院。

墨菲说,他尚未见到,但将会查阅。

我表示希望美国代表团同中国代表团在纽约保持经常联系。随后墨菲回答我的问题说,他将陪同国务卿前往纽约出席联大。

时间长短视国务卿的停留时间而定。

我问道,联合国曾就朝鲜政治会议的性质、开会时间与地点以及共产党代表团的组成等问题致函共产党一方,不知是否已获答复。墨菲说,尚未正式答复,但他从北平广播中了解到共产党人愿以纽约为会议地点;这显然是想利用这个地方进行宣传活动。然而美国不准备接受这个意见。联合国曾提议日内瓦、旧金山或檀香山。他个人认为日内瓦比较合适。

我认为以日内瓦为开会地点比较理想,因为它位于中立国境内,而且原国际联盟旧址保持完好,一切必要设备俱全,可资利用。我指出,共产党人建议以纽约为开会地点是个阴谋。他们显然企图趁着联合国在那里开会,为接纳共产党中国加入联合国进行宣传,并且把拟议中的朝鲜政治会议同他们感兴趣的其他问题混在一起。我询问墨菲是否认为俄国可能再次在联大提出朝鲜和平会议问题。

墨菲回答说,他担心的不是俄国,而是印度提出一些有关和平会议的新建议交大会讨论。

我说,据我了解,大会已经处理了这个问题,不应重新讨论。

墨菲说,这正是美国所持的立场。大会既已通过关于这个问题的决议,所有其他问题就应面交和平会议本身予以解决。

四天之后,中共周恩来总理宣布了中国共产党对联合国大会8月28日决议的答复。答复拒绝了这项决议,同时声明联大应在共产党中国和北朝鲜代表的参加下,重新讨论决定政治会议的组成。复文力陈扩大组成的必要,除交战双方所有国家之外,印度、巴基斯坦、缅甸、印尼和苏俄应作为"特邀中立国"包括在内。复文重申了维辛斯基的立场,即政治会议的一切决定必须得到交战双方的同意。北朝鲜的答复与此相同。简言之,第八届联大于9月15日开幕时,即面临着当时大家所熟知的朝鲜问题僵局。联大政治委员会有鉴于此,经过反复辩论,于9月30日表决,把朝鲜问题列为大会议程的最后一项。本届大会将不讨论政治会议问题,尤其是棘手的政治会议组成问题,而希望由政治会议本身予以讨论。据此,联合国授权美国继续吁请共产党方面就政治会议开会的时间和地点达成协议。

然而本届联大果然立即把注意力转向中国在联合国的代表权问题。大会开幕式之后,指定了全权证书委员会的组成如下:古巴、冰岛、印尼、新西兰、秘鲁、叙利亚、苏联、联合王国和美国。这个名单同我们自己拟议的名单(美国、苏联、澳大利亚、希腊、土耳其、巴西和古巴或多米尼加和萨尔瓦多、巴基斯坦和泰国或菲律宾)大相径庭。在我们的名单里,对我们不友好的国家只有苏联,而现在选定的九个成员国中,有三个已经承认共产党中国,还有几个在支持我国代表权方面是靠不住的。然而这是意料中的事,因为成员的最后指定,总是在无数利害冲突的基础上达成的。无论如何,美国同英国终于私下商定,将代表权问题推迟到本年年底。他们的动议如获大会通过,则代表权问题根本不会提交新的全权证书委员会。

全权证书委员会指定之后,上届主席皮尔逊(新主席未选出前,仍主持大会)就提请大会进行主席选举。鉴于潘迪特夫人当选对我国代表权问题可能带来的影响,这当然是我们深切关注的又一项议程。但是恰好就在大会进程的这个时候,我国代表权问题被提了出来。苏联代表维辛斯基就议事规程问题发言时,提出了一个决议草案,内容是使北平代表在联大和联合国其他机构占有席位并剥夺我国代表的席位。美国代表团团长杜勒斯国务卿就此声辩说,中国共产党对终止其在朝鲜的侵略表现并无诚意,因此使它占有联合国席位是谈不到的。他提议在年内本届大会开会期间,对一切有关驱逐中华民国代表和使共产党中国代表占有席位的提案,一律延期审议。经过长时间的辩论和多次表决,结果以四十四票赞成,十票反对,两票弃权通过了美国的决议草案,并因而决议对苏联提案不提付表决。

于是,关于代表权问题的对抗,遂得以避免。尽管如此,事情的结果并未达到我们原来的希望,而只不过是又一次延期而已。在政治会议上对朝鲜问题的任何让步,或者,反之,紧张形势的加剧——这可能造成盟国对美国施加越来越大的压力,以迫使它同意向中共让步——都会导致代表权问题的重新提出。即使不出现这些情况,也总有一些人不遗余力地为促成中共取得联合国席位而奔走。

大会通过了把代表权问题至少延期到年终的决议案之后,紧接着就选举主席。我原来建议增提候选人以造成有必要举行第二次投票的局势,从而增大旺亲王当选的机会。虽然国务院和我国代表团对此建议很感兴趣,但这方面毫无进展。候选人只有旺亲王和潘迪特夫人两人,后者在第一次投票中以三十七票对二十二票当选。

1953年9月下旬联大第一委员会(即政治委员会)关于推迟讨论朝鲜政治会议问题的决定,显然是基于下列两点。第一,希望共产党方面会同意一个举行会议的时间和地点,使会议本身能作出有关决定。第二,了解到美国已多次吁请共产党方面予以同意,并正在等待答复。10月8日,再次发出呼吁,重申以前提出的在檀香山或旧金山或日内瓦同中共和北朝鲜代表会晤的建议,并要求尽早答复,以便政治会议可按拟议的10月15日如期召开。北平政权这次答复很快,表示同意举行美国、中国和北朝鲜代表的预备会,以讨论有关政治会议的安排事项,但地点限于板门店,且议程中必须列入会议的组成问题,而这正是双方迄今僵持不下的问题。

10月12日,美国政府作出答复,表示同意和共产党代表于10月26日在板门店会晤,但声明这并不意味着它认为板门店是举行政治会议的适当地点。至于更为棘手的会议组成问题,美国在答复中指出,共产党交战国(他们现在坚持要求印度和亚洲其他国家应有代表参加)最初曾坚决主张会议只限双方有关政府参加,而且联合国8月28日的决议已规定会议的组成,并建议如果共产党一方提出要求,苏联也可参加。因此,复函称,联合国一方的代表愿意讨论会议组成问题,但以符合上述基础的范围为限。

10月19日,共产党中国作出答复,表示同意于10月26日派代表前往板门店,但断言停战协定并无排除中立国参加政治会议的条款,因而保留在板门店提出这一问题的权利。北朝鲜以同样方式做了答复。

10月26日,板门店会谈开始,而且迅即转入对议程的争论。共产党代表坚持首先讨论政治会议的组成问题,特别是中立国的参加问题。联合国方面的美国代表阿瑟·迪安则要求首先解决会议的时间和地点问题。我在10月29日的日记中写道:

> 在板门店,由于共产党坚持优先讨论中立国参加会议问题,朝鲜政治会议的时间和地点问题仍处僵局。经国务院证实的伦敦消息称,英国曾提出一项折衷方案,建议使印度作为观察员参加会议,有权答复遣返战俘的问题。在板门店和东京的美国人士对此反应冷淡。

迪安最后在11月4日提出一项打开僵局的建议,内容为暂停会谈,而由下级官员组成小组委员会协商议程问题。小组委员会应是为此目的而专设的,其会议应是秘密进行的。同一天,在我招待刘锴大使的午宴上,刘询问我对朝鲜会议和远东前景的看法。我告诉他,共产党是想要召开会议的,但结果能否达成协议则难以断定。美国迫切希望举行这个会议,而且为了使会议能够举行,也许不惜作出更多的让步。

情况果真如此。美国作了许多重大让步,却并未产生所期望的效果。11月5日,共产党代表同意了迪安的建议。小组委员会(有一名南朝鲜观察员参加,作为对南朝鲜反对会议秘密进行的抚慰)开始工作。小组会议开到17日,并于同日宣布就程序问题达成协议。于是双方首席代表复会,并转入讨论是否同意中立国参加政治会议的问题。到11月27日,看来双方都同意中立国可以出席会议,但无表决权。这就只剩下苏联是否算是中立国的问题。看来,至少在 11 月 30 日以前,情况就是这样。到了 11 月 30 日,共产党建议政治会议于 12 月 28 日在新德里召开,并包括五个中立国的代表,而苏俄是其中之一。共产党还坚持会议的一切决议必须得到停战协定所有签字国的一致同意。

12 月 8 日,迪安宣布了一项新方案:交战双方各国和苏俄有表决权,在朝鲜承担"现实任务"的一些或所有国家(例如,中立国遣返委员会的成员国)应被邀请参加会议,但无表决权和提出议案权。这一建议也遭到了共产党代表的拒绝,而且还遭到南朝鲜的反对。尽管迪安于 12 月 10 日宣称他接到新的指示催促他尽可能取得协议(可能他受权作更多让步),但这也无济于事。当双方于 12 日再次开会时,共产党代表对美国的谴责和侮辱,迫使迪安在谴责收回之前中断谈判。直到年底,共产党方面没有再提出新的动议。已决定于 12 月 9 日休会的联合国大会也没有再就朝鲜和平会议采取行动。本来有个谅解,即如果朝鲜局势需要的话,联大可以复会,但当印度政府提出这一请求而付诸表决时,却以二十八票对二十二票遭到失败,美国、国民党中国和美国的多数盟国都投了反对票。

我愿意提及一个几乎促使联大复会的争论问题,因为这个问题联系到中华民国的威望甚至权利。这就是关于不愿遣返的战俘问题。

朝鲜战争中的战俘,凡是愿意遣返的,已于 9 月 6 日比较顺利地交换完毕。拒绝遣返的战俘,也已由双方在 9 月 24 日前移交给中立国遣返委员会的印度看管部队,由它看管并监督双方在九十天期间各自向其战俘进行他们的权利和优惠待遇的解释工作。但是看管部队刚一执行任务,就出现了纠纷。联合国军司令部和遣返委员会的意见分歧,战俘营内还发生了骚乱,迫使印度卫队开枪,打死和打伤了一些朝鲜战俘。这立即导致在汉城举行反印度示威,南朝鲜部队也发出进行报复的威胁。但 10 月 12 日新任联合国军最高司令赫尔将军抵达汉城,同李承晚总统和印度部队司令会谈之后,对战俘的解释工作终于开始进行。

不久,十分明显的是,二万二千多名北朝鲜和中国战俘中,准备改变主意回到共产主义本国去的几乎没有。这种情况,北朝鲜战俘还可以把原因说成是来自南朝鲜的外部压力,然而共产党中国的战俘就很难说是这个原因,因为他们是在异国的战俘,这些战俘脱离共产主义的最初决定,正如联合国军司令部所声称的,是出于他们本人的自愿。结果,共产党方面的解释人员加倍努力,不计时间,同战俘进行个别或小组谈话。他们所用的方法只能说是恫吓,因而是违反停战协定的。再者,情况很快表明,在九十天的解释限期内,他们不可能同所有的战俘谈话。一旦九十天期限届满,剩下尚未谈话的战俘的命运就应由政治会议在一个月内进行协议。一个月之后,他们应全部被释放为平民。但是政治会议并未召开,而且随着12月23日这个截止期的临近,政治会议似乎愈益不可能召开。

共产党方面和遣返委员会的波兰、捷克及印度委员想把战俘问题交回双方军事司令部重行考虑,解释工作则继续进行。联合国方面,尤其是美国,则始终主张解释工作应于12月23日结束;其后一个月,尚未对前途作其他决定的战俘则一律释放为平民。台北已作好准备,以便在"议定的"释放日期即1954年1月22—23日之后,接纳反共的大批中国战俘。

形势一度很紧张。若把战俘释放,共产党人可能废除停战协定;若把战俘拘留,则担心南朝鲜政府会试图强行释放。最后,在1954年1月14日,遣返委员会在重申其会内反对释放的多数意见之同时,把战俘交回联合国军司令部监管。联合国方面,不顾共产党人的强烈抗议,于1月22—23日午夜零点一分将战俘释放为平民。一万四千二百多名中国人,根据他们自己的选择,被送往台湾。

共产党人坚决谴责这些行动,但并未试图破坏停战协定。同时也没有恢复板门店的预备性和谈的迹象。事实上,当时注意力已转向柏林,因为四大国会议即将在那里举行,而朝鲜问题可能是要讨论的问题之一。

我一直密切注视朝鲜局势的所有这些动态,留意它们对世界总形势的影响,尤其是对国民党中国的国际地位的影响。1953 年 9 月 23 日在我举行的一次午宴上,来宾之一,前众议员阿姆斯特朗对我说,有人正在准备新年后发起一个主张接纳红色中国加入联合国的运动。他说,我们必须警惕,并预谋对策。

10 月上旬,蒋经国将军访问了华盛顿,10 月 10 日,即中华民国的双十国庆节,我陪同他到参议院大厦拜访了参议员斯帕克曼。那个时期,幸亏我国有不少朋友,我尽量同他们保持密切联系。斯帕克曼参议员就是其中之一。我们感谢他反对接纳红色中国加入联合国的坚定立场。这位参议员说,朝鲜战火既已停止,如果停战协定导致朝鲜问题的和平解决,各方面将向美国施加巨大压力使之同意接纳红色中国加入联合国,而他正在支持的向艾森豪威尔总统请愿的活动,就是为了防止这种压力。他不知道能有多少人签名或能在何时把请愿书递交总统。

当天晚些时候,北平方面初步答复了美国要求规定政治会议时间和地点的呼吁,并同意了举行预备会。因此,当我次日同蒋经国谈话时,我十分关心局势所隐含的对国民党中国地位的威胁。早餐时,我们根据美国对北平和对台湾的政策,讨论了我国的前景。我对他说,华盛顿和纽约的美国朋友曾作为心腹话警告我们,短期内会有巨大压力迫使美国同意接纳红色中国加入联合国,甚至迫使美国承认红色中国。我说,艾森豪威尔总统是一位深受爱戴及和蔼可亲的人物。但他的哲学是通过相互谅解和妥协,一切分歧都能友好而和平地解决。当反对意见十分强烈时,这就会导致在重大问题上的模棱两可或摇摆不定的立场和政策。有些美国朋友甚至说,假若艾森豪威尔 1950 年 6 月就在白宫,很难说他会像杜鲁门那样作出果断的决定,紧急派遣美国军队前往朝鲜遏制共产主义。许多民主党人说，如果杜鲁门政府愿意像现政府那样让步，那么，朝鲜停战协定早在十八个月前就签署了。

我说，以斯帕克曼议员为例，他向我们说明，他在致艾森豪威尔总统请愿书上签名反对接纳红色中国加入联合国是出于防止它加入的愿望，因为他预料如果朝鲜政治会议进展顺利就会发生这种活动。他的说明就是向我们提示同样的警告，也就是说，在那种情况下，必有巨大压力说服美国使红色中国进入联合国。我对蒋经国说，局势动荡不定，孕育着可能发生不利于我们的情况。我又说，杜勒斯深知这一点，而且基本上赞成解放共产党卫星国的政策。但他对舆论和报界批评也很敏感。英国不喜欢他。英国新闻界几乎一致反对他。英国希望换个人担任美国国务卿。

使红色中国占有联合国席位和给予它承认的压力，其来自欧洲盟国者，自然以英国的压力为最大。杭立武先生以前曾预料英国将改变其对华政策。他于 11 月 5 日对我说，现在他同意我的看法，即在最近的将来，英国的政策不可能改变得对我国有利。他说，英国被两次大战弄得精疲力尽，担心第三次世界大战会把它彻底毁灭。它决心致力于欧洲的强盛和团结，并牺牲远东，必要时还可牺牲大部分亚洲以达到它求生存的目的。

英国的艾默里之子小艾默里在一次定期来美旅行时，以老朋友身份前来看望我们夫妇。他仍然是下院议员。他父亲曾在邱吉尔首相任内担任印缅事务大臣，是我的老朋友。我对他说，我无法理解英国对红色中国的政策，因为我很清楚，此次共产党夺取大陆绝不同于往日的内战，那时的政权改变并不是外国人统治中国人，而这次的情况却是苏联借助于中国共产党，实现其对中国的统治。但小艾默里只是说，英国人民对共产党的政策和办法的实质，刚刚开始有进一步的理解。他临走时说："我们两国的政策不同，但勿使其妨碍我们私人之间的关系。"他很高兴我们依然是朋友。

老艾默里和邱吉尔是老同学，又是好朋友。他们自离开学校后就一起从政。据说,邱吉尔由于上学时一件小事才开始喜欢艾默里的。那时,艾默里又瘦又小,邱吉尔则膀大腰圆,恃强欺弱。有一次在游泳池边,邱吉尔看到艾默里又瘦又小,就按照英国男生学校的有趣传统,把艾默里推入池中,而艾默里怒不可遏,立刻爬上来追逐邱吉尔,追上以后就同他厮打。邱吉尔感到艾默里人小、年纪轻,但有胆量,对他肃然起敬。后来,他们成了从政的朋友。

加拿大可能受英国影响太深,最近倾向于承认北平政权。10月17日,我和一位加拿大人何士先生讨论了这个问题。他曾在中国多年,逐渐对我国政府和人民产生了热诚的同情和关怀。他刚从台湾回来,并称他对在台所见很感兴趣,而且印象很深。他提到了他曾抄送给我的那几封他致叶外长和前加拿大驻中国大使托马斯·戴维斯的信,这些信极力主张渥太华不要承认红色中国。他说,他本人愿意作一次巡回演讲,以便在这个问题上影响加拿大的舆论。他认为加拿大的天主教徒在该国政界很有势力,他们都是极端反共的。他和我一致认为,加拿大外长莱斯特·皮尔逊很软弱,而且在对台湾的问题上有偏见,也许是由于受英国的影响太深。加拿大议会的保罗·马丁是比较同情我们的,何士想同他谈论自由中国事业对加拿大和自由世界的重要性。(马丁竞选议员的选区包括何士的家乡,那里居住着不少华裔公民,他们对马丁的当选有过贡献。)我对何士说,我必尽我所能帮助他完成在加拿大演讲的任务。

11月3日,我同我国驻加拿大大使刘锴也讨论了这个问题。刘锴动阑尾手术后已近痊愈,特来对我前往医院探望和送花表示感谢。谈到加拿大承认红色中国的政策时,他说,他曾获悉皮尔逊在1950年2月参加哥伦坡会议回国后,几乎已决定向加拿大内阁建议承认北平政权。为此,刘锴以大使身份致函加拿大总理圣劳伦特,扼要重述反对承认的理由。圣劳伦特在复函中说,在研究是否承认红色中国问题时,他将考虑刘锴所提出的理由。

刘锴说,目前加拿大的态度,依然是等待时机和情况的发展。本质上,它单纯从法律观点看待这个问题,而对问题的道义方面无动于衷。皮尔逊毕业于牛津大学,而且是罗兹奖学金获得者。他深信英国对世界事务老成持重,便不知不觉地崇拜英国的观点和论证。但是总的看来,加拿大意识到并且热衷于独立自主,往往特意强调外交政策方面的独立思考,尽管实际上它一般追随美国的政策,而且由于它同美国毗连,和与美国的经济关系,也不得不追随美国。刘锴认为同红色中国进行贸易不是加拿大倾向于承认北平的主要原因,而宗教界则大声疾呼,要求承认北平,尽管在中国的加拿大传教士曾受到中共的粗暴对待。他说,实际上加拿大远比其他自治领地的大西洋观念为深,而且具有依恋母国的深厚感情。作为例证,他说,亚历山大勋爵每当以总督身份出现于正式场合时,总是有意不穿带有全副王室徽章的陆军元帅礼服,以免加拿大人因加拿大在英联邦中的独立地位而神经过敏。但是担任总督的第一位加拿大人文森特·哈里斯却相反,他的服饰和举动,一律按照亚历山大勋爵以前作为女王代表的英国总督的惯例行事。

一星期后,我接待了伊朗大使纳斯罗拉·恩泰扎姆。从国际联盟时代起,他就是我的老朋友,也是在联合国和其他国际会议的同事。他再次作为伊朗大使前来拜访。他曾任驻美大使,1952年4月因摩萨台首相指派其私人秘书取代他而辞职,这次是重返原任。但我避而不谈伊朗的国内局势和当时进行中的审判前首相摩萨台的情况。我询问了另外几个问题。

恩泰扎姆认为联合国没有什么重要事项需要讨论,大会在12月下旬以前即可休会。他说,没有什么可做的,甚至朝鲜问题也是如此。在他看来,朝鲜会议是否召开,尚难逆料。他认为虽然中东一些国家之间关系紧张,但并无战争危险。他提到了以色列—约旦问题(至少这次以色列是"侵略者"),和埃及同英国有关苏伊士运河的争端。至于伊朗同英国的关系,他说,双方都愿意重建外交关系。但是,伊朗要求首先肯定石油问题能够解决,尽管协议的实际签署可在复交之后。他又说,英国除直接涉及其自身利益者外,在对外事务和国际问题方面一向是现实主义的和讲求实际的。在处理国际问题过程中,英国总能提出适当的实际可行的解决办法,但当直接涉及其自身利益时,它就变得有所偏向了。我说,我认为邱吉尔尤为如此,他掌权时,以捍卫和增进英国的利益而自豪。

在此之前,我曾于11月7日因一些约会而前往纽约。11月9日星期日,我飞回华盛顿,并从机场直接前往办公室。抵达后,我得悉杜勒斯曾在记者招待会上说,接纳一个政府加入联合国不同于接纳一个国家为新会员国。接纳新会员国,不仅需经联合国大会表决,而且需经可行使否决权的安理会表决。接纳一个政府则没有否决权可使的大会即可决定,因而可以决定接纳红色中国。可以想象,这样一来,一个中国在安理会,另一个中国在大会,这真是一种奇怪的局面。

关于承认北平问题,杜勒斯在回答问题时说,美国政府从未说过它永远拒绝承认共产党中国。这也许只是为了回答问题而作的一种对事实的说明,但不可等闲视之,联系其另一论点,则更为如此。

就在第二天,一项通告发表了。美国总统、英国首相、法国总理以及这三国的外长将于12月初在百慕大举行会议。早在六个月以前,西方曾试图发起一个包括苏俄的四大国会议。1953年7月,法、英、美三国外长在华盛顿举行会议。原来计划三国首脑于5月——后来推迟到6月——在百慕大会晤,以商讨同苏俄举行会议和争取同苏俄实现缓和等问题,但先因法国政府倒台,后因邱吉尔患病,而未实现。于是三国外长在7月举行会议。与会者决定建议召开四大国外长会议,以商讨德国问题。会后同苏俄多次交换照会,但未能达成协议。西方坚决主张召开四大国会议,以商讨德国和奥地利问题,苏俄则要求召开包括共产党中国在内的五大国会议，以讨论缓和世界紧张局势问题。西方原认为斯大林之死使四大国更有可能恢复友好关系，但这一希望日益渺茫。为此，三国决定他们自己12月初在百慕大举行会议。毫无疑问，这个会议除讨论欧洲问题外，还会讨论包括中国在内的整个远东局势。我仔细思考了这一事实同杜勒斯最近关于中国的谈话之间的联系。

那天，即11月10日晚，我赴白宫参加艾森豪威尔总统和夫人举行的招待会。这是一次例行的社交集会，来宾约两千五百人。各使团团长都身穿外交礼服，先被送到楼梯一侧的接待室，继被领进候见室，在那里按年资排列，然后进入小房间被引见给艾森豪威尔总统和夫人。各使团的其他官员从另一入口进来，被领到楼梯的另一侧，排成长队。国务卿和各部部长都不和总统在一起。只有总统的助理在那里唱着各使团团长的姓名。我的几位同仁对我说，他们注意到艾森豪威尔总统对我特别亲切。我想这是因为在他当选总统以前我就认识他。他任哥伦比亚大学校长时，我常拜访他，因为我是哥大校友，而且是老校友，我们常常相聚畅谈。

土耳其大使埃尔金在招待会上同我闲谈。他是我的老朋友，提供给我的消息很多。他在回答我的问题时，吐露了他的看法。他认为只要德国问题尚未解决，朝鲜会议就不会召开，朝鲜问题也不会解决。他说，俄国人担心朝鲜问题解决之后，美国把军队撤出，以增援西欧。俄国人极为重视德国问题，所以他们愿意首先以他们所满意的方式解决德国问题。

我同国务卿杜勒斯也谈了几分钟。我们谈到他在安大略湖的岛上别墅以及渔业的前景。后来我又先后同商业部长威克斯夫妇和邮政管理局局长萨默菲尔德进行了简短的谈话。

参加总统招待会之后，我和我夫人又前往参加特拉克斯顿比尔夫人在她家举行的招待会。她的家一般称为"小白宫"。总统招待会上的所有重要宾客几乎都到了那里。其中包括国务卿杜勒斯夫妇和邮政管理局局长萨默菲尔德夫妇,但并非所有大使都被邀请,她只邀请了她喜欢的那些大使。奇怪的是,她总是在总统在白宫举行招待会的同一天晚上举行招待会,而且是从中挑选一些宾客参加她的招待会。

两天后,当时正在台北进行亚洲友好访问的副总统尼克松,就杜勒斯的讲话向报界发表了声明,目的是要平息他正在作客的自由中国因杜勒斯关于承认问题及代表权问题的讲话所产生的不安情绪。这位副总统说:

> 报刊所载杜勒斯国务卿的谈话,就美国政策而言,并无新的内容。
>
> 国务卿谈了两个问题,即美国承认红色中国问题和接纳红色中国加入联合国问题。
>
> 关于承认问题,他说,只要红色政权:(一)继续侵略朝鲜;(二)在印度支那助长侵略;(三)不按联合国宪章行事,美国就不可能考虑承认。

实际上,他是说除非红色中国放弃执行共产党政策,放弃听命于莫斯科,美国就不考虑承认问题。

至于接纳进入联合国的问题,国务卿只是申述了成为联合国会员国的有关规章。他并未宣布美国对接纳红色中国政权加入联合国问题的立场有任何改变。美国的立场是继续强烈反对接纳一个曾同联合国作战的政府进入联合国,这个政府双手沾满了联合国会员国为执行联合国政策而战斗的十五万余人的鲜血,而且此刻仍在反抗和阻碍联合国为实现朝鲜和平所作的努力。

尼克松的评论显然旨在不使人把杜勒斯的讲话解释为美国对北平将采取比较温和的新政策。但是他的论点说服力不强。在14日我参加的一次宴会上,同席客人郑宝南先生告诉我,两年前,温德尔·威尔基夫人曾对他说,她的表弟有一次在纽约参加共和党领导人的会议,艾森豪威尔和杜勒斯也在场。会议讨论了对红色中国的态度问题。艾森豪威尔和杜勒斯都表示，可能最终不得不使红色中国和自由中国都参加联合国。这也就是说，在1951年，当共和党领导人首次集会制定今后工作规划和讨论如何对付某些问题时，他们已作这样的打算，即在联合国有两个中国或许是个解决办法。

谭绍华博士在向我报告中美友好中心在纽约为其新总部落成召开大会时说，诺兰参议员发表了一篇十分强硬的演说，不指名地回击了杜勒斯关于承认红色中国的模棱两可的讲话。这位参议员当时是多数派领袖。他说，美国人民不会赞成这种承认。他本人将竭尽全力加以阻止，因为它在其所产生的一系列后果中，会意味着中国共产党要求占有台湾，而台湾的丧失将使共产党的威胁直逼美国西岸。诺兰还批评了印度的中立主义政策，说那是不现实的。他说，印度执行这一政策的必然结果是它本身被共产党征服。谭绍华是在11月16日从纽约回来后向我汇报的。他是代表我前往参加那个大会的。他宣读了我致大会的贺信，为我不能亲自参加新总部的开幕典礼表示歉意，并向该组织表示祝贺。

11月17日，李骏尧告诉我说，当他向蒋委员长报告关于接纳红色中国进入联合国问题时，指出情况不妙，存在危险。委员长勃然大怒，并称中国不能容忍。他吩咐李转告蒋廷黻向联合国声明，如果红色中国被接纳，国民党中国就退出，而且声明联合国如接纳红色中国，必将铸成大错，危害整个自由世界。李刚从台北回来，他在台北时曾和委员长谈过话。

当晚，我举行宴会，杭立武是客人之一。他告诉我说，他同埃德温·克拉克一起访问了副国务卿比德尔·史密斯将军。克拉克是纽约华美协进社理事会的前任主席。他是史密斯的好友，也是艾森豪威尔的好友。会见时，在座的有国务院负责中国事务的詹金斯先生。杭立武说，他首先向史密斯表明，他此次是个人访问，他发表的意见也是个人意见。然后他提到了杜勒斯关于美国从未说过它永远不会承认红色中国的讲话,并表示这种讲话是十分令人遗憾的。因为它对台湾和大陆民众的心情产生令人沮丧的影响。他敦促美国执行坚定而强硬的政策。史密斯说,美国对这个问题的政策并无改变。

接着,杭立武对史密斯说,他认为远东的局势潜伏着共产党大规模侵略的危险。朝鲜只不过是这场正在延展到印度支那的运动和热战的一部分;台湾也是他们的目标。假如朝鲜会议失败,局势可能更为恶化,并将扩大到朝鲜以外。史密斯表示同意这种看法。至于远东局势可能更为恶化问题,他提醒杭立武说,杜勒斯以前曾警告称,如果朝鲜战火再起,战争就不会局限于朝鲜境内。但杭立武力陈美国应采取坚定、强硬、明确的政策,并决定在东亚局势更为恶化时所应采取的行动。杭立武告诉我,史密斯同意坚定和实力是必要的,但对发生突然事变时如何行动则避而不答,只是说"先不必自寻烦恼"。

杭立武说,他还极力主张,由于朝鲜、印度支那和台湾是一个问题的几个组成部分,最好在美国倡议下订立某种共同防御条约。但史密斯对此没有表示明确意见,至少杭立武没有说明史密斯曾作何表示。杭立武据理向史密斯着重指出,解放大陆是远东整个问题的关键。那不仅有助于国民党中国,而且有助于整个自由世界。据杭立武说,史密斯理解这一点,但未表示意见。

一星期后,我前往国务院拜访杜勒斯。我之要求约见国务卿,因为我急于敦促美国在百慕大会议上坚持原则而不听任英法的摆布。我们约定的时间是 11 月 24 日下午三时。

我首先说明了我要求会见杜勒斯是因为我估计在即将召开的百慕大会议上,西方三大国所讨论的问题中,将列入包括朝鲜问题在内的整个远东局势问题。

杜勒斯点头称是。

我接着说,我知道国务卿将参加百慕大会议,而且我还相信一向把注意力集中于欧洲的英国和法国将对美国施加压力,迫使美国接受他们的观点。为此,关于美国将采取什么态度,我极愿听到他的具有权威性的说法。我表示希望国务卿不因英法伙伴的影响而在有关远东的许多问题上改变原来的坚定立场。这些远东问题是台湾中国政府深为关切的。

关于朝鲜问题,我说,我很高兴他已经宣布把 1954 年 1 月 22 日定为释放不愿遣返的共产党战俘的日期,我认为这是符合停战协定条款的合理立场,希望予以坚持到底。

杜勒斯说,这正是他打算做的,而且英国和法国同意他的建议。他又说,虽然尼赫鲁最近曾表示,关于未遣返的战俘的处理应交回联合国考虑决定,但他不知道这位印度总理的确切想法,因为停战协定的条款在这一点上是十分明确的。

我说,我相信不管朝鲜政治会议在 1954 年 1 月 22 日之前能否召开,这个日期对释放战俘也仍然有效。再者,一旦政治会议召开,我国政府热切希望其讨论范围将如以前宣布的那样,以朝鲜问题为限。

杜勒斯犹豫了一下说,他不十分肯定曾是这样规定的。

我向他回顾了协定的规定,即会议应处理朝鲜和平统一问题,撤退外国军队问题等问题。

杜勒斯询问在座的饶伯森,条款是如何写的。

饶伯森说确如我所回顾的那样。

我说,据我了解,法国人急切想在百慕大会议上提出印度支那问题。

杜勒斯证实了这一点,并说,法国人由于其国内政局和公众要求结束印度支那战争的呼声(法国没有人喜欢这场战争),想通过朝鲜政治会议达成一项解决办法。他不知道法国人心目中的解决条件。但是即使朝鲜问题本身进展很顺利,从而可以提出印度支那问题,而会议一旦讨论印度支那问题,实际上就成为另外一个会议了。譬如,南朝鲜就不会对印度支那问题感兴趣,也没有理由参与讨论。出席朝鲜问题会议的代表联合国一方的若干其他国家也是如此。

我说，联系到这方面，我想请问一下关于朝鲜会议的组成问题。我国政府希望不仅在会议的组成方面，而且在其他方面，都遵守联大8月份通过的关于朝鲜政治会议的决议。

杜勒斯说，这也是他的立场。共产党中国和苏俄曾建议使所谓的中立国参加会议，但美国未予同意。至于印度，则可以使它参加。他回顾了在美国反对提名印度为会议的联合国代表团成员时，他就曾想到让印度以某种方式出席会议，例如以朝鲜停战委员会主席的资格出席。

我指出，印度是战俘遣返委员会主席，停战委员会则是另一个机构，其中并无印度代表。

饶伯森证实了我的说法。

杜勒斯说，印度作为遣返委员会主席可以出席会议，因为有的任务需要由它执行，但它无权像会议正式成员那样提出议程项目或投票表决。

我征询国务卿对召开政治会议前景的个人估计，并说，在我看来，共产党是在拖延时间。

杜勒斯回答说，随着时间的推移，他更为倾向于认为俄国由于国内经济困难和各卫星国的动乱，不急于同西方合作通过召开朝鲜政治会议、或通过解决德国统一问题及奥地利和约问题来缓和世界紧张局势。因此，究竟政治会议能否召开，他毫无把握，尽管共产党人会像过去那样，长时间坚持某种立场，然后突然转而予以放弃。

我同意那是共产党同非共产党国家打交道的独特策略。我认为杜勒斯的估计是合理的、正确的。我自己对共产党方面是否真有合作解决朝鲜问题的诚意，也非常怀疑，因为从局势来看，共产党从僵持局面中所得大于所失。从共产党的观点来看，僵持局面的好处是牵制美国在朝鲜的部队和阻止美国把注意力集中于欧洲。西方国家在欧洲建立了强大阵地，俄国很害怕。此外，朝鲜僵局能使共产党中国执行(当然是秘密地)它在印度支那的扩张计划,而不必担心美国把朝鲜兵力转向印度支那战场。

我说,在百慕大会议上,除朝鲜问题外,英国人和法国人很可能提出接纳共产党中国加入联合国问题,甚至提出承认共产党中国问题。最近美国刊登有关这个问题的一些说法,在台湾和海外华侨中引起了极大的疑虑和不安。当然,我国政府对上述两种动向都是强烈反对的。

杜勒斯说,他最近关于承认共产党中国问题的讲话引起了许多议论和意见。他关于美国政策所说的是美国政府从未声称它永远不会承认北平政权。但这是外交辞令,因为谁也无法肯定未来事态的发展周期。就日本而言,六七年前都坚决主张解除其武装,而目前则情况已完全不同。

我说,这是一个相当短的周期。

杜勒斯表示同意,并说,当他说美国从未宣称它永远不会承认共产党中国时,他只是说明了一个事实,但那并不意味着美国政策即将改变。他曾在一次记者招待会上明确,共产党中国正在执行侵略政策,它的所作所为与联合国宪章的原则是背道而驰的。他向我保证,美国无意承认北平政权,实际上也无意考虑这个问题。他说,他已致电台北蓝钦大使转告尼克松副总统和中国政府,说明记者们曲解了他在记者招待会上的讲话,并陈述他刚才向我解释的正确观点。但是杜勒斯同意我所说的在百慕大会议上英法会就接纳共产党中国进入联合国问题和承认共产党中国问题对美国施加压力。他说,关于联合国不讨论接纳共产党中国进入这个世界组织的现有协议系指本年度而言,将于1953年12月31日到期。他充分估计到英法将在百慕大提出这个问题,试图影响美国同意他们接纳北平政权进入联合国的主张,他们甚至可能强调承认共产党中国的可取性。

我说,在这一点上,我愿把蒋委员长在台北同尼克松副总统会晤时有关英国对共产党中国的政策的谈话奉告杜勒斯。蒋委员长说,英国匆忙地承认北平,认为这样就能保住它在中国的投资和其他利益并能防止香港落入共产党政权手中。将近三年之后的今天,英国几乎丧失了它在大陆上的全部财产和投资。多数英国国民被逐出大陆,留在那里的则遭到共产党的虐待。委员长向尼克松保证,一旦中国政府返回到大陆,它将承认和保护英国在大陆的合法利益,也不打算收回香港。

杜勒斯说,据他了解英国在北平的外交代表至今未获共产党政权的承认,共产党中国也还没有派驻伦敦的代表。这一切都使英国受到屈辱。

饶伯森插话说,香港英商曾成功地敦促英国政府承认共产党中国,现在则已认识到他们的错误,且后悔莫及。

杜勒斯说,他知道法国人虽然本身没有承认北平政权,但在这个问题上意见和英国几乎完全一致。

我说,在这方面,我也愿奉告杜勒斯先生,蒋委员长曾对尼克松先生说,他认为美国在东亚不宜同在那里都有殖民地和殖民利益的英法结合在一起,因为这样的联合会使亚洲人民认为美国是在支持殖民主义。

杜勒斯说,关于这一点,他最近于产业工会联合会在克利夫兰举行的年会上发表的演说中,曾明确他的观点。他问我看到了没有。

我作了肯定的回答,并说,那是一篇有政治家风度的演说。

杜勒斯接着说,他在那篇演说中对这个问题讲得相当详尽,并且说明了美国的观点。遗憾的是那篇演说没有得到应有的广泛宣传。这也许是由于当时美国人民正热衷于其他问题,如哈里·德克斯特·怀特案件等。

我建议,最好将那篇演说向亚洲广为宣传,因为它有助于亚洲人民了解美国在殖民主义问题上的真正政策;或许美国之音电台可以承担这项任务。

杜勒斯嘱咐饶伯森研究此事并与美国之音电台商量。

我再次表示希望美国不会在百慕大会议上屈从英法。

杜勒斯说,他不会屈从,但他认为有必要就再次推迟讨论接纳共产党中国进入联合国问题达成一项新的协议。他估计对这个问题与英国和法国将有一番讨论。

我认为,英国和法国对共产党中国的目前态度是很不现实的,而且是违背他们本身长远利益的。我国政府反对他们所主张的绥靖政策,因为这种政策必将损害其反共立场和自由世界的共同事业。我建议杜勒斯在论证他自己的观点时,可以利用委员长对尼克松所说的关于英国在中国的利益的一番话作为论据。

杜勒斯说:"好的。"他接着说,他所担心的是,万一联大对接纳共产党中国问题进行表决,他对表决结果没有把握。从局势来看,他担心多数可能赞成。他回顾了9月份大会的情况。当大会通过他所提出的延期考虑这个问题的动议之后,维辛斯基仍然坚决要求把他自己的提案交付表决,而他的提案是邀请共产党中国的代表出席大会。杜勒斯提出了反对意见,大会主席皮尔逊作了否定的裁决。杜勒斯不服裁决而提出申诉。他的申诉付诸表决,并获得多数赞成,但是皮尔逊非常慌乱,竟宣布了相反的表决结果。最后,泰国代表出面解围。他提议投票决定是否将苏联提案提付表决。他的提议使问题得到澄清,多数反对将苏联提案提付表决。但是在接纳共产党中国这个基本问题上,正反意见非常接近。当时,大会虽已通过推迟讨论,但杜勒斯对大会是否不会以多数通过维辛斯基的提案,并无把握。这个问题可能再次在大会上提出。他重复表示他不能肯定多数代表会不予支持。

我指出,一个政府在联合国的代表权问题,由于不是程序性问题,只有出席大会并参加投票的代表的三分之二多数票才能决定。

杜勒斯说,这不是一个接纳新会员国问题,这一点很清楚,但他也知道这不是一个认可全权证书的问题,后者是一个简单程序的问题。在他看来,接纳共产党中国进入联合国不只是一个全权证书问题。于是他想起了所有实质性问题都需要由三分之二多数票来决定。

我说,这在联合国议事规则中有明文规定。

杜勒斯伸手拿了一本联合国宪章,并找到关于投票的第十八条:"大会对于重要问题之决议应以到会及投票之会员国三分之二多数决定之⋯⋯关于其他问题之决议,包括另有何种事项应以三分之二多数决定之问题,应以到会及投票之会员国过半数决定之。"他说,他很高兴找到这条规定,而且这条规定显然对中国和美国的立场有利,因为中美可以正当地坚持共产党中国在联合国的代表权问题必须由三分之二的多数票决定,而程序问题由简单多数即可决定。

接着,我提出了太平洋公约问题。

杜勒斯谈了他的意见,然后说,由于他在下午五点四十五分另有约会,所以由饶伯森同我谈另一件事。他临走时把手放在我的肩膀上并向我保证,他不会在百慕大出卖中国,然后又笑着补充说,他还不知道那里有没有地方卖。

我对他的保证表示高兴。

饶伯森助理国务卿邀我到他的办公室交谈。他派人去请中国科科长马康卫。在马康卫到来之前,饶伯森说,关于接纳共产党中国进入联合国及承认共产党中国问题,他个人抱有明确的观点。他把中共看作是真正的国际强盗。他们在朝鲜是侵略者,而且还在印度支那实行侵略政策。他们在朝鲜和中国大陆犯下的暴行证明他们违反了联合国所主张的基本原则。他问道,这样一个政权怎能被接纳为这个国际组织的一个具有平等地位的成员!这就好像释放新新监狱的囚犯,而把他们接受为社会上的良好公民一样。因此,接纳共产党中国进入联合国是对联合国宪章原则的嘲弄。在他看来,如果那样,联合国这个国际组织还不如收歇关门,而他自己也不会为之出力。

这时,马康卫来到。饶伯森说,国务卿要他请我注意的事情是关于在缅甸的李弥部队问题。他认为这个问题如不能迅速友好解决,将对代表权问题产生不利影响。

在此期间,西方宣布举行三国会议,开始了与莫斯科进行新的一轮意见交换。结果是俄国于11月26日照会同意参加四国会议,但须以俄国代表届时提出召开包括共产党中国在内的五国会议问题为条件。俄国坚持这样一个五国会议以讨论缓和世界紧张局势问题。而不是一个四国会议以解决德国和奥地利问题,那个问题本是第一阶段东西方未能就最高级会议达成协议的主要障碍之一。尽管如此,11月30日国务卿杜勒斯和英国外交大臣艾登都表示要举行拟议中的四国会议。

同一天,我回访了巴西大使若奥·卡洛斯·穆尼斯博士。我们进行了有趣的交谈,但内容与三国、四国或五国会议无关。穆尼斯以前曾任联大政治委员会主席,是一位同情中国的老朋友。早些时候他对我作礼节性拜访时,曾赞扬中国的文化,并说,多年前一位德国作家曾经预言,西方科学对牢固而不变的中国社会的冲击会导致变革和外国入侵与统治的危险,因为当中国旧的传统观念遭到破坏时,西方的新观念并不能很快被吸收,这就会出现精神力量的真空,而这种力量正是中国社会和古老文化的凝聚剂和支柱。他议论了这个问题和其他问题。

我回访时,我们谈到了巴西的经济,特别是其外汇情况。最近几年,出于提高生活水平的愿望,巴西的工业化速度过快,外汇受到沉重打击。

穆尼斯说,旧水平类似殖民地的水平,那是强加于人民的;人民不得不生产农产品以供出口,而从国外买进制成品,其结果是约十亿美元的贸易逆差。他解释说,财政部长阿兰亚当时正施行一个新方案以偿付欠款。这个方案根据不同商品实行复合汇率制,从主要必需品(如工业原料和机器备件等)到奢侈品(如化妆品和香水等)规定五六种不同汇率。穆尼斯还说,巴西在战前有日本移民二十五万余人,他们在战争爆发后给巴西添了不少麻烦。最近巴西收容了一些日本家庭,但为数极少。

12月1日星期二,我设法约定星期三会见饶伯森。我想提醒他和国务院,在苏联要求召开包括共产党中国在内的五国会议以讨论缓和世界紧张局势问题上,切勿对英国和法国让步。我还想要求他澄清美国对朝鲜政治会议组成问题的政策,澄清美国对苏联以享有讨论权和表决权的第三者身份参加会议的态度,和澄清美国对共产党要求的其他所谓中立国参加会议的态度。饶伯森星期三不能和我会见,但那天来电话称,他可于星期四下午三点和我见面。

星期三上午,我接见了李榦博士。他同我商量了以色列申请加入世界银行的问题。李榦是世界银行成员资格委员会的委员。他说,银行秘书处认为以色列是合格的,并已申报成员资格委员会予以办理。是否准许加入需由银行各理事投票决定,但需先由他所在的委员会呈报执行董事会。(李榦也是执行董事会的成员。)如果执行董事会同意,就再由执行董事会提出一个予以批准的建议。由于以色列已承认红色中国,而对美国又很有影响,李榦打算在委员会讨论时不发言,但对表决时是否投弃权票则犹豫不决,因为这样做太引人注目。

我说,对他来说,最好的办法是弃权,并在表决后说明不参加投票是因为未接到台北的指示。但最好事先把他的用意和立场通知美国和其他主要的执行董事。我认为这样做并不承担义务。我向他解释,凡遇有申请加入联合国或选举各种成员时,我国政府的政策一向是投弃权票。这是我们所能采取的最平稳的做法,因为这些会员国中,有许多在撤销对我国政府的承认之后,往往在国际会议上公开发言或投票反对我国政府。我国政府认为我们不受其影响而公开投票支持他们,是关系到自尊的问题。李榦同意我的建议,特别是因为万一该行的中国理事严家淦日后到来而投了反对票,形成同他的行动不一致,那他就十分尴尬了。

星期四下午三点,我如约前往国务院访问助理国务卿饶伯森,中国科的马康卫也在座。我们谈了半小时。我首先说明我要求会晤饶伯森是要商谈两三个问题。我说,上星期我会见国务卿时饶伯森先生也在座,我很高兴听到杜勒斯先生说美国政府不仅无意承认共产党中国,甚至也无意考虑这个问题。至于接纳北平政权进入联合国问题,我同样很高兴听到杜勒斯先生表示美国政府将予以反对。

我接着说,自从那次会晤后,俄国人建议召开包括共产党中国在内的五国会议,目的是讨论各种国际问题,以缓和世界紧张局势。我认为苏联的建议完全是圈套。邀请共产党中国参加这样一个会议,含有国际上对它承认的意思,并为它参加联合国铺平道路。我说,我的印象是英国和法国都倾向于同意这个建议。我担心他们可能在百慕大会议上对美国施加压力。我对饶伯森说,我认为美国不会接受英法的观点,但我愿确知美国对这个具体问题的态度。

饶伯森说,他个人完全同意我的看法,而且国务卿那天曾明确表示,美国认为共产党中国正在推行侵略政策。饶伯森本人认为,邀请共产党中国参加五国会议无异于奖励国际强盗,因为共产党中国在朝鲜干的正是这种勾当。他相信绝大多数美国人民反对给予北平政权这样的承认。这个政权的士兵在朝鲜的暴行已报请联合国讨论。这些暴行向美国人民显示了他们的行为是何等没有人性和令人震惊。他问道,这样一个政权怎么能被允许进入文明国家的大家庭?

我说,我听了饶伯森所讲的话,感到高兴。然而,我认为,甚至美国同意四国会议讨论邀请共产党中国参加五国会议的问题,对美国来说也是危险的,因为俄国人可以在四国会议讨论其他问题之前,无休止地坚持他们邀请共产党中国的建议;而如果西方三国或美国独自反对这个建议,从而使会议陷入僵局,俄国人就会迅速利用这种情况进行宣传,把四国会议的失败归咎于美国。因此,我认为美国最好在百慕大会议上坚决反对四国会议讨论关于邀请共产党中国参加五国会议的问题。

饶伯森说，如果把邀请共产党中国参加五国会议的问题列入四国会议议程，俄国人完全可以像我所猜想的那样行动。

接着，我要求澄清板门店谈判的目前情况。我说，最近的新闻报道使我感到相当迷惑。如果饶伯森先生能概括一下谈判情况，特别是有关朝鲜政治会议组成问题和所谓中立国代表权问题的情况，我将不胜感激。我的印象是美国代表联合国曾表示愿意接受共产党所提出的中立国参加朝鲜政治会议的要求。据我了解，共产党曾建议邀请俄国、印度、巴基斯坦、缅甸和印度尼西亚作为中立国参加会议。因此我想询问，阿瑟·迪安曾否表示愿意接受这个建议。

饶伯森说，关于这个问题的新闻报道是自相矛盾的。他很愿意向我澄清真相。他说，美国仍然坚持俄国应作为共产党一方而不是作为中立国参加会议。俄国作为代表，必须既有权利又有义务，而且应为会议所达成的协议的一方。他接着说，至于中立国参加会议问题，美国曾表示愿意接受那些担任遣返委员会委员的国家。允许他们参加是因为他们同朝鲜问题的某些方面，诸如遣返战俘方面，已有联系。但他们只能是有权参加讨论战俘问题的观察员。他们不应有表决权，也不应有会议议程项目的建议权。但是他认为共产党或有关的中立国不会接受美国的建议。事实上，印度已经表示不愿在这样的基础上接受参加会议的邀请。

饶伯森在回答另一个问题时说，达成协议和召开朝鲜问题政治会议的希望看来变得更小了。他觉得他不敢说板门店谈判最终会取得成功，尽管共产党人习惯于坚持一种似乎是不可改变的立场，而在最后一刻突然予以放弃，以便达成协议。

我说，据新闻报道，越盟领袖胡志明曾通过斯德哥尔摩一家报纸宣称，他准备考虑法国提出的关于结束印度支那战争和达成政治解决的建议。巴黎对此似有好感。甚至表示愿意探索其可能性，并欢迎胡志明提出具体建议。另一方面，我从报纸报道中了解到越南(指越南保大政府)不信任越盟的建议,而且反对与印度支那共产党进行任何谈判。我相信,美国也反对同越盟谈判,因为同共产党达成的协议,没有一个是可以信赖的。但如蒙饶伯森说明美国政府在这个问题上的立场,我将不胜感激。

饶伯森说,我说得很对,美国反对法国同越盟进行谈判。但据他了解,法国有意接受越盟的建议。整个问题是个难题。在法国,主张放弃印度支那战争和谋求谈判解决的情绪日益高涨。法国对这场劳民伤财的战争极为厌倦。过去七年中,法国政府在和印度支那共产党作战方面,每年耗费十亿美元,而每年伤亡人数,仅军官就超过圣西尔学院的一届毕业生总数,即约四百二十至四百八十人。另一方面,越南人(指保大)则宁愿凭借美国的军援把反共战争进行到底并希望取得最后胜利。饶伯森说,在这种错综复杂的情况下,他个人不知道什么是最好的解决办法,整个问题仍在考虑之中。

次日,即 12 月 4 日,百慕大会议开幕。我焦急不安地等待消息。在这期间,我相当忙碌。3 日那天,我从国务院出来就赶赴机场。在飞往纽约赴约之前,我在机场写出了电告外交部的同饶伯森谈话的报告。4 日我参加了宋子文两个弟弟夫妇为宋子文六十寿辰举行的宴会。5 日我在广场饭店同何士先生共进午餐;我们谈论了加拿大对红色中国的态度。

何士认为最近对加拿大外长皮尔逊的批评是件好事,因为这很可能使他意识到对他左倾的普遍怀疑,并使他更加小心谨慎,在一段时间里在鼓吹承认北平共产党政权方面有所收敛。12 月 6 日星期日,当我同何士的谈话记忆犹新时,我看到了皮尔逊发表在最近一期《联合国世界》的文章。文中论述了盟国团结一致的重要性以及西方国家在远东政策上意见分歧的危险性。文章写得既全面又相当客观,使我欣慰。

我当天早晨返回华盛顿,并在办公室花费了几个小时起草我将于次日在哥伦比亚特区共和党妇女联盟的演说。7 日我参加了发表这篇演说的午宴。我演说的题目是《亚洲与世界和平》。

12月8日,百慕大会议闭幕。与会国发表了公报。公报突出了北大西洋公约组织是三国共同政策的基础,以及拟议中的欧洲防务集团是大西洋国家防务体系的必要组成部分。会议送交莫斯科一份照会,对俄国决定参加柏林四国会议表示欢迎,并建议会议于1954年1月4日举行。会议无疑讨论了亚洲问题,但这方面未予公开发表。艾森豪威尔总统从百慕大直接飞往纽约,应事先的邀请在联合国大会发表讲话。他讲了有关原子能的国际监督的新建议。讲话最引人注意的部分是他建议各国政府立即开始把他们贮存的铀和可裂变物质移交国际原子能机构以用于和平目的。后来这篇讲话被称为"和平利用原子能"讲话,这件事无疑也曾在百慕大讨论过。

近来,原子能和原子武器问题一直为国际社会所十分重视。西方国家终于意识到不得不开始生活在苏俄也制造了一颗氢弹的情况下。1953年8月20日,即东德高级官员访问莫斯科的第一天,苏维埃首都宣布了试验氢弹爆炸成功。时机的选择是非常有意义的,因为如何解决德国问题是东西方之间在欧洲最突出的问题。这证实了马林科夫8月8日讲话中有关苏俄已掌握氢弹生产秘密的声明,也证实了美国原子能委员会所报告的8月12日检测到苏俄进行了一次和美国以前氢弹试验相类似的包括核裂变和热核反应的爆炸。

10月初,美国一些高级官员对这一新的事态发展纷纷发表评论。10月8日,艾森豪威尔在记者招待会上就此问题宣读了一篇预先写好的声明。10月9日,艾森豪威尔对教会妇女联合会全国大会说,美国"所独有的实际安全,在远程轰炸机和仅仅一颗具有毁灭力量的炸弹面前,几乎已全部消失……"。因此美国被迫建立能够威慑进攻的武器储备。

10月19日,我接见了何世礼将军。这是他十九年来第一次访问华盛顿,也是他十八年来第一次访问美国。他说,目前联合国军事参谋团(他是我国代表)每两星期开会一次,但每次只是讨论下次开会的日期,徒有虚名,不做工作;但如认真着手裁军问题,则可能很忙。

10月22日,我参加了在泛美联盟大厦民族厅举行的华盛顿第六届联合国周年庆祝会。会后,阿瑟·斯威策先生对我说,我是参加起草国际联盟盟约和联合国宪章的硕果仅存者。这次会上所有讲话的主导思想是美国如不支持联合国作为确立世界持久和平的最大希望所在,就不能在安全环境中生存,也不能担当世界的领袖;鉴于原子时代的到来,尤为如此。

如果说,对原子能在道义和政治方面所关心的是限制核武器和合理的非军事利用,那么,在军事战略方面就取决于这样一个问题:在实际战争中在多大程度上能依靠核武器。长期卷入朝鲜战争已在美国引起极大不满,公众对使用地面部队——尤其是在亚洲——也已有强烈反感。美国一些负责官员也开始认识到冷战以及因冷战而引起的经济负担,不是个短暂之事,而是长期的。因此,为了应付意外事变,既要继续维持和建设常规部队,又要建设核威慑力量,这就不胜负担了;因而在朝鲜停战协定签订后,许多美国军政领袖在政策上似乎转向更多地依靠大规模核武器和空军力量,辅之以新的战术原子武器,并缩减用于常规战备的资源分配。但这也是核问题的一个有争论的方面。

10月19日,何世礼在回答我的询问时说,原子武器和氢弹的出现将大大改变战争的传统观念。10月29日,我宴请罗伯特·卡尼海军上将。他于8月份接替费克特勒担任海军作战部长,不久即将携同夫人和助理人员赴远东旅行,台湾也包括在内。在喝餐后酒时,卡尼同我坐下交谈。一起交谈的有另一位客人海军中将詹姆斯·霍洛韦。卡尼提出的话题是核武器在战争中防御和进攻的效力问题。卡尼讲述了他曾通过飞机从航空母舰舰尾起飞的轰炸演习,使霍洛韦看到飞机一架接着一架干净利落地起飞和降落,从而确信航空母舰的有效性。卡尼说,航空母舰是不可缺少的活动空军基地,它可以推进到未设基地的大陆地区,向该地区施加空中压力。舰上一百二十英尺的跑道连同弹射器可以发挥一般陆地机场上一万英尺跑道的作用。至于新武器(核武器),卡尼认为不会有太大效力。在战争中,为了达到某些特定的军事目的,地面部队总是需要的。

俞大维将军于 11 月 23 日来访。我们讨论了苏联制成氢弹的影响。他并不为台湾担心,因为他认为在小规模战争中不会使用氢弹。如果发生大战,他说,即使美国也无法避免苏联的氢弹轰炸。但是任何大规模战争,最终仍然需由地面部队决定胜负。苏联陆军共三百个师,目前有一百五十个师驻在欧洲,在欧洲占有优势。美国在第二次世界大战期间的最大兵力也只有九十六个师。美军打赢了两次世界大战,这是因为美国参战是在战争后期加入了生力军,必然会起决定性作用。俞大维坚持认为任何国家的军事潜力主要决定于该国的人力和工业生产。他说,在第二次世界大战期间,希特勒曾规定每六个陆军师中有一个装甲师,但当他在战争的高峰把陆军扩充为三百个师时,他只能装备二十一个装甲师,而他的需要是五十个装甲师。俞大维认为自由世界必须集中亚洲反共国家的人力,以与俄国及其卫星国的人力相抗衡,而解决亚洲的共产主义威胁,关键显然在于解放中国大陆。

后来,艾森豪威尔总统于 1954 年 1 月 7 日在国情咨文中预示了一个以增大原子火力和较少依靠地面部队为基础的美国军事方案。1 月 12 日,国务卿杜勒斯在外交委员会讲话时提出了"大规模报复"的原则,即依靠大规模原子武力作为制裁手段和以"负担得起的最大威慑力量"对付"不惜人力发动侵略的任何潜在侵略者"。但几个月以后的事实证明,俞大维关于最终需要依靠地面部队的观点更为正确,因为核力量对西方不得不面临的危机并不适用。奠边府失陷于印度支那共产党人之手,正是美国在比基尼岛试验氢弹后不久发生的,而那些试验说明美国确已拥有以前不能想象的毁灭性打击能力。

12月9日,哥伦比亚大使苏莱塔-安赫尔前来作礼节性访问。他表示很高兴第二次出任驻华盛顿大使,而且发现我还在这里做他的同仁。他回顾了在他第一次出使华盛顿期间,美国政府和美国舆论对国民党中国的态度似乎令人难忍。他高兴地看到目前情况已大为好转。从他所了解的美国政府政策和观点,他认为我没有什么可担忧的。尽管如此,他充分认识到国际风云变幻莫测,万一我需要他的帮助,他随时乐于尽力而为。哥伦比亚是个小国,起不了多大作用,但是他相信他能为中国事业争取其他拉美国家的支持。

　　我衷心向他致谢,并说拉美集团在联合国和其他国际组织中占有二十至二十一票,因而居于十分重要的地位。我指出,我在同国务卿和国务院其他官员交谈中获悉,美国代表团为了使美国的观点在联合国或其他国际组织中占优势或赢得多数支持,要花很大气力争取拉美集团的支持,而且发现这一工作并不总是轻而易举的。

　　苏莱塔—安赫尔说,拉美人民很重感情,如果懂得怎样和他们交往,就不难赢得他们的同情和支持。他回顾了过去美洲国家会议上所有重要决议都能一致通过的经过。这种圆满结果,都是通过幕后极为艰苦的工作,接近并影响一些代表团才取得的;这些代表团起初与其他代表团看法不一致,而宁肯赞成另一个提案或决议草案。他从经验中体会到,同这些代表团接近并坦率交谈,以找出他们反对的缘由,然后谋求解决的办法,这样的做法总是明智的。他举危地马拉为例。危地马拉在美洲国家会议上对多数国家很可能同意的决议案往往不能接受。但是在向该国代表说明决议案并在几处改动一两个词语之后,决议案的实质内容并未改变,但通常就可以得到该国的支持了。

　　苏莱塔—安赫尔说,美国人接近拉美国家代表团的方法往往不当,而且似乎也不懂得拉美人民的心理或思维方式。美国代表团常常由一位等级较低的代表联系某个拉美代表团的同级代表,声称奉洛奇之命,要求对某一问题投赞成票。这种办法未必总能奏效。他说,美国人同拉美人交谈,并不总是细致或善于迎合的。况且赞成或反对某一提案,决定权掌握在各代表团团长而不在等级较低的代表手中。因此,假如洛奇希望得到支持,他最好亲自出马同一个拉美国家的代表团团长商量。他重复说,拉美人是重感情的,如果受到恰当对待,他们是很慷慨的,而且是乐于助人的。

苏莱塔—安赫尔还告诉我,1954 年 2 月将于加拉加斯召开又一次泛美会议。他在回答我的询问时说,会议议程尚未确定,但主要议题将是如何有效地对付共产党向美洲半球渗透的问题。另一议题将是如何贯彻执行泛美国家于1950 年或 1951 年签订的共同防御条约问题。他在回答我的另一问题时说,已在华盛顿建立拉美国家的常设总部,由每个国家派五六位代表组成;如遇召开更为重要的会议,各国还可增派特别代表以加强力量。

苏莱塔—安赫尔还说,现在努力使拉美国家的军队成为一支抵御共产党侵略的有效力量。鉴于苏联的统治全球的政策,他认为美洲半球遭受攻击是不可避免的,谁首当其冲实难预料,但无论如何,美国总会受到威胁。他接着说,为了在出现紧急情况时,拉美军队能作为一支统一而完整的力量投入战斗,在装备和训练方法的标准化方面尽管已经做了很多工作,但还有许多事情要办。

我认为这项工作对筹建一支在联合国主持下的有效的国际部队是非常重要的,并且说,我很高兴听到拉美国家在这方面已经取得这么大的进展。我又说,哥伦比亚在朝鲜的模范行动特别鼓舞人心。就这样我以和谐的口吻结束了我们的谈话。

当天晚上,我出席了艾森豪威尔总统和夫人在白宫举行的宴会。这是新总统就任后举行的第一次这种宴会,也是本季节内两次宴请的第一次。为此,把全部外交使团分成两批,第一批参加第一次宴会,第二批参加第二次宴会。这次宴会宾主共八十四人,计有艾森豪威尔总统和约四十位使团团长及夫人。总统夫人因病未出席。出席的其他美国人似乎只有国务卿和副国务卿以及他们的夫人。杜勒斯国务卿的座次在所有大使之后,但在全权公使之前。餐桌的摆法很独特,可能是为了克服因艾森豪威尔夫人缺席而造成的不便,宴会的程序也很独特,可能也是出于同一原因。

宾客到齐并按资历的先后次序排列后,总统走进来并停在入口处。我们从左侧一一被引见,然后绕圈继续向左,直到总统同最后一位握了手。这时候,外交团团长和夫人正好在最后被引见的一位的后面。总统陪同团长莫尔根斯泰因的夫人穿过走廊,走向餐厅,各大使则相继陪同他后面一位大使的夫人;这样她正好在他后面,每位大使就不难找到他所要陪同的夫人。

宴会后,总统离席走进吸烟室,男宾跟着进去,女宾则在另外一室。吸烟室备有各种雪茄烟和香烟。挪威、法国和意大利三国大使和我是首先进入吸烟室的。我们环立在总统身边闲谈。总统起先坐在沙发上,后来看到没有别人坐下,他便站起来继续闲谈。我们谈到了他前往百慕大、纽约以及返回华盛顿的紧张旅行,还谈到了报刊报道的他在百慕大的生活情况以及他在联合国大会上发表的引人注意的讲话。外交团团长询问是否有某个国家只贡献小部分铀作为共管,而大部分自己留存的危险。他问道:"规定一个贡献的百分比是否较好?"总统说,这将取决于贡献国的诚意;规定百分比不可能是切实可行的,无论如何在开始时是如此。我说,他的讲话是对苏联的一个极大和极好的挑战,苏联将难以回答。总统说,如果莫斯科不接受这个建议,它就不能再把美国称为战争贩子了。他还说,这个建议是一个试验,如果成功,还会有了不起的事情出现。

我提到了新闻报道所传播的他在百慕大每天早晨六时起床,起床后就一直工作,以及其他人都不能如此早起云云。总统讲起了邱吉尔和法国代表,并说他们没有一位在十点前办公。谈到他的公余消遣,他说在百慕大未曾游泳,杜勒斯则游泳了。他最喜欢射猎、高尔夫球和在江湖垂钓,但不喜欢海上钓鱼。他说,海上钓鱼,在等鱼上钩时,索然无味;淡水钓鱼,则每次情况不同,饶有趣味。他同意我这样一个看法,即每个不同的情况,都引起一个如何解决的问题,而研究决定应付办法的本身就是令人入神的。

当晚的娱乐活动是不同寻常的音乐节目,由电视歌唱队演唱,由一位钢琴手和四位小提琴手伴奏。晚十一时整演出结束。总统走到门口送客,互道晚安。

次日下午,我回访了加拿大大使希尼先生。他是一位办事认真的年轻人。他是牛津大学罗兹奖学金的获得者,曾任首相麦肯齐·金的主任秘书。我和麦肯齐·金很熟识。希尼还曾在战时内阁中担任国务秘书,以后又任加拿大驻欧洲委员会和北约组织总部的代表。他对我谈了加拿大的贸易和谷物出口以及持续向北扩大种植面积的情况。我们还讨论了艾森豪威尔总统在联合国大会上关于铀共管的讲话。我们都欢迎这个讲话,并认为这一具有深远影响的建议能否有具体成果,将取决于苏联的反应。尽管维辛斯基批评了这个讲话,但希尼从《真理报》就讲话刊登的八百字报道中还是看出了一线希望。

那天晚上,我设宴招待了访美的中国空军参谋长。在宴会上,我同新任负责远东事务的助理国务卿帮办庄莱德谈论了百慕大会议。庄莱德本来就是中国真正的好朋友,后来被派到台北担任美国大使。他对我说百慕大会议进行情况良好。艾森豪威尔总统甚至拒绝考虑接纳红色中国进入联合国的问题。我询问了苏联有关召开包括红色中国在内的五国会议以缓和世界局势的建议是否得到支持。我还提到了来自伦敦和巴黎的消息,在四国会议就德国统一与奥地利和约问题取得足够进展之后,美国准备在下次会议上听取俄国关于五国会议的建议。庄莱德嘱我放心,不必对这些事情焦虑。他本人极端反对以任何形式承认红色中国。他还说,红色中国已从北朝鲜撤出部分军队,加强了台湾对岸的防务。

不到一周之后，我访问了助理国务卿饶伯森。在交谈中我提起了我们上次在百慕大会议开幕前夕的会晤。我回顾了我曾经强调面对英法就承认共产党中国问题和接纳共产党中国进入联合国问题所可能施加的压力，美国应采取坚定立场的重要性。我说，现在会议已告结束，我料想饶伯森或许能就会议进行情况和曾否讨论远东问题，以及对远东问题曾否采取行动等，予以说明。

饶伯森回答道，百慕大会议讨论了远东问题，但未采取任何行动。

我说，据一则新闻报道称，英国和美国同意今后不再互相敦促修改对方的远东政策，以显示对付共产党的联合阵线。我想知道该报道是否属实。

饶伯森说，并无此种谅解或协议。如我所知，英国已承认共产党中国，而美国仍希望他们能放弃其承认政策。对于接纳北平政权进入联合国问题，美国仍然坚决反对。

我说，作为百慕大会议的结果，西方三大国显然已接受苏联召开德国和奥地利问题会议的建议。但与此同时，俄国人曾强调有必要召开包括共产党中国在内的五国会议。我想知道百慕大会议在这方面的情况。

饶伯森回答说，美国向英国和法国指出，共产党中国对德国和奥地利问题不可能感兴趣。至于召开五国会议以讨论远东局势，美国在百慕大的立场是，鉴于过去六七周内由于中共方面缺乏诚意，为安排朝鲜政治会议的准备工作而举行的板门店会谈毫无结果，不能指望拟议中的五国会议产生任何建设性成果。

我说，这一点很清楚，而且我认为美国提出的反对召开五国会议的论据是无可辩驳的。

随后，我提出了迪安最近对东京报界声称，他确信就朝鲜问题召开政治会议仍有可能。我问饶伯森对会议的前景有何看法。

饶伯森回答说，他很清楚，共产党人只是想继续会谈，并按照莫斯科的指示,故意采取拖延政策。他不了解迪安根据什么仍然确信政治会议能够召开。

我同意饶伯森的看法。我问他,如果政治会议肯定不能召开,他是否认为李承晚总统会把他采取单方面行动以统一朝鲜的威胁付诸实施。

饶伯森说,尽管李承晚认为统一朝鲜对他来说是至关重要的(他确实是一位爱国者),但美国必须从全球观点出发对抗共产主义威胁,因为它的责任不限于朝鲜或西欧。正是由于这个缘故,前一天国务卿杜勒斯在巴黎发表了十分坦白而率直的讲话。杜勒斯指出,假若法国不批准欧洲防务集团条约,美国就不得不对整个欧洲形势进行重新估计。李承晚为人固执;如果政治会议不能召开,他也许会把他的威胁付诸实施,但这样做将大错特错。当然,南朝鲜军队现在很强大,并占据前线的三分之二。但饶伯森认为,如果李承晚重启战端,他不可能使联合国军投入战斗。

饶伯森说,李承晚给予报界的印象和他在书信中给予饶伯森的印象不同。他回顾了他7月份出访朝鲜时,曾极为困难地说服李承晚同意召开政治会议。这位朝鲜总统最后同意等待九十天,在此期间由会议设法和平解决朝鲜问题;作为交换,如果在九十天期限内会议失败,美国保证退出会议以示抗议。饶伯森强调说,美国的这一承诺丝毫不意味美国将再次拿起武器,和南朝鲜一起以武力完成该国的统一。他又说,根据美国宪法,即使艾森豪威尔总统也无权宣战,宣战的特权属于国会。当然,李承晚可能反驳说,从法律意义而论,战争状态依然存在。但就美国军队而言,是否重新参战是由美国决定的问题,而且在朝鲜问题上,饶伯森认为没有联合国的新决定,即使美国也不能单独行动。

依照饶伯森的看法,万一李承晚把他的威胁付诸实施,实际上就是自取灭亡,因为南朝鲜军队尽管强大,但没有美国的援助和支持,是不能把战争打到底的。再者,联合国,特别是美国,在朝鲜抗击共产党侵略中蒙受巨大的人力物力损失之后,决不允许在自身没有自由决定权的情况下由李承晚迫使他们采取行动。考虑到这一切,饶伯森倾向于认为李承晚实际上不会把他的威胁付诸实施,因为他不至于如此愚蠢,而且从各方面看,他不是一个蠢人。

当天下午,蒋廷黻以电话向我询问美国对接纳红色中国进入联合国的态度。鉴于美国与英国曾商定将该问题的讨论推迟到1953年12月31日,他还询问期满后美国可能采取的行动。我告诉他,我从杜勒斯、饶伯森和新任助理国务卿帮办庄莱德的谈话中推测,有必要再次推迟。虽然延迟多久没有提到,但很可能是到本届联大结束或再推迟一年。蒋廷黻说,鉴于板门店为政治会议进行的会谈陷于停顿,他确信刚休会的联大,最迟将于来年2月复会,尽管美国倾向于尽量予以推迟。但他和我一致认为由于板门店出现僵局,在接纳红色中国问题上,美国在联合国将受到更大的压力。我把12月3日和15日我同饶伯森的会谈以及12月10日我举行宴会时同庄莱德的交谈内容扼要地告诉了他。

在此之前几天,我同中国驻联合国代表团的刘锴大使和于焌吉大使共进午餐。于焌吉对我国未能获得联合国会费委员会或行政和预算委员会的席位,表示不满。我国每年缴付会费约二百四十万美元,居会员国的第四位。美国代表团曾保证我们被选入行政和预算委员会,条件是我们集中力量于一个委员会而不是两个。蒋廷黻曾将此意电告外交部,而外交部则指示两个席位都要争取;结果都失败了,一个也没有得到。

12月29日,我同纽约中华新闻社社长倪源卿谈话。他汇报说,据他在纽约得到的消息,美国政府并未最后决定反对红色中国进入联合国。他说,美国对华长期政策并未确定,我们不可想当然地以为我们的国际地位是永远牢固的。我告诉他,这些消息都与我们在华盛顿得到的消息相符。我们必须随时警惕。我在华盛顿在力所能及的范围内正采取一切步骤予以抵制。

次日中午,我接待了加拿大人士伊西多·罗森菲尔德博士。

他即将参加以"坚决主张共产党中国应被接纳进入联合国"为题的辩论,他站在反对的一方。辩论会将于1月底在蒙特利尔麦吉尔大学的辩论联合会举行。他征求我的意见,并索取为反对方面提供证据的资料。我相当详尽地查阅了各种反对接纳的论证资料,也查阅了赞成一方可能提出的赞成接纳的论证,以使他能作出有力的反驳,因为如果想改变评判员和听众的见解,有力的反驳往往在辩论中占有更重要的地位。这是我在学生时代参加哥伦比亚—康奈尔两校的辩论会所得的经验。我还面交他一份美国劳工联合会反对接纳(中共)决议的抄本和周以德的百万人委员会的反对接纳的传单。我吩咐顾毓瑞给他邮寄另外一批资料,以供辩论之用。

在此期间,我一直同各外交使团的其他成员保持联系。例如,我曾前往弗吉尼亚州阿林顿市陆海军乡村俱乐部参加希腊大使波利蒂斯为希腊国王和王后举行的招待会。我还接待了日本大使新木荣吉。他于12月中旬前来辞行,告以他将回国,预计圣诞节日到达日本。他感谢我在他任期内对他的帮助以及我同日本大使馆的友好关系。我设法探悉他下一步的工作任务。我说,我听到他将离美,感到非常遗憾,但料想他将转赴国外其他地区担任新职,或在东京荣升。他说,不是的;他不是职业外交官。他将回去陪伴老母,她已经九十二岁,但身体健康,精神很好,住在日本海沿岸的一个小镇上。这很合乎中国和日本古老传统的孝道。一星期后,我到机场为他送行。他似乎非常感激我对他的礼遇。

12月30日,我回访了哥伦比亚大使。我们谈到了美国同哥伦比亚之间的贸易关系。据他说,哥伦比亚对美国的主要输出品是咖啡,尽管数量仅为巴西对美输出的三分之一。美国的咖啡消费量极大,而且还在增长。在他本国,人们只在吃饭时喝一小杯咖啡,美国人则任何时间都喝咖啡,而且用大杯,一次数杯。他认为宣传广告对咖啡出口贸易是绝对必要的。他说,几年前,美国的咖啡消费量曾经下降,专家的研究表明,美国的夏季咖啡销售量由于天气炎热而较少。不是饮用数量减少,而是平常浪费的部分通过节约而省下来。销售专家建议在夏季开展推销"冰镇咖啡"的广告运动。广告花费了一百万美元,而效果为咖啡销售额增加了六千二百万美元。

当晚,我参加了菲律宾大使馆代办阿贝略先生和夫人为庆祝麦格赛赛在马尼拉就任共和国总统而举行的招待会。代办举杯为麦格赛赛总统祝酒,我们都随着举杯。我同泰国大使朴·沙拉信交谈。他说,杜勒斯的话被引用错了,被说成是他声称越盟最近的胜利无足轻重。这位大使说,杜勒斯的原意,上寮和下寮之间的狭窄地带本身没有多大战略价值,这两个地区之间的交通不管怎样都是困难的。这位大使指的是杜勒斯关于越盟最近攻势的谈话。越盟这次进攻,切断了印度支那最狭窄的地区,使共军推进到与泰国交界的湄公河。前一天,即12月29日,国务卿在举行记者招待会时,实质上是说共产党此次行动的军事意义被夸大了。

参加招待会的还有柬埔寨大使和老挝公使。柬埔寨大使对我说,法军毫无防备,遭到越盟军队的突然袭击,因为法军把注意力集中于北部的东京湾,完全没有料到叛军会在南部发动进攻。老挝公使说,局势非常严重。沙拉信大使于是承认了局势的严重性,并补充说,泰国政府正在边境采取各种军事戒备措施。

1954年1月4日,中华教育文化基金会成员同花旗银行高级职员举行午餐会,讨论基金会的投资业务。蒋廷黻第一个发言。他即席评述了远东形势。他扼要指出,在朝鲜没有恢复敌对行动的可能性,因为中共已厌倦那里的战争;在印度支那,战斗将持续下去,甚至会更加激烈,但他认为中共不敢公开干预,从而引起美国的报复。(杜勒斯在12月29日的记者招待会上也曾说,共产党中国介入印度支那可能引起美国的反应,这种反应"不一定"限于共产党为新的侵略战场所选的特定地区。)蒋廷黻说,中国大陆的情况于北平统治者不利,民众对他们日益失去信心,但不可能实行铁托主义,尽管中共同俄国之间有争吵,诸如北平对莫斯科的援助额不满,以及莫斯科抱怨中共还款缓慢和偿付商品品种不合等等。

1954年1月1日,在海地大使馆为庆祝海地国庆举行的招待会上,我同法国萧唐先生和夫人交谈。萧唐一直忙于在美国各地巡回演讲,感到非常艰苦。这次巡回演讲是由一个演讲组织主办的。他向我介绍了吕希菲拉德伯爵,他是美国大学的政治学教授,讲授国际法。这位教授告诉我,他是美国劳工联合会决议和参众两院联合决议的执笔人,两个决议的内容都是反对接纳红色中国进入联合国。他还说他希望去台湾和远东。他一直为法国报纸撰稿支持自由中国和反对接纳共产党中国进入联合国。他一直敦促法国人民像美国人尤其是美国妇女那样组织起来,以便使法国人民明白共产主义对自由世界的危险。

吕希菲拉德给我的印象是生气勃勃、诚恳、能干。他还说,一个国家的政策,尤其是美、法等民主国家的政策,其成功的关键在于公众的支持。他说为了获得这种支持,必须把任何特定问题的正反两方面的理由随时告知公众。多数人了解之后,就能迅速领会什么是应当采取的正确立场。但政府和其他各界领袖通常由于本职事务太忙,或者由于准备不足,以致到了一定时候不知道应该说些什么或做些什么。这就需要专家向他们提出意见和据以行事的建议,以及在必要时为他们起草决议案、文电或向国会或公众团体发表的讲话稿等。

这些话很正确,而且正由于此,华盛顿许多重要的政治领袖常常请专家起草他们的讲话稿。我知道,当国会议员将发表讲话而其内容涉及诸如法律涵义或历史事实的某些问题时,他们就请专家协助。知名的参议员和众议员,特别是各委员会的主席,常常都有自己的秘书;有些议员还有一两位讲话撰稿人。但不是每位国会议员都负担得起这笔费用,于是他们就请教外界人士。我记得大使馆多次被要求起草声明或讲话。这是很自然的,因为关于中国这样的问题,众参两院议员往往忙于例行公事,而无暇大量阅读或深入研究。我们乐于做这类工作,但因属于机密,我们一般保守秘密。

约三星期后,我在洪都拉斯大使德巴列夫妇举行的宴会上再次见到萧唐夫妇。这次宴会是一次大型的冷餐会,约有五十位来宾参加。我同萧唐夫人和哥伦比亚大使苏莱塔—安赫尔谈论了法国的政治及其对欧洲防务集团条约的影响。随后,我又同哈里·凯恩参议员和夫人谈论了美国政治舞台的各个方面。萧唐夫人对苏莱塔—安赫尔和我讲述了她丈夫在法国的声望以及奥里奥尔总统向她询问她丈夫为何不回法国再次参加公共生活的经过。她说,她答称他若回来必将为共产党人谋害,而且他在美国作有关法国的演讲是为法国做好事。至于批准欧洲防务集团条约的前景,她和苏莱塔—安赫尔大使都认为绝无希望,因为一位社会党极左分子已继赫里欧当选为法国国民议会议长。萧唐夫人说,这是在十二次投票无结果之后,作为同意选举独立共和党的勒内·科蒂为法国总统的交换条件的一部分。

16日,我参加了法国大使博内先生和夫人在法国大使馆为庆祝法国新任总统科蒂就职而举行的招待会。招待会结束时,杜勒斯国务卿和夫人向我致意。美国前驻日大使约瑟夫·格鲁在回答我的问题时说,"百万人委员会"的工作进展顺利(他是该会的活跃分子)。他说,接纳红色中国加入联合国,将铸成大错,但对传闻的美国对华政策的"新考虑"必须予以密切注意。

所传美国重新考虑对共产党中国政策大约两星期以前已引起公众注意。它最初是板门店会谈的美方代表阿瑟·迪安在一次不公开发表的情况简介中所提出的主张。1954年1月3日,《普罗维登斯星期日报》予以披露。据说迪安力促"应该重新考虑美国对共产党中国的政策,以寻求一种除军事行动外的方法使它和苏联分离……"该报说,"迪安的意见看来是指同中共妥协,以期在朝鲜继续保持和平并对中共观察数年,然后我们可能愿意让他们进入国际大家庭"①。

我第一次得悉此事后,就吩咐大使馆几位人员予以进一步了解。1月7日陈之迈公使面交我如下节略:

(1)迪安大使作为时三小时的非正式情况介绍时,我的一位记者朋友在场。我从他处获悉,迪安转弯抹角地试图敦促以现实的态度对美国的远东政策进行重新审查,把美国日后承认红色中国的大门启开。为我提供消息的人对中国事务相当熟悉。他得到的印象是迪安对中国的了解,"不超过三十年代采访毛泽东的埃德加·斯诺"。例如,迪安认为毛"对世界革命不感兴趣",因而,使红色中国脱离莫斯科的控制是大有可能的。某记者问他的看法有何根据,他说是根据"毛的著作"。迪安对板门店共方谈判人之一黄华的印象也极为深刻,把他看作是"美国可以与之打交道"的少数"中共最高级官员"之一。迪安还对我国政府收复大陆的能力持极端怀疑态度。

(2)据提供消息者称,关于美国可能承认红色中国的大量报刊文章,其主要根源为1月3日《普罗维登斯星期日报》(罗得岛州)泄漏的迪安的讲话。那些一向赞成承认的撰稿人诸如德鲁·皮尔逊、罗斯科·德拉蒙德、洛厄尔·威利特等,自然热情效法迪安。

(3)然而迹象表明,国务院对整个远东局势正予以认真思考。据说助理国务卿饶伯森坚持他的立场,认为华盛顿不应采取任何帮助中共政权的步骤。接纳共产党中国进入联合国或美国承认北平都属于这类步骤,因而必须坚决反对。但有些议论认为在即将召开的柏林会议上,美国将发现自己陷入中国问题而不是德国问题的讨论。当板门店谈判重开

---

① 原注:1954年1月3日《普罗维登斯星期日报》。全文见附录八。

时,美国还会发现承认北平是它为实现朝鲜和平所不得不付出的代价。还有一个贸易问题。有人争论说,"同红色中国进行贸易可以把铁幕打开一个缺口"。这些需要考虑的因素促使国务院的决策者重新审查整个问题。据说,"盟国"方面的压力也确实很大。

（4）据说,杜勒斯对这些事态发展无动于衷。向我提供消息者告诉我,杜勒斯的主要理由是任何这样的行动都会激起国会的反对,而且是无法克服的。

1954年1月12日,孔令傑从台湾小住归来,和我谈起一些事情。其中之一是委员长有意在埃及同美国国会和公众的公共关系方面给予帮助。孔令傑说,委员长曾对他谈在这方面帮助埃及的事情,并担心埃及可能改变其继续承认我国政府的政策。我向孔令傑叙述了埃及希望我们帮助一事的前后经过。这件事最初是外交部奉委员长之命嘱我注意的,而委员长则是根据我国驻埃及大使何凤山给他的电报下令的。我叙述了我给委员长的答复和我给外交部的报告。我说,虽然我和大使馆愿意在此间以适当方式协助埃及,但我们不能透露我们同美国国会中坚决支持我们的朋友之间的联系渠道和联系人,即使是笼统地透露也不行。但我把在国会各重要委员会担任主席或委员的有影响的参议员和众议员开列了一份名单并已送交埃及驻美大使。他可以设法和他们结识交往。孔令傑随即说,委员长只是一般地提到这个问题。

1月20日,爱尔兰大使赫恩先生前来回访。他向我询问的事情之一是,不久前《纽约时报》刊登了一篇文章,推测美国可能承认共产党中国,是否真有其事。我答以决无此事。美国政府不但拒绝承认共产党中国,而且反对接纳它进入联合国。我指出,仅仅两天之前,杜勒斯在参议院外交委员会的听证会上重申了美国对这两个问题的立场。赫恩说,他看到了关于这事的报道,而且他听说美国无意改变对共产党中国的政策。

陈之迈公使于1月23日向我汇报了他最近同众议员周以德的谈话。周以德是为毛邦初案而要求会见他的。陈之迈说,周以德还告诉他其他几件事情。关于迪安所主张的对华政策"新考虑"的报道,周以德说,他知道杜勒斯不仅强烈反对承认共产党中国,而且强烈反对接纳它进入联合国。仅在上星期,杜勒斯对国会各委员会就明确地申明了这个意思。杜勒斯亲自说明,他11月9日有关美国从未说过它永不考虑承认共产党中国的讲话,被人曲解了。杜勒斯曾说,"永不"这个词在外交上是不用的,但他的意思并非暗示美国目前正在打算考虑承认。事实上,他只是曾说,如果红色中国改变其政策,而且具有被接纳的资格,届时将予以考虑。但他认识到他本应进而说明红色中国不可能改变其政策以具有资格,而且他预料它不会这样做。

同一天,在洪都拉斯大使举行的宴会上,我同哈里·凯恩参议员畅谈。凯恩坚决认为需要经常使国会的领袖们理解自由中国的事业。他非常恰当地建议举行一些便宴,每次六至八位,以讨论这种问题,使他们不断予以关心;否则,他们专心于国会的大量日常事务,就不会熟悉中国的一些问题,诸如接纳北平政权进入联合国的危险等。我表示完全同意,并补充说,接纳共产党中国不仅对自由中国不利,而且对整个自由世界不利,真正需要的是一个解放大陆的积极政策,而不是脱离接触和遏制的政策,因为中国大陆是亚洲的要害,而亚洲对整个自由世界的安全是极端重要的。

1月25日,英国、法国、美国和苏俄四国外长会议在柏林开幕。我听过新闻报道后,在日记里写道:

> 莫洛托夫在柏林外长会议上对美国的恶毒攻击,使其他三个与会国感到意外,并迫使杜勒斯推迟发言,以便加以修改,来答复莫洛托夫的指责。

次日下午,我参加了澳大利亚大使馆的招待会,并同负责远东事务的助理国务卿帮办庄莱德交谈。他对我讲述了杜勒斯对莫洛托夫在柏林会议第一天的攻击的强硬答复。他说，这是杜勒斯在外交上使用的最强烈的语言。杜勒斯断然拒绝了莫洛托夫关于召开有红色中国参加的五国会议以讨论世界和平问题的要求。庄莱德说，这当能使我满意。我说，确实如此。我询问阿瑟·迪安返回板门店以恢复预备性会谈的可能性。他说，这将于次日在国务院同迪安商谈决定。至于朝鲜政治会议的前景，庄莱德说，即使迪安回去同共产党再次开始会谈，他认为会议也未必开得成。

我们谈到了印度。我说我无法理解印度的态度和政策。庄莱德起先曾向我询问我国最后一任驻印度大使罗家伦的行止。我说，罗家伦在印度尽了最大力量，因为我国政府愿意和印度建立友好关系。我们曾极力主张印度独立，甚至不惜牺牲同英国的友好关系。庄莱德说，他了解这段历史，因为他那时在重庆。他说，但尼赫鲁是能使举国团结一致的唯一人物。西方国家虽然不喜欢他的政策，但不得不容忍他，甚至支持他，因为他的话代表印度民意并在印度受到普遍尊重。这一点从印度报刊可以看出，而这些报刊并不都是拥护国大党的。

当天下午早些时候，我接待了伊拉克新任大使穆萨·沙班达尔博士。他前来进行礼节性拜访。根据谈话记录，我首先向他致贺，并表示我设想他对美国并不陌生。

沙班达尔说，他曾在纽约担任伊拉克驻联合国代表，但对美国情况并不熟悉。他回顾了曾在日内瓦国际联盟开会的年代与我相遇，当时他担任伊拉克代表团秘书。他又说，从那时起，他和我一样从事外交生涯，并把我看作外交界的老前辈。他希望从我随时获得教益。

我说，伊拉克谅必关心伊朗石油问题，而且他谅必密切注视着局势的发展。沙班达尔说，正是这样。他说，伊拉克幸而得益于伊朗同英国—伊朗石油公司以及同英国政府之间的争议，以和平方式解决了本国的石油问题。伊拉克修订了它同英国—伊拉克石油公司的新石油协定,由过去每吨原油收取十六先令,改为收取英国—伊拉克石油公司纯收入的百分之五十,这意味着伊拉克政府每年增收数以百万英镑计的石油产地使用费。但他的一些同胞,像一些伊朗人那样,由于受民族主义强烈情绪的影响,坚决主张由伊拉克自己开发其石油资源。他对他们说,他对他们的爱国主义和民族主义情绪,完全有同感,但是石油的开采、加工、运输和销售都需要高度的技术知识和组织能力。有一天,他的一位同胞访问他,并敦促他支持石油国有化政策。他问这位同胞,假如他患重病,将往何处就医。回答是前往英国,因为英国医生比伊拉克医生高明。于是他对来访者说,由于同类原因,伊拉克应当继续执行他和外国公司的现行石油协定,因为伊拉克尚未掌握经营石油的技术和经验。他进一步向他指出,国家应当培养年轻人学习石油工业各个方面的知识,而且在尚无自己的技术人员以前,应当利用外国专家的知识和经验,协助开发石油资源。这比因缺乏资金、技术和经验而听任资源埋在地下,以致不能受益,远为明智。接着,他向我询问台湾局势,特别是朝鲜战争的战俘问题。

我回答说,约一万四千名反共的战俘在美国的支援下已安全到达台湾。他们受到了热烈欢迎。中国政府和人民对自愿遣返原则的贯彻执行情况感到非常满意。这些士兵决定不返回共产党大陆,是经过审慎选择的。他们这样做,既反映了他们家属的反共情绪,也反映了大陆人民的普遍反共情绪。

这位伊拉克大使接着向我询问了美国的对华政策。当他听到我对美国当前对华政策的评价后,他说,他本人无法理解美国的政策。他回顾了前年当阿拉伯国家在联合国提出突尼斯和摩洛哥问题时,美国在投票时弃权,但又表示说它并不永远赞同法国的政策和观点。然而去年美国在这个问题上实际上支持了法国,并相应地投了票,这使阿拉伯国家大失所望。最近,他接着说,美国伙同英国和法国在以色列和外约旦为开发水电问题的争端中支持以色列,这就给予苏联代表维辛斯基发言支持阿拉伯国家的极好机会。这件事是令人遗憾的,因为他知道维辛斯基只不过是试图从中尽量多获得宣传上的好处,而并非当真打算充当阿拉伯事业的捍卫者。但是阿拉伯世界的老百姓由于不知内情,对苏联的策略定将产生深刻印象,并且以为当美国、英国和法国背弃阿拉伯人的时候,俄国却出来援救他们。这样,西方民主国家恰好做了对俄国人有利的事,既损害了阿拉伯国家,也损害了自由世界。他对此深感痛惜。

我说,这反映了西方民主国家的一个缺点。他们似乎常常目光短浅,集中考虑一些权宜之计,而忽略至关重要的原则问题。这也说明了目前联合国不起作用的原因。我补充说,世界和平与安全除依靠军事力量外,还必须建立在道义原则的更加坚实的基础上。

几天后,我的上午约会之一是新任埃塞俄比亚大使耶尔马·德里萨前来作礼节性拜访。他是一位三十五岁的青年,在国内曾任外交部长和经济部长,成绩卓著。他曾就读于伦敦经济政治学院。他也说他曾在日内瓦与我相遇。但那时他是在研究院,在拉帕德的指导下学习。拉帕德一度担任国际联盟秘书处委任统治部主任。德里萨大使说,他认为联合国比国际联盟大有改进。我只在这样两个方面同意他的看法,即:美国是联合国的会员国,而当年不是国联的成员国;在联合国,问题都是在大会、安理会或其他委员会公开讨论的,而在国联时代则由大国关起门来秘密谈判,事后把结果在徒具形式的大会或行政院会议上强加于其他会员国。

当天下午,土耳其大使埃尔金和夫人为欢迎土耳其拜亚尔总统和夫人在五月花饭店举行招待会。外交团团长特别用电话邀请并通知各外交使团在招待会预定开始时间前半小时到会,以便分别向总统和夫人引见。总统和夫人看来不懂英语或法语,由埃尔金大使担任翻译。我们按资历依次被引见,其中多数人停留了半小时,然后悄悄离开。这时大批客人开始涌进冷餐厅,餐厅里备有各种极为豪华的佳肴美酒。

31日中午过后不久,我前往美国国会大厦聆听土耳其总统向两院联席会议发表的演说。他用土耳其语讲话,由秘书逐段翻译。演说简短有力,只用了三十五分钟,很受国会两院的欢迎。但会场只坐满三分之二,包括内阁成员的二分之一,参议员的三分之一,和外交使团的三分之二。拜亚尔总统演说的主题是土耳其决心抵御共产主义侵略和准备参加任何集体行动以遏制共产主义威胁在世界任何地区蔓延。他强烈要求加入欧洲防务集团,并且说,倘若由于某方面的阻力,这一要求不能实现,他认为那是非常危险的。

在此期间,进一步传来了柏林会议进展情况的消息。开幕讲话之后,紧接着西方国家同意了莫洛托夫的议程,把"由五国外长会议讨论缓和国际紧张局势的措施"置于德国和奥地利问题之前。杜勒斯曾于1月26日发言坚决反对同中共开会讨论朝鲜以外的问题,但印度支那形势的最近发展显然使法国要求扩大拟议中的政治会议的讨论范围,把印度支那和平问题列入。越盟已于1月30日入侵上寮。

2月3日,我在纽约市政厅发表了演说,题目是"亚洲的危机"。我先从柏林会议谈起,然后转入主题。我开始准备这篇演说是在1月24日星期天,当时外面大雪纷飞。25日,即柏林会议开幕的那天晚上,我在家口授讲稿的其余部分。2月1日星期一,我对讲稿进行了修改。星期二,我乘火车前往纽约。那天是中国农历除夕。次日上午十一点,我发表了演说。现将讲稿原文的大部分照录如下,以供详阅。

亚洲的危机

目前在公众心目中,注意力集中于欧洲,亚洲则被置于次要地位。人人都急于了解柏林会议的进行情况,以及该会议在德国统一和对奥和约方面将有何结果。但即使是在这次柏林会议上,亚洲也已成为主要谈判国之间的一个争论话题。苏联外长坚决要求召开有红色中国参加的五国会议以讨论缓和世界紧张局势和裁军问题。这件事使各方花费了会议一周时间才同意推迟进一步讨论,而不是取消这个话题。同样,出席会议的某些——如果不是全体——外长似乎念念不忘朝鲜和印度支那问题,尽管这次会议本身原来是为谋求解决德国和奥地利问题而召开的。

展望今日世界,亚洲局势最为令人不安。朝鲜依然处于僵局,令人焦虑。占用两年时间谈判达成的休战幸而在执行之中,但停战协定所规定的解决朝鲜问题的政治会议由于共产党方面谈判者的不合作态度,迄未举行。在此期间,共产党人在北朝鲜增建了机场,加强了防御工事,一旦找到取胜的时机和撕毁停战协定的适当借口,就准备再次发动进攻。

印度支那是共产党侵略给亚洲国家造成的又一处严重创伤。以胡志明领导下的越盟军队为一方同以法国和印度支那三国的联合军队为另一方之间的战争,已持续七年以上,共产党最新攻势所引起的拉锯战仍在进行之中。共方准备加强攻势,而没有迹象表明防御者能够在不久的将来赢得决定性胜利和打败侵略者。

印度支那长期遭受苦难的主要原因是中国共产党人对越盟领导人的不断煽动和大量援助。共产党中国在与越盟接壤的那些省份新建的军事学校,一直在训练数以千计的印度支那学员,以供在越盟军队中服役。武器弹药源源偷运入印度支那北部,供共产党人使用。中国共产党的参谋、通信兵和熟练炮兵被派入越盟领土,以协助越盟对法军及其联军的军事进攻。在印度支那边境附近,修建了一系列机场,供空战使用。共产党的当前目标不但包括印度支那,而且包括缅甸和泰国。中国共产党方面最近的军队调动提供了明显而令人不安的迹象。

台湾也面临着大陆共产党军队进犯的威胁。的确,台湾岛上的中华民国政府在美国的军事和经济援助下已逐步建立一支庞大的武装部队,自信有能力捍卫该岛,在得到美国为此而予以支持的保证下尤为如此。但是,北平红色政权决未放弃夺取该岛的计划,也决不会永远不作这种尝试,因为台湾不仅是中华民国政府的临时所在地,也是保卫西太平洋和美国安全的反共防御锁链的主要一环。

北方的日本同样处于苏联的军事威胁之下。日本有高度现代化的轻重工业和造船业,是亚洲最大的工场。共产党人对它馋涎欲滴。一方面,苏联占领着距日本北海道仅分别为二十五英里和十二英里的库页岛和千岛群岛;另一方面,中国共产党的武力控制着北朝鲜。共产党人希望通过把日本置于这种钳形的两方面压力之下,予以征服。

在亚洲大陆,缅甸是另一个易受红色中国的共产主义渗透和颠覆的国家。缅甸政府同几个政治派别之间的内战已持续若干时间。最近,联合国根据缅甸政府的请求,命令李弥将军领导下的中国反共救国军撤回台湾。这说明共产主义在缅甸的影响。

再往西北看,为了便于军队的调动,通向西藏首府拉萨,再由拉萨到达印度边界的公路,正在紧张施工。有消息说,中共增加了在拉萨和接近印度的其他城市的驻军。如果消息可靠,那就值得特别注意。正由于此,印度已在北平进行谈判,以便弄清中共的意图。

小小的尼泊尔王国也不能免遭共产党的阴谋算计。

在南面,马来亚和印度尼西亚依然遭受着共产党对现政府破坏活动的困扰。

所有这些事态发展都足以清楚地表明共产党在亚洲的图谋之不祥朕兆。

几星期前,苏联就美国可能向巴基斯坦政府提供军事援助的报道向巴基斯坦提出了抗议,中共报纸随声附和地警告这个伊斯兰国家说,北平对巴基斯坦同美国更紧密合作的前景感到不快。

红色中国的这种态度是不足为奇的,因为北平同莫斯科紧密合作,推行攫取整个亚洲的共产主义阴谋。

去年11月,红色中国同苏俄续订了军事同盟互助条约,决心在扩大和发展满洲的军事工业潜力以及与苏俄中亚地区接壤的新疆的交通运输设施等方面加强合作。

我以上所说的一切,表明自由亚洲所受威胁的严重性以及谁是阴谋的幕后策划者。

由克里姆林宫指挥并由共产党中国支持帮助的国际共产主义,是决心控制亚洲以进而统治全世界的罪魁祸首。正统的共产主义地缘政治学的定论是,通往巴黎的最近道路是经由北平,而拥有巨大人力资源的亚洲是共产党在军事上和经济上征服全世界所必不可少的。维辛斯基把亚洲的巨大人力资源称为国际共产主义取得成功的"最宝贵的资本"。再者,除人力之外,东南亚又是一个大粮仓,也是多种战略物资如橡胶、黄麻、锡和石油等的大仓库。

假若我们寻找亚洲危急局势的主要原因,我们无疑将发现那是由于中国大陆沦于共产党之手。中国是亚洲的关键。共产党领袖们在策划全球阴谋伊始,就预见到这一点。用他们之中的一位领袖的话来说,他们必须"不惜一切代价夺得中国"。自从共产主义政权在俄国出现起,中国就一直是国际共产主义的首要目标。无论把共产党的成功归咎于国民党中国和自由世界其他国家的何种失误和疏忽,大陆的失守不仅对中国人民,而且对爱好自由的整个国际社会,都无疑是一个致命的打击。假若自由世界知道共产党控制中国是国际共产主义在亚洲的关键性政策,因而对中国人民反对共产党侵略者和捍卫自由的殊死斗争给予更为积极而同情的关注,则过去几年的东亚历史就不会如此令人极度痛苦,也不会有朝鲜、美国以及在朝鲜前线为共同防御而协作的联合国其他会员国的优秀青年伤亡惨重的朝鲜战争了。

随着共产党政权盘踞中国大陆,我们看到朝鲜、印度支那、马来亚和缅甸接连发生了悲惨而灾难性的事件,并危及亚洲所有其他地区,而且和平与安全的希望遥遥无期。相反地,一切迹象都表明共产党人有强行贯彻扩张政策的决心。去年7月,他们愿意在朝鲜停止战斗,并签订了停战协定,但这并不意味着他们改变了初衷。他们同意停战是由于想要赢得时间以便充分准备,等待更为有利的时机,再次进攻南朝鲜。

美国国务卿曾发出警告称,共产党人如果再发动公开侵略,不论是在朝鲜还是在印度支那,其严重后果将不仅限于这些国家。这个警告既颇有远见又非常及时。其涵义很清楚,就是他们的这种侵略行径必将在他们自己的领土上招致报复性攻击,而且使他们冒全面战争的危险。共产党人是否认真对待这一警告,还不清楚;它能否有效地阻止他们再在亚洲从事军事冒险,只有时间才能证明。

但是,共产党控制一个国家并奴役其人民的战略,并不限于公开的军事进攻。(他们通过间接行动实现阴谋的能力和技巧是众所周知的,例如,通过渗透和颠覆、煽动和叛乱、内战和革命。)如我在前面所指出的,除朝鲜和印度支那外,东南亚其他国家也都面临着共产党阴谋的问题。

对自由世界来说,整个局势危机四伏。加之亚洲某些非共产党国家,未能认识国际共产主义对他们的民族独立与自由的严重威胁,拒绝同热爱自由的其他国家同心协力地战胜威胁,这就使应付局势的任务更为困难。

有些亚洲国家似乎决心执行所谓中立主义政策。在我看来,这个政策不仅是欠考虑的,而且对自由事业是危险的。它分化自由世界,而且妨碍自由世界遏制共产主义影响蔓延的努力。从长远看,中立主义政策必将证明是有害于当今提倡和奉行这项政策的各国利益的,因为共产帝国主义的政治策略一向是分化瓦解各个击破。自由世界越是分裂,共产党人就越容易逐一侵占,并置之于铁幕之后。

某些中立主义国家的态度是令人难以理解的。他们宣布反对共产主义在本国境内蔓延,甚至采取严厉措施压制共产党活动,然而同时却又反复公开宣称,他们希望尽可能不参与保卫自由世界免受共产党统治的共同努力。

但是,不论中立主义国家怎样想怎样做,共产主义对自由世界的威胁确实存在,而且在亚洲尤为严重。如果整个自由世界像鸵鸟那样把头埋进沙里,宣称国际共产主义是战争贩子所幻想的虚构敌人,那就是十足的疯癫。

亚洲的危急局势,要求我们采取有效措施予以应付。北大西洋公约组织和欧洲防务集团作为防御共产党潜在侵略的体系所依据的基本原则,对保卫亚洲同样是必要的。如我刚才所说,虽然亚洲某些国家对共产主义威胁和采取有效抵制措施的必要性,和自由世界的看法并不一致,但其他有切身关系的国家决不可长期等待,而应当尽早努力在彼此之间达成协议,为共同目的组成一个亚洲的北约组织。

自由世界在对付共产党人方面必须显示出目标一致,坚定不移。最近有一个事例可以很好地说明这条真理。在按朝鲜停战协定规定的日期,即 1954 年 1 月 22 日释放两万二千名共产党战俘方面,由于中华民国和南朝鲜政府采取坚定的立场并获得美国和其他几个国家的支持,现已顺利实现而未发生任何严重事故,尽管共产党人和所谓中立国遣返委员会的三个成员国曾以必将发生相反情况相威胁。大多数中国战俘拒绝返回共产党一方,而且经过慎重考虑,选择了自由,要求被遣送至台湾。对这一令人满意的人道主义和正义行动,中华民国政府和人民特别感激美国政府和人民,他们在艾森豪威尔总统的领导下和国务卿的指导下,坚决贯彻执行了停战协定的条文和精神……

世界上爱好自由国家除了目标一致和坚定不移之外,还必须拥有实力,因为共产主义意识形态是肆无忌惮的……

一切自由国家的人民都热爱和平,并祈求和平。他们的领袖奉行一种以实力谋求和平的政府,无疑是正确的。但是,中立主义倡导者公然把这项政策指责为危害世界和平,并且表示他们宁要所谓以和平谋求实力的政策……

我不知道"以和平谋求实力"一词的作者是否意欲讲双关语而不是讲政策,因为经过分析,人们就会发现,在当今世界受到共产主义现实的和潜在的武装侵略威胁的形势下,自由国家不但必须团结坚定,而且必须增强集体实力,以阻遏共产党人,并在必要时与之战斗。

以实力谋求和平的政策在亚洲的必要性,不亚于在欧洲。我们知道,在这方面已经做了一些工作。在以美国为一方和以亚洲若干国家为另一方之间有共同安全条约。例如,澳大利亚、新西兰、日本、菲律宾和南朝鲜都已分别与美国签订了条约。这些条约就其本身而言,都是有益的。但是,单有这些条约还不足以应付亚洲目前形势的迫切需要。为对付世界这部分地区的共产主义威胁,必须有一个在美国全力支持并参与下的太平洋的北约组织,以便形成联合阵线,反对共产党独裁者在亚洲的层出不穷的阴谋。

目前或许没有把亚洲所有非共产党国家都集合在一起的希望,但是所有观点相同的亚洲国家可以组成联合阵线,相互支援以确保安全。目前那些试图低估共产帝国主义威胁的亚洲国家,并非不可能有朝一日认识这种威胁对他们自己作为自由国家生存的严重性,然后参加共同防御。

但是,我们必须面对现实。自由世界的共同防御和集体安全政策,充其量不过是一种遏制政策,把共产党的力量限制在其现有地域范围之内,不使其进一步扩张。这必然是代价高昂,令人焦虑不安和使人疲惫不堪的,就像筑堤防止洪水泛滥那样,洪水是无孔不入和无隙不乘的。更为有力而有效的政策乃是解放政策,其目的在于协助目前在铁幕后面受苦受难的人民摆脱共产党暴政的枷锁,重新回到自由国家的大家庭。

这项解放政策,作为亚洲自由的基本条件,意味着大陆中国的四亿六千万中国人民重新获得自由。这项使命,乍看起来,似乎很难完成,特别是因为我们知道中共统治者一直严格控制和奴役人民,镇压任何抱怨和反抗的迹象,使人民遭受有组织的大屠杀和大批输送到劳动集中营。但是,酷爱自由的中国人民的精神是不易摧毁的。

朝鲜战争中的一万四千名中国战俘,慎重选择前往台湾而不返回他们亲人居住的共产党中国,这一事实清楚地证明了中国人民珍视自由高于一切。我完全相信这一万四千名被迫为共产党作战的中国人选择了自由,他们的父母、妻子和兄弟姐妹是完全赞同的。在他们获准根据朝鲜停战协定进行抉择以前,曾不止一次地以血书向联合国军总司令、中华民国总统和美国政府请愿,恳求他们坚持自愿遣返的原则。他们的行动反映了在共产党中国的人民的热爱自由的精神和获得解放的愿望。

所有报道都表明,在大陆中国的人民正在秘密而强烈地祈求从共产党残暴统治下获得解放的一天早日到来。因此,中华民国政府一直在养精蓄锐,并在美国援助下加强其武装力量。这不仅是为了保卫台湾,而且是为了帮助大陆中国人民推翻残酷的共产党政权,重新成为中华民国的自由公民。

诚然,台湾及其所辖外围岛屿的人口不多,即使把忠于自由中国事业的一千三百万海外华侨计算在内也不算多。中国军队与大陆共军相比,人数也较少。但同样千真万确的是——尽管看来有些矛盾——台湾蒋介石总统领导下的中国政府的主要力量目前依然存在于中国大陆。因为大陆人民几乎无例外地指望台湾解放他们,并准备参加实现解放的一切斗争。当执行解放使命的日子来临时,派往大陆为中国人民的解放和自由而战的每名反共士兵,至少将得到十余名中国人的支持,他们将集合在他的周围,为摧毁可恶的共产党政权而共同奋斗。

这一天的到来,不仅是中国和中国人民的喜庆吉日,而且将标志自由世界的一个历史转折点。当中国人民重获自由时，不仅中国而且整个亚洲将免受共产帝国主义之害。亚洲的安全有了保障，自由世界的其他国家就能把亚洲当作坚强的盟友而予以依靠。亚洲和欧洲携手联合，为保卫自由世界而作全球性的共同努力，共产主义威胁的终结就指日可待，自由事业的胜利就定而不移了。这一天曙光的到来或许需要几年时间，但我希望而且相信它必将到来。我深信在座各位都和我有同样的信心和希望，因为只有到那个时候，我们才能真正享受我们珍爱的和平与自由的幸福。

市政委员会主席、海军上将鲍尔特地进城主持了上午十一点的演讲会，会后设小型午宴招待我。我的演讲约四十分钟，回答问题又十五分钟。听众约八百人，多数是妇女。从所提问题来看，听众理解力是很强的。陪我前来的顾毓瑞记录了问答。

两天后，我向正在华盛顿斯塔特勒饭店举行的第二十八届爱国妇女国防讨论会就同样问题发表了另一篇讲话，题目是《亚洲在自由世界的作用》。但这次是即席讲话。我也讲了约四十分钟，讲后也有人提了几个问题。听众除三四名男子外，都是妇女，是该组织在美国各地分支机构的代表。开会的大厅不适于演讲，听众也不热情，这可能是由于时间安排不当，因为她们都是刚吃饱午饭就来听讲的。我讲完后感到相当疲倦。

2月9日，我接待了前来作礼节性拜访的约旦新任大使阿卜杜勒·莫奈姆·里法伊。他三十多岁，相当年轻，学识渊博，举止文雅。他是约旦前国王的顾问兼秘书，和现国王的拥护者。他谈到了同中国驻德黑兰代办有关约旦和中国建交问题的交谈。他说，他从中国代办谈话中获悉，中华民国政府愿与约旦建交。他解释说，虽然约旦本年度预算未列入扩大驻外代表机构的经费项目，但1955财政年度的新预算仍在编造中，可能为此列入较多拨款。他又说，据中国代办表示，中国政府愿意同阿拉伯国家发展友好关系。

我说,确实如此。接着,在答复有关台湾情况的询问时,我说,我国政府一直大力加强其武装力量,目的不仅是保卫台湾及其所辖外围岛屿,而且是最终解放中国大陆。岛上治安良好。美国对我国政府的经济和军事援助大有裨益,但我国财政依然相当拮据。

里法伊说,他最近看到一部描写台湾中国军队的电影,中国军队的优良仪表给他留下了极为深刻的印象。他又说,他的国家也面临着经济困难。

我询问约旦是否和伊朗及伊拉克一样,以石油为主要收入来源。

里法伊回答说,目前约旦主要是农业国。石油资源尚未开发,但勘探现正进行。他的国家希望将来以石油为主要收入来源。他又说,约旦和台湾一样,不得不维持超越其财力的庞大军队,以保卫它同以色列的漫长边界线。七十万阿拉伯难民已从边界线涌入约旦,给约旦经济造成巨大压力。

当问到他对于英国对约旦以及中东国家总的态度的看法时,里法伊回答说,看来颇为暧昧;英国似乎有时倾向这边,有时又倾向另一边。他说,大国的毛病是他们总想用权宜之计,而约旦和其他阿拉伯国家人民则认为国际关系应以道义原则为基础。

我同意他的意见。我回顾了我在上星期于纽约市政厅演讲后同一位美国朋友的议论,我曾强调在国际关系中遵守道德和正义原则的重要性。那位朋友完全赞同我的说法。他接着提出了张伯伦的慕尼黑协定。这个协定不仅未能像他所认定的那样,在他自己的有生之年保卫住和平,而且加速了第二次世界大战的爆发。

里法伊说,三天前他在纽约也发表了一次演说。他在演说中对听众说,约旦最希望的是不受干涉地设法自救,但外部世界却总是力图干预和扰乱它的安宁。

我询问约旦是否接受其他国家的军事援助。里法伊说,约旦同英国签有协议,由英国向约旦派遣军官和运送武器。协议的条件和美国与其盟国所订的军事援助协定不尽相同。英约协议规定,凡属英国供应约旦的武器装备而约旦尚未付款者,不拘数目多少,均暂作积欠,留待约旦以后偿付。他还说,约旦的外交政策是以与阿拉伯联盟合作为基础的。虽然约旦把它同以色列之间的争端视为局部问题,但这个争端是所有阿拉伯国家共同关心的。

里法伊起身告辞时,我说,如果他愿意进一步了解台湾政府对中约建交的意见,我乐于予以查明。我告诉他据我所知,最近我国政府已决定在黎巴嫩设公使馆或大使馆,兼办开展中国同约旦及叙利亚外交关系事宜。里法伊说,他很高兴能非正式地了解此事。我说,我国政府正筹划安排中国驻黎巴嫩大使或公使兼任驻约旦的外交使节。

随后,我把谈话要点电告外交部,并请示政府对与约旦建交的意见。虽然我知道政府一般愿意和世界上尽可能多的国家建交,但每个具体建交事宜必须报请政府决定。外交部本身不能决定,而需呈报行政院,由行政院考虑决定。

政府迁台后的头几年,有关扩大外交关系事宜,不仅更须向政府请示,而且更须由政府慎重考虑。其中有个财政问题。当时外汇奇缺,政府在使用外汇方面厉行节约政策。为此,政府完全有必要审慎考虑拟建交的国家是否对中国确实重要以及是否利害攸关。人们可能记得,当陈诚将军任行政院长时,政府实行紧缩政策,包括从一些国家撤销公使馆和领事馆,甚至退出民用航空组织和棉花统计委员会等国际组织。当时,我曾向他们指出这种紧缩政策的可能后果。我说,我们当然应尽量节约,但不应在对外关系方面节省,因为自迁台以来,国外友好人士支持我们的舆论主要来自扩大外交关系。我对他们说,这方面的花费,相对来说,特别是和用在军队方面的开支相比,数量是很小的。我告诉他们,关闭一个公使馆或领事馆,或者退出一个国际机构,总是很容易的;而以后予以恢复就十分困难了。后来的若干事例都证明了这一点。

近年来,政府开始执行一种与 50 年代迥然不同的政策。由于在联合国大会上赞成接纳共产党中国并驱逐国民党中国的国家日益增多,政府迫切希望扩大外交关系。此后不久便形成了每届大会我们都要计算支持我国的票数的局面,因而就有必要同所有在每年投票时会支持国民党中国的反共国家发展和建立关系。有鉴于此,我们对约旦这个在联合国阿拉伯集团中的重要国家,只要情况许可,就应发展外交关系。

2 月 12 日上午十一点四十五分,我前往国务院拜访了助理国务卿饶伯森。此次拜会是突然的。前一天下午五时半,我收到了叶公超外长的电报。来电表示了政府对柏林会议进展情况的,特别是实际召开有红色中国参加的五国会议的可能性的关切和不安。因为新闻报道称,英国支持这一建议,而法国则极盼举行此会以便同红色中国讨论印度支那问题。于是我急忙约见饶伯森,并承他把其他约会改期以便在 12 日上午接见我。他作了我所希望的澄清和保证,表示杜勒斯不会屈从英国和法国,即不会同意召开五国会议,而只会赞成召开一个讨论朝鲜和印度支那等远东问题的特别会议,这个特别会议应包括直接有关的所有十一个国家,如包括南北朝鲜以讨论朝鲜问题,又如包括印度支那的法兰西联邦各国以讨论印度支那问题。会谈时,国务院的盖伊·霍普在座。

会谈开始时,我感谢饶伯森一接到我的临时通知就会见我。我说,中国外长发来急电称,对所传在柏林会议上西方国家可能屈从苏联提出召开包括红色中国在内的五国会议以讨论远东局势的要求,我国政府深表关切。台北嘱我尽早走访国务院,以便把政府意见通知美国政府并探询美国对拟议中的远东会议的立场。我说,中国政府认为,西方国家对苏联要求的任何让步不仅会在亚洲反共人民心目中损害美国的威望,而且会使他们失望并削弱他们的士气。据我所知,为了探讨远东会议问题,已举行两三次秘密会议,但没有公布内容。因此,如蒙他就柏林会议在这个问题方面的进行情况以及美国的态度加以澄清,我当不胜感激。

饶伯森说,他不了解会议进行的详细情况,但他可以告诉我杜勒斯已明确反对苏联关于红色中国参加五国会议的要求,而且英国和法国支持他的立场。

我说,新闻电讯所传的最新情况是,法国急切希望召开五国会议,以讨论远东局势,而英国——或者更确切地说是邱吉尔——前一天曾向下议院暗示,柏林会议结束之后,可能接着召开包括红色中国的远东会议。有关杜勒斯在柏林对拟议中的远东会议的态度的新闻报道,相当混乱,使台北有理由感到关切甚至焦虑。

饶伯森说,美国由于共产党中国的侵略行为而坚决反对它参加五国会议,但这和在一个处理朝鲜问题的会议上同它对话不是一回事。美国曾坚决要求苏联在板门店参加共产党一方,因为必须把苏俄包括在所达成的任何协议之内,以使它和其他与会国家负有同样的义务。实际上,它是幕后的真正侵略者,因为它是战争的煽动者,而且是北朝鲜和共产党中国主要武器的提供者。这是它曾在联合国大会上承认的事实。

他说,一旦朝鲜问题达成一项解决办法,在拟议中的远东会议上——假如大家果然同意这个会议而且予以召开的话——就会把印度支那问题提出讨论。目前美国的立场是反对同越盟领袖进行任何谈判,因为谈判意味着向共产党示弱。但是法国处境十分困难,皮杜尔外长尤其如此,他必须安抚国内舆论。法国的国民议会、各派政治领袖以及舆论界都急切希望在印度支那停止战斗并同共产党军队开始和谈。杜勒斯认为现在谈判是不明智的,因为这样做将导致印度支那最终落于共产党之手。可是把战斗继续打下去,即使美国增加军援,也将意味着已经蒙受重大损失的法国人必须作出更大的流血牺牲。因为国会所反映出来的美国舆论极端反对美国卷入印度支那战争,这使杜勒斯的处境更加困难。但是他仍在竭力阻止法军全部撤出印度支那。

我说,当天上午来自柏林的新闻报道大意是杜勒斯应皮杜尔的请求,可能要求莫洛托夫担当中间人以试探共产党中国的反应。但这一步是非常不高明的,它正好落入共产党的圈套,因为正如饶伯森先生刚才所说,苏俄是印度支那战争的主要谋划者。1949年,李宗仁接任总统后,国民党政府迫于形势,曾努力同中共达成一项和平解决办法。但是中共军队在口头上空讲和议的同时,不断推向前进,终于侵占了整个大陆。在朝鲜,很明显的是共产党人同联合国军司令部签订停战协定,不是为了达成一项和平解决朝鲜问题的基本办法,而只是为了赢得时间以加强其军事地位。看来,越盟领导人心中也是为了同样目的,因为他们永远不会放弃控制整个印度支那的目标,他们会变换策略以追求这一目标。

饶伯森说,他完全同意我刚才陈述的意见。但考虑到皮杜尔和法国政府在巴黎不得不应付的法国政治局势,杜勒斯的困难也非常现实。饶伯森说,关于这个问题,他不知柏林会议的最近进展情况,但他可以肯定地说,杜勒斯不会牺牲台湾或自由世界其他任何地区的利益,因为他不仅是为美国的利益奋斗,而是为全世界的事业奋斗。他所做的一切都是为了保卫和促进自由事业联合阵线的利益。美国正在尽力而为。仅在朝鲜,美国就耗费了一百五十亿美元,伤亡了十三万五千名士兵。前一天有两三个国家的代表请求美国增加援助,以便平衡他们国家的预算。饶伯森告诉他们说,美国本身尚未能使预算平衡,而且不得不审慎从事,以免经济崩溃。因为这正是共产党人所预言,所引领而望,和竭尽全力促其实现的。但美国经济崩溃之日,将是整个自由世界悲伤之时,因为自由世界的大部分国家一直是由美国援助和支持的。

我询问迪安是否即将返回板门店。在我看来,共产党对召开关于朝鲜问题的政治会议并无诚意,而且预备性会谈似乎有点停顿。

饶伯森说,不是有点停顿,而是已完全停顿。他个人认为共产党签署的任何协议都没有什么意义,都是不可靠的。"且看1945年8月莫斯科同中国签订的条约吧。按照那个条约,苏联允诺只向中国政府提供物质上和道义上的援助,并允诺在条约生效后三个月内从满洲撤出全部苏联军队。可是到12月苏军本应已撤离的时候,他们却正以从日本人手中缴获的武器弹药积极帮助中共。"他想起了斯大林对他的一位朋友所说的话:"一纸条约不如一片碎纸,因为条约上面连字都不能再写。"他又说,即使在目前,共产党人也还在北朝鲜加强他们的军事地位。美国曾要求中立国停战委员会进行调查并提出报告,但没有结果。

我说,据新闻报道称,南朝鲜政府表示愿派一师南朝鲜部队前往印度支那去支援法军抗击共军。我询问该报道是否真有其事。

饶伯森说,美国没有得到此一消息。

我说,这一行动很可能削弱联合国在朝鲜的军事地位,而共产党恢复进攻的意图不可完全不顾。

饶伯森说,他看不出南朝鲜有力量从朝鲜调出一师兵力派往印度支那。他指出南朝鲜政府至今还在向美国要求更多的武器装备以加强其部队,因为据传共产党人向北朝鲜派遣了增援力量。当我推测南朝鲜国防部长宣布上述建议是出于宣传目的时,饶伯森认为,真正原因恰恰在此。他又说,南朝鲜人善于宣传——当时时兴什么,就摆出什么架式。

我回到大使馆后,立即草拟复电,向叶公超部长报告。我同时退掉了前往纽约哈克尼斯隔离医疗中心进行年度健康检查的预订火车票,而于当天晚间改乘飞机前往纽约。

2月13日,《纽约时报》刊登的柏林电讯报道了下列几点:

（1）英、法、美三国已向苏联外长建议于 4 月 15 日在日内瓦举行会议以解决印度支那战争问题；但苏联外长尚未同意。他们很可能于 14 日再次举行秘密会议。

（2）争论的焦点是苏联坚持日内瓦会议应首先由"五国"全面讨论缓和世界紧张局势这一总的问题。（这一点值得注意。苏联当时显然正设法列入共产党中国，以便他们能一起活动，而且在任何问题上他们一方至少有两票。这是迫使其他三国表态的间接方法。）

（3）如果日内瓦会议确能召开，则没有必要召开朝鲜问题政治会议。

（4）法国虽然热切希望解决印度支那问题，但不愿和越盟坐在一起进行谈判，因而仍十分犹豫。

我当天住进了医院。

2 月 18 日，当我尚未出院时，柏林会议闭幕了。四国外长发表了会议的最后公报。公报宣布，计划于 1954 年 4 月 26 日在日内瓦召开包括共产党中国的会议，以解决朝鲜问题和讨论印度支那局势。

第二节　大使馆事务

1953 年 9 月—1954 年 2 月

一、蒋经国访美

1953 年 9 月—10 月中

1953 年 8 月末我休假一周，并于 9 月 1 日轻松愉快地返回大使馆办公。待办的重要事项有：（1）9 月 15 日即将开幕的联合国大会上关于中国的承认问题；（2）即将来美的某些台湾要人的接待安排问题。这当然需要作大量的部署。

当然,还有其他事情待理。休假回来后,第一批来访者之一是司法行政部次长查良鉴。他负责毛邦初案的某些方面。读者可能记得,毛邦初案涉及墨西哥,国民政府正催促墨西哥当局引渡毛邦初。查良鉴刚去过墨西哥。他叙述了引渡交涉的进展情况。

随后我接见了李榦。他前来汇报他已于 8 月 27 日就任世界银行(即国际复兴开发银行)执行董事新职。这是和即将卸任的执行董事张悦联商定的,由张在最近召开的执行董事会上介绍了他。据他说,世界银行行长尤金·布莱克在会上赞扬了张悦联的工作,并对其离职表示惋惜。张作了得体的答词。

李榦说,他曾走访英国执行董事霍伯器。霍伯器对他说,英国和国民党中国虽无外交关系,但他希望私人之间保持友好关系。霍伯器说,在他的全部经历中,以在中国任外汇平准基金委员会委员时期最感到愉快。关于中国在世界银行的代表权一事,他预计在即将召开的会议上不致发生任何问题,但由于他的政府的政策是在国际组织中支持红色中国的代表权,他个人不得不按政府指示办事。但他向李榦保证,果真如此,他定将事先把这类指示通知李榦。

孔令傑上校于 9 月 2 日前来双橡园。他把他所了解的有关为台湾争取美国剩余粮食的情况告诉了我。他还说,他曾向委员长建议与爱尔兰建立外交关系,以作为监听哨了解有关英国对我国政府态度的活动情况。他问我能否探明爱尔兰的意向。我说,我可在适当时机向爱尔兰驻华盛顿大使探听,他是我多年的好友。

下一位来访者是李骏尧。他在这次礼节性拜访中谈了一些令人感兴趣的情况。他刚刚抵达华盛顿,就任中国技术代表团副团长,为霍宝树的副手。他说,过去三年来他和西方企业公司在台湾的工作有联系。这是一个为和我国政府合作进行某些反攻大陆活动而建立的美国机构。它的工作虽已大有发展,但总的说来是不能令人满意的,也是不顺利的。它和军事顾问团之间摩擦很大,和中国当局也不融洽。原因是它的人员品质不佳。其中有几个从事走私活动,业已逐案查实。李举进口汽车并在黑市出售为例。他说,此事和其他案件一样,已引起美国当局注意,但未见收敛,因为西方企业公司的人员享有免办报关手续的权利。他们与地方老百姓的关系也引起了我国政府方面的抱怨。此外,就执行作战计划即袭击大陆来说,他们的态度显得专横。我们的军事当局或当地指挥官也不知如何对付他们是好。譬如,他们对胡宗南将军评价极低,因为西方企业公司人员习惯于拿出他们的计划,要求我们的指挥官决定而胡宗南总是推托责任,询问他们的意向,使他们很恼怒。最后,他们坚持要求免去他的某一外围岛屿的司令职务,并以全体离职相要挟。委员长不得不调换了胡的职务。

李还对我说,叶公超将不来参加那年的联合国大会,因为委员长未予批准。他还说,即使是严家淦的华盛顿之行,委员长也是勉强批准的。财政部长严家淦来美是为了参加世界银行和国际货币基金组织的理事会议。事实上,他将于第二天到达华盛顿,而正如我前面所说,大使馆正忙于为他的访问细节和在华盛顿的活动日程进行具体安排。但他决定此行为时甚晚,早在8月初离美去台的谭伯羽当时曾告诉我,他拟敦促严来美参加该会议,俾可与在新部长领导下的美国财政部建立联系。

9月2日我还接见了霍宝树。他向我引见了四名台北官员。他们都是省政府各部门的主管,根据共同安全计划前来参观和考察美国在农业、林业、渔业和出口检验方面的制度的。他们对我说,他们希望探索为台湾产品开辟美国市场的可能性。我向他们建议,首先应采取的步骤之一是使诸如茶叶、猪鬃和羽毛等出口商品标准化,因为在美国,制造过程是机械化的和大规模的,所以向美国工业提供的原料或向美国市场提供的产品,其质量和等级必须一致,而且供应数量必须极大。

9月3日星期日，我为财政部长严家淦访美举行宴会。来宾包括我国政府在华盛顿的各代表机构的首脑以及大使馆的馆员，但主宾未到。他的飞机在东京和檀香山都耽搁了，未能按时于下午到达。但因有其他来宾，其中包括台湾省政府的官员和那些特意从纽约前来华盛顿欢迎严家淦的人，宴会只好照样进行。

从星期一以来，大使馆一直与国务院商讨关于蒋经国将军应五角大楼和国务院之邀来美访问的日程安排问题。记得蒋经国曾于当年3月间派亲信副官倪宣祥来美探听美方将如何接待。倪回台时的印象是美国的反映良好。这一定是引起了一轮美方高级官员的意见交换，结果是发出了联合邀请。国务院于8月28日召见我大使馆参事崔存璘时，第一次把这事通知了我们。

星期四上午，我派谭绍华公使前往国务院会见中国科副科长埃德温·马丁，就如下问题查明国务院的用意：国务院曾提到不宜由华侨各界人士列队游行欢迎蒋经国将军；国务院曾称他们希望避免在会见新闻记者或不得不回答令人为难的问题时出现任何不幸事件和不愉快事件。显然，国务院愿意盛情接待蒋经国，而同时又希望我们与华侨团体商定不以通常方式表示欢迎。但是美国的华侨界具有相当的独立性，并不总是听从大使馆和领事馆的劝告，在长期形成的习惯做法即表示对政府忠诚方面尤为如此。

星期五，我接见了纽约中国银行的李德燏。他专程前来华盛顿欢迎严家淦部长。但严家淦中途再次延误，星期六晚方能到达，因而李未能见到他。他留在华盛顿对我进行礼节性拜访时称，他奉总行之召将于月底前往台湾参加中国银行经理会议。他还说，这是他第一次去台湾。

纽约世界贸易公司的夏鹏也前来华盛顿欢迎严家淦，并于星期六来访。我还接待了委员长的次公子蒋经国之弟蒋纬国。他也从纽约来，得悉其兄将来美访问十分高兴。他说，经国曾在苏联多年，通过这次察看美国办事方式和苏联的不同，定有好处。

傍晚，我派谭绍华代表我前往机场欢迎财政部长严家淦，因为我需参加大使的宴会。我知道在宴会上我有机会见到包括国务卿杜勒斯在内的其他宾客，和他们议论在即将召开的联合国大会上对中国关系重大的问题。我本人于次日上午在大使馆迎接了严部长。来宾有大使馆的高级官员、我国政府驻华盛顿各机构的首脑以及专程前来迎接严部长的驻纽约各机构的首脑。严家淦带来了叶公超的信，内称叶不能来美参加联合国大会。严还带来了船主协会的备忘录，是关于向美国某机构或银行贷款问题的。严家淦说，由于下一年度的预算仍在编制中，委员长曾颇不愿意批准他访美。但他对委员长说，他愿和美国新政府进行接触。至于他参加世界银行和国际货币基金组织会议的计划，他说，他已向委员长呈递书面报告。但他曾对委员长说，有关他在美会见金融界和银行界重要人士的计划，他将先同我商量。

大使馆一直忙于为严家淦约会美国政府的一些重要官员进行礼节性拜访。这一点已于他抵达后立即以便函通知他。截至当时为止，国外业务署署长史塔生已表示愿于9月8日接待严部长；艾森豪威尔总统的海军副官爱德华·比奇中校表示他和夫人愿于11日晚间款待严部长，并于当晚乘船巡游波托马克河。（此消息是中国科的詹金斯告诉谭绍华的。）比奇夫人是申克博士的女儿。申克是在台湾的共同安全署中国分署，当时的国外业务署驻华共同安全分署的署长。

9月8日，我陪同严家淦前往全美大厦访问了史塔生。史塔生询问了台湾糖和米的出口情况以及华侨向台湾投资的计划。他暗示美援资金的使用将采用地区管理和指导的办法。当严邀请他访问台湾时，他回答说，他将去台访问，但尚未制定计划。严家淦谈到了有必要增加通用资金，以与军援的增加相适应。我对美国新政府上台后加速军事物资的装运表示满意。史塔生说，他曾敦请艾森豪威尔总统下令加速装运，因而很高兴得知已有成果。这次访问还有俞大维陪同。我们告别时，史塔生对严和俞说,在旧金山会议期间,他向我学习了很多东西,他把我看作他在国际事务方面的老师。我说,我也是他的景慕者之一。

回到大使馆后,我接待了一位七十一岁的中国老人荣书庭。他是经叶公超介绍来访的。他在泰国长大,是泰国华侨界的卓越领袖。他的兄弟曾任暹罗内阁大臣。他本人是我国侨务委员会委员和曼谷中华商会会长。他曾创办一些中国学校和很多工厂。他用泰国姓名和泰国护照旅行。他说,这是为了方便。

在这次和另一次来访时(那次他送来了一些记述他为中国学校进行活动的小册子),他说,我国教育部长和侨务委员会希望在台湾建立一所华侨大学,因为我国政府不愿华侨青年在共产党控制下的大陆接受大专教育。在回答我的询问时,他说,泰国政府规定中国学校必须讲授泰文,中国公司和商店必须用泰文记账。至于他自己的各公司,则由他的能说能写泰文的儿子记账,以履行泰国的新规定。

9月9日,我召集谭绍华、陈之迈和顾毓瑞商议如何安排严家淦与参议员诺兰、德克森和马格纳森以及众议员周以德会晤的问题。这些人都是严希望会见的。我提议在双橡园设中餐便宴,把他们全都请来,而不必由严分头拜访,以免引起过多注意,以及可能引起参议员韦恩·莫尔斯之流的疑虑。莫尔斯甚至在参议院休会前夕,还再次坚决要求调查"中国院外活动集团"。但是顾毓瑞已为严约会德克森和周以德,所以我撤销了我的提议。

9月10日,贝祖贻由纽约来华盛顿看望严家淦并邀严前往纽约赴宴。我和贝祖贻晤谈后,参加了最高法院首席法官文森的追悼会,然后我到双橡园主持了向四十一名美国军官授予中国空军徽章的典礼。约六十人出席,其中大多数是美国空军将领和其他军官以及几位美国文官,还有一些中国的朋友;中国官员有财政部长严家淦和司法行政部次长查良鉴。

次日晨,我陪同严家淦前往国务院拜访了助理国务卿饶伯森。中国科副科长马丁也在座。严家淦向饶伯森扼要介绍了在美国援助和我国自身努力下的台湾财政和经济情况。我们还对他说,我们希望世界银行能给予一些贷款以表示它对我国的道义支援,借以鼓励华侨与国外私人资本的投资。

在介绍严家淦时,我特别说明他有一些使饶伯森感兴趣的事情相告。

严家淦介绍了台湾在平衡预算、土地改革和提高工业生产等方面的进展情况之后,对饶伯森说,台湾目前所需要的是有些国际金融机构能关心其经济发展。他说,美国的经济援助,加上中国政府自身的努力,对中国迄今取得的令人满意的成就一直起到重要作用。近来,台湾已获得一些私人资本,例如威斯汀豪斯电气公司和通用电气公司投资于电力开发,以提高工业生产。然而中国政府目前所希望的是某些国际机构,如世界银行,积极关心台湾的进一步开发。严家淦说,他曾就此问题与世界银行行长布莱克进行了饶有意味的交谈,布莱克本人表示同情和关心。布莱克未能亲自访问台湾,是因为他担心他的访问可能引起奢望,但是他曾表示他一定派人前往台湾研究在台投资的可能性。

严家淦说,据布莱克称困难与其说在技术方面,毋宁说在政治方面。如果世界银行关心此事,并制定向台北中国政府贷款的计划,就必须把计划提交执行董事会讨论和批准。一般做法是向该行提出的任何计划必须经执行董事会一致通过;如有一位董事反对,计划就予搁置。布莱克担心该计划将遭到印度董事和英国董事的反对。他认为印度的反对可能不难解决,但英国的反对则须事先予以防止。布莱克建议严家淦请求国务院和财政部劝说英国对世界银行提出的涉及中国的计划不予阻止或反对。严家淦为此表示希望饶伯森能设法就此事向英国说项。他指出,虽然英国政府已承认共产党中国,但台湾和英国的贸易关系很好。

饶伯森就所希望的贷款提出了若干问题。他尤其愿意了解如贷款洽成,是否仅成为中国政府的一般债务。

我说,我设想贷款将由台湾电力公司作为其明确负债予以承担。该公司本身有营业收入,此项贷款当为该公司应首先偿付的项目。

严家淦解释说,这是威斯汀豪斯电气公司为台湾电力公司购买设备提供资金所商定的办法。威斯汀豪斯公司按此办法提供的贷款为期五年半,在此期间贷款全部偿还。

饶伯森说,贷款按此办法一定十分可行。他将牢记此事,并设法影响英国对此问题的态度。

下午一时,我举行午宴招待严家淦。客人多数为美国财政部、国务院、进出口银行、世界银行和国际货币基金组织的官员以及友好国家在世界银行和国际货币基金组织的理事和执行董事。

午宴后,我陪同严家淦拜访了美国财政部长乔治·汉弗莱,地点在喜来登饭店,这里是他作为世界银行理事的临时办公处。美国财政部助理部长、世界银行美国执行董事奥弗比先生和财政部负责援外计划的官员威利斯先生也在座。我们和汉弗莱很愉快地进行了十分亲切的交谈。严家淦根据我的建议,把布莱克的意见也告诉了汉弗莱。

根据谈话记录,我首先向美国财政部长和在座的另外两位先生介绍了严家淦。我说严部长愿对汉弗莱部长作礼节性拜访。稍事寒暄并围绕汉弗莱提起的中国杂碎的起源和他爱好中国饭菜进行漫谈之后,我说,严先生曾和世界银行布莱克行长进行过饶有意味的谈话,并愿把谈话内容奉告汉弗莱部长。

于是严家淦把已经告知饶伯森的谈话要点告诉了汉弗莱,并请求汉弗莱伺机敦促英国在中国政府为开发台湾经济而向世界银行提出任何计划时勿予反对。严家淦还强调了台北和伦敦虽无外交关系,但两国贸易关系很好,而且有一位英国领事驻在台湾。

我说,严先生殷切希望汉弗莱先生能运用他个人对英国的影响防止英国在世界银行提出向台湾贷款时提出反对意见。

傍晚,我和严家淦在萧勒姆饭店他的房间里进行了商谈。我向他通报了是否续签诺曼·佩奇的合同的问题并征求他的意见。我补充说，如果外汇确实紧缺，我就不提出续订请佩奇担任大使馆对外联络员的合同，更不坚持此事。但严家淦说，所需数目有限，不成问题，而且他从来未从这个角度考虑。他从来不认为这是一笔巨额外汇。他说，外交部从来未将此事连同赞成理由提交财政小组委员会，所以他和其他委员认为此事不甚紧急，也非急需。如果我认为事关重要，合同应予续订，他定予支持，而且不会有任何困难。我请他把这事和叶公超谈一下；我再交他一份节略带回，另附一封给叶公超的建议信。严说，过去的麻烦在于叶公超部长从不亲自出席小组委员会会议说明外交部预算中的这个项目或其他项目，而只派下级官员出席说明，于是就变成取消这个项目或那个项目，而外交部出席的官员又往往只坚持保留外交部本身的项目。

下午四时半，我在大使馆举行会议，向政府驻华盛顿各机构首脑宣布蒋经国将军应美国国防部及国务院邀请即将来美访问，并说明访问日程由国防部和国务院掌握，而且已由他们与蒋经国本人、美国驻华大使馆和蒋委员长安排就绪。中国驻华盛顿大使馆只分配到 9 月 29 日一天接待他。会议讨论了对他的安全需要特别注意的问题以及国务院不希望华侨举行盛大欢迎的问题。大使馆武官萧勃秘密报告说，海军少将梅乐斯曾获得情报，称有人企图在食物中放毒谋害蒋经国将军。这说明在各项安排中绝对有必要周密考虑安全问题。国务院甚至不希望大使馆派人前往旧金山迎接蒋经国，后来虽同意大使馆派代表，但该代表不得陪同蒋经国在美国各地参观，而由国务院派中国科的艾尔弗雷德·詹金斯全程随同照料。

我吩咐萧将军前往旧金山欢迎蒋经国，并嘱他向我国驻旧金山总领事说明，在与华侨界安排欢迎活动时必须特别慎重，明确这次访问完全由美国国务院和国防部负责，他们的意愿应予重视，基于安全理由尤为如此。我要求萧将军亲自处理此事，因为国务院和国防部的意愿既如此微妙,就不宜向领事馆发书面指示,对华侨团体就更为不宜了。即使是外交部奉蒋总统命令发来的有关大使馆和领事馆招待活动务求简单而普通的指示,如不事先加以仔细考虑,实际上也难执行。招待活动过于简单而普通是不适当的;但过于隆重又必然会招致某些方面的非议。无论如何,我顺从了取消原拟举办的鸡尾酒会,因为这是外交部奉总统之命的要求,也是蒋经国自己的意愿。

至于宣传报道,这又是一个棘手的问题。国务院曾向谭绍华暗示,美国新闻记者提问直言不讳,过去往往惹怒一些来访的贵宾,因而最好避免为蒋经国来访举行记者招待会。但大使馆已接到新闻界一些电话,询问蒋经国的抵美日期和访问性质。至于礼节性拜会,国务院没有表示意见,但我认为蒋经国必须进行一些拜访,特别是拜会美国政府的各部部长,甚至在华盛顿时还应拜访总统。这在中国人看来是十分重要的事情,蒋经国虽然愿意把此事交我全权处理,但他自然希望会晤此地政府的一些领导人。我嘱谭绍华安排约会国务卿、国防部长、副国务卿、国防部副部长、掌握远东事务的助理国务卿、海陆空三军部长、参谋长联席会议主席和中央情报局局长等。

问题在于这次访问的一切安排是在台湾进行的,而未及时通知大使馆。对大使馆而言,委员长的公子访美是件大事,这特别是因为此事乃委员长有意促成,他不仅对这次访问深为关注,而且有既定目的,大使馆当然愿意尽力而为,但这次只给大使馆一天时间接待他,一切均已安排就绪。我认为这不是台湾有意不使大使馆了解全面情况,而是由于缺乏经验。

两天后,我在纽约度周末时,纽约总领事张平群前来旅馆看望。我把蒋经国的访问性质告诉了他,并告知蒋在纽约及其他各处的日程均完全由国务院和国防部官员掌握,而且是在台北和蒋经国本人安排好的。因此,华侨界的欢迎活动,规模不宜过大,以避免引起过分的注意。安全是需要考虑的第一因素。我说,我深知向唐人街领袖转知这些颇不容易,但台北的指示是招待活动应力求简单普通。

这位总领事起初感到无法向华侨界转达此意。但经商讨后,他理解了个中要点及其必要性,并同意完全遵照大使馆意见办理。使他为难的一点是他接到侨务委员会主任郑彦棻博士署名的电报,嘱他安排一次华侨界热烈欢迎蒋经国将军的盛大活动。该电报显然和我接到的外交部指示相矛盾,而据外交部称,其指示是经请示委员长和蒋经国本人确定的。张总领事认为要求唐人街举行盛大欢迎是合乎惯例的,而阻止他们这样做则相当困难。他强调了此地华侨的独立自主精神和对中国正式官员的通常支持态度。

我还要求中国驻联合国代表团的游建文与我见面。我要求他与斯克里普斯—霍华德出版公司的罗伊·霍华德、时代—生活公司的鲁斯和《纽约时报》的阿瑟海斯·苏兹贝格安排参加我定于10月6日在纽约举行的午宴以与蒋经国会晤。据外交部告我,蒋表示愿意会见他们。如果蒋分别访问他们,可能引起纽约其他重要对华友好人士的猜度,因此我认为最好的办法是由我约请他们和蒋经国共进非正式的午餐;而以后他们之中的任何一位都可以约请蒋晚宴或午宴,蒋可根据美国官员为他安排的日程情况予以接受。(当时认为蒋从9月29日至10月3日在华盛顿逗留,然后返回纽约。)游建文说,他将亲自和这三位联系安排。至于蒋经国也想会见的阿瑟·科尔伯格,我认为不宜在同一次宴会上约请他。我约请前三位是为了避免给人这样的印象:蒋经国在访美期间有为自由中国从事宣传之意,从而防止非难我国者的疑虑,这些人仍在敦促调查"中国院外活动集团"。我不愿韦恩·莫尔斯或美国参议院的这种质询引用或涉及蒋经国的名字。游建文说,他进行联系后当向我报告。

次日即星期一中午过后,我返回了华盛顿。萧勃自旧金山来电话报告称,蒋经国已于星期日傍晚抵达,并愿于本日某个时间和我通话。晚八时半蒋经国亲自来电话称,他已到达美国,委员长嘱他向我致候。他说,委员长身体很好,他个人甚盼在华盛顿和我会面。我告诉他,根据台北意愿,将原拟举行的鸡尾酒会取消,并按美国国务院指定的大使馆招待日期,定于9月29日举行外交宴会。

9月16日星期三,萧勃又以电话报称蒋经国及其随行人员已赴洛杉矶。他还说,根据詹金斯的意见,他未随行,但将前往芝加哥与我国驻芝加哥总领事安排欢迎和招待蒋经国事宜,因为他在旧金山这方面的协助得到了詹金斯的高度赞赏而且颇有助于解决一些麻烦。我吩咐萧勃在离开芝加哥后先返回华盛顿详细汇报,然后再前往纽约与驻纽约总领事进行同样安排。

游建文自纽约来电话报告称,苏兹贝格不能参加10月6日的午宴,但愿于10月5日在纽约时报大厦他的总部设午宴招待蒋经国。霍华德能如时参加,并也愿邀请蒋经国叙谈并予款待。游建文建议约请纽约《先驱论坛报》的海伦·里德夫人参加。我认为这个主意很好。否则,她会对我未约请她感到奇怪,因为她的报纸一向态度友好,特别表现于玛格丽特·希金斯对台湾和大陈岛的访问及其系列报道在《先驱论坛报》的连载。

当天的来访者中有两位是张峻(直夫)和曾虚白。先来的张先生以前在重庆,现任台湾水泥公司的董事长。他说,他对他的远东业务状况感到满意。他的公司正将水泥销往菲律宾和香港,因为美国公司由于横越太平洋的运费高昂而无法竞争。他还期望为供应朝鲜执行复兴计划之所需,占领朝鲜的一部分市场。但他宁愿通过华盛顿的国外业务署安排出售,因为直接和朝鲜人做交易一向不能令人满意。

曾虚白是台湾中央通讯社社长。他利用假期六个月在美国国务院的资助下来美考察社会福利和经济立法及有关问题。他说,他过去在台湾每星期五就不同问题广播一次。

曾虚白说,他是美国国务院通过驻台湾大使馆把他找来的。

他们正在密切注意对中国和对今后的组织机构十分有用的聪明能干人物。在夏天,我曾接待若干获得这种资助的人。在我看来,国务院资助有为青年来美访问和考察,其内心想法是有朝一日台湾的政治结构必将改变,因而需要一批了解美国并对美国有好感的有知识的年轻人。事实上,也正是这种想法促使国务院和国防部对蒋经国发出了联合邀请。换言之,当时他们已抛弃培植第三势力的想法,而寄希望予局势发展所自然形成的未来。

9月18日星期五萧勃在赴纽约之前返回华盛顿向我汇报。他说,蒋经国于星期日傍晚到达旧金山附近的军用机场,迎接他的只有他和总领事。然后立即转到民用机场,在那里由总领事引导二百名左右华侨表示欢迎。在汽车中,总领事和詹金斯发生了争论,因为詹金斯曾向华侨提出欢迎的方式,而未告知总领事,所以总领事颇为激动地谈到了"美国外交官在这类事情上的幼稚想法,这种想法招致了国外很多批评,尽管美援计划十分广泛"。

萧勃说,星期一白天和晚上在旧金山的活动事先均未布置。华侨界的招待会和宴会原定于星期一举行,但因需要时间筹备和印刷三四百份请帖而未能举行。于是萧以电话与他熟识的当地美国海军司令联系安排。结果,安排了白天在海军司令部访问,参加午宴和检阅,(萧很能干,而且能和美国人相处无间。)晚上则由宋子安与张总领事在宋寓联合举行中餐晚宴。萧向詹金斯讲明了这是家宴性质,并另在唐人街宴请詹金斯,但保安人员仍随蒋经国前往宋寓另席款待。

萧说,次日旧金山唐人街举行了招待会,蒋经国对招待会很满意。他向二十二桌听众发表了讲话并接见几位新闻记者。他还访问了中华公所、国民党党部、广东同乡会、安良工商会以及另两个有影响的华侨大团体。

萧说,在芝加哥,他把向旧金山张总领事说明的欢迎蒋经国的最好办法对芝加哥总领事重述一遍。他更明确地要求在招待方面以及安排华侨团体欢迎活动方面以最恰当的方式贯彻台北有关简单而普通的指示。

同一天，即 9 月 18 日，有一个为财政部长严家淦举行的鸡尾酒会，晚上则由我为他举行宴会。来宾中有俞大维将军、采购代表团江杓将军、谭绍华博士、中国技术代表团霍宝树先生和中国银行的陈庸孙（长桐）先生。他们在宴会后留下来参加了一个会议，内容是讨论与美国结算租借法案的账目的最好方法，以及向严家淦说明在这方面执行台北指示的困难。我方坚持美国既未能按 1946 年 8 月太平洋剩余物资协议所规定的剩余物资数量交付，我方应即要求美国付出现款以补偿不足部分。但我方所坚持的主张是站不住脚的。如我向严家淦所述，协定明确规定物资按"原样、原地"，而由于缺少关于"原样、原地"价值的较准确鉴定，因而协定中所列的总数，应理解为即是原来采购的百分之百。我在会上说，这些事实使我们没有充足理由要求美国对于已交付我们的"旧货"或短交的剩余物资全部补足。我还说，我方指示的总原则——即我们首先要设法凭我们基于上述理由而向美国提出的索偿以取消我们的全部义务——从我的观点来看虽然是可取的，但在事实面前是站不住脚的。

后来，会议同意将此事提请政府重新考虑，并准备一份节略请严部长带回台北向政府报告。在此期间由大使馆试探美国新政府是否有意考虑一项办法，如果有意，其态度与上届政府国务院的同情和友好态度相比有何不同。读者可能记得，在美国上届政府执政期间，美国经常催促我们解决租赁法案问题，因为中国是大战结束已近六年后租借法案问题尚未解决的仅有的两个国家之一；另一个是苏联。但那时他们一直愿意在制定一项解决办法时予以适当照顾。

次周，我陪同严家淦访问了副国务卿比德尔·史密斯、财政部副部长马里恩·福尔索姆和预算局局长约瑟夫·道奇。严还和中国技术代表团成员一起在国务院参加了一次关于援华的会议。

9月23日我设午宴招待了助理国务卿的特别助理鲁思·培根夫人。她即将前往台湾和远东其他国家进行考察。我对她说，她的访问定将受到极大欢迎，我将电告台北，为她安排食宿和对委员长夫妇及其他领导人的拜会。

午宴的其他来客有严家淦、前众议员阿姆斯特朗夫妇和顾毓琇。阿姆斯特朗当时从事公共关系工作，也有意访问台北。是他告诉我有人正在策划于来年初发起一个赞成接纳红色中国加入联合国的运动。

9月24日我参加了美国国防部军援处前处长乔治·奥姆斯特德将军招待严家淦部长的午宴。其他来宾有俞大维将军、顾毓琇、王蓬和奥姆斯特德经营商业的合伙人埃弗龙。奥姆斯特德说，他打算在台湾设立一个办事处经营进出口业务。他敦促我国发展旅游业，以增加收入。他的公司还有意代我们办理申请剩余农产品。

出席宴会者都认为旅游业对台湾有好处，只有美援运用委员会秘书长王蓬例外。他认为收入不会很多，而修建适合美国人的爱好和生活水平的饭店和旅馆却须耗用大量台币。然而后来台湾实行了鼓励旅游业的政策，到台观光的人数逐年增加，旅游业已成为收益与外汇的主要来源之一。

严家淦原定在那周离开华盛顿，但是当天我得悉他在俞大维的建议下决定推迟一周。我立即命大使馆通知尼克松副总统办公室，以便使他的秘书有较充裕的时间为严部长拜会副总统作好安排。尼克松副总统即将代表总统前往亚洲各友好国家访问。这次拜会的目的是使他们将来在台北见面时，彼此业已相识。我们曾设法安排早些拜会，但得知副总统的日程已排满。

同一天，在大使馆开会商讨蒋经国访问华盛顿的日程安排，特别是安全措施。整个那一周准备工作一直在进行。21日我从国务院得知美国对蒋经国将军的正式招待已延至10月6日，以便列入对北卡罗来纳州布拉格堡的访问。我随即吩咐纽约的游建文与苏兹贝格、鲁斯和霍华德联系,建议把我原定 10 月 6 日的非正式午宴改于 9 月 27 日星期日下午举行,以使他们与蒋经国会面,并由我和蒋经国联系确定。游建文回电话称,苏兹贝格那个周末已约定作两个报告,一个在密尔沃基,一个在底特律,因而无法参加,霍华德和鲁斯(鲁斯以前未能接受 10 月 6 日的邀请)则乐于接受 9 月 27 日的邀请。早些时候我还曾嘱游建文约请纽约《先驱论坛报》的里德夫人。我曾嘱他向她建议虽然是一次男士聚会;如果她不能来,我欢迎她儿子代表她参加。游建文报告称,她能参加这次改期的宴会,而且将亲自参加,甚至还表示她经常参加她是唯一女子的宴会,而她的儿子则不常出面。

我从国务院查明了蒋经国在底特律的饭店住处后,和他通了电话。我对他说台北曾嘱他看望张静江的遗孀,她住在纽约。张静江是老政治家、国民党元老和国大代表,也是委员长的知心朋友。我还把和霍华德、鲁斯及里德夫人的会面安排告诉了蒋经国。我问他在正式招待结束之后,能否作为我的客人在双橡园逗留几天。他回答说,他已收到大使馆转来的嘱他看望张静江遗孀的电报;他乐于在宴会上会见三位记者;他还不能说能否在双橡园逗留几天。

萧勃将军即将前往纽约照料蒋经国访问纽约事宜。他向我汇报说,国务院詹金斯陪同蒋经国访问芝加哥时,当地既未为蒋安排专用汽车,也未为其一行预定旅馆。国务院曾要求对外政策协会的官员昆茜·赖特小姐为蒋氏一行预订房间并安排车辆,但她周末到乡间度假去了。最后,为蒋经国找到一个单人房间,为他的秘书兼译员沈锜也找到一个单人房间。至于汽车,萧勃得悉华侨界为蒋提供了一辆。他把这事告诉了詹金斯,詹金斯为未发生尴尬局面而感到高兴,而蒋经国则也许根本没有注意到这一疏忽,因为他被告知华侨界特为他准备了用车。萧接着汇报说,在芝加哥,国务院没有为蒋经国准备任何活动安排。芝加哥余总领事按照萧勃传达的我的意见与华侨界所做的安排,填补了这个空白,而在芝加哥也未发生任何尴尬局面。

那天下午六点左右,在参加华盛顿中华公所为欢迎财政部长严家淦、立法委员谢仁钊和泰国华侨领袖荣书庭而举行的招待会之后,我继续和萧勃谈话。我把 9 月 27 日星期日晚我招待蒋经国的具体安排告诉了萧,嘱他一到纽约首先把这事向蒋报告。当我和他商量宴会是否邀请宋子文和孔祥熙时,他暗示说,蒋曾告诉他,蒋在纽约也将拜访他们,但恐不能接受他们的宴请。萧又说,如果他们出席宴会,座位不好安排。我还拟邀请蒋廷黻,因为美国客人愿了解我国在联合国的处境以及接纳红色中国进入联合国的问题。为此,我还告诉萧,我已嘱游建文事先通知蒋廷黻留出这一天准备参加宴会。萧认为这样很好。

关于蒋经国在纽约的日程安排,萧说,詹金斯告诉他,詹金斯将要求美国驻联合国代表团安排蒋经国访问联合国。我对萧说,国务院也曾这样通知我,我已嘱谭绍华向国务院指出,此事应由纽约的中国代表团与美国代表团协商安排,因为我知道蒋经国愿意会见蒋廷黻并使中国代表团参与安排他对联合国的访问。

问题在于美国人只从他们的观点考虑此事。我认为这是由于缺乏经验,而不是有意操纵或包办全部安排。但如思考一下,就会意识到踢开中国代表团而由美国国务院通过美国代表团安排蒋经国访问联合国是极不恰当的。如果这样办蒋经国和蒋廷黻都会感到难堪。

前一天——星期天——我和最近从台湾回来的 J.R(?)[1]进行了一次重要谈话,从中得知不少内情。我请他吃午饭,但我们的谈话一直延续到下午五点。他这次前往台湾是协助安排蒋经国的访问事宜。他说,这是应美国国务院和国防部邀请的一次私人访问,并补充说,在采取这一行动之前,是经过慎重考虑的。目的是使蒋经国对与俄国生活方式迥然不同的美国有所了解,希望

---

① J.R.(?),原文如此。——译者

他对美国的民主方式产生兴趣。这可能是为委员长大限到来之日,美国人民认可他接班创造条件。J.R.解释说,美国在台湾和在国民党中国身上花费了数以亿计的美元,因而感到在委员长已经年近七十和精力日衰的情况下,不得不考虑他的继承人问题。美国认为对大陆几亿中国人来说,任何解放运动的领袖的名字必须是人所共知的。在东方,为了赢得人民的拥护或至少是顺从,知名度要起很大作用。蒋介石的名字在中国被认为是最著名的。

J.R.进一步说,美国政策的最终目的是解放(大陆),杜勒斯是赞成的。五角大楼认为杜勒斯是执行坚定反共政策的合适人选。杜勒斯在得悉美国武装部队实力后,曾对五角大楼的首脑声称,他不久要对共产党国家执行坚定政策,而且对于不顺从的盟国,如英国,也要执行坚定政策,因为他已经知道美国已有了支持坚定政策的实力。J.R.说,五角大楼对中国大陆已制订多种方案。时机一到,便在适当考虑中共面对台湾的军事部署的情况下,实施最合适的方案。他又说,国务院和国防部都终于认识到所谓第三势力运动是不会成功的,因为至今还看不出能指望谁来成功地领导解放运动,谁也没有蒋介石那样出名。

据 J.R.称,美国通过在太平洋各岛的储备,美国海军到远东的可靠物资补给时间已从三个月缩短为四十五天。他们比以往任何时候都处于更好的准备状态,因为时间缩短一半对应变来说将大不相同。

9 月 22 日,我接见了我国空军的朱霖将军。他刚刚结束了对欧洲和美国航空学最新发展的考察研究,即将返回台湾。他希望如果可能的话,安排一项在美国国防工厂培训中国技术人员的计划,以便在国民党中国制造喷气式飞机。他认为我国空军喷气式飞机的每个配件更换和每次大检修都必须在美国进行,这种现状很危险。在紧急关头,或许措手不及,而且无论如何,需用时间过长。

那个时期,根据美国对外援助计划,有许多在美国培训各方面中国人员的这种计划,有的正在执行,有的已在拟议中。事实上当天我就曾设午宴欢送了一批美国医生和陆海军军医。他们即将前往台湾研究热带病,并安排一项培训中国医生的计划,以便在这方面与我国部队一起工作。这项培训计划将属于美国国外业务署的计划。

尼克松副总统亚洲之行的旅程于 9 月 25 日星期五上午公布。下午,他和尼克松夫人在布莱尔大厦举行招待会,招待他作为艾森豪威尔总统私人特使即将进行友好访问的十八个国家的外交使团的团长。至少有五位团长所属的国家已承认红色中国,即印度、巴基斯坦、锡兰、阿富汗和缅甸。此外,英国大使罗杰·梅金爵士也在出席者之中。印度支那三国的使节也参加了招待会。副总统请我和阿富汗大使和他站在一起,由新闻记者和国务院摄影师拍照。国务院的洛里夫妇、杜勒斯夫人和拜罗德夫妇也都在座。杜勒斯和比德尔·史密斯临时被召赴白宫,因而未到。我看到招待会上许多印度尼西亚、缅甸、印度和印度支那各国的妇女都身着纱笼,颇感惊奇。她们为招待会生色不少。

星期六上午,中华教育文化基金会董事会和历年一样,在大使馆举行年会。我是董事之一。会后,我请各位董事午餐。孙科是来宾之一。这是他自几乎三十年前的 1925 年以来第一次前来华盛顿。其他来宾离去之后,孙科留下来和我交谈片刻。之后,我赶乘飞机赴纽约,以应当晚的一些约会,并了解一下我预定于星期日在纽约卡莱尔饭店为蒋经国与里德夫人、鲁斯和霍华德会面而举行的宴会的最后安排。

星期日宴会定在下午八时。宴会前霍华德以电话询问可否就许多美国人对"蒋家王朝"的议论以及他们对我们是否真心实意地贯彻执行我国宪法所依据的民主原则的怀疑等问题,坦率地和蒋经国交谈。我说蒋经国一定喜欢坦率交谈,因为他来美是为了研究和了解美国的真正态度。而如果霍华德是私下地而不是在大庭广众之中和他谈论这些问题,效果就会更好。即便在我当天晚上为他们安排的小规模的宴会上和他谈这些问题也不相宜。霍华德于是说,他也愿邀请蒋经国到他纽约家里作客一两个星期,这样蒋经国就可以看到他在正式活动中所看不到的美国生活的另一面。我告诉他,蒋经国的目前计划是在正式访问华盛顿和北卡罗来纳州布拉格堡之后立即返回台湾。

宴会的前一天晚上,我还向宋子文谈起了这次宴会。他于晚上十一点半来到饭店我的会客室,询问是否正如蒋经国刚在电话中告诉他的,我将于星期日晚设宴招待蒋经国。我说,这不是一次社交宴会,而是为使蒋经国和三位知名人士会面和交谈。随后,我向宋说明了这三人是谁,并问他是否愿意参加,因蒋经国自己已向他提到宴会之事。宋子文问还有哪些客人。我说其他客人都是中国人,晚宴是非正式的,主要是为蒋经国和三位报刊发行人提供交谈机会。于是宋表示他愿意参加。

游建文曾于星期三来电话称蒋廷黻或许不来参加宴会,因蒋曾告诉游说,他星期天早些时候就会见到蒋经国。但星期五蒋廷黻来电话称,他收到了我的请帖,问我是否希望他参加。我说,我希望他能来。他说,他一定来。因此宋子文答应参加宴会,就使座位安排问题复杂化了。星期日晨,我以电话和游建文、宋的私人秘书朱光沐以及萧勃将军商量此事,以征求他们对各种安排方法的意见。宋子文和蒋经国有家庭辈分关系;蒋廷黻与宋子文有官职上下级关系;蒋廷黻因在巴黎结婚以及在墨西哥城离婚,和里德夫人彼此有反感;里德夫人又是出席的唯一妇女;所有这些使各种安排方法都难以解决问题。此外,蒋经国主要希望和三位美国人士交谈。经朱试探宋子文的意见后,我最后采取了我原来的设想。蒋经国坐在我对面,霍华德在他右手,鲁斯在他左手,里德夫人在我右手,宋子文在她右手,蒋廷黻在我左手。这样安排结果皆大欢喜

蒋经国提前二十分钟到达。他先到我旅馆的房间作礼节性拜会。依照习惯,他的第一句话是转达委员长对我的问候。他

说,委员长身体健康,心情愉快。我们稍谈后,宋子文来向蒋经国致意。这时时间已到,我们一同下楼到宴会厅,其他客人正陆续到来。

宴会进行得饶有兴味,也非常有益,因为餐前蒋与三位美国客人的分别交谈和席间的彼此交谈——他们三位坦率提问,蒋经国、蒋廷黻、宋子文和我一一作答——使谈论成为非常有益,甚至成为有鼓舞作用的交换意见。蒋经国根据他从卷宗材料中搜集的事实作了一些有启发性的回答①。

至于国务院为蒋经国安排的陪同人员,我和萧勃商定由他邀请詹金斯和霍兰另参加一个中餐晚宴。这样,我们得以如上面所说,坦率地讨论我们的希望与计划以及美国客人和我们所看到、所理解的美国目前对台湾和远东政策的实质与范围。萧勃那里结果也很好,他于星期一以电话汇报称,他的中式晚宴情况良好,两位国务院官员很愉快。

我还得知蒋经国曾于星期六前往长岛拜访孔祥熙,并曾于同日在纽约两次拜访宋子文,但均值宋不在寓所。他还用几分钟时间看望了孔祥熙的长女孔令仪。事实上,在星期六晚的另一次宴会上,宋子文夫人曾告诉我,她接待了蒋经国,当时她丈夫不在家。这就是宋子文亟欲会见蒋经国并到卡莱尔饭店我的房间和他见面的原因。如我所述,蒋经国提前到达并在宴会前向我致意。

宴会后,宋子文携蒋经国到他的寓所。因此,当游建文由于曾与蒋商定由蒋于次日下午分别访问霍华德和鲁斯而建议我向蒋提出访问里德夫人时,我立即打电话给宋。宋把此建议转告蒋,蒋当即表示同意。

次日晨,邵毓麟来饭店看望我。他曾任我国驻韩国大使,当时任外交部顾问和总统府国策顾问。他在前一天晚上刚自台北

---

① 原注:顾毓瑞当时也在座。事后由他把问答整理为纪要。

到达纽约。他此行任务是协助蒋廷黻处理缅甸境内中国军队的遣返问题。

读者一定记得上届联合国大会曾通过一项决议（1953 年 4 月 22 日），要求外国军队撤出缅甸。随后，在曼谷成立了四国联合军事委员会，由台湾、缅甸、美国和泰国的军事代表参加，以决定遣返这些军队的步骤。委员会于 5 月 22 日开始工作。5 月底，蓝钦大使曾在促成各项安排方面作出很大贡献。令人遗憾的是一个月后这种进展陷于停顿。

据外交部 7 月 2 日来电称，在协议即将达成之际，被派赴曼谷商讨撤退计划细节的李弥部队副总指挥李子范（音译）及其小组突然向报界宣称，李弥部队决不撤离缅甸，而将留驻原地以阻止中共占领东南亚计划的实现。他们还宣称，联合国大会讨论缅甸的申诉时，未同意使李弥部队派代表到会或提出申述，联合国大会也未采取任何步骤调查缅甸的实际情况。因此，大会决议不能认为是合理的。外交部来电说，由于这些声明，会谈工作受阻。

外交部来电接着说，据衣复得上校电告，李子范亲自向美国驻泰大使递交一份书面建议并请转交杜勒斯。他在建议中要求美国秘密保证以保存东南亚人民反共联合武装力量的其他部队的实力作为李弥部队撤退的交换条件。（衣复得上校是参谋总长的秘书兼四国委员会中国代表。）

外交部说，如今缅方和美方对我们极为不满。缅甸代表声称，如我国无法使李弥部队代表改变态度，他将退出曼谷的四国委员会。因此，我们正通过李弥努力促使其代表和政府合作。

政府此后在这方面的努力不太成功，因为正如政府一向所强调的，政府能影响而不能控制李弥的非正规队伍。这支队伍中很多人是边境地区的土著。尽管如此，在以后的几个月中，政府还是和四国委员会其他成员通力合作，以拟成一个撤出那些响应号召而同意撤到台湾的非正规部队的可行计划。与此同时，政府尽力并成功地说服了两千名左右非正规部队连同其家属按照委员会制订的计划撤到台湾。然而在撤退计划即将完成之时,缅甸代表于 1953 年 9 月 16 日提出了缅甸政府关于撤出全部中国非正规部队的要求。中国代表答称,全部撤离实为中国政府力所不及,因而无法接受缅甸的要求。次日,缅甸代表退出了会议,并指责中国政府缺乏诚意。同时,缅甸政府指令其驻联合国代表团在刚刚开幕的联合国大会上重新提出这个问题。

在此之前不久,台北叶公超外长通过蓝钦通知美国政府,中国政府准备签署四国协议和在曼谷制定的撤退计划,并要求泰国政府和美国政府在按计划实现撤军方面予以合作,尽管缅甸有可能退出四国委员会。

美国立即作出了反应。1953 年 9 月 18 日,美国驻台北大使馆把下列备忘录送达外交部:

今日接奉国务院来电,原文如下:

中国外交部长 9 月 17 日之建议,(即中国政府准备签署四国协议和在曼谷制定之撤军计划,并要求泰国政府和美国政府在按计划实现撤军方面予以合作,尽管缅甸有可能退出。)由于缅甸代表团退出曼谷的四国协商,应按最紧急问题予以处理。

目前形势要求中国政府代表尽快在美泰中三国委员会按下列内容发表正式声明:

(1)中国准备签署四国协议和撤军计划;

(2)中国政府即将命令李弥指挥下的所有部队撤离缅甸;

(3)估计第一批约有两千人响应号召,今后还将尽一切努力使尽可能多的人撤离;

(4)计划中所列六个据点将予撤出,上述两千人将于某日(日期待定,建议定为 10 月 31 日)越过边境;

(5)中国政府将发表一项声明,对未能参加撤离的非正规军不再负责,对不服从命令的正规军将按逃兵论处。

美国政府认为上述各点系最低要求。如果中国政府能按上述内容在委员会发表声明,美国将全力支持,并设法争取泰国的合作。美国还将努力劝使缅甸恢复协商与签署协议。倘不成功,美国政府将设法要求缅甸保证不干涉中国的单方面撤军;美国还将按照撤退计划提供在泰国边境的后勤支援和前往台湾的运输。反之,如果中国政府不愿作出此种承诺,美国对中国的立场将不能再予以有效支持。

事关重大,盼送请最高当局处理,最好径呈蒋总统。

外交部当即作出答复,于 1953 年 9 月 21 日向美国大使馆递交了一份备忘录,内容如下:

贵大使馆 1953 年 9 月 18 日备忘录转达国务院关于李弥将军部队撤离缅甸问题的来电已收悉。中国政府愿重申并进一步澄清其立场如下:

(1)无论缅甸签署与否,中国准备签署四国协议及撤军计划。

(2)鉴于中国政府不控制李弥将军在缅部队,如由中国政府命令该部队撤离缅甸,则不仅超越其权限,而且与其以前主张直接矛盾。

(3)中国政府估计,能从缅甸撤离的人数约为一千五百至二千,另有数百名眷属。这一数字乃中国政府对该部队施加最大程度的影响所取得之结果。经过中国政府迄今之一切努力而仍愿留居原地者,实属中国政府影响所不及。因此,中国政府碍难继续努力以撤出更多人员。任何这类许诺于事无补,而只能招致缅甸提出失信的不公正指责。

(4)李弥部队撤出的六个据点问题,业经李弥部队代表李文彬将军和四国联合委员会的小组委员会于 9 月 10 日会商解决。双方同意,孟萨、孟东、孟洋、班扬、孟毛、孟栋六个据点仍列入撤离计划,但在李弥部队完全撤离该六个据点之前,缅甸政府不派军队开入。如缅甸政府遵守上述协议,则即使其拒绝签署四国协议和撤军计划,中国政府亦可担保李弥部队自该六个据点撤离。假定缅甸政府保证在其国境内不阻挠撤离人员之调动,中国政府预期在监督小组到达后一周内第一批撤离人员可越过边界进入泰国领土。

(5)在中国政府坚持之下,李弥将军现已允诺一俟其部队中愿按中国政府要求办理的人员撤出缅甸之后,立即解散其云南反共救国军。然后由中国政府发表声明,大意为决定留在缅甸境内者应对其决定自行负责。他们坚持抵制中国政府的反复要求,拒不撤离缅甸,足证他们已确非中国政府的影响所及。中国政府从未把李弥将军指挥下在缅甸的部队视为其正规部队。在该部队中虽有部分原属李弥将军指挥的驻云南国军,但由于形势变化,早已不再为中国的正规部队。因此,中国政府在拟发表的声明中,将不再区分正规部队与非正规部队。

中国政府深信,除确有实际困难而无从同意的几点外,中国政府对此问题之立场与美国政府的建议十分接近。中国政府即将训令其在曼谷联合委员会之代表遵照上述立场按美国政府建议发表正式声明。

希望美国政府能全力支持中国的立场并设法争取泰国的合作。

嗣后,据中央通讯社9月28日曼谷讯,美国与泰国在四国委员会同意了我国关于自1953年10月5日起撤出两千名中国非正规部队的建议。然而同日(9月28日)在联合国大会的一般辩论中,缅甸代表却强烈谴责我国政府未能使李弥部队撤离。这个问题十分棘手。

当天上午到饭店来访的邵毓麟说,台北认为美国在这个问题上过分偏袒缅甸。他还说,他在缅甸视察李弥部队以劝说同意遣返之后,深知真正困难所在。例如,困难之一是缅甸共产党的活动及其反政府的军事行动。邵希望会见比德尔·史密斯将军,以使其相信美国当时执行的政策是错误的。他带来了叶公超给我的信件,建议我为此安排蒋廷黻和他与史密斯会晤,或在大使馆设午宴使他们会晤。

我把我当时的反应告诉了邵毓麟,由他会见史密斯或国务院任何其他官员以商谈这个问题,这是可以的,但我怀疑蒋廷黻是否愿为此而前往华盛顿;而且国务院方面可能明确地说有关这个问题应在联合国大会采取的步骤,应在纽约由美国代表团与中国代表团商讨。我又说,洛奇不仅是美国驻联合国代表团的首席代表,而且是部长级官员,他出席每周的内阁会议。也就是说,他是参与决策的。因此如蒋廷黻到华盛顿与国务院会谈,洛奇会感到不解。即使是邵毓麟本人,我也建议他不以中国代表团顾问身份,而以总统府国策顾问身份会见史密斯。否则,国务院可能立即答以此事应在联合国与洛奇商谈。邵毓麟还以另一种口气告诉我,他希望前往拉丁美洲、欧洲和亚洲各国访问考察,然后向台北报告。

次日即 9 月 29 日上午十一时,蒋经国按预定时间到达双橡园。他是在国务院人员詹金斯和霍兰的陪同下乘詹金斯的汽车从纽约来的。行前,他在纽约访问并会晤了霍华德、鲁斯和里德夫人,因而动身离开纽约时天色已晚。他们三人中途在特拉华州威尔顿附近一家汽车旅馆过夜,第二天一早起程,午前赶到华盛顿。我自己是在前一天上午和邵毓麟谈话后不久离开纽约回到华盛顿的。经与五角大楼安排,一位少将代表美国武装部队也在双橡园迎接蒋经国。此外,还有大使馆馆员和中国政府驻美其他机构的官员约三十人。蒋经国带来的第一个音信是委员长对我的问候。举行的自助午餐有约八十位希望和蒋经国会面的人士参加。

蒋经国预定当天下午二时四十五分拜见艾森豪威尔总统,因而午饭后我们就前往白宫。国务院礼宾司代理司长米尔在那里迎候我们。他陪同我们拜见总统。总统代理秘书卡罗尔将军也在座。

介绍蒋经国之后,我对总统说,他的气色真好。

总统说,他感觉良好,但右臂仍感疼痛,现每天仍接受热敷和按摩疗法。他知道没有其他更好办法,只有等待疗效。在回答询问时,他说,右臂是在钓鱼时受伤的。我说,时间是治愈他右臂的必要因素,总统表示同意。

我接着说,蒋经国系应国防部和国务院的邀请访美,两周来一直在美国大陆各地参观。他带来了蒋总统致艾森豪威尔总统的一封信。

蒋经国把信递交总统。总统说,他希望信是用英文写的。他接着看了信,并问候了蒋总统的健康。他回顾了曾先后在开罗和南京会晤委员长夫妇,但补充说,他从未到过台湾。

我说,如总统有朝一日能访问台湾,我国政府将感到不胜荣幸,蒋经国也立即保证总统定会受到最友善、最热烈的欢迎。

艾森豪威尔总统说,他愿意访台,但由于在华盛顿的工作重担,可能性不大。他又笑着说,他个人愿意修改美国宪法,以使总统能外出旅行访问,而由副总统在华盛顿执行总统任务;但在目前情况下,总统难以脱身远离。总统询问蒋经国在美国参观了哪些地方。

蒋经国回答说,他参观访问了许多地方,包括旧金山、洛杉矶、萨克拉门托、芝加哥、底特律、布法罗和纽约,而且就是当天上午从纽约乘汽车抵达华盛顿的。

总统询问蒋经国参观了哪些军事机构。蒋回答说到过西点军校。

艾森豪威尔总统询问蒋经国曾否参观本宁堡的步兵学校、诺克斯堡的野战炮兵学校和俄克拉何马州锡尔堡的野战炮兵学校。总统强调这三所学校对地面部队具有极大重要性和价值。他建议蒋经国都应参观。他吩咐卡罗尔为蒋经国参观这三所学校进行安排。然后他询问蒋经国在旅程中是否有国防部代表陪同。

我说,日程是由国防部和国务院安排的,蒋经国全程均有这两个部门的代表陪同。

总统询问台湾情况如何。

蒋经国回答说,各方面均有进展,美国的经援和军援在进展中发挥了重要作用。

总统说,他高兴地听到美援的用处。接着他又说,在这一点上,他愿告诉蒋经国,他希望蒋总统尽一切可能把中国军队撤出缅甸。他说,有一个时期美国曾提供援助以使这些部队能留在那里;但情况已经改变,缅甸急切希望把这些部队遣返台湾,以不使共产党人有任何借口把缅甸置于其控制之下。目前,他不愿看到缅甸落入共产党之手。倘若中国政府能撤出全部军队,那将使美国摆脱困境。

蒋经国重申了中国政府把这些部队中约两千人遣返台湾的意向。他说,中国政府派赴缅甸劝说这些人同意遣返的邵毓麟则刚刚抵达纽约,并向他报告称,这些部队将撤出缅甸。

总统说,他听到这一消息很高兴,因为这有助于解除美国的尴尬处境。

随后,蒋经国把艾森豪威尔所著《欧洲十字军》一书的中文译本送给总统作为他这次访问的纪念品。

总统表示他对此译著极感兴趣,并请我把蒋总统写在书上的中文题词翻译给他听。

我翻译后对他说这本书在台湾出版,受到了广大中国民众的欢迎,不仅在台湾,而且在东亚其他地区也如此。

如我以后在日记中所写,总统看到《欧洲十字军》的中译本非常高兴,并于会见结束时与我们合影留念。我在日记中还写道,这次拜访是一次愉快的会晤,艾森豪威尔总统一如平日,十分亲切。

会见后,我立即陪同蒋经国拜会了胡适博士。胡适于星期六参加中国教育文化基金会董事会议后,特为接待蒋经国的访问而留在华盛顿,因为蒋经国曾要求和他会见,并曾在纽约前往他的寓所拜访而未遇。我返回大使馆后,于下午四时半又接待了蒋经国。我领他巡视了使馆大楼并视察了使馆各办公室。

当天晚上为他和美国国防部长威尔逊举行的宴会很成功,看来出席的人都很高兴。贵宾席上没有出现片刻的冷场。贵宾中有参谋长联席会议主席雷德福海军上将、助理国务卿饶伯森、美国空军作战部副部长厄尔·帕特里奇中将、前大使蒲立德、中央情报局局长艾伦·杜勒斯、中国科科长马康卫、总统助理杰克逊、艾尔弗雷德·詹金斯先生、五角大楼的乔治·斯图尔特准将、作战协调局格林上校、中国财政部长严家淦、俞大维将军、谭绍华博士、萧勃将军和其他几位中美客人。

席间,蒲立德在和蒋经国谈话时不让蒋的秘书沈锜为他翻译,这使我们许多人为之一惊。蒲立德说,在台北时他常和蒋经国单独用英语交谈几小时。他承认蒋经国有时不太懂他的话,但是稍加重复就理解了。随后,坐在蒋经国右侧的雷德福也试用英语和他交谈,并发现大致可行。蒋本人也对他讲几句英语。我从餐桌对面和蒋讲话,也请其他各位和他讲话,内容涉及一些有趣的话题或小故事,于是就轮流讲起故事来了。

我讲了我在卧车上交给一名服务员擦鞋的故事。他把鞋送回后,我告诉他我的两只鞋不一样,他吃惊地挠着头对我说,他简直莫明其妙,因为还有一位先生也这样抱怨。国防部长威尔逊讲了他的黑人司机的妙人妙语。这位司机有一天上午看到一个人从卡尔弗特桥上跳下自杀。当问到那个人为什么自杀时,他说:"我不知道;那是个白人,我们黑人没有那么大学问。"饶伯森说,他在板门店看到一个黑人战俘往非军事区走,打算到北朝鲜去,而不愿被遣返美国。饶伯森走过去同他握手,并告诉他,自己是弗吉尼亚州人。这个黑人士兵听了以后说:"我是北卡罗来纳州人,现在既然遇见一位南方的先生,我就不去北方了!"这些有身份的人在正式场合都讲关于黑人的故事,而现在再讲黑人故事,如果不是不可能,看来也欠考虑。这一事实说明了时代变迁之大。

宴会前,我对蒋经国说,我拟祝酒两次,一次祝美国总统健康,另一次祝国防部长健康;我估计国防部长将以祝中国总统健康回敬,雷德福则将祝蒋经国将军和我健康。我说,我不准备讲话,如果他愿在雷德福祝酒时致答词,可以讲几句。他对我的以上想法似乎不很赞成。因此,入席后,我改变了主意。我告诉他,我将祝酒三次,第三次祝他健康并希望他有所表示。这样改变后,效果很好。我向他祝酒后,他的答词十分得体。他谈到了他在旅程中的两个不寻常的印象:一个来自参观胡佛大坝,他在那里看到大坝对任何人都是开放的,谁都可以前往参观;另一个来自参观莱文沃思监狱,那里的食堂中有一块牌子,"取饭菜不限量,但必须吃光,切勿浪费"。他的结论是:这个国家有真正的自由,同时也是个富饶之邦。

次日上午相当早的时候,我应助理国务卿饶伯森之请前往会见。我知道必有要事,因为本已约定我于次日陪同蒋经国对他进行礼节性拜访。到了国务院,我看到中国科科长马康卫也在座。助理国务卿说明了他约见我是为了面交艾森豪威尔总统致蒋介石总统的一封信。信已密封,但他说,他愿给我一个副本以供我参考。

我说,我希望略看一下副本。看完后,我对饶伯森说,鉴于此事紧急,我将先把要点电告台北,同时将密函航寄中枢。

我于1953年9月30日用英文将艾森豪威尔总统9月25日函电告外交部。总统函内容如下:

总统先生阁下:

我一直密切注意若干时间以来国际间为解决中国非正规部队留驻缅甸所造成之严重问题所进行的努力。我深信阁下和我同样希望这些努力取得成功。我认为如拟彻底解决此问题,则现在已经到了必须产生一些具体结果的时刻,为此,特亲自和你通信。我认识到贵国政府对驻缅部队所能施加之影响有限,但我认为这不应阻碍阁下尽量发挥影响以促使尽可能多的非正规部队立即撤离缅甸并明确滞留人员不会得到你的同情或支持。除非能取得这些具体结果,我担心局势将形成使共产党人有可乘之机,而对贵国政府和缅甸政府均属不利。

我同时致书缅甸总理表示关切,希望勿使目前解决此问题之国际努力归于失败,并敦促其认识中国政府和其他国家政府所能采取解决此问题的行动之实际限度。

请相信美国将继续努力寻求能为有关各国政府接受的方案,俾问题早日解决。唯欲达此目的,端赖各国政府的真诚通力合作。鉴于贵我两国政府的密切友好关系,我相信定能得到阁下对此事的全力合作。

艾森豪威尔(签名)谨启

我告知饶伯森我的处理意见后,他说他认为这是最好的办法,并表示感谢。然后他接着说,李弥部队留在缅甸没有实际意义。从军事观点看,他们无济于事,他们继续留在缅甸已引起缅甸政府向联合国提出申诉。他说如我所知,联合国大会本年初曾就此问题通过一项决议,而目前缅甸则在本届联合国大会急切要求立即审议此事。美国政府的意见是尽量推迟审议。美国代表团正尽力使这项议程列在议事日程最后,但能否成功,尚无把握。[①] 然而从国民政府的观点看,最好以李弥部队撤出缅甸的事实证明其诚意。他又说,艾森豪威尔总统的信清楚地表明了他对此事的关切,并表示了他恳切希望中国政府尽力合作,使这些部队的撤出能达到最大数目。

---

① 原注:联合国大会第一委员会于当天晚些时候对议事日程做出决定。议事日程共七项,其中列有缅甸的申诉与报告。

饶伯森继续说,明确地讲,他愿意看到中国政府办三件事:(1)声明除两千人外,它将尽量多撤出这些部队;(2)发布命令,对驻缅部队停止供给,并警告拒绝遣返者,中国政府今后与他们无关,并将听任他们由缅甸政府处理;(3)命令这些部队放弃他们占领的六个飞机场。他又说,通过这三件事,中国政府便可证明有诚意根据联合国大会本年初通过的决议履行其义务。换言之,中国政府应尽力改善自己的处境,以便一旦联合国再次讨论这个问题时,中国政府能处于强有力的地位。

我回顾了这个问题若干时间以来一直受到我国政府和美国政府的注意,而且3月份我曾和史密斯将军就此问题进行长时间交谈。我同意饶伯森的意见,即从军事观点看,在目前情况下李弥部队的作用不大。然而从长远来看,一旦台湾向大陆发起总攻,这些在中国西南角的部队将成为有助于分散共产党统帅部注意力的力量;如果他们现在撤出,将来就很难派进大批部队,但是,我对他说,我理解这个问题所涉及的国际纠纷,这是应予尽速解决的。这也一直是我国政府的看法,而且正因为如此,我国政府一直致力于撤出它所能影响和说服的最大数量的李弥部队。

我说,至于具体到那三点,我获悉我国政府已决定撤出李弥部队中的两千人,另加几百名眷属。我还获悉无论缅甸政府同意与否,我国政府正安排用飞机每天撤出二百人,自10月5日开始至10月15日止,十天撤完。但是我认为我国政府很难允诺撤出比两千人更多的部队,因为愿意遣返的两千人原来是从云南进入缅甸的,而其余士兵则大部分是自愿参加李弥部队的土著。他们祖祖辈辈在缅甸,因而不愿撤至人地生疏的台湾,这是可以理解的。至于对李弥部队停止继续供应问题,蒋总统已指令国防部自9月18日起照办,而且我知道中国外交部已于9月26日通知台北美国大使馆称,中国政府无意对在缅部队继续提供给养以使他们久留缅甸,并与坚持滞留缅甸的部队无关,这些部队将听任缅甸政府处理。关于六个飞机场问题,据我所知该问题已经解决。

我说,我国政府由于迫切希望这个问题不再在联合国讨论,已经办了这三件事,以提供有力证据,说明其在执行联合国大会4月份决议方面进行合作的真诚愿望。但是缅甸政府的意图令人怀疑。正当整个撤军问题即将解决以及协议即将签署之际,缅甸提出了无理条件,并以备忘录形式提出,限七天之内接受的条件,最后缅甸代表退出了四国会议,自此以后,缅甸政府派兵进攻并派空军轰炸李弥部队。这种残忍手段只能使局势更加恶化,因为他必然激起李弥部队的仇视,从而使撤退计划更难执行。我说,尽管缅甸政府采取这种态度和行动,中国政府方面仍将继续努力设法撤出这些部队中的两千人。但为了撤退工作的顺利进行,缅甸政府最好而且必须不再诉诸暴力。我表示希望美国政府请缅甸政府注意这一点,并运用其影响制止新的袭击和轰炸。

饶伯森说,他完全同意我的意见,而且他将采取步骤,提请缅甸政府予以注意。

后来外交部于10月9日寄来了委员长致艾森豪威尔总统的复函。该复函已交总统,其全文如下:

总统先生阁下:

9月28日来函已悉,特致谢意。来函强调在解决中国在缅甸之非正规部队问题方面,此刻应取得具体结果的重要性。我方代表衣复得上校在曼谷四国军事委员会会议上已一再声明,我国外交部长叶公超亦已多次向蓝钦大使保证,我国政府已经对该非正规部队各首领施加影响,以使其将尽可能多的士兵撤出缅甸,遣返台湾。在缅甸代表退出四国会议前,我方已取得该部队各首领同意,将两千名左右官兵和几百名眷属撤出。我方还通过上述渠道明确表示,凡不听从劝告而决意滞留缅甸者,我国将不与其保持任何关系,亦不予以资助。阁下当已获悉,该部队的大部分原非李弥将军旧部,而系来自中缅边境各地区不堪共产党统治压迫之土著。

自缅甸代表退出四国会议以来,缅甸空军对准备撤军之各集结地点一直进行轰炸。缅甸政府的这种不正当行动,不仅激起准备撤离人员之愤慨,而且使撤离人员几乎无法移动。

总统先生,我谨向阁下保证,为寻求有关各国政府均能接受之撤军方案,我国政府必将继续进行真诚的通力合作。

我已命令我国外交部长根据以上所述发表详述我国政府立场之公开声明,并令其就事态的进一步发展与蓝钦大使保持密切联系,进行磋商。

蒋介石(签名)谨启

9月30日下午,俞国华来访。他带来了有关蒋经国访美和招待计划的委员长的私人信件。委员长一如既往,要求对他长子的访美勿引起过分注视。这和中国传统的谦逊作风是一致的。

崔存璘就蒋经国的访问每天交我一份备忘录。我曾指派他在大使馆和负责安排蒋经国活动日程并陪伴蒋经国的美国官员之间担任联络工作。通常由霍兰以电话与崔联系,再由崔向我报告。譬如,崔在那天的备忘录中称,霍兰以电话通知我们:(1)副总统尼克松已接受饶伯森的邀请,参加10月2日饶伯森招待蒋经国的宴会,因而蒋经国不需对他进行礼节性拜访;(2)蒋经国希望参观"乘车露天电影院"(不看演出,只是参观),可能在某一天或许是10月1日晚由詹金斯和霍兰本人驱车陪同蒋经国前往华盛顿附近一家影院参观;(3)马康卫在家备茶点招待蒋经国时,将陪同蒋参观附近的一所初级中学,因为蒋希望参观这样一所学校。备忘录实际列有约十一项,我只是摘录少数几项,一方面用以说明所列项目的类型,另一方面说明蒋经国有兴趣参观的一些事物。然而备忘录的目的是保证蒋经国的活动安排的顺利进行,每件事都须仔细安排,每个人都事先详细了解。

30日晚,华侨界在华懋酒楼设宴招待了蒋经国将军。华侨界出席人数之多是少有的,超过了二百人。主持宴会的是一位年轻律师王先生。他请我介绍蒋经国。我用广东话作了介绍。蒋经国用汉语(普通话)讲话,由华盛顿国民党党部主任李先生口译。蒋的讲话很好,表示了对在大陆时的失误感到遗憾,叙述了台湾所取得的进步和发展,提出了需要海外华侨的支持,以他们的爱国精神激励台湾和大陆的民众。

当时在场的顾毓瑞听到和他同桌的一位华侨对拙劣的口译、对蒋经国的俄国妻子以及对他长期在莫斯科受教育的一些不满的话之后,突然感到焦虑不安。他走过来告诉了我,并建议让特工人员把他赶出去。我对他说,除非这位华侨言行凶暴,就不要这样办。我把情况告诉了李先生和主持宴会的王先生。他们两位都同意我的意见,并说,他们认识此人,他极为嗜酒,也许有点过量。一位老国民党员谢先生起身站在这位华侨和蒋经国之间,结果未发生任何事故。蒋经国到各桌敬酒以表感谢,并到厨房向厨师道谢。

宴会后,我们步行前往中华公所。这是一间正在修缮中的昏暗小屋。途中,蒋经国和几位看他走过去的华侨握手,还走进一家小杂货店向店主致意。这家小店是我的姚厨师购买大多数中国商品的店铺。然后我们回到双橡园闲谈。顾毓瑞一路跟随我们。他又提到了使他焦虑不安的那件事情。他说,出席宴会的有两个共产党人。这引起了蒋经国的很大好奇心,但实际上只有一个,而且那里的华侨都认识他,甚至在场的特工人员也认识他。宴会的房间及其周围曾严加警卫,当我们访问中华公所步行时,尤为如此。

我已经忙了一整天,但晚上十点半我还出席了巴拿马大使馆为巴拿马总统举行的招待会。巴拿马总统四十多岁,看来很年轻。由于我先在冷飕飕的楼下又在热烘烘的楼上,在迎宾队列中等候时间太长,我突然感到要打喷嚏而且几乎喷向女主人德乌埃尔特马特大使夫人的脸上。我急忙扭过头去,刚好来得及把手帕捂在嘴上。

10月1日下午,我陪同蒋经国相继访问了三位人士。我们首先到中央情报局访问了艾伦·杜勒斯局长。杜勒斯在他的三位副手辅佐下接见。蒋经国和他们进行了畅谈。我介绍了蒋经国及其秘书兼译员沈锜博士。

寒暄后,杜勒斯说,他了解蒋经国在台湾所做的重要工作,这工作和他自己的工作范围有密切关系。他感谢蒋经国和台湾的中国各机构对他的人员所给予的协助与合作。他说,坦白地讲,过去几年间他的机构不很相信中国各机构所搜集的情报,但他现已意识到中国情报的准确性。他愿蒋经国提出任何想提的问题,但他本人愿先提几个问题。首先,他询问蒋经国认为那些邻近中国共产党大陆的岛屿重要到什么程度。

蒋经国说,这些岛屿首先是台湾的眼睛,通过他们可以了解大陆的活动。从军事观点看,其消极意义在于他们是抵挡共产党进攻台湾企图的堡垒;其积极意义在于一旦收复大陆的时机到来,这些岛屿就是桥头堡。正因如此,中国政府才不惜一切代价守卫他们。蒋经国还说,鉴于共产党有可能进攻这些岛屿,政府最近加强了那里的驻军,例如现在大陈岛驻有三个师。

杜勒斯询问在对大陆的各次袭击中,中国政府最多投入了多少兵力。

蒋经国回答说,7月间的一次袭击用了一万二千人左右。他说,迄今为止的袭击都是在上海与汕头之间的沿海地区。共产党由于了解这种情况,在那一带建立了坚强阵地。他强调今后有些袭击应在那个地区以外进行,对共产党进行奇袭,以迫使他们分散兵力。

杜勒斯认为在目前范围之外进行袭击需作更大的努力和更长时间的准备,这些都会使袭击丧失其奇兵性质。他接着询问了从蒋经国的观点看,为了加强他的机构和台湾的中国各机构之间的合作,最需要做些什么。

蒋经国回答说,目前的合作方式非常有限,杜勒斯的机构只使中国各机构了解其工作中的某几个方面。为了实现更有效的合作,他认为中国政府和杜勒斯的机构从大陆获得的情报应全部相互交换,凭以作出结论,而且双方的努力应予协调。

杜勒斯对蒋经国的意见原则上表示同意,并询问蒋心目中有什么具体措施。

蒋经国说,这是一个中国政府乐于与杜勒斯先生在台湾的代表商讨的问题。

当杜勒斯问道在这件事情上蒋经国是否将是中国政府的代表时,蒋回答说,这须由政府决定。

下午四时,我陪同蒋经国前往国务院访问了国务卿杜勒斯。这是一次正式拜访。蒋经国首先向他致谢,并告以在参观访问中已经看到的一些情况。杜勒斯半开玩笑地说,有些美国人认为蒋委员长对待台湾人相当粗暴,但沈锜没有翻译这句话。我说,我也曾听到这种说法,但事实是蒋委员长在台北履行其职责时,不得不稍微严厉,因为确保台湾不受共产党的渗透和防止间谍活动,是首先需要考虑的事情,然而,就其个人品德而言,蒋委员长在内心里是倾向民主的,而且作风是非常朴素的。杜勒斯接着讲了他家祖孙三代都和中国有联系的有趣事实。如我所知,他的外祖父科士达(约翰·沃森·福斯特)在签订马关条约、割让台湾、结束中日甲午战争时,是李鸿章的顾问。杜勒斯说,他的外祖父对割让台湾一事总感歉疚;他又说,作为福斯特的外孙,他成为通过他在东京谈判的在旧金山签署的对日和约而把台湾归还中国的当事人,他感到高兴。

约半小时后,我们访问助理国务卿饶伯森时,蒋经国首先再次对国务院的邀请和活动安排表示感谢和满意。他说,从两周前到达旧金山以来,他参观了很多地方。饶伯森建议蒋经国应到他的家乡弗吉尼亚州看一看。他诙谐地说,那是"真正的美国",那里至少出了四位总统。饶伯森说,在弗吉尼亚,蒋经国会看到和中国类似的文化和文明,如尊敬长辈和家庭团结。从这些谈话可以看出,这是一次极为友好而轻松愉快的交谈。

在我 9 月 27 日于纽约设宴招待蒋经国之前,霍华德曾在电话中告诉我,他愿邀请蒋经国同他在纽约住一两个星期,以便使蒋了解正式日程中所看不到的美国生活的一些方面。9 月 29 日,在我陪同蒋经国对艾森豪威尔总统进行礼节性拜会后回到大使馆时,我接到了海军上将雷德福的电话,所谈也是此事。他在电话中说霍华德愿邀请蒋经国同他在纽约住一周,以便使蒋了解美国生活的其他一些方面。我说,蒋经国不能再去纽约,而将依照艾森豪威尔总统的建议,前往参观三个新的军事中心,然后从那里返回台湾。雷德福说,他将设法要求陆军方面将参观推迟一周;再者,他曾与国务院交换意见,国务院批准了霍华德的邀请。他恳求我说服蒋经国接受邀请,我说,我一定对蒋经国讲,并把结果告诉他。第二天我这样办了。我回电话说,蒋经国接受了邀请,为时三天。实际上,蒋经国曾和我商讨这个问题,而且我劝他接受邀请。

后来,蒋经国决定于 10 月 5 日星期一参观布拉格堡后直接从飞机场乘霍华德的私人飞机前往纽约。10 月 1 日他把他的回程计划告诉了我,而且说,他将于 10 月 8 日星期四返回华盛顿并应我邀请在双橡园和我一起度过双十节。他解释说,他的纽约之行将使他能够访问麦克阿瑟将军和魏德迈将军以及我所建议的爱迪生州长。

那天晚些时候,马康卫来电话称,他拟于 10 月 3 日星期六下午安排蒋经国游览芒特弗农。这使我有些惊奇,大使馆已安排蒋经国在这一天和工会代表交谈。何况蒋经国已于前一天和联邦调查局的代表游览了芒特弗农。

到了第二天,事情就比较清楚了,国务院只不过是不愿使蒋经国和工会代表杰伊·洛夫斯通会见。洛夫斯通以前是共产党员,当时美国劳工联合会的对外政策高级顾问。最初,蒋廷黻曾以电话告我,洛夫斯通向他抱怨称,由国务院安排的他和蒋经国的约会被蒋以无译员为借口予以取消。但当我把这件事告知蒋经国时,蒋说,他根本不知有此约会,更不知取消之说,而且他乐于会见洛夫斯通。于是我以电话告知蒋廷黻,请他使洛夫斯通消除疑虑,而且无论如何为他安排约会。

可以看出,这是国务院改变了主意。但在提出新的活动项目即游览芒特弗农时,他们未曾接到联邦调查局的通知,该局人员已陪同蒋经国到那里游览。与此同时,蒋经国是愿意访问洛夫斯通的。洛夫斯通既负责劳联的对外关系,又对中国的事业公开表示同情和友好。

10月1日下午,在陪同蒋经国进行三次礼节性访问之后,我参加了格林上校为蒋经国举行的鸡尾酒会。格林上校是作战协调局的计划助理,在五角大楼负责心理战。他告诉我们,他正在酝酿组织志愿部队帮助我们恢复大陆,有如日本侵华战争期间陈纳德将军组织的飞虎队。

出席酒会的人很多,其中有一位斯特赖伯特,是美国新闻署署长。原来蒋经国曾打算对他进行礼节性访问,于是决定在格林的酒会上会晤也就可以了。

下午,严家淦部长前来大使馆辞行,并感谢我在他访美期间对他的照料。当晚我设宴为他饯行。宴会后,陪同他前往机场为他送行。

在前往机场途中,严家淦和我在车中有一段坦率的密谈。他说吴国桢和行政院长陈诚或委员长的看法不尽一致,因而吴以来美国就医的名义请假六个月,勉强获准。叶公超心情沮丧而不安。但政府人员更迭,在来年春季召开国民大会选举正副总统之前,不很可能。严家淦说,总统由委员长连任已成定局,副总统则有几位候选人。选举之后,政府即将改组。

严家淦还告诉我,委员长不甚干预预算事宜,但有时仍下令安排某项需要大量资金的军事工程。由于资金不足而劝说他予以取消,是个难题。严说,在多数情况下,他能够办到,但常常需要很长时间和采取委婉的方式。

蒋经国10月2日的日程包括访问参谋长联席会议主席雷德福海军上将和心理作战部部长杰克逊。我陪同蒋经国先前往五角大楼访问了雷德福。谈话片刻后,我们三人一起参加了雷德福在五角大楼为蒋经国举行的午宴。来宾共八位,其中包括陆军参谋长李奇微将军、海军作战部长罗伯特·卡尼海军上将、空军参谋长内森·特文宁将军和国务院的詹金斯。

访问杰克逊是在下午五时左右。杰克逊对蒋来访表示感谢后说,如果蒋愿意特别了解哪些情况,他非常乐于回答任何问题。

蒋经国说,杰克逊担任的工作十分重要,他对此工作非常感兴趣。

杰克逊说,首先他应扼要介绍他的工作的哲学基础。他曾向国家安全委员会的各位同事强调他的观点。迄今为止的一般概念是:每逢共产党有新的行动或宣布新的政策,即刻的反应是应该提交心理作战部处理和提出对策。杰克逊说,但实际上所谓心理战——他个人肯定认为这个名称不恰当——其本身不能产生效果。首先需要的是积极行动,没有积极行动就不能得到预期的效果。为体现这一基本概念,他没有设立机构,也没有同事或工作人员,而只有两个女秘书接电话和把文件及函电分类归档。这是一出独角戏。

杰克逊把他最近分发国家安全委员会各位同事的一份文件副本送给蒋经国,其中说明他的职务的性质和范围以及心理战的基本概念。然后他接着说,以前一直是美国之音电台以自由亚洲和自由欧洲的名义进行广播,而自他就任以来,他修订了节目。美国之音只广播具体事实和真实报道,也就是说,只广播全世界听众感兴趣的内容,其他活动或予暂停和停止,或予缩减。他认为有美国之音干预或评论铁幕后面发生的某些事情,是无用的;十分重要的是播放新闻和一些娱乐节目。只要有人听——人多人少无关紧要——节目就是有用的和有效的。他询问蒋经国对中国大陆收音机数目的估计和国外广播的收听率。

蒋经国回答说,在大陆上,特别是农村地区,收音机的数目不会很大。中共当局严厉禁止人民收听国外广播。初犯判处五年徒刑,再犯十年,三犯判处死刑。他说,共产党组织民众在公共场所集体收听广播,就是说,民众只能收听当局希望他们听到和知道的事情。

蒋经国接着说,既然杰克逊恳切地要求他表示意见,他愿意十分坦率地提出他的看法。他认为自由世界的电台应当播放亚洲各国人民感兴趣的节目。描写西方人民幸福美好生活的广播,对亚洲来说,是不能理解的。共产党在这方面很聪明。他们知道亚洲各国人民抱怨的主要内容,就利用这些来编排节目。亚洲各国人民生活的主要因素是贫穷、憎恨外国压迫和渴望完全独立。共产党针对这些要点进行宣传,所以能打动人心,而且有效。他认为为了使亚洲各国人民了解共产党政权及共产党宣传的奸诈和欺骗的危险性,美国之音有必要使其节目更为切合实际。他又说,他和他在台湾的机构乐于和杰克逊的驻台代表商讨制订更起作用的节目的办法。

杰克逊认为蒋经国的建议十分正确;宣传应当真实而中肯,也应当引人入胜。针对共产党的欺骗宣传,他提出真理与事实。根据共产党节目的规定和限制,他提供未经审查和不加限制的娱乐节目。所有这些并不是说只谈事实和真理。他认为心理战要求在适当时机使用诡计以取得直接效果,但一俟效果产生,便应再次集中全力于报道事实。

蒋经国表示完全赞同这种观点。

杰克逊说,他还赞赏蒋经国提出的双方机构更加紧密合作和改进节目内容的建议。但他认为为了供大陆的中国人民收听,中国电台可以比任何外国电台的节目做得更好。他又说,他非常乐于研究蒋经国关于进一步合作的建议。

当晚八时,助理国务卿饶伯森在布莱尔大厦宴请蒋经国,出席的有十六人,其中包括副总统尼克松。他坐在主人对面,蒋经国在主人右侧,司法部长布劳内尔在主人左侧,我在副总统的右侧,雷德福海军上将在副总统左侧,陆军部长史蒂文斯在我右侧。国务院礼宾司照例曾以电话询问我是否同意座位安排,我嘱我的社交秘书陈家博答以同意。其他客人有俞大维将军、艾伦·杜勒斯先生、海军部长安德森、魏德迈将军、谭绍华博士、国外业务署副署长威廉·兰德、马康卫先生、海军陆战队司令谢泼德和沈锜博士。海军部长安德森告诉我,他和陆军部长将于11月访问台湾。副总统尼克松再次要求我告知我国国内人士,在他访台期间,他愿用尽可能多的时间和我国领导人交谈,因而希望尽量少安排宴会酬酢。他说,他一直忙于在国务院翻阅必要的背景情况材料。他将访问约十八个国家,但将不赴伊朗,因为那里的局势不稳。

在饶伯森宴会以前的若干天,顾毓瑞曾按照我的指示一直设法和副总统办公室安排约会,以使蒋经国和前些时候的严家淦财政部长对副总统进行礼节性拜访。然而尼克松的秘书说,她是乐于安排的,只是尼克松成天忙得不可开交。我意识到可能有某种微妙的原因。甚至当我们提出为了节省副总统的时间,由我陪同他们两位一起去拜会时,也未作出安排。最后,由于严家淦即将于10月1日离美,我嘱顾毓瑞提出只作五分钟或十分钟的访问,但未办到。然而秘书来电话称,副总统将参加招待蒋经国的宴会,他愿在宴会上和蒋经国以及严家淦见面。我们曾从国务院得悉,饶伯森的宴会增加了四位客人,即副总统、司法部长布劳内尔(据说他愿会见蒋经国)、魏德迈将军和谭绍华博士。但不能断定魏德迈和布劳内尔是后来增加的,还是原来邀请的。

我怀疑副总统的不愿接见严家淦和蒋经国是否由于《报道者》杂志曾以所谓"中国院外活动集团"的活动为由对他进行攻击。有人曾告诉我的一等秘书崔存璘,当一位中美共同的朋友为一件有利于国民党中国的事情会见副总统时,尼克松问他:"为什么不为其他国家办事。"我自己明白这些攻击也使尼克松为之头疼,因为他的政敌试图利用这些材料作为反对他的资本。

次日,即星期六上午,我在大使馆召集几位馆员开会,以准备蒋经国同霍华德一起参观访问后,于 10 月 8 日从纽约返回华盛顿后的日程安排。读者一定记得,他从布拉格堡回来后立即于 5 日乘霍华德的私人飞机前往纽约。事实上,过去三天里,霍华德曾多次用电话和我商量蒋在纽约的活动计划。他对宋子文和孔祥熙打算款待蒋经国有点不快。因为他希望蒋会见一些新朋友。蒋经国考虑很周到。他愿意接受宋子文和孔祥熙的邀请,但不准备接受宋子文提出的宴会后观看芭蕾舞剧的款待。霍华德说,宋的宴会也好,孔的宴会也好,他概不参加。霍华德是一位生气勃勃的爱尔兰人,心直口快,怎么想的,就怎么说。

蒋经国自己于星期六上午从华盛顿动身前往安纳波利斯参观了海军学校并观看了公爵队对海军队的足球赛,这些都是国务院安排的。下午返回后,我们出席了梅乐斯海军少将的晚宴。这是一个有双重目的的聚会,因为那天恰逢梅乐斯岳父八十二岁寿辰。设席三桌,既有祝词,又有祝酒。梅乐斯举杯为蒋委员长祝酒并要求我首先致词。然后他向蒋经国敬酒,蒋也回敬。之后,大家举杯为他的岳父祝寿。

星期天早晨,我陪同蒋经国在丰德里卫理公会教堂做礼拜。这是按照蒋经国的愿望安排的。委员长夫妇都是虔诚的基督教徒,因而读圣经和做祷告已成为蒋经国的日常生活的一部分。我事先曾通知教堂主事哈里斯牧师为我们一行保留座位。我和蒋经国同往,一行人中的中美人士包括:国务院的詹金斯,大使馆的谭绍华夫妇和衣复恩夫妇。牧师宣布我们莅临教堂,并简单致词。他对听众说,我们所坐的座位是贵宾席,过去罗斯福总统和邱吉尔先生都曾坐过。他说,蒋委员长是中国最伟大的领袖,他已使台湾成为亚洲的民主橱窗。然后他开始讲道,讲的是世界合作问题。做完礼拜之后,我设午宴招待这些客人,还有一等秘书顾毓瑞。

星期日晚,俞大维、霍宝树和李德煣在哈维餐厅联合宴请蒋经国,并邀我参加。宴会后我送蒋回到他的旅馆。经我坚持,他同意我和他一起到楼上他的房间。这是个双人房间,不带客厅,是国务院为他预订的。谈话时,他的秘书在座。我们讨论了在华盛顿以至在全美国进行宣传的重要性。他说,美国人不很了解我们的国家、我们的问题以及我们的斗争。我指出了宣传的必要性和所需的宣传方法。他询问了孔令傑在华盛顿的工作成效以及他是否认识许多人。我说,孔令傑熟识国会的一些人士,但他并不经常把他的工作详告大使馆,尽管他向大使馆了解情况时,我们总是大量提供。

　　次日是 5 日星期一。蒋经国一早就乘飞机由华盛顿前往北卡罗来纳州参观布拉格堡。他下午五点回来时,我要到机场迎接,并为他前往纽约送行。其间我接见了邵毓麟。他从纽约来,并再次到大使馆对我进行礼节性拜访。他说,他是总统的许多位国策顾问之一,但系在总统府设有办公室并经常工作的唯一国策顾问。蒋总统曾批准他周游世界,以研究中国在国外的国际地位状况,特别是各国对承认或不承认红色中国以及接纳其进入联合国的一般舆论。他说,如我所知,委员长指示他在美国要着重说明中国在李弥部队撤离缅甸问题上的立场和困难。在这方面,他既已回到华盛顿,如不能会见约翰·福斯特·杜勒斯,他愿意会见比德尔·史密斯将军。他还希望会见心理作战部的杰克逊和中央情报局的艾伦·杜勒斯。我对他说,我乐于为他安排这些会见,但史密斯由于身体欠佳,正外出度假。我个人建议他会见助理国务卿饶伯森,因为饶伯森直接负责缅甸撤军问题,而且比史密斯副国务卿更熟悉情况。史密斯对李弥部队撤退问题曾很感兴趣,但近来忙于其他工作。

　　约两星期后,我再次接见邵毓麟。他即将离美,愿把他在华盛顿和各方面的接触和在国务院和饶伯森与马康卫的交谈向我通报。他说,他向两位先生介绍了他在缅甸的见闻,并请他们注意落入共产党圈套的危险。他对他们说,共产党人蓄意煽动缅甸政府与李弥部队之间的敌对情绪,以达到其削弱缅甸政府和中国军队的目的,因为两者都是共产党的敌人。邵又说,他以未能见到史密斯将军为憾。他要求我回复叶公超建议我安排邵与史密斯会见的来函。实际上,史密斯一直外出休假,最近杜勒斯因将前往伦敦开会,才把他召回。

邵毓麟于 5 日辞别之后,我的武官萧勃将军前来报告称,国防部二厅(情报厅)厅长赖名汤将军将经欧洲来美。要求我指定日期设宴招待并邀请五角大楼的高级军官参加。下午,我又召集一次简短的会议以商讨蒋经国自纽约回来后的招待及会客日程。接着就到了前往国民机场迎送蒋经国的时间,他从布拉格堡返回,然后乘霍华德的贝克 4000 型私人飞机前往纽约。

蒋经国自布拉格堡乘坐的飞机提前二十分钟到达华盛顿,因而他和詹金斯及他的秘书沈锜到达机场时,大使馆人员还没有一位到达;而霍华德的飞机则到达稍迟。该机到达后,我应霍华德之邀,登上飞机参观了机舱内部。舱内可容纳十二至十五人;陈设华丽,宽大的沙发十分舒适。飞机起飞后,我匆匆离开机场,刚好赶回双橡园主持招待邵毓麟的晚宴。

10 月 7 日星期三上午的第一件事是开会商讨 10 月 11 日星期日晚宴增邀客人问题。这次晚宴是为使蒋经国和美国政府三大部门的一些领袖人物会见。当时国会休会,准备时间又少,这就使事情更为难办。事实上,原拟举行小型的、最好是中餐的便宴,只邀五六位国会知名人士与蒋经国非正式晤谈,但这些人几乎都已返回各州,虽有少数几位将来华盛顿参加各国议会联盟会议,他们的活动日程都已排满,因而小型便宴已不可能。

当天上午,经过两天的努力终于和众议院议长乔·马丁取得联系,但唯一能办到的是安排蒋经国于星期五傍晚往访,因为马丁议长只在那天在华盛顿逗留一天。最高法院法官伯顿夫妇则能于星期日前来参加。但我刚一决定改为正式宴会,参议员德克森却表示如果他可以不换装而直接在各国议会联盟会议后前来，他愿接受邀请。于是我又决定全部改为非正式宴会，特别是因为不这样办蒋经国就又需租用晚宴礼服，此外，我的妻子还遇到邮政局长夫人，并且说服了她和她丈夫萨默菲尔德局长连同他们自己的两位来客（来自美国中西部的希利先生和夫人，局长夫妇原定星期日在外面宴请他们）一起来参加星期日晚宴。

由于共有约四十四位客人，座位安排又成了问题。三四张圆桌的想法曾予考虑，但又放弃，因为这样我或我的妻子就势必与蒋经国同桌，而其他一二桌就需由大使馆官员作主人。但大使馆官员并不熟识这些客人，而且这些客人可能感到低人一等。最后决定用两张长桌。这看起来又相当正式，有必要免除祝酒和讲话。

另外还计划于9日在双橡园为蒋经国举行一次自助晚餐，以使他能会见电台、报刊和电视台的代表人物以及国务院的公共关系官员。我曾嘱顾毓瑞通知蒋的秘书沈锜转告他，以使他有所准备。但蒋经国以电话回复说，一切由我安排。至于8日即蒋经国准备返回华盛顿的那天，我计划在双橡园备中餐为他洗尘，并欢迎他来双橡园小住。我准备邀请大使馆部分馆员作陪，其中包括三军武官。

星期三傍晚，我前往华盛顿大学附属医院看望刘锴大使。他面色苍白，但精神愉快。他讲了他住院的经过。他此次来华盛顿是为了主持他妹妹的婚礼。当时他感到右腹剧痛，医生给他几片止痛药，使他在婚礼时得以勉强支持。但当晚后半夜剧痛发作，医生决定动手术。幸而手术及时，否则他的阑尾即将溃烂。

当天下午，我还接见了谢仁钊。记得他大约是和财政部长严家淦同时到达华盛顿的。他此次来访的目的是催促我致电外交部长叶公超推荐他担任我国驻联合国代表团顾问。但在收到他关于此事的来信后，我已于前一天照办。谢在连任四次立法院外交委员会召集人（相当于主席）期间，和叶公超关系很好。事实上,他对我说,过去他曾帮助叶解脱在立法院的困境。他说,两年前,由于叶未能在对日和约的旧金山会议上争得席位,立法院外交委员会曾坚决要求叶辞职。但行政院长陈诚在一次私下会谈中拒不认可,即拒不接受叶的辞呈后,谢说服委员会从决议中取消了这一段。他说,目前立法院对叶公超和严家淦深表信任,而且对他们的优遇超出了内阁其他部长。

顺便说一下,叶公超以外交手腕拒绝了谢任代表团顾问的要求。然而谢颇有办法。约一周后他来访并告诉我说,他已由各国议会联盟会议主席弗格森聘任为会议观察员。他认识弗格森是由前众议员阿姆斯特朗介绍的,而他认识阿姆斯特朗则是由金宝善介绍的。他说,当一年观察员就有资格成为联盟议员和被邀参加下年度的会议。他对我致电叶公超表示感谢,还说他已要求蒋廷黻尽力帮助他了解联合国大会的进程。

10月8日星期四清晨,崔存璘来电话称,前总统胡佛办公室以电话通知我们,胡佛愿于当日下午三时接见蒋经国,因为胡佛将于下午四时动身前往纽约。这是蒋经国本人要求的一次礼节性拜访,因而我就和他联系,他当时在纽约。但蒋要参加午宴,以会见美国驻联合国首席代表洛奇及其他美国著名人士,无法赶回华盛顿按时赴约。他提出在纽约多逗留一天,改在纽约拜会胡佛。我当然同意,尽管这势必取消我8日晚在双橡园的欢迎晚宴以及他次日上午的一些约会。

我还想到了既然蒋经国访问前总统胡佛并将被接见,就也应设法访问前总统杜鲁门,这特别是因为他已经和将要会见的重要人物,甚至不当政的在内,都是共和党人。对我们持批评态度的人以后可能以此作为资本使美国人民对我们的同情趋向冷淡。持批评态度的人毕竟有一半是民主党人,而下年度的国会可能由民主党人控制。此外,中国或其他外国客人,不论其过去感情如何,以支持美国某一政党或另一政党的面目出现,决非良策。

我和谭绍华、崔存璘及顾毓瑞商讨了这个问题,他们都有同感。于是我们采取步骤，一方面探询前总统杜鲁门目前的行踪，一方面弄清从西尔堡附近的俄克拉何马城到杜鲁门家乡独立城附近的堪萨斯城的航班以及由堪萨斯城到旧金山（蒋经国将由此离美返台）的航班的时间表。同时还需与国务院联系了解他们为蒋经国安排的日程。当时已经确知的是他们将备一架军用飞机一直把蒋送到台湾。路线则尚未决定，但将提前几天确定。最后，我指示顾毓瑞与参议院秘书莱斯利·比弗尔联系，以了解杜鲁门总统能否于10月14日晚或15日上午接见我国重要客人的访问。但这并未立即有结果，因为比弗尔办公室告知我们，杜鲁门那天在圣路易斯演讲，他们转天早晨才能和他取得联系。

与此同时，我嘱崔存璘与前副总统艾尔本·巴克莱联系，以了解他能否会见蒋经国。我提出这一建议，也是为了作出姿态，以表明我们并未忽略美国民主党的各位领袖。但是崔很快就告诉我说，他获悉巴克莱不在城里，而且三周之内不会回来。因此这一礼节性访问是不可能的。同一天，我召集馆员开会，以最后确定并安排做好9日宴会时蒋经国与记者的问答记录。这样如有不友好的记者歪曲或误引蒋经国的回答，我们就能予以更正。所有这些细节都必须妥善安排。

我还接见了蒋荫恩。他前来报告说，他从国务院新闻官员了解到这次邀请蒋经国访美是为了让他看看美国，并观察他有何反应——他是否欣赏和理解美国的民主生活，以及是否愿意应用于中国。其用心在于如果有希望的话，为他在委员长年迈或逝世后接班做准备。由于这个缘故，国务院人员很想知道他在过去三星期看了美国各个方面之后的真实反应。

下午，我接见了游弥坚。他是台湾人，曾在台湾和日本上学，精通日语。我任李顿调查团的中国顾问时，他是我的秘书之一。他也是根据共同安全署—国外业务署和国务院主持的培训计划由台北来美的。在交谈中，他强调了台湾经济问题的严重性。他说，原因有二，即土地改革和政府对农民的保证价格。他解释说，土地改革,特别是最近的耕者有其田计划——根据该计划每个无地农民分到几亩土地而成为土地所有人——证明对新的所有人和被剥夺的土地所有人都是一场苦难。新的所有人必须缴纳土地税并负责灌溉、种籽、肥料等等,这些以前都由地主负责。新的所有人因利率太高而无法借款,同时又不能出卖土地,因为十年的分期付款尚未付清。至于以前的土地所有人,他只拿到地价百分之七十的土改债券临时凭证和公营企业的可兑换股票临时凭证,而土改债券尚未发行,公营企业股票尚未分派。他手头拮据,而还得交纳所得税。所有这些都使人民的购买力下降,零售市场萧条。

游弥坚接着说,政府陷入了财政困难,因为政府曾向蔗农保证蔗糖的固定价格,而又不得不按国际市场下跌后的价格出售以换取外汇,从而既要忍受糖价下跌的外汇损失,又要支付贴补农民的差价。

我接着进一步询问了土地改革情况。他说,土地改革法是台湾省议会通过的。当时最高当局决定实行土地改革的消息传出后,反对也没有用,于是所有议员就顺从地予以通过。换句话说,土地改革法是由省议员疑虑重重地予以通过的。这是可以理解的,因为他们绝大多数本身就是地主或地主集团的代表。还说现行税法是基于弥补赤字的原则,以便尽可能平衡预算,因而一切支出,都以收税方式强加于民众。我认为他的话很能说明经济形势。再者,他是台湾人,他了解台湾当地人以及他们的痛苦。

次日上午十一时,我联系了霍华德办公室,得知十时四十分蒋经国尚未离开华道夫饭店。从饭店到新泽西州泰特伯罗机场至少需要三十分钟,起飞需要十分钟,到华盛顿的飞行时间约一小时十五分钟。因此他不会在下午一时之前到达华盛顿参加约定的午宴。实际上,他于一时才到机场,詹金斯、霍兰、谭绍华、顾毓瑞和我从十二时十五分起就在机场等候。他到达后,我立即陪同他和沈锜前往银泉参加俞国华的午宴。我们到得很晚,匆匆吃了正餐,并把甜点心免了,以便赶赴预定于三时在最高法院会见道格拉斯法官的约会。

在赴午宴途中,我把我们努力设法通过比弗尔联系杜鲁门的理由以及我们设想杜鲁门可在堪萨斯城会见蒋经国的原因。这是由于有必要回复国务院关于蒋经国前往旧金山的路线的询问,以便他们和美国陆军安排军用飞机。蒋经国的最初反应是决难同意;他说,他不访问杜鲁门。从杜鲁门早期对委员长及其政府的政策考虑,蒋经国最初的不愿意是可以理解的。但是我举出了三点理由,以说明最好对这位前总统做出准备进行礼节性访问的姿态。

我对蒋经国说,第一,他迄今访问的都是共和党领袖。虽然由于政府是代表全体人民的,因而访问政府领导人不会起误解,但对不任公职的共和党领袖进行访问,可能在一些人,特别是民主党人的思想上引起问题。因此设法访问杜鲁门,可避免这种问题,而且表明对两党领袖一视同仁,作为对全体美国人民尊敬的象征,而不问他们个人的政治色彩如何。我说,采取这种态度对我们作为外国人来说是应该的。

第二,作为我们方面的政策,这样做也是明智的,因为共和党之作为多数党,在众议院是微弱的多数,在参议院则只多一票,而且还不可靠。再者,1954 年国会选举结果尚难断定,一个民主党国会不是不可能,因为艾森豪威尔之以绝对多数当选,是由于他个人的名望。有些州选他为总统,而选民主党人为参议员。例如在马萨诸塞州,曾充当艾森豪威尔竞选运动幕后智囊的洛奇,就被肯尼迪击败,我接着说,工人、知识分子、农民和大城市居民仍然拥护民主党。一个民主党国会可以在 1954 至 1956 年行使很大权力,正如 1948 至 1950 年的共和党国会曾克服民主党政府的反对,而为中国争取了四亿美元的援助计划。

我说,第三点理由是有关"中国院外活动集团"的调查,在参议员莫尔斯的压力下,可能仍将进行,莫尔斯在 8 月末国会休会前一个星期在参议院的讲话中曾声称这个问题应予调查。参议员诺兰和共和党其他参议员接受了这一挑战，只是附加了一个条件，即其他院外活动集团也应予以调查。这个情况和左派分子为了使美国人民对我们的同情趋向冷淡，有可能宣传蒋经国在访问美国领导人物方面的明显区别对待，使我们有必要表示出访问杜鲁门的愿望，加以防止。如果蒋经国未曾访问二十多年以前担任总统的胡佛，他就无须访问不到一年前担任总统的杜鲁门，但他已经访问了胡佛。此外，我告诉他说，杜鲁门是民主党的真正领袖，而且事实上，首先提出援华军事计划并派军事顾问团赴台北的正是杜鲁门。在客观上，他出兵朝鲜以抗击共产党侵略的决定，是一次勇敢的行动。如果当时是另一个人甚或另一个共和党人在白宫任总统，就未必能那样迅速作出决定。

尽管我这样详尽解释，蒋经国也不为所动，他说他需要请示委员长，因为访问胡佛是根据委员长的来电指示。我对他说，我本拟电陈委员长说明理由和提出建议，唯时间已来不及。我不得不迅速行动，因为国务院必须安排他的军用飞机航程。于是他说，如杜鲁门总统现在此地，他可以作此姿态，但如特意前往堪萨斯城，则未必妥当。我说从俄克拉何马城到堪萨斯城只需一小时许，并不比从华盛顿到纽约看望前总统胡佛的时间长，而且为了看望胡佛还取消了一些原订的约会。但是，我说，如他实在不愿意，那就可予取消。他说那样更不好。

在访问道格拉斯法官途中，蒋经国又一次说他不愿访问杜鲁门。我说此事现处于间接由一位朋友首先探明杜鲁门行踪的阶段，因此可予取消。但他的意见是既然如此，或以听其自然为好。据此，我回到办公室后，召集了谭绍华、崔存璘和顾毓瑞，把情况及谈话内容告诉了他们。他们都吃了一惊，而且都不了解真正原因何在。他们认为从各方面看，这都是一个百分之百正确的意见，而竟遭反对，实感惊奇。我猜想蒋经国深知委员长对杜鲁门的态度和看法，而不愿做委员长不喜欢的事情。然而，我说，在外交上,特别是处在我国的境地,我们不得不抑制自大,而做美国人民认为正确和恰当的事情。

我吩咐顾毓瑞勿再为此事催问比弗尔,他回复与否听其自便。根据到那时为止的比弗尔的回复,在圣路易斯找不到杜鲁门,他独立城的家里不知他现在何处,也不知何日返回。因此我怀疑是否杜鲁门也不愿会见蒋经国,还是比弗尔认为杜鲁门不愿会见,或者此事之耽搁真的是由于杜鲁门在演说旅行中不愿受到干扰。无论原因为何,由于蒋经国和我们都认为中止比弗尔的努力只会使大家更加为难,我们一致同意最好听任杜鲁门总统自行决定。整个这件事情在外交上并非少有:进行一次礼节性访问或接受一次午宴或晚宴的邀请,每个举动的本身都是小事,但有时会闹得满城风雨,在大事上产生反响。

对道格拉斯法官的访问很顺利。他显然对我们的访问感到高兴。蒋经国在交谈中对道格拉斯访台时他父亲未能接见表示歉意。这是我初次间接得知两年前道格拉斯访台时未蒙接待。道格拉斯说,他知道当时委员长由于外出视察军队而不在台北。他询问了王宠惠、王世杰和吴国桢的情况。他说,他曾寄给王宠惠一帧美国最高法院全体法官的合影,并有首席法官文森和八位法官的签名,现承蒋经国告知那张照片挂在中国最高法院会议厅的墙壁上,十分高兴。稍后,我们请他带我们对首席法官沃伦进行了短暂的礼节性拜访并祝贺他就任新职。沃伦一如既往,和蔼可亲。

下午四时,我们前往国会大厦拜会众议院议长乔·马丁。他说,他得知新政府上台以后,对国民党中国的军用物资的运送加快了。他对此很高兴,因为他曾为此略尽微力。他说,他自己在对群众讲演中一直强调台湾在反共斗争中的作用,并敦促对中华民国予以支援。前一周他曾在一天中讲演六次,并将在不同地方再讲演三次。他说,当然,他的讲演并不局限于台湾,以免他的论点受到怀疑。例如,他一直敦促支援韩国、日本、西班牙和土耳其等一些作为反共阵线的重要堡垒的国家。他又说,他坚决反对接纳红色中国进联合国,因为这无异于奖励侵略,而且美国人民决不容忍。

马丁说,他还对联合国各会员国派往朝鲜前线的兵员数量很不满意。他作为心腹话把他和阿尔弗雷德·格仑瑟的一次晤谈告诉了我们,那时格仑瑟任副参谋长。格仑瑟说,再为朝鲜装备一个师至少需要三个月。于是他问格仑瑟,为何要由美国承受战争重担?既然美国难以派出更多兵力,为何不接受国民党中国提供三万三千人的建议?格仑瑟答道:"因为有的盟国反对,如英国。"马丁问:"那么,包括英国在内的盟国本身又派出了多少兵力呢?"他补充说,他知道总共不超过一个师。格仑瑟对他的切中要害的问题,无言以答。

马丁对我们说,他主张每个地区的人民,由他们自己为自由而战,必要时可由美国提供物质支援,如金钱、武器、空军和海军军需品等,但不出兵。他曾到土耳其和西班牙,得知训练、装备和供养一名土耳其士兵每年仅花费五百七十美元,一名西班牙士兵则为五百九十美元,而保持一名美国士兵则需约一万美元。他强调说,相差如此之大,意味着培养一名美国士兵的花费实际可以使二十名或二十名以上的其他国家士兵作战。蒋经国说,一名中国士兵所需的花费更少,每人一年不超过三百美元。

当晚举行冷餐酒会,由蒋经国会见华盛顿新闻界和广播电台的代表以及国务院主管新闻宣传工作的负责公共事务的助理国务卿卡尔·麦卡德尔。这次宴会最后是相当成功的。起初,蒋经国对我说,他根本不想讲话,因而我向他保证,这是一次非正式的活动,主要目的是使他能会见新闻界、广播电台、期刊杂志和驻国会的其他出版社的主要代表,这些人也十分渴望亲自会见他。再者,为了不使国务院臆测这次宴会的目的和内容,我邀请了负责公共关系的助理国务卿麦卡德尔、国务院首席新闻发布官苏伊丹及其助手林肯·怀特。然而蒋经国甚至不愿答记者问。最后,大使馆新闻秘书蒋荫恩建议,由我先致简单的欢迎词,然后由蒋经国致答词,内容为对国务院和国防部的盛情邀请表示感谢,对短时间内见闻如此之多表示高兴,以及对出色的日程安排表示谢忱。蒋经国同意了这个建议。但在三人(我、蒋经国和麦卡德尔,我介绍麦卡德尔在最后讲几句话)讲话之后,立即有几位新闻界人士开始提问,于是我请蒋经国作答。他显然是答对从容,而且十分得体。也有一些难以回答的问题,但他完全能应付裕如。最后,宴会在非常亲切和谐的气氛中结束。我自己非常欣赏这些问答。我向他们致谢,同时提醒他们当然应把回答视为机密,不予直接引用。

读者可能记得,我曾事先布置工作人员作好记录,以保证不致被错误引用(万一有人不认真对待我最后的提醒)或被错误理解。因此在我的谈话笔记中仍留有一份会见记录及客人之间的意见交换。现转录于下,以供参考:

顾大使宣布宴会开始。他说,由于蒋介石总统的长公子蒋将军的访美,这是一个愉快的时刻。他有幸能介绍蒋将军与在座各位新闻界和广播电台的代表会晤,感到非常高兴,而且他十分相信各位代表都很高兴和蒋将军会晤。大使说,蒋将军是应国务院和国防部的邀请来美访问的。他很喜欢这次访问。他三个星期所看到的比一般来访者六个月所能看到的还多。

顾博士接着说,将军在台湾履行职责时,有时被指责为十分严厉,但他必须确保岛上全体人民、尤其是军队的士气与福利。作为个人,将军赞赏美国的生活方式。他在这次访问中的所见所闻,给他留下极为深刻的印象。顾博士深信蒋将军返台后,对中美之间更深入的相互了解和更密切的合作,定能发挥巨大影响。

随后,蒋将军讲话。他说,他作为国务院和国防部的客人,初次访美,感到莫大欢欣和荣幸。他引用百闻不如一见这句中国成语，然后说，虽然他曾通过与美国友人交谈和阅读美国报章杂志，了解有关美国的很多情况，然而通过实际访问，他发现有所不同，所见所闻给他留下了极深的印象。他今晚能与这个领导自由世界的国家的首都华盛顿的新闻界和广播电台代表会见，感到特别高兴。他认为新闻记者虽然只是挥舞一支笔，但一支笔比一杆枪或一门炮更为有力。

蒋将军叙述了一个迷路士兵的故事。一个前往目的地的士兵迷了路。他向农民问路。农民告诉他这条路很危险。这个士兵说，为了完成任务，他非到目的地不可，至于在路上是否遇到艰难险阻，则在所不顾。

蒋将军继续说，中国政府在蒋总统领导下，决心完成把中国大陆从共产党暴政下解放出来的使命，而且和上述那个士兵一样，任何艰难险阻，都在所不顾。他坚信最终一定成功。

蒋将军说，也许有人会问，他根据什么坚信中国政府最终能战胜中国共产党。他的回答是，中国政府有信心，有耐性，有毅力，坚持战斗，全力以赴，不获全胜，决不罢休。

蒋将军指出了中美的传统友谊。他说，一旦美国的无与伦比的技术和中国的巨大人力资源和丰富天然资源相结合，最后战胜共产党是肯定无疑的。

他很遗憾不久即将离开这个国家。但他将怀着一种坚定的信念回国，这就是：真理必胜，和平与幸福必将属于爱好和平与幸福的人民。他对出席的美国客人再次表示感谢，并保证他们访问台湾时必将受到热诚欢迎。

然后顾大使介绍了负责公共事务的助理国务卿麦卡德尔先生。他说，助理国务卿与新闻界代表具有共同的问题和经验。虽然麦卡德尔先生现系官方人士，但顾大使相信他与新闻界是一致的，因为他也是新闻界的一员。顾大使随即请麦卡德尔先生讲话。

麦卡德尔先生对蒋将军表示欢迎,并说,他很高兴将军如此喜爱这次访问,他为将军即将离去感到遗憾。他祝将军一路平安,并请将军转达他对蒋委员长和蒋夫人的问候。

然后有记者提问并由蒋将军作答如下:

问:美国与俄国对比,将军认为有何不同?

答:俄国与美国的不同可举一例予以概括:俄国人对人笑,心里可能恨,而美国人对人笑,则是当真的。

问:对最终战胜共产党,将军有无确切想法?

答:我毫不怀疑自由世界终将战胜共产党。共产党所作所为是违反人性的。暴政在历史上从来是不成功的。自由国家如能完全团结一致,胜利必将属于我们。

问:从军事科学的观点来看,蒋将军认为入侵共产党大陆需要多少人力和空中力量?

答:入侵大陆的成功,依靠军事、政治与经济三种力量的结合。

问:入侵大陆需要多少军队?

答:这个问题很难回答。对于局部冲突,尚可估计达到预期目的所需的兵力,而和共产党抗衡,其成功需依靠军事、政治和经济力量的结合,因此难以说出所需兵力的具体数字。

问:自由世界能战胜共产主义吗?

答:这是肯定的。如果中国仍在共产党的统治下,自由世界将经历一个非常黑暗的时期。

问:目前台湾对共产党大陆有无军事行动?

答:在沿海各地我们不时对共产党发动袭击,其目的有二:(1)迫使共产党沿海地区分散兵力(2)为国军今后大规模反共作战进行实战训练。

问:在国民党军队中,政工人员的职责为何?

答:在我国武装部队中,有一批军官从事部队的福利工作。我们的政工人员和俄国军队的政治委员大不相同,后者不过是暴君而已。

问:将军认为朝鲜在半年内会发生什么变化,以及其对台湾国民党政府的影响如何?

答:我对所谓朝鲜停战不抱多大希望,那只是侵略者的一个短暂休整阶段。目前,中国和北朝鲜共产党的力量还不够强大。他们需要获得短暂的喘息时间。一俟力量恢复,他们就会重启战端。

问:《星期六晚报》引用蒋将军的话说,大陆失陷并非由于军队装备不良。这是否属实?

答:是的。我们在大陆的失败倒不如说是由于政治和经济原因。

问:将军谈到国民党政府终将战胜中国共产党时,是否指望美国和俄国之间发生战争?

答:我们不愿看到第三次世界大战的爆发,而且我们有责任防止这样一场战争。而我们重返大陆的成功就可以排除世界大战。至于战胜共产党,我们并不指望把台湾的六十万军队作为唯一力量。我们更指望在共产党残暴统治下生活的大陆人民的支持。

问:中国会出现铁托主义吗?

答:世界上只有一个铁托。

问:国民党军队登上大陆之后,你是否完全相信他们的忠诚?

答:完全相信。他们的忠诚已在多次袭击共产党占据的岛屿中显示出来。

问:大陆的游击队有无统计数字?

答:我们的游击队目前有七十五万人,比共产党初期的游击队人数少些,但他们对我们的支援在逐步增强。接着他叙述了一个逃到国民党岛屿上的农民控诉共产党压迫的故事。这个农民在所谓土改后分得三亩地并种了西瓜。共产党在西瓜上都标上数码,并对他说,瓜熟后必须如数上缴共产党当局,否则要受惩罚。收获前夕,农民因发现丢失五个而惊恐万分。他为了逃避惩罚,弃田逃跑。

问:你们登上大陆时,预计人民将如何接待你们?

答:我们登陆时,将得到人民的支持。最近一次袭击广东沿海某一大岛时,一个区的人民支持我们;另一个区的人民说,如果我们常驻该岛,他们也愿意支持我们,否则他们不敢,因为他们害怕共产党报复。

问:预计朝鲜有多少中国战俘能返回台湾?

答:一万四千名。他们每个人都向国民政府写了要求返回台湾的血书。

问:将军是否认为中国共产党军队即将向印度支那推进?

答:我们认为印度支那问题不是孤立的,而是整个远东问题的一部分。共产党中国是否即将进攻印度支那,需视自由世界对它的压力而定。这就是说,压力越大,进攻的可能性愈小。

问:在入侵共产党大陆时,美国第七舰队将起何作用?将军是否已得到国防部的保证?

答:这是美国政府的事。

宴会结束前,顾大使再次感谢出席的全体人士,并希望把会晤记录视作机密。

次日是10月10日,即中华民国的双十节。按照事先安排,我于上午陪同蒋经国前往参议院办公大楼访问参议员斯帕克曼。读者可能记得他坚持反对接纳红色中国进入联合国的立场,我们为此对他表示感谢,并同他讨论了联合国代表权问题的某些方面。至于庆祝双十节,中午我在双橡园举行冷餐会。这一年参加庆祝的人看起来比以往任何一年都多。中国政府驻华盛顿各机构人员和华盛顿唐人街与哥伦比亚特区其他地方以及邻近的弗吉尼亚州和马里兰州的华侨界人士和他们的妻子和儿女都来了。我介绍了蒋经国。他用汉语发表了简短而得体的讲话。和我的讲话一样，他再次强调了在政府和蒋介石总统的领导下，有朝一日我们都能返回大陆的信心。

由于有特殊来宾蒋经国出席，需要做的事情极多。我的社交秘书陈家博姗姗来迟，而且为约三百位客人只准备了一桌冷餐，以致有些客人不得不排成长队等候很久才能拿到食物。这都使我很恼火。还有使我恼火的是，司膳助手不听我的命令，固执地继续用大托盘每次只放一种菜肴端给两桌客人（这些客人已等候半小时），好像这是坐着吃的正式宴会似的。他本应按照我的吩咐，端给每桌一个配有各种菜肴的拼盘。我在这里提到这一点是为了说明中国的外交官，或许还有亚洲其他一些国家的外交官，对西方生活方式比较陌生，事无巨细都须留心，因为本应协助他的工作人员不一定都有经验，有些人新来乍到，在大庭广众之中不知所措。

当天下午，原定参观国会图书馆及其他文化中心，如珍藏大量中国国画的里尔艺术陈列馆等，后按照蒋经国的愿望予以作罢。他希望做一点事情，如写信、整理会谈笔记和写日记等。虽然在一些会谈时和在乘车时，他勤于在笔记本上略写几句，但是他说，他需要花费足足几小时的时间独自安静地工作，才能把他希望记载的一切回忆起来。

当晚，谭伯羽夫妇设宴招待蒋经国。谭的晚宴是俄式全道大菜，佐以伏特加酒、冷盘和罗宋汤，菜肴精美可口。宾主共十六人，八个人的一桌，四个人的两桌，宴饮欢乐，蒋将军显然十分高兴。谭伯羽夫人是俄国人，蒋经国和她讲俄语，还和我以及包括衣复恩夫人在内的其他人猜拳，输了就痛痛快快地干杯。我看到他在连日紧张的正式访问之后，能这样轻松一下，感到很高兴。

我对蒋经国说，司法部长布劳内尔的助理杰克逊及其助手罗弗(?)愿来访问和交谈。他们二人现正办理拉铁摩尔案件。我劝蒋经国对此谨慎从事,以免我国政府卷入此案。蒋经国有同样看法,并说,事实上他已经见到他们(可能是在星期四格林上校的鸡尾酒会上),而且已告诉他们,他记不起任何有助于他们的材料,但将于返台后查阅一下。

原以为蒋经国不熟悉美国和美国人,而事实上他遇到任何情况都能巧妙而谨慎地处理,这给我留下了极好的印象。当然,委员长谅必曾告诫和嘱咐他遇事谨慎。按中国传统,父母之命不可或违,他作为孝子,可以说是谨遵庭训,牢记不忘。

10月11日,即蒋经国访美的第二个星期日,我们同衣复恩夫妇前往切维蔡斯的长老会教堂做礼拜。我很欣赏新来的三十几岁的年轻牧师的布道。他讲了但丁《神曲》和三步升天教义。但教堂的风琴发生故障,因而赞美诗唱得极少。事后的午餐是上午仓促定的中餐。这是蒋经国来美后的第一顿中餐。因为他忙乱了一个月,愿意轻松一天,所以没有驱车观光葛底斯堡或费城的独立厅等地。

进早餐时,我们根据美国对北平和台湾的政策讨论了我国的前景。在日间的闲谈中,我得知蒋经国曾和这里的三军武官开会并了解到他们之间的合作。我对他说,他们之间的个人关系不理想,情报和对台北的报告理应互相交换、比较和配合,但做得不够。他们和大使馆的关系是好的,但他们从不向我汇报他们发往台北的报告。然而我说,我对纯属军事性质的情报并不太想知道,除非内容与中美关系的外交方面或与总的反共政策有关或有所征兆。蒋经国认为他们应把发往台北的一切报告都给我副本,以便大使馆随时了解各方面的情况。他还说,迄今为止台北往往感到他们的报告和大使馆的报告不尽一致,这就造成混乱。我告诉他,我曾在两年多的时间内召集周会或双周会,参加者有政府驻华盛顿的所有机构的代表,三军武官也包括在内,但我发现这对大使馆的工作没有什么好处,因为他们把会议当作询问大使馆工作的内容与细节的机会与场所,而不把他们从他们的消息来源获得的情报全部告知大使馆。

当晚,即蒋经国在华盛顿逗留的最后一晚,我按原来计划为他举行了第二次宴会。这是为了使他会见美国若干知名的政治领袖人物以及最高法院的一些法官。这次宴会较比 9 日的自助晚餐更为正式。最后能够出席的有最高法院法官伯顿夫妇,邮政管理局局长萨默菲尔德夫妇及其客人希利一家,参议员希肯卢珀夫妇,参议员马隆夫妇,参议员德克森夫妇,众议员奥马尔·伯利森夫妇,国际开发委员会前主席埃里克·约翰斯顿夫妇,阿历克西斯·约翰逊夫妇,亨培克夫妇,和其他五六位美国人,还有一些中国朋友和大使馆的官员。

10 月 12 日是蒋经国的启程日期。即使到了这一天,他在上午十时半预定到达军事空运机场候机处之前,还有三个约会。我起床甚早,以便在上午八时我们前往国务院会见麦卡德尔及其助手之前能和蒋经国话别。我在早餐前见到了他。我请他代向委员长致敬,并客气地表示对他在双橡园小住期间以及整个访问期间招待多有不周。他很可能没有领会我说话的意思,因为他立即提到了俞国华带给我的口信,内容是委员长指示他交给我一张支票以支付大使馆的招待费用(委员长深知外交部所拨的经费不足)。对此,我说,这可不必。委员长百忙之中,对我这样关怀和照顾,我十分感激,但上年所赐尚未用完。(一年前委员长于年终经俞国华之手,赠我支票一纸,为数约一万美元,用以弥补类似开支,当时仍有余款。此事我在前面曾予提及。)我请蒋经国向委员长转达我的谢意。但此事有些出我意料。我说的都是真心话,并无其他用意。他即将离华盛顿回国,他在美期间我们虽尽力之所及进行了接待,但我认为总有不周之处,有待改进。

早餐后,我陪同蒋经国按预约时间往访助理国务卿麦卡德尔。这次会谈非常成功。麦卡德尔在美国新闻署署长斯特赖伯特和负责公共事务的助理国务卿帮办菲利普斯的协助下进行会谈,大部分问题由斯特赖伯特提出。关于美国新闻工作,或者更确切的说,美国之音电台广播的有效程度,蒋经国做了富有启发性的回答。他说,大陆上的广播接收机一般很小,农村地区尤为如此,因此收听效率不高。他还说,共产党只准在指定地点收听官方广播,不准收听外国广播、特别是台湾和美国的广播,否则给予惩罚。这就使有收音机的人不敢收听。他建议以城市而不以农村地区为新闻宣传的重点对象,并编排和个人当前利益更为有关的节目,诸如五反运动的残酷性和对华北煤矿罢工的控制与镇压等。他的这个建议是中肯的。

麦卡德尔询问了大陆人民的情绪和起来反抗当局的可能性。蒋经国说,根据难民的说法,这将取决于政府出击部队占领期间的长短,即他们是长期留驻还是打了就跑。目前,人民是敢怒而不敢言,更不敢以行动表示忿恨。麦卡德尔和蒋经国同意通过准备派往台北的代表制订密切合作与配合的更为详尽的办法。

我们接着前往参议院办公大楼访问了新泽西州参议员亚历山大·史密斯。谈话集中在一个问题上,这个问题是这位参议员向蒋经国坦率提出的。他说,他最近接到一位瑞士朋友来信,信中对美国援助和支持台北国民政府的政策是否明智表示怀疑,因为这位朋友在其台湾之行中曾发现政府是极权主义性质的,人民被任意逮捕,个人没有自由,史密斯说,他为此而感到不安,并愿了解事实真相,以便如实答复他的朋友。

这个直率的问题使蒋经国和我一样,有几分吃惊。但蒋经国指出了政府在施政民主化方面所作的努力和所取得的成就;指出了宪法(我插话说,马歇尔将军曾称之为民主性质的宪法);指出了各市市长的自由选举;指出了立法院对政府的监督,以免政府忽视宪法对其权力所定的限制。对另一个问题,蒋经国说,台湾人不仅当选担任公职,而且占压倒优势,如二十一位市长有十七位是台湾人,省政府的组成亦大致相同。

上午九时半,我们访问了众议员周以德。这也是礼节性拜访,但时间很短,因为蒋经国的飞机一小时后即将起飞。我到机场送行。送行者还有国防部长的代表和美国空军的代表以及国务院的马康卫和霍兰。詹金斯也在机场。他将陪同蒋经国参观诺克斯堡、本宁堡和锡尔堡的军事机构,然后送蒋经国到旧金山搭机返台。

我们准时于上午十时到达机场。蒋经国和送行的人一一握手并闲谈十分钟后,我提醒他飞机正待命,随时可以登机。不料崔存璘对我耳语说,蒋经国的行李尚未到达。我于前一天晚间曾在双橡园当着蒋经国和沈锜的面吩咐顾毓瑞乘那辆别克牌汽车把行李送到机场。蒋、沈二位当时还对他叮嘱一番。当天早晨我又将此事告诉我的男仆,随后沈也重行交待。显然顾毓瑞不是没有听见,就是忘了,因为当我在机场问他时,他说,他不知道由他运行李。经过与双橡园电话紧急联系,行李终于在十时半送到。于是我陪同蒋经国走向飞机。这是一架 C-47 型飞机,从外表看来,和霍华德的私人飞机"贝克 4000"或副总统的"空中霸王"号相比,颇为逊色。几分钟后,飞机起飞。我和大使馆人员返回大使馆。

后来,我收到蒋经国访美最后阶段情况的报告。他参观了艾森豪威尔总统建议的三所军事学校,并于 10 月 15 日星期六在堪萨斯城拜会了杜鲁门总统。19 日,谭绍华汇报了他和我国驻旧金山总领事张紫常的电话交谈。据张说,国务院的詹金斯关于蒋经国到达旧金山的电报通知发电过晚,幸而他事先已从机场方面得知蒋的到达时间,得以及时迎接。蒋经国离开旧金山时也出现了麻烦。他原计划乘坐美国军用运输机经马尼拉飞返台湾,但只有一架经东京飞台的军用飞机,而蒋又不愿取道东京。他曾设法换乘民用飞机,但第二天才有班机。因而他在最后一刻不得不放弃原来的计划,终于搭乘了这架美国军用飞机。但起飞两小时后,发动机发生故障,飞机折回旧金山降落。机场上无人照顾他们一行。秘书沈锜给张紫常打电话。张刚开始休息,由于自身过于疲劳,就由夫人开车送他到机场迎接蒋经国。他们在附近一家小餐馆略进饮食,一直坐到上午四时,发动机修好,然后飞机起飞。

次日,我吩咐崔存璘向国务院詹金斯了解蒋经国赴旧金山和离旧金山情况,但不提因发动机发生故障而在旧金山耽搁的麻烦。我还想了解蒋经国在堪萨斯城拜会杜鲁门总统的情况(当然,蒋经国没有时间告知所受接待情况)。崔回报说,詹金斯称,旅途顺利;蒋经国在旧金山会见了参议员诺兰。诺兰领他参观了《奥克兰论坛》报馆,并设午宴招待他。对杜鲁门的拜会很友好,因为双方看来最后都很高兴,当时詹金斯也在座。这和崔存璘从杜鲁门秘书那里所了解的情况是一致的。崔曾于17日与堪萨斯城通电话,所得印象相同。拜会自15日中午开始,历时三刻钟。我为此如释重负,因为蒋经国起初不愿进行这次拜会,而我则多少有些坚持。

第二天是几周来我第一次没有约会的一天。我在大使馆披阅了一些电报,其中有一封是刚到的委员长来电。他在来电中称,蒋经国已返抵台北。委员长为我对蒋经国的指导及其此次访美所取得的圆满成果向我表示感谢。

二、美国援助问题

1953年9月中—1954年2月

10月13日,我在双橡园会见了孔令傑。孔刚从台北返美,并带来蒋委员长给我的一封亲笔信。他先要我答应不和任何人谈及此信,甚至对俞大维将军也要保密,因为此信可能使俞将军不快并导致他辞职;然后,他才把信交给我。孔令傑说,他本人并无取代俞将军职务之心,但俞可能不这样想。

我隐约怀疑此信定与美援有关,它反映出委员长的某种不满情绪。因为孔令傑在会见开始时谈到,严家淦部长报告,在一千一百八十万美元的重行分拨的援款中,有五百万美元能否分配给我国尚无把握,虽然得到这笔款项仍有希望。严部长的报告在台北引起了相当大的混乱，此外，委员长还想把百分之二十的军援补充拨款全部用于通用项目，或用作支援防务的紧急援助。

要充分理解此事，有必要回顾一下严部长9月的美国之行和他就政府如何利用美国国会最近对印度支那和台湾的军事、经济援助拨款，向美国官员提出的问题。严部长于9月18日与美国国外业务署官员进行的两次会谈对以后的全部会谈起着关键性的作用。在第一次会谈中严部长提出的主要问题是：

（1）1954财政年度美国对华经济援助究竟是多少，是国外业务署计划的七千万美元，还是美国国会打算拨给的八千一百八十万美元？

（2）共同安全法规定增加百分之二十的军事援助是否可同样用于武器装备和通用项目？

（3）负责实施通用项目计划的究竟是国外业务署还是国防部？

（4）对应资金，以前虽对政府的预算有很大帮助，但难以满足全部需求；而随着军事装备的加速抵台，这一问题将日益困难。

严部长在同国外业务署同一天的第二次会谈中，再次要求澄清1953年共同安全法第五五〇条关于剩余农产品的管理和程序问题。（9月10日，严部长在会见负责经济事务的助理国务卿塞缪尔·沃时获悉，美国政府仍在考虑应采取何种方针：是贸易还是援助。据估计，美国剩余农产品的贮量高达三十亿美元。美国政府希望尽快而有效地处理剩余农产品，觉得合理的解决办法是赠与和援助。但是，援助和赠与将进一步加重美国预算的负担，而美国政府也在努力使预算得到平衡。美国政府一方面想平衡预算，另一方面又想处理剩余农产品，两个目标相互矛盾，因此，目前尚未制定出明确的政策。）

以上是严部长代表政府就如何使用美援而提出的主要问题。隐藏在这些问题后面的中心问题是，我们能否得到更多的经济援助，以便抵消扩大交付军事装备可能给民用经济造成的不利影响。

严部长同国外业务署会谈后的第二天前来和我会见,要求使馆安排他同预算局局长约瑟夫·道奇会面,以便(如有可能的话)了解国会再度拨给印度支那和台湾的一千一百八十万美元去年未动用款项(即上面所说的八千一百八十万美元和七千万美元间的差额),是否如我们所想的那样,能拨给台湾。严部长和随部长来访并出席同国外业务署会谈的李翰博士说,国外业务署曾向他们表示,该署法律官员对此问题的解释和我们不尽相同。该署还暗示,鉴于印度支那的局势更为紧急,又因为法案规定总统有权在规定的范围内将援款由一项安排移作为另一项安排使用,而且总统还必须向任何可能得到款项的地方去筹划此款,国家安全委员会有意将这笔款项拨给印度支那。

不久,严部长和道奇的会见就安排好在 9 月 23 日上午。与此同时,严部长还约定要拜访副国务卿比德尔·史密斯、财政部副部长马里恩·福尔索姆。此外,在 9 月 21 日还在国务院举行了会谈,出席会谈的中国方面有严部长、俞大维、技术代表团的霍宝树和李翰,采购服务团的韩朝宗和顾息祥;美方有中国科长马康卫、国务院国际经济专家盖伊·霍普和国务院财政、开发政策办公室的小乔治·斯普林斯廷。

关于这次会谈的纪要,严部长后来交给了我,很能说明问题。其部分内容是:

严:中国政府于 1953 年 5 月交给蓝钦大使一份 1954 财政年度援助计划建议。美国国会随后通过的授权和拨款法(第一一八和二一八号公法)与我国提出的计划要求不可避免地要有一些差距,因此,出现了一些问题。中国政府希望寻求可能解决这些问题的办法。澄清和解释法案中的某些条款,当然会有助于达到这一目的。

(1)通用项目计划:共同安全法 1953 财政年度计划包括三千一百万美元的通用项目。国外业务署 1954 财政年度计划安排了一笔三千万美元的相似金额,仅等于中国政府向蓝钦大使提出的计划所要求的一半左右。然而,二一八号公法明文规定:"对总部暂时设在台湾的中国国民政府提供的军事和其他援助,应较共同安全计划 1954 财政年度的金额多出百分之二十。"

这一包括装备和通用项目①在内的全部军事援助的百分之二十增加额表明 1954 财政年度的援助计划可以超过三千万美元。

俞:据我所知,三千万美元的通用项目计划是不够的。蔡斯将军本人 7 月间在国会证实了这一点。对国会通过对华军援预算增加的百分之二十,明确其能否用于通用项目,是很有好处的。就此,我已提请国防部的斯图尔特将军注意。他的法律参谋们正在研究此事。我们希望这一点能尽早得到澄清。

霍普:可以。此外,我们认为事情要牵涉到通用这一概念的含义。本来,通用项目是为了缓解军援的影响。后来,这一概念被扩大到包括某些防卫开支,并用以抑制通货膨胀和对经济作一般性补助。在这方面,不知部长阁下能否告知该通用项目的计划将如何拟订,并如何将其送交华盛顿?

严:国防部将起草计划,并同军事援助顾问团取得一致意见,然后交经济安定委员会批准。美援委员会将把已通过的计划交由驻华共同安全分署转送华盛顿。

(2)经济援助:国外业务署原先计划的经济援助为七千万美元。国会把援助中国和印度支那的款项归在一起,共拨款八千四百万美元,加上一千七百八十二万未动用余额,共计一亿零一百八十二万美元。虽然国会通过的法案没列出

---

① 编者注:如第六章所述,通用项目(即部分为军事的)计划在 1953 年第一次从经济转为军事援助。

分项数字,但参议院拨款委员会(第六四五号记录)建议对印支拨款两千万美元,对台湾拨款八千一百八十二万美元。同时中国政府准备了一份七千万美元的援助计划,那么一千一百八十二万美元是否系拨给中国的确定数字?

霍普:尽管我对你提出的问题无法给予结论性的答复,但就个人而言,我怀疑此款是否会全额拨给中国,因为这取决于该款的可能利用情况,以及这笔款项是否系拨给整个地区。

俞:总起来说——众议院建议为台湾和印度支那拨款八千四百万美元(新拨款)和一千一百万结转余款。参议院建议拨款八千四百万美(新拨款)外加一千七百八十二万一千五百九十六美元的未动用余额,共计一亿零一百八十二万一千五百九十六美元。其中两千万美元用于援助印度支那,八千一百八十二万一千五百九十六美元用来援助台湾。国会最后批准的拨款总数为一亿零一百八十二万一千五百九十六美元,即参议院提议的数字。虽然国会法案并没有明确列出分项数字,但提案上记载的参议院的意图是明确的。

霍普:参议院对拨款总数的优先要求权国务院自应注意。但如能得到补充援助,我们也想了解关于其中工业项目和可销售商品的比例是如何考虑的。

严:这要由台北决定。不过目前我可以说,在补充援助中,可销售商品将占很大比例。为记录在卷,我想说明,经济援助能生殖地方货币以支持预算和军事项目。1953财政年度经济援助的总额,即包括当年新拨和前几年未动用款项之总和,达八千余万美元。倘今年军事装备增加而经济援助减少,则势将极难维持。

(3)对应资金计划:首先,我想说明,我们正在制订以六个月为一期,共分两期的对应预算,而不是以日历年为基础,以便按财政年度使用这些款项。

我们估计,如果美国对华经济援助为七千万美元,则1954 财政年度中国对应计划的总金额估计为十亿七千万新台币。如果经济援助为八千四百一十八万美元,则对应计划的资金也将会有所增加。十亿七千万新台币的计划资金拟作如下分配:军费五亿零八百万新台币,工业三亿七千四百万,余额分配于其他方面,包括农业复兴联合委员会等等。美国军事援助顾问团声称,五亿零五百万的军费预算是不够的,要求最少应达到五亿五千六百万元;国防部要求的数字甚至更高。

　　这是个双重性的问题。首先,对应资金不能满足全部要求;第二,驻华共同安全分署已通知中国政府对应资金对预算的资助将自 1954 年 1 月停止。1952 年对预算的资助为两亿九千万元,1953 年为两亿五千万元,1954 年为一亿九千万元。原打算逐年递减资助预算的金额,突然停止资助,势必给财政部造成许多困难。

　　李:部长先生,在阁下同国外业务署副署长威廉·兰德先生会见时,我曾与该署讨论过援华计划的这一专门课题。我看华盛顿的国外业务署似乎有不同的解释,他们认为,以对应资金资助预算,既是可能的,也是合法的。该署将向驻华共同安全分署澄清这一点。

　　严:随着军事装备的加速运往台湾,即使假设仍有一亿九千万元的预算资助,要想平衡预算,也是一个很困难的问题。因此,我的问题使我想到寻求别的办法来筹集更多的对应资金,同时澄清:

　　a.用于工业计划的三亿七千四百万元能否在 1954 年 6 月 30 日前全部用完,如果不能,余款可否用于军事计划。

　　b.是否会有一千一百八十二万美元的补充经济援助,这项补充援助可为军事方面筹措更多的对应资金。

　　c.1953 年共同安全法第五五○条所涉及的剩余农产品,

可否被用来筹措更多的地方货币,以便用于军事方面的开支。

俞:"军事装备"计划是中国参谋总部同蔡斯将军磋商后制定的。财政部的问题是如何解决"装备"计划对民用经济造成的影响。在法定的限度内,可能的援助来源有四种:

(1)利用参议院建议的八千一百八十二万一千五百九十六美元的经济援助。

(2)按照军援预算全面增加百分之二十的规定,增加通用项目的拨款。我们正要求美国国防部就对外援助法案有关章节的法律概念加以说明。经过修改的通用项目计划将由我国参谋总部与蔡斯将军磋商后制定。

(3)利用小麦、黄豆、玉米、烟草等剩余农产品的规定,以补充差数。

(4)按我向国防部斯图尔特提出的要求,研究了在远东和其他地区的过剩物资,并考虑将这些物资转交中国政府。现有的迹象令人鼓舞。蔡斯已准备一份过剩物资清单,并已呈美国政府。

马康卫:我将立即同国防部和国外业务署联系,以便答复你的询问;如果可能,我们将把了解到的情况再和你洽谈。这里,我准备了一些问题,如果时间允许,请严部长给以一般性的解答。

(马康卫简要地询问了经济安定委员会的情况,中国政府通过出口糖和大米以达到平衡的意图,以及与土地改革计划有关的出售政府企业单位的情况。严部长对此一一作了解答,直到告辞时间为止。)

国务院会谈之后,我领严部长去拜访副国务卿比德尔·史密斯。会见时,严部长把平衡预算取得的进展告诉史密斯。(在大陆时的赤字为百分之八十七,前几年在台湾的赤字为百分之七十,1953年的预算赤字只有百分之五。)史密斯表示,美国由于短缺几十亿美元,因此在平衡预算上已有些困难。至于我们希望得到一千一百八十万美元经济援助拨款,我们由于增加"军事装备"而提出增加通用项目资金的要求,以及我们想从剩余农产品法中得到某些东西的愿望,史密斯仔细听了我们的说明,但未作答复。他只说,他很高兴能了解到这些情况,并表示对财政部长对他所讲的事很感兴趣。

严部长次日上午拜会了副部长福尔索姆,这是一次礼节性的拜访。不过,福尔索姆说,财政部的职责只是为国会批准的花销找钱。至于严部长要求拨给上个财政年度未动用款一千一百八十万美元的问题,则应由国外业务署和国务院答复。

当天傍晚,我接见了美援委员会的王蓬。他出席了在伊斯坦布尔召开的、专门研究掌握美国援款的管理办法会议。此会议系由美国国外业务署支持而由美国管理方法学会主持召开的。严部长曾把王作为助手召至华盛顿,出席同美国国外业务署研究贯彻 1954 财政年度美国援外计划的会议,主要讨论安排的细节。他已见过美国国外业务署亦即原经济合作署所属的远东地区主任雷蒙德·莫耶,莫耶曾问他,谁是驻华共同安全分署负责人的合适人选,并说他个人认为美国驻台北大使馆的霍华德·琼斯很合适。

23 日,同预算局局长约瑟夫·道奇的谈话证明是很有益的。他为了便于讨论一千一百八十万美元未动用援款的拨款和需要增加通用项目资金等问题提出一些极有价值的建议。他认为,有一个书面的纪要供较低级的人员进行研究并准备出一个报告,以便国家安全委员会做出决策是很有好处的,因为国家安全委员会还必须考虑印度支那和国民党中国的相应需要。

后来,我和严部长在汽车里谈起道奇提议准备的备忘录的性质问题。我对严讲,可以请李榦博士起草初稿,抄件可用非官方形式送交国外业务署、国务院和国防部,使他们了解情况,便于研究、考虑。有关各方事先都能熟悉情况,就会节省很多时间。

大约在一周之后,当时的军品采购技术团副主任李骏尧和顾息祥来访,带来了严部长为道奇准备的备忘录的最后草稿。我稍加修改后便予以同意认可。当晚在我去机场为严部长返台送行之前,即把备忘录送交道奇。备忘录强调,必须增加经济和通用项目的援助,以应更多的军事援助之需。备忘录见附录九。

严部长 10 月 1 日离开华盛顿之前,又同国务院进行了一次会谈。我也收到一份供参考的会谈纪要。现将此纪要插入本节正文之内。

会 谈 纪 要

1953 年 10 月 1 日在国务院的会谈。

出席人员:

严部长

霍宝树先生

王 蓬先生

马康卫先生

盖伊·霍普先生

塞缪尔·帕里尔曼先生(负责远东事务区域性计划的特别助理)

严部长简单总结了他同美国政府各机关最近联系的情况。

(1)1954 财政年度通用项目计划:严部长说,据俞大维将军谈,对军事援助增加的百分之二十,美国国防部已制定计划全部用于军事装备项目;但乔治·斯图尔特将军曾对俞许诺,如美国军事援助顾问团提出要求,则可将某些军事装备"款项""转用"于普通项目。

(2)预算援助:严部长再次提出对预算援助的对应资金问题。据援华共同安全分署说,此项援助今年年底即将停止。马康卫先生就此发表意见说,此事正在重新研究。鉴于台湾的特殊情况,以对应资金提供预算援助可以考虑。

（3）对应资金问题，严部长重申，由于军事装备加速运往台湾，对应资金需要增加。目前，以七千万美元的经济援助为基础计算，估计1954年上半年尚缺二亿二千六百万元新台币。

马康卫问，中国政府是否有什么缓解这种局面的办法。

严部长回答说：除非国民收入有所增加，否则增课任何赋税，都不会给政府增加收入。他准备回国后详细研究这一问题。

按严部长的意见，有三种办法可帮助解决这一问题：

a.削减对应计划的工业项目，到1953年6月30日用于工业项目的对应资金可能还有剩余。

王蓬先生补充说，用于工业项目的对应资金的使用之所以明显地拖延，其原因在于国外业务署和援华共同安全分署所规定的程序复杂和一些技术性问题。对应资金申请的审批需要几个月的时间。他正和国外业务署讨论此事，希望找到解决办法。

b.利用关于剩余农产品的规定，为政府筹措更多的地方货币。

帕里尔曼先生提出一份物资清单供我们参考。据认为此清单是根据第五五〇条的规定提出的，虽然他还无法说明如何获得购买这些物资的款项。

c.把一千一百八十万美元的补充援助全部拨给中国。

马康卫说，他得到的印象是，中国只能从一千一百八十万美元的补充经济援助中得到六百八十万美元。

（4）国际银行

在研究争取国际银行的帮助为工业项目筹措资金的可能性时，严部长说，他面临着两个困难：第一，中国还有二百八十万元过期未付的应缴股款；第二，理事会内部有来自苏联卫星国和联合王国的政治障碍。他希望，在必要时，美国国务院能施加影响。

（5）应约瑟夫·道奇的要求，严部长正在准备一份备忘录供他参考。严部长将把备忘录副本送交国务院、国外业务署和美国国防部。马康卫就此评论说，备忘录会很有帮助。他建议还应将一份备忘录副本送财政部。

从上述情况看来，蒋委员长渴望得到全部百分之二十的补充拨款，并使中国获得全部一千一百八十万美元的补充援款的愿望，远远没有实现。很明显，被派到华盛顿来专门处理援助问题的俞大维，现在成了台北发泄失望情绪的主要对象。在孔令傑要我许诺，不和任何人、甚至俞将军谈论此信之后，我就猜到委员长来信的内容了。

我告诉孔令傑，应该保密的就得保密，我一贯如此。他这才把信交给我。我仔细看了来信，此信注明由我亲收，但让我把信给俞大维看。委员长在信中指出，最好把处理美国经济援助的任务委托给孔令傑，孔可任俞的协理，俞应信任孔的帮助，以避免或防止可能出现的拖延或差错。委员长表示，希望我将此意向俞转达，并说，一切由我去办理。因为他已让孔亲自向我汇报详情，所以信中不再多写；信是委员长的亲笔，可以交给俞看，但读后应由传信人带回。

此事有些既令人吃惊，又使人为难，尤其当孔令傑告诉我，委员长曾让他接替俞将军的职务，但他本人并不愿意时，我更有这种感觉。孔说，他最愿意不受约束地作一些自己的工作，而政治则总是一种不讨好的职务。我个人认为，俞将军正竭尽全力而且工作得卓有成效。然而，台北希望给孔令傑在援助事务中一个官方职位，使他赢得声望，并使他本人的助理工作更富成效。为实现此计划，就必须找出理由，说明为什么有如此变动的必要。然而，由别人代替俞大维将军并不能简单从事。俞将军是陈诚行政院长的挚友，深受陈院长和许多其他要员的敬重。此事有可能使台北政局趋于复杂化，并引起恶感。

孔来访的目的是想让我替他了解一下,五百万美元是否已经肯定拨给印度支那了。他怀疑严部长在把此事向委员长汇报时,并不十分确切,以便把责任推给他和我。不过他表示,要尽其全力为中国争得这五百万美元。他说,如果国会确曾做出过决定把这笔款项分配给中国,那么努力争取是值得的。但如果严部长的汇报属实,这五百万美元到底归谁尚未肯定,而只是还有希望而已,那他准备仍请严部长和俞将军去办理。

孔把信拿过去,含含糊糊地答应以后送给我一份抄件。我提醒他,他还没把蒋委员长指示我设法得到剩余农产品以补助中国经济的电文抄件给我,他答应不久就送来。我告诉他,我对援助计划的细节并不熟悉,但将设法从俞将军处把情况的全貌打听清楚。他说,蒋委员长了解我不应承担责任,所以信中要我和他向俞提出此事,并把信拿给俞看。

当别人,甚至委员长本人都相信朝鲜的停战协定不可能达成时,孔令傑和我一样,向委员长报告停战即将达成。蒋委员长向他承认他和我是正确的。为此,孔感到很高兴。他又提到,他曾向委员长建议,在爱尔兰设立使馆,为我们探听英国的情况建立一个前哨。

俞将军次日下午应我的邀请来访。他把一份1954财政年度美国对台援助实际形势的报告交给了我。

(1)七千万美元的经济援助是肯定的。

(2)另有一千一百万美元的已拨但未动用的拨款。美国国外业务署和国务院都曾暗示,五百万美元可能拨给印度支那,其余六百八十万美元归中国和印度支那。

(3)美国防部表示,百分之二十的补充拨款可能分派作通用款项。但尚需由决策一级人物作出决定,将其并入已由原计划拨出的三千万美元之中。

(4)由于国会在法律上附加许多条件,加上为了帮助台湾储备外汇,供作海外采购的一千五百万美元中已有五百万美元用剩余农产品支付,因此,使得满足上述要求的条件更加困难。所以,利用剩余农产品计划实际上已不可能。

(5)实现过剩库存物资计划比较容易。虽然有些物资不能用,比如鞋、军装,尺码太大,中国人不能穿,但价值近九百万美元的军毯、鞋、军装等物资已经支付我方。

俞将军说,由于我们要依靠美援,因此,对参议院的意图和拨款是否公正——比如,给印度支那五百万经济援助,或在一千五百万海外采购项目中有五百万用剩余农产品支付——等问题,他都没有过分坚持同美国负责人员争论。据他说,大部分棘手的问题都源于国会给予政府在执行法案上以过大幅度的解释权。

当天晚上,我出席了萧勃将军和夫人为查尔斯,博尔特将军和赖名汤少将举行的招待宴会。赖系台北国防部第二厅厅长。他是为视察各驻外武官的工作而来美,旨在促进他们的工作,为研究需要建立哪些新的武官处。几天前,他对我作过一次礼节性拜访。当时他对我说,他觉得在意大利和西班牙也应有武官。赖本人 1946 年曾是我驻伦敦时的空军武官,他任该职直到 1949 年。

博尔特将军对我说,他和夫人在中国,特别是他在天津任美军团长时,度过了他一生中最愉快的几年。以后,他有很长一段经历是在欧洲度过的。第二次世界大战以后,主要待在德国。但他说,他将永远是中国的朋友,并将在他所任负责作战的副参谋长职权范围内,尽其所能帮助国民党中国。

王蓬 10 月 15 日来访,他是来告别的,并就一千一百八十万美元经济援助的情况和百分之二十的补充军援能否用于通用项目一事做了汇报。他所谈的情况在很大程度上印证了俞大维的报告。王说,他刚刚接到国务院的通知,在一千一百八十万美元的经济援助中,五百万已拨给印度支那,其余六百八十万美元作为印度支那和台湾的应急款项。我们如果提出准备使用这笔资金的项目,全部资金可能归我们使用。至于百分之二十的补充金额,原则上已允许作为通用项目使用。但此事仍要等待高层人物的决定。至于要求使用剩余农产品问题,因为有附加条件,所以不甚相宜,例如,海外采购的三分之一用剩余农产品支付,使我们并无利可图。申请过剩库存物资的要求,现在比较理想。

王请我对李骏尧稍加照顾,因为霍宝树经常对李封锁消息,所以他很不痛快。王说,霍宝树和俞大维之间也有摩擦,相互间缺乏充分的合作。俞不把他所做的事情通知霍,他发往台北或从台北收到的电报或信件也不给霍看。王蓬认为,霍宝树对援外计划不能很好地掌握细情,因为他在这方面的背景知识不足。

后来,我会见了孔令傑,向他讲了美援的情况,着重谈了一千一百八十万美元中有五百万元可以说已肯定拨给了印度支那的情况。

孔由于许多人离开了华盛顿,也未能开展许多工作。他想让黄仁泉作他的助手,并请我把他推荐给外交部,以便任命他来大使馆工作,孔说,委员长本来可以指示外交部任命黄仁泉到使馆任职,但他认为,由我推荐更好些。这样,事情就显得并非强加于使馆的了,特别是委员长了解黄仁泉在使馆并不太得人心。我说,此事如果是外交部主动提出来的,或是受委员长之命而任命的,我对外交部的任命并不反对;但由我出面把他推荐给委员长,似乎不太恰当。外交部有权直接处理此类事情。孔说,他了解黄仁泉以前的行为有失检点,曾参与过一些不太好的活动。接着,他解释说,任命他的真正原因是为了使他在国会调查"中国院外活动集团"时受到保护,免遭猜疑。我同意亲自给蒋夫人写信,这样可以讲清我欢迎任何为我们的事业而工作的有用之士。

我谈到孔自己应多负起一些责任时,他表示反对。他说,年轻人缺乏必要的经验。他曾和委员长就起用更多年轻人问题争论过。我也曾对他讲过,我十分赞成多任用些年轻人。他告诉我,他曾以我为例说明还是多任用那些经验丰富的人为好。他提到我在处理"中国院外活动集团"这件事上做得如何出色,如果换个经验稍差的人处理此事,很可能惹出许多麻烦。他说,委员长完全同意他对我本人的看法。

后来，我会见了赖名汤少将和我的海军武官柳鹤图上校。他们到我这里来，是为了我们能一同出席海军作战部部长卡尼海军上将下午举行的招待会。招待会上，我把赖将军向部分宾客作了介绍，他们大都是美国政府官员和外交使团的成员。柳上校建议，我应该为卡尼上将及其随员举行一次宴会，因为他们不久即将访台。（访台是卡尼上将远东之行的一部分，这次出访还包括菲律宾、印度尼西亚、日本和朝鲜。）我当即表示同意，并请他打听卡尼上将何日方便。几天后，柳向我汇报，卡尼上将和夫人将于10月29日同我们共同进餐。我夫人告诉我，卡尼上将和夫人事实上为了接受我的宴请，取消了别人邀请他出席宴会的约会。所以29日的晚宴进行得十分顺利，我感到格外高兴。

宴会的新菜单是一大成功，有中国风味的炸对虾、炸牡蛎、去骨填鸽，接着是史密斯菲尔德火腿和色拉。我想试验一下，所以向厨师提出这个菜单。卡尼夫人想给蒋夫人和在旅程中将要见到的其他各位夫人带些小礼品，席间她问我带什么礼物合适。我谈到罗斯福总统送给温斯顿·邱吉尔一只火腿的事，那是由艾夫里尔·哈里曼带去的一只史密斯菲尔德火腿，极受欢迎。（让我建议带什么礼物真是件难事。如果礼物过于便宜，人们就不把它放在眼里；如果十分贵重，旁人便可能会问，送这样重礼有何目的，于是送礼者答道，这是中国大使建议送的。所以，我避免直接回答问题，只讲了史密斯菲尔德火腿这件事。罗斯福总统经过反复考虑，送去的礼物确实很受欢迎。邱吉尔本人对此也十分激动，因为那是战时，英国吃不到上等火腿。）

我为卡尼上将和夫人祝酒，作为回敬，他提议为中国人民和自由中国干杯。饭后饮酒时，我和他闲谈着有趣的话题。当我们重新加入女客之中时，宴会出现了十分愉快的气氛；我的客人巴伦一家正在弹琴、唱歌、跳舞。卡尼上将随同别人一起唱了美国民歌。我走来走去给演奏钢琴的巴伦先生转达各种建议和请求。

卡尼上将还演唱了一首据他说是"四百年前流行的"歌曲。接着，他又邀请了六位男宾客，与其说是演唱，不如说是手捏鼻子，模仿苏格兰风笛哼唱着歌曲。表演十分有趣，大家玩得都很痛快。

15日晚，我出席了最高法院法官里德夫妇举行的宴会。会上，我很高兴，因为遇到了老朋友布雷肯里奇·朗和奥姆·威尔逊。我首次出使华盛顿，是在第一次世界大战期间。当时，威尔逊总统当政，奥姆·威尔逊是前美国大使，而朗是助理国务卿，朗过去同我来往频繁，我觉得他是一位能力超群的益友。对世界形势总是了如指掌，让我钦佩。

雷德福海军上将也出席了晚宴，宴会后我和他有一番畅叙。他很高兴蒋经国将军能接受罗伊·霍华德的邀请，以一位家庭宾客的身份来看看美国生活中另一方面的某些内容，并使蒋稍微轻松一下。他向我打听蒋经国对美国的印象如何，我说，印象不错，比他本人预想的要好，比他看到有关美国的书籍介绍的情况也要好。接着，雷德福上将告诉我，他曾积极敦促国防部和国务院邀请蒋将军访美。他曾和台北的蒋委员长谈到美国对这位年轻人的评论，主要是对他任部队政治部主任时采取的种种做法。雷德福向委员长建议蒋经国应该访美，亲眼目睹美国人如何生活、工作、处理政治和福利等各种问题。委员长接着问他是否见过蒋经国，并说他将指示蒋经国去拜访他。不久，蒋拜访了雷德福海军上将。

雷德福对我说，蒋经国将军在美国不应只待两星期，而应呆上两年，这样，他对美国和美国的生活方式会多了解一些。这不仅能让他了解西方，还使蒋有足够长的时间离开台湾，从而，让别人有机会改变保证该岛安全的防范措施。当我提到蒋将军对保证台湾岛的安全、防止共产党渗透和间谍活动十分关心时，雷德福说，他宁肯冒让一两个共产党分子混入台湾的危险，也不愿意再看到目前这种有关海外华侨回台的异常严格的规定。他的一位中国朋友对他讲过，得到回台湾的批准极为困难，然而，他是位很富有的爱国华侨,极愿意帮助他的祖国。雷德福进一步谈了台湾必须得到海外华侨全心全意的支持。如果华侨从财政上、经济发展上、政治上支持国民政府光复大陆的计划,就会大大增强台湾政府的力量。

几天后,孔令傑应约来访。他刚通过无线电话收到台北的答复。答复说,他从台北带来的委员长的亲笔信,写明把来信交俞大维将军一阅,现在,可以不把来信交给俞了。据孔说,这个答复免除了他和俞之间某些肯定会发生的误会,也使他摆脱了窘境,尤其是因为他对俞并没有取而代之的意思。孔也极想了解美国对蒋经国访美的反应和印象。蒋是否提出过什么特殊的问题?他会见的美国官员中是否有人问过他在台北的政治部的问题?这确实是件微妙的事情。我告诉孔,凡是我陪同蒋出席的各次会见,他都很能掌握分寸,回答问题有策略、很机警、也很中肯。孔说,雷德福告诉他,蒋经国如能在美国住上二三年,那会是件好事。

孔了解到,蒋经国拜会艾森豪威尔总统时我在场,他想知道总统讲了些甚么,会谈进行的如何。我告诉他,我是在场,并为蒋当翻译。虽然我插话很多,使会见顺利进行,并保持一种愉快,甚至亲切的气氛,但我认为蒋经国的表现也很得体。(在类似这种会见中,我不想让会见出现中断、冷场的现象,而使来访者和对方感到尴尬,因此,不断插话就是我的职责。事实上,在类似场合,任何一个外交官都要起到这种作用。与美国高级官员会见,同他们很自然地交谈,对我来说早已习以为常;但那些专程来访者,有的不过是礼节性拜访,有的是受台北之命提出某个问题或探听对方的反应,我觉得,总不免有些紧张。而那些美国人,作为会谈中的对手方,则常常是很自然,很友好,甚或开开玩笑,并且通常事先把一些问题准备好。这样就进行得很好。但偶尔也出乎意料地出现直率的谈话,使中国来访者感到尴尬,这时,我就不得不插话以避免冷场,或缓和一下紧张气氛。)

孔说,总统在会见后告诉某位陪同人员说,他希望蒋经国能在美国住上四五年,这对他会有好处。我谈到美国某位高级官员对我讲,在确保台湾的安全上采取民主的方法,对我们来说至关重要,即使这样做的结果使一两个共产党分子溜进台湾,也没有什么了不起。相反,如果他们能看到和大陆的情况相比台湾的情况截然不同时,或许还会促使他们改变观点。孔说,这肯定是雷德福讲的,因为雷德福曾对他也谈过类似的看法。孔又问杜勒斯讲过甚么,我没回答,但说道,有一两个美国高级官员曾和蒋经国开玩笑地说,美国人对他的印象是,他在台湾对待一些人相当厉害。但蒋对他们的讲话未加注意,沈锜看起来也没注意,或许他是故意的,因为他没有把这段谈话翻译过来。但我告诉孔,我也半开玩笑地打了个圆场,解释说,台湾是反共战争的前沿阵地,为保证它的安全,蒋将军有时不得不采取严厉措施,虽然他本人,正如诸位所看到的,很直率而且很有民主倾向。

孔接着说,他已接到通知尽快返台,陈之迈也将和他一同回去,完全是为尼克松副总统和夫人访台做准备。这样,我同孔谈起尼克松曾反复对我说,希望尽量少为他举行宴会,以便有更多的时间和委员长或我国政府其他领导人会谈。我还告诉孔,尼克松自就任副总统的高位之日起,在接见人员和发表谈话方面,一直十分小心谨慎。我告诉他,我曾尽力安排严部长和蒋经国将军同尼克松会见,最后也只将会见安排在饶伯森为欢迎蒋将军而举行的宴会上。但严部长因为当天上午必须从美国启程,所以未能接受邀请。我说据我了解,仅仅在宴会即将举行的最后时刻、或大约在两天之前,饶伯森才增加了四位客人,其中包括尼克松副总统。我说,《报道者》杂志发表的文章,可能使尼克松很不高兴,致使他在同中国人会见方面格外慎重。这份期刊对他的不公正的攻击,已在竞选中被他的政敌所利用。因此,我建议在台湾同副总统会谈时,我们应小心谨慎,尊重他在此事上的感情。我们当然了解,他在内心中极为同情我们的事业;我们可以坦率地向他提出我们的要求,但不要强迫他在任何具体问题上做出任何答复。我告诉孔,尼克松此次访台的使命,仅是听取和了解我们的问题、要求和想法。

孔接着告诉我,他有效地对付了康涅狄格州参议员麦克马洪和马里兰州参议员泰丁斯把他牵连到"中国院外活动集团"的调查中去的企图。孔探听到他两人的一些隐私,并分别警告他们(一个在巴哈马),如果他们坚持要调查,他将以其人之道还治其人之身,把他了解到的有关他们两人的情况和他们过去的所作所为公之于众。这样,就有效地阻止了他们。

前一天,即 10 月 19 日晚上,我宴请联合国军事参谋团的我方代表何世礼将军。这是他十九年来第一次访问华盛顿。晚宴后,他在谈话中对降低出国执行使命的我国军官军衔的做法,强烈地表示反对。对这种少见的做法发表议论,他并不是头一个。在其他国家,一般的做法是提升出国执行重要使命的军官,以便他们在国外受到更高的重视和尊敬。有一次,我本人也提过这个问题,但我得到的回答也不无道理。在多年的抗战中,许多年轻有为的军官被授予"少将",有时甚至"中将"军衔,晋级很快。然而,委员长特别强调,出国人员必须要造成一种良好的印象。既然大多数军阶很高的年轻军官没有出过国,不了解在国外应该说甚么或做甚么,所以,委员长不想让人们觉得,军衔在中国算不了甚么。

10 月 23 日,纽约《先驱论坛报》撰文披露,根据预算局局长道奇先生最近提出并经艾森豪威尔总统批准的计划,国防部将代替国外业务署处理全部援外款项和计划,国外业务署将从 1955 财政年度起撤销。此类经济援助不再继续。军事援助将给予那些能够提供战斗部队、对保卫自由世界做出贡献比美国自己出兵更为合算的国家。这同众议院议长马丁两周前向我透露的国会的精神相符。所以我打电话给叶公超,请他注意有关对外国援助的新动向。

第二天早晨,我会见了中国驻旧金山领事馆的钱临三。他来华盛顿系专为给我带来蒋委员长的一封亲笔信和四份经济和军事援助计划的备忘录。这些信和备忘录是两天前由空军军官学校学员队队长带到旧金山的。根据命令,这些材料应由专人在 10 月 22 日,即两天前交给我。委员长在信上签署的日期是台北 10 月 18 日,但飞机在途中因发动机发生故障而误期。来信要我和俞将军把备忘录研究、讨论一下,并把备忘录的抄件各送一份给孔令傑。在四份备忘录中,有两份是经济援助的补充援款计划,分别注明(a)一千一百六十八万美元和(b)六百八十万美元;另外两份是军事援助百分之二十补充款项计划,和三千万美元的通用项目计划。

孔已于 10 月 21 日离开纽约返回台北。但我为同俞大维会面研究此事作了安排,然后去弗吉尼亚州的里士满参加副国务卿饶伯森女儿的婚礼。婚礼仪式持续了近一小时,虽简单却很庄严。国务卿出席了婚礼,麦卡德尔先生和夫人以及缅甸和朝鲜大使也都到场。吴国桢先生和夫人坐在我的前面一排,杜勒斯一家又在他们的前面。我们使馆的谭绍华博士和夫人在我身后第二排。

10 月 26 日星期一,俞大维来访,带来一张图表,注明截止到 1952 年 8 月 31 日,即大约十个月之前军援武器的运送情况。1952 年的计划几乎已经完成。1953 年的计划大部分也已经完成,特别是我们急需的七十五毫米口径和一百零五毫米口径的大炮已经完成,但计划中的一百五十五毫米大炮和无后座力炮的交付时间都没能按期完成。据俞将军介绍,这些对我们来说并不十分重要。他说,在雷德福海军上将的努力下,F-84 喷气飞机的交付工作也接近完成。

我把委员长的来信和四份备忘录之事告诉了他——两份是关于经济援助补充计划的,其一是关于一千一百六十八万美元的,另一是六百八十万美元的,再一份是关于军事援助的百分之二十补充拨款的,另一份是关于三千万美元的通用项目的,后两项需要由我方在台北花费很多的开支。因为这些军事装备运到台湾岛后,我们需要付出相当大金额方能使用。后来,我和负责此事的秘书们商量此事,指示他们把委员长送来的有关美援的备忘录复制三份,按命令交给俞将军和孔令杰。我叮嘱他们要多加小心,不许泄露文件的机密内容。

星期二,俞将军再度来访,我又谈起我收到四份备忘录之事,并问他,鉴于他所说国外业务署将决定是否把六百八十万美元全部拨给我国,他是否马上需要这些文件,抑或以后再要;因为文件正在复印,星期三早晨之前定可替他办妥。他说,由于美国国防部已同意将百分之二十用于军事装备的建议,而且国外业务署也已收到对台六百八十万美元补充经济援助的计划,所以他不需要这些文件。星期三国外业务署的行动,只不过是一个形式而已。他感到不应再作更多的要求,因为美国当局那时很可能会简单地说我们应把三百万美元重新分配,用来造船或买船以满足我国的预算需要,但这在当时是不可能的。(换句话说,这将给美国一次机会,让我们把钱转用于购买船只以应临时的需要。)俞说,不管怎样,他已经送出了一份要求一千一百八十万美元或更多的援助以平衡预算的备忘录。所以,我请他把这个问题作为须向美国解决的问题,向有关当局提出,而不要显得是我们在敦促他们满足我们的要求,因为,这既是我们的、也是国外业务署应解决的问题

星期三,俞大维来电话说,他已收到军事和经济援助的四份备忘录,并已和国外业务署的中国与印支处的弗雷德里克·邦廷接触。俞说,邦廷对收到备忘录很高兴,但他又补充说,他们已打电报指示驻台北的驻华共同安全分署,向中国政府查明在七千万美元的经济援助之外究竟还要多少,并向华盛顿的国外业务署致送一份报告,以便考虑就使用项目达到一致意见。

大约与此同时,我收到蓝钦大使给严部长复信的抄件。严部长曾致函蓝钦大使,随函附去为预算局局长道奇准备的备忘录。蓝钦大使的来信更说明了一些问题。他在信中写道:

……由于加速运送军事装备，除非能由政府预算中的其他方面挤出来抵用，否则增加地方货币的开支是必不可免的。然而，据我了解，军事项目对应资金的花用低于能得到的金额。因此，想要充分利用 1954 财政年度估计可以得到的对应资金，必须大大加速资金的花用速度。然而，军事援助顾问团和国外业务署驻华共同安全分署非常清楚，军事物资的加速到达必然会冲击民用经济，并且他们已在探索是否可能调整计划，使之适应这种情况。

　　但我对在近期内能为提高通用项目和经济援助计划作有实际意义的修改，并不抱任何希望。幸运的是拟订好的经济计划可望在 1954 财政年度实际增加对应资金，这一点，您已经了解。如果仍不能满足因加速实施军事计划而出现的需求，我希望或者从预算中节约其他开支，或者开发其他财源，竭尽全力找到补充资金。

　负责在美受训的军官和军校学员财务管理工作的方正之少校，是我 30 日午宴席上的宾客之一。方正之对他所担负的职责相当焦虑，在场的另一位客人萧勃解释说，军官和军校学员的培训，涉及到美国当局须加以调整的许多问题。目前学员的开支大约一半由美国当局支付，其余的由我国政府负担。

　11 月 2 日，我再次会见了俞大维。他告诉我收到了严部长的一份电报，电报说，严部长尚未同驻华共同安全分署洽谈我方起草、由委员长寄给我的两个经援补充计划，因为委员长并没有授权让他同台北的驻华分署研究此事。事实上，严部长接到的命令是不要同驻华分署接触。俞表示，他也不打算像当初想的那样，把补充援助计划送交国外业务署。我表示同意，因为委员长在指示我将四份备忘录转交俞，并同他一起研究其内容，包括有争议的两项内容时，并没有要我或俞将备忘录送交国外业务署或美国军事当局。委员长的来信要求我把备忘录的抄件转交孔令傑，想来孔本人将办理此事。

俞将军认为,既然为了有利于我们计划的完成,宜由孔令傑或其他人推动此事,我们大可不必急于把我们对国会援外法的理解向美国行政当局陈说,从而同他们发生抵触。他说,他情愿把此事留给孔令傑处理,甚至像拨款委员会主席布里奇斯参议员等国会领导人,他也不想就此事再去接近他们了。他本人只提出了由于加快军事援助(装备)计划的结果而产生的平衡我们的军事预算的问题。

至于我们是否有可能从六百八十万美元的应急拨款中得到好处,俞将军说,这就全看驻华共同安全分署同我们台北政府的人就具体计划和项目取得的一致意见可能达到甚么程度。俞将军对不准严家淦同台北的驻华分署磋商一事感到吃惊。至于通用项目资金问题,俞说,美国防部的意见是,尽管百分之二十补充拨款已列入装备计划的项下,但可以将其中的一部分转作通用项目之用。当然,军事装备越多,需要的通用项目资金也越多。但我们知道,台北既想得到百分之二十的补充拨款,又想得到通用项目资金。美国防部根据对个别项目的特别申请,会把百分之二十中的一部分重新分派,作为通用项目资金,但他们建议,通过获得过剩物资的赠予方式以取得更多的援助对我们更为有利。美国已把大约价值九百万美元的毛毯、军服和军鞋无偿赠送给我们。俞将军现在的想法是,增加对应资金以利于平衡预算的最好方法,就是用六百八十万美元的应急款项购买美国剩余农产品计划中的剩余农产品,然后再到台北出售,取得地方货币,以平衡我们的预算。

两天后,俞将军告诉我,严部长再次复电,说严已见到委员长,委员长指示,俞将军仍可通过正常渠道继续设法争取援助。事实上,这和委员长给我的信中所写的情况相符。但俞将军感到,他仍不应把我转交给他的两项关于使用百分之二十补充军援的计划提出来。因为最近情况的发展已使这两项计划显得过时,例如:我国已获得过剩物资;美国国防部又已决定不将军事装备计划援款转用于通用项目计划。正如俞以前对我讲过的,他认为,任何关于改变的特殊要求,都只能是以牺牲军事装备的交运为代价。据俞讲,台北有这样一种错误的想法,即参议院拨款委员会的意思是把百分之二十的补充拨款全部用于通用项目,因此现在就应该这样来使用。但俞从出席过参议院拨款委员会全部审议会的一位美国国防部代表处了解到,该委员会没有任何人提出过这种建议。因此,我们现在不应这样解释该法。

杭立武次日来访。他事先未打招呼,所以这是出乎我的预料的。10 月 24 日,他曾从纽约给我一信,说他不久将来华府,但没说明具体日期。实际上,他写信的主要目的是把叶公超的一封私人信件转给我,让我了解叶同蓝钦大使和蔡斯将军在台北就将沿海诸岛包括在援助计划之内交换意见的情况。

叶公超在信中提到我 7 月 29 日汇报同副国务即饶伯森就同一问题交换意见的电报和 8 月 17 日汇报崔存璘随后就此事同中国科的马康卫的谈话的电报。他说,他希望把他那里取得的重要进展告诉我。

叶谈到 1953 年 8 月 12 日蓝钦大使来外交部会谈向他转达美国政府热切希望中国政府能够竭尽全力确保台湾、澎湖周围岛屿、特别是大陈岛的安全。接着,他说,当时曾就这些岛屿列入台澎保卫计划之内这一问题进行积极探讨。叶部长表示,希望美国政府认真考虑中国政府的要求,将诸岛包括在美国军事援助计划之内,并将诸岛的防卫同台湾的防卫合并成一个统一的计划。

8 月 11 日,参谋总长周至柔致函蔡斯将军,阐述了在目前的情况下,由于我国空军无法取得大陈岛地区的制空权,陆军和海军很难避免遭受大量的损伤。但为了接受美国提出的保卫大陈岛的观点,中国政府根据蔡斯将军的建议,已采取措施增加该岛的常规陆海军部队以加强其防卫力量。不过,中国政府希望美国方面考虑扩大第七舰队的防护范围,将上、下大陈岛和马祖、金门的外围诸岛包括在内。

8月27日,蔡斯在复信中转达了美国太平洋舰队司令的观点:美国正在继续加强我国空军,除此之外,美国的政策目前未作任何改变;保卫台湾、澎湖以及诸岛的安全,仍应是中国政府单方面的责任。

9月4日,蓝钦大使应胡次长之邀来外交部。他说,第七舰队的主力已从朝鲜向台湾移动,这样做的结果,第七舰队离台湾的距离减少了一半,因此在台湾海峡的巡弋次数将更加频繁。由于共方必然也会了解这一行动,蓝钦大使估计,其结果将是间接加强第七舰队对各"外围"岛屿的保护。

9月24日,第七舰队司令约瑟夫·克拉克海军中将在台湾举行的记者招待会上宣布,第七舰队的巡弋范围不包括台湾和澎湖的外围诸岛。

叶在来信的最后要求我注意上述各点,继续利用一切机会劝说、敦促美国政府同意将沿海诸岛包括在防卫台湾的安排之内。在他们那边则由他们继续努力。

这一问题事实上已在台北取得了进展。12月2日,李骏尧同我讨论他最近去台听到的某些情况时说,尼克松副总统访台同中国领导人会谈的结果,金门和大陈诸岛都已包括在美国军事援助的计划之内。驻守在诸岛的部队将由美国按台湾岛上二十一个师的同等条件进行装备。当然,这并不意味着改变第七舰队的职责,将诸岛包括在其巡逻范围之内,这只意味着扩大了援助计划的范围。

11月5日,杭立武来访。他说,他是应周以德众议员的邀请来华盛顿的。周以德不久将正式访问台北。他已见过了周以德,周以德请他转告台北,他希望单独会见委员长同他进行个别谈话,不让同行的两位国会议员参加。杭说,周以德不想通过大使馆来办这事,为的是不让此事成为官方的安排。但周以德将亲自致电台北的蓝钦大使,要求在正式的会见和招待之外给他一些自由。杭认为这是可能的。他对我讲,诺兰参议员上次拜访委员长时,即曾同他私下会谈过,未由美国大使陪同。杭还告诉我,台湾只有六十七人根据 1953 年难民救济法申请移居美国,而过去则共有二千人以上。周以德对此感到很高兴,认为这一事实说明了台湾的良好精神和旺盛的士气。

杭立武对美国政策缺乏连贯性和肯定性表示遗憾。对此,周以德也不否认。他说,欧洲的一位大使曾对他讲过,欧洲只要能确知美国半年或一年后的政策是甚么,那就有助于他的政府决定同美国合作到甚么程度。但是杭料想,美国政府在如此众多的高级官员访问并研究了台湾和远东地区之后,当会对其在远东执行甚么政策有一个决定。

11 月 11 日,曾陪同孔令傑和李骏尧返台协助安排尼克松副总统访问事宜的陈之迈来见。他刚刚回到华盛顿,并拟汇报情况。他说,尽管他和孔令傑是应召返台专为尼克松的访问进行安排的,但他感到,在尼克松访台期间,他和孔最好不在台湾。因为《报道者》杂志曾发表文章,把他两人与"中国院外活动集团"提在一起,所以他和孔令傑在 6 日、刚好在尼克松副总统抵达台湾的前两天去了日本。陈说,我发往台北的电报建议将招待副总统的宴会从简,特别是建议为避免使尼克松回想起《报道者》杂志发表的有关"中国院外活动集团"的文章,在讲话和行动上必须小心谨慎(例如在招待副总统的宴会上被文章点名的人不要出席作陪),这对政府至关重要。这一建议使政府决定,通知他(陈)和孔令傑在尼克松到来之前离开台湾。

陈汇报的第二点是,在蒋经国访美期间,由于我对他多方照顾,委员长多次请陈转告他对我的感谢。蒋将军和委员长对此行深感满意,这似乎进一步证实了我已经听到的消息。陈讲的第三点是,他受命起草了两份送交副总统的备忘录:一份是关于通用项目需要百分之二十的补充军事援助;另一份是关于远东的总的形势和共产党在远东的威胁及其可能的发展。第四点是,有些被疑为由吴国桢本人授意的报道,说吴将接替我出任驻美大使,为此,陈诚行政院长请他向我转告,此事绝非事实。第五点是,陈诚对政府在华盛顿的各机构不让使馆了解其活动,也不要使馆指导,表示不满和惊讶。陈诚认为,目前这种众多独立机构的体制,既不利于工作,又浪费钱财。采购团去年只采办了价值一万七千美元的物资,而该机构的工资及其他各项开支的总数竟超过采办物资价值许多倍。(尽管在不久前为增进效率与合作,采购团已经进行改组,但这的确是事实。)陈诚请他向我转告,应按预订计划对各独立机构进行控制和指导。

陈之迈认为,台湾不大了解这里的形势。我对他讲,陈诚行政院长在发给外交部要我知照的一份指示中,命令俞大维将军全权处理采购团的人事、财务事宜。对此我并不、也没有理由嫉妒。我自己的愿望就是能看到所做的一切工作对我们国家有利,至于谁有权处理,那无关紧要。但陈在汇报第六点时说,委员长告诉他,我应该有权过问并监督与经济、军事援助有关的各项事务,而且委员长对俞大维处理援助工作的方法表示不满。陈之迈得到的明确印象是,委员长要孔令杰处理军事援助事务,霍宝树处理经济援助事务,他们要在我的监督和指导下工作,而俞将军不久将被召回台湾。(这是很不幸的,因为我认为俞大维是在竭尽全力进行工作。但他的职位很令人眼红,他资金充足,同各部、特别是同各部部长有直接往来。我认为,他的职位对那些追求名利的人太有吸引力了。)

陈接着报告,外交部长叶公超将在解决李弥部队问题之后,于12月的某一时期访美。今年年初,西班牙外交部长访问过台湾;此次叶部长访美,只是他在正式回访西班牙的途中在美国作暂短的停留。陈汇报的最后两点是:(1)委员长询问过黄仁泉是何时离开大使馆的,并且说大使馆可以重新将黄列入使馆的编制;(2)蒋夫人请他(陈)劝说孔令杰在我的指导下继续为争取美国援助而工作,并从俞将军手中把此事全盘接过来,然而,据陈讲,他知道孔宁肯以个人名义做买卖,为自己赚点钱,而不想继续为政府效力。13日，我设午宴，宾客中有俞大维。他告诉我，周以德议员在起程出访远东之前曾会见过他。他从周以德处了解到计划外的六百八十万美元将拨给中国；如果我们提出一份可以接受的正当计划，另外的五百万美元也"很有可能"拨给中国。我向他打听百分之二十的补充军事援助用于通用项目的使用问题。他说，美国国防部尚未做出决定。但他仍然认为，我们可以选择的最佳途径首先是利用过剩物资计划，只有在极端需要而又发现过剩物资和剩余农产品渠道都毫无希望时，才要求把这笔补充援助由军事装备计划转作他用。

俞对我们准备如何使用六百八十万美元的经济援助和百分之二十用于通用项目的计划做了一番分析，他的分析表明，准备好的计划已经过时，前者应该修改，后者应该更正。例如，通讯部队装备，实际属于军事装备计划，机床，需经过仔细研究方能明确应属于哪一类，但棉花肯定不属于通用项目。我建议他应向台北、特别应向参谋总长周至柔、蒋总统，以及严部长和陈诚行政院长拍电报，汇报他向我分析的情况。我同意他对问题的分析。他答应把他建议修改的副本和发往台北的建议电报副本各给我一份。

李骏尧于13日从台北返回华盛顿的，17日来访，汇报返台的情况。他说，陈之迈所说的，突然撤销返台命令并不确切。他告诉我，委员长把他们，也就是孔令杰、陈之迈和李骏尧召回台北的命令在外交部耽搁了三天才发出。接着，不要他们返台的命令又被外交部耽搁，直到他们抵达台湾后才发出。叶公超认为外交部可以照料尼克松副总统访台的一切事宜，所以他坦率地表示对他们三人返台很不愉快，认为没有理由浪费这么多外汇。在叶看来，召回这三个人就意味着外交部和台北的其他机构无法处理尼克松的来访工作。李相信最初的命令是蒋夫人打电话通知叶公超的，显然委员长并不知道。

我同他谈起我发出的接待计划应该从简的电报，李说，电报和命令他们不要返台毫无关系。他说,实际上在 11 月 8 日副总统到达台北之前就命令他们到日本去,等待进一步指示,是否需要他们的协助。接着,在 11 月 11 日他们收到电话指示,返回美国。

李说,他把叶公超的说法向蒋夫人做了汇报,她很不高兴,说原先是委员长让她给叶去电话的。蒋委员长对他、陈和孔说,既然来了也就来了。但当孔向他发牢骚时,委员长也解释不清为什么突然命令他们返台,而后又突然命令取消返台。

谈话接着转入另一个题目,李说,委员长对俞大维在这里处理军事援助的方式感到不快,看来是倾向于让孔令傑在我的指导下处理此事。李向行政院长陈诚汇报俞大维在处理美援事务中不让我了解情况时,陈诚对此感到吃惊,并表示我应对军援事务负起更多的责任。李同时谈到他曾和委员长谈到双橡园年久失修的情况,说修理费要十万美元。委员长感到大吃一惊,并说这笔修理费用应由外交部提供。我对李骏尧讲,修理是必要的,但修理费用不到那么多。

当李仍在我处时,俞大维打来电话,说美国国防部做出了如下决定:

(1)我方需要的通用项目物资可先从"过剩物资"中提供,并让我方尽快提出一份这些项目的明细表。

(2)那些从"过剩物资"中得不到的物资可以进行研究,看能否按"剩余物资"程序获得,当然,这需要经过一个宣布为"剩余物资"的程序和一个名义上的购价。但这种程序必然要经过很长时间,因为要由各部队清点库存,然后才能宣布甚么物资属于"剩余物资"。

(3)如果上述两种来源仍不能满足对某些物资的需求,那就再从军事装备计划中提出必要的款项转用于通用项目。

当天晚上,孔令傑来双橡园。我交给他两份台北国防部关于一千一百八十万美元经济援助和百分之二十(五千一百万美元)

通用计划的修改建议。他说,他强烈地感到此事应留给俞大维处理,理由有二:首先,如果不是原则问题或政策问题,他不想冒犯任何人,尤其不想得罪俞将军。其次,可以预见,出于绝对的必需而且由于共和党决心减少预算、节约开支,明年的对华援助和对其他国家的援助肯定都要削减,而台北却仍指望增加援助。

我说,他这一年的工作很有成效。我也认识到工作对他是多么难以应付,不过他可以从总的方面过问与经济和军事援助有关的问题,以及美国朋友对这些问题的一般态度,而把细节留给那些指定负责此项工作的人去处理。其实,这就是台北的想法,让他帮助我多做美国国会方面的工作,并多接触一些人。然而,他说,利用私人友谊是有限度的,他感到,他已经充分利用了去年大选之前,甚至在共和党竞选运动开始和发表竞选纲领之前,就同共和党朋友建立起来的私人友谊。

他感到原子能及其在工业生产和交通运输上的应用有着远大的前景。他表示想一生从事这种工作,这种工作经过一段时间可以给他产生出具体的成果;而担任公职,会使他毕生毫无成就。我尽力鼓励他继续担任公职。我告诉他,我已同爱尔兰大使联系过,大使愿意为我了解一下爱尔兰政府是否有意同国民党中国建立正式联系。我想,就像孔曾说过的那样,在爱尔兰很便于观察英格兰发生的事件。果然不出我所料,他表示愿意出任驻爱尔兰公使,并希望我能够在适当的时候推荐他。这个主意不坏。

大约在一周之后,我和俞大维又有过一次私人谈话。他来访的目的是为了让我看一份行政院长陈诚的来电。电文说,总统指示要他返台,有事磋商,并要求他报告启程日期。俞不晓得是何缘故,但我猜想大约同军援事宜有关。我说,据我所知,蒋总统曾交给尼克松副总统两份备忘录,其中有一份专门涉及到美国援助,特别是军事援助和需要增加通用项目援款。我补充说,我本人并没有收到这些备忘录的抄件。

我告诉他,我收到了一份报告,说下个财政年度美国对华援助、包括经济和军事援助,将削减到约三亿美元。但我正在核实此项报告,所以尚未向台北汇报。俞也相信美国的援助肯定会削减;就军事援助而言,削减是很自然的,因为军援是一项以多年方可完成的计划为基础的援助。他希望不要削减经济援助计划,特别是美国还没有同意或接受我们的四年工业发展计划,而我们则仍然需要这类援助。

两天之后,我和霍宝树简短的谈过一次话。我希望他能在大使馆下周的会议上就某一专题做一个报告。据他了解,美国正在把价值五百万美元的农产品拨给中国,由一千五百万美元的海外采购资金中支付。

12月9日,我会见了空军参谋长徐焕升少将率领的一批空军军官。两周之前我收到一份报告,说他们将来华盛顿停留三天。他们来访时报告已经于那天早晨到达。徐将军说,他们来美国的目的是参观美国空军设施,包括空军军官学校和空军供应基地。他们根据美国空军当局制定的日程,参观了约十一个地方,受到不同程度的招待和欢迎。在第二次世界大战或其他时期到过中国的美国人表现得格外友好,有些人甚至特意前来欢迎并款待他们。徐自己虽然初次访问美国,但在第二次世界大战时,他曾任驻柏林和莫斯科的空军武官,并担任过中美空军混合团副司令。

第二天晚上,我举行宴会欢迎徐少将及其一行,并邀请一些美国朋友参加。来宾中有新任助理国务卿帮办庄莱德,国务院的马康卫和刘易斯,国外业务署的罗伯特·莫耶,托马斯·怀特将军和查尔斯·斯通第三中将,美空军副参谋长小埃米特·奥唐奈中将,退役陆军准将小汉塞尔,埃克特少将和芒迪中将,奥哈拉准将和格里蒂准将,以及一些级别较低的空军军官。所有出席宴会的人似乎都很满意。怀特将军对我说,他常常发现日本人羞怯而且冷淡,但总是喜欢参加中国人的宴会。他对我举办宴会的方式大加恭维。我告诉他,我们中国人同美国人一样有一种幽默感,正是这种幽默感才使我们对待生活富于哲理。怀特将军说,这也是美国人的人生哲学。后来我同庄莱德进行长谈。他是中国的伟大朋友,后被派到台北任美国大使。我们聊了聊他曾出席过的百慕大会议。

12月14日,我到美军事空运局机场去迎接出访归来的尼克松副总统和夫人。尽管他们刚刚经过长途跋涉,但看起来精神和体力都很好。到机场迎接副总统和夫人的有代理国务卿比德尔·史密斯、副国务卿饶伯森、司法部长布劳内尔、前缅因州参议员布鲁斯特,以及尼克松副总统和夫人出访各国的驻外使节(印度和澳大利亚大使除外)。副总统夫人在同我握手时悄悄对我说,经过连续不断的旅行,她确实十分疲倦,真想稍微休息一下。同往常一样,一群摄影记者和报社记者和电台记者也到机场为副总统拍照,并通过话筒为尼克松副总统的讲话录音。副总统的讲话说这次出访看到在各国人民中间洋溢着对美国的友谊。

下午,我接待了徐焕升少将的来访。他向我汇报了同美国国防部接触以及同与空军补给和一般军事援助有关各部门首脑举行的简要情况介绍的情形。徐原来打算拜访空军参谋长特文宁将军,但发现特文宁正忙于会议,所以由副参谋长托马斯·怀特将军接见他,至于那次简要情况介绍的会,徐说,会议由一位上校主持。他在会上提出许多问题,包括:(1)中国空军使用的设备在美国已经停产或不再使用,怎样获得这种设备的零件;(2)如何增加为驾驶 F-84 喷气飞机等新式装备而培训的学员人数;这种飞机今年 6 月即开始交付。徐将军向我秘密解释说,美空军希望把培训学员的人数限制在根据批准的计划已拨给或将拨给我方的新设备所实际需要的范围之内,但我们希望培训更多的空勤人员,为开始解放大陆那一天做准备。

晚上,我举行宴会为见多识广、经验丰富的阿尔维诺·赛西普老先生的来访接风。赛西普先生是一位华人,祖居福建,后来成了菲律宾公民。他一直在菲律宾经商,为他本人和家庭积攒了数目相当可观的财产。他还是位慈善家,在菲律宾国内和其他地

方,他都是一位公认的菲律宾华人社会的领袖

赛西普告诉我,他见到了饶伯森、参议员诺兰、众议院议长马丁、本杰明·科恩大使和夫人。所有这些会见,都是由菲律宾著名新闻记者维拉明安排的。他曾对他们说,美国必须在远东采取明确的政策,否则亚洲各国会继续感到混乱,并对美国在亚洲的意图产生怀疑。为确保亚洲的安全,美国必须帮助国民党中国收复大陆。这是世界和平的关键。他主张美国应在远东采取强硬政策,因为让台湾最终落入北平之手,就意味着失去了分散在世界各地的一千二百万华侨的同情与支持。他说,目前海外侨胞很想从财政上帮助国民党中国,但发觉他们的居住国对外汇的限制十分严格,这就限制了他们向外汇款。他向助理国务卿建议由美国帮点忙,和这些亚洲国家政府商定,从对他们的援助计划中退还这种外汇。美国为军事和经济使团以及建立空军基地所花费的美元是一笔很大的美元支出。就日本而言,他说,如果日本和台湾合作,各地的华侨社团可以用他们的贸易向日本政府担保;用这种方法帮助中国。如果日本不同台湾合作,华侨界可以抵制日货,而日货肯定是需要东南亚市场的。(日本在很大程度上依赖同东南亚各国进行贸易,它同这些国家的贸易额很大。)赛西普甚至建议,光复行动开始时,他将和朋友们商量,成立一支由美国装备和供应的华侨部队。

众议院议长马丁曾告诉赛西普说,他对杜勒斯领导下的国务院并不满意,认为比艾奇逊的国务院强不了多少,杜勒斯在红色中国问题上对盟国太软弱。麦克阿瑟曾告诉赛西普,没有人同他商量过远东问题。我认为这是实情。赛西普还了解到,国会共和党领袖们曾提议派麦克阿瑟作特使,代表美国政府出访远东和其他亚洲国家。作为对此建议的答复,艾森豪威尔总统派了尼克松副总统访问远东。(艾森豪威尔总统不同意任命麦克阿瑟代表政府出访,或许有他的顾忌和理由。但为了表示对共和党国会领袖们的建议还感兴趣,才派尼克松代替麦克阿瑟访问远东。)

赛西普递给我一份如何促进在美国宣传中国的备忘录副本。他在台北曾把这份备忘录呈送蒋夫人。该备忘录是由麦克阿瑟的前空军副官、现在的邦纳·费勒斯联合公司的负责人邦纳·费勒斯准备的。

雷德福海军上将和夫人出席了助理国务卿饶伯森12月11日在布莱尔大厦举行的招待会，我也在场。雷德福上将告诉我，他不久即将访台，12月27日在台湾逗留一天，同蒋委员长和蒋夫人会谈。后来，大使馆的谭绍华打电话报告，雷德福刚刚向他证实了国务院的马康卫介绍的情况，即饶伯森将随同雷德福一起访问台湾。因此，我致电外交部，通知他们雷德福等即将访台。顾毓瑞14日报告，雷德福肯定于19日从美国启程，26日抵达台湾，27日离台赴香港。由于对他们的日程安排有些不清，而且对饶伯森是否随海军上将一起访台的情况还不了解，我给饶伯森办公室打了电话，一方面想明确了解他们的起程日期，另一方面想为次日拜访饶伯森做好安排。

第二天早晨，到了饶伯森办公室，我发现同往常一样，马康卫也在场。寒暄一阵之后，我向饶伯森解释说，由于了解到他将在今年年底同雷德福海军上将一起访问台北，我想打听一下他是否要提出某些具体的问题同中国政府讨论。我说，虽然昨天他通过电话向我表明他是否访台尚不肯定，但我希望他做出访台的明确决定，并想请他相信，他在台北将受到最友好的欢迎。接着，我补充说，从雷德福海军上将处了解到，访问团一行将在12月27日到达台北，并在那里逗留一天。

饶伯森说，访问团将在台湾停留一天一夜，但他不能肯定到达台湾的具体日期。

马康卫证实，代表团抵达台湾的日期将是12月27日。

饶伯森说，当他考虑出访活动时，他觉得有许多积压的工作需要处理，并且，在圣诞节前，他还有许多私事要办，因此，他很难于此时离开美国。饶伯森夫人当然也不能去，因为，像他本人一样,她也认为在一年一度的圣诞节合家团聚是件大事。饶伯森对岳母极为孝顺,每年都期待着四世同堂欢度圣诞节。

我说,圣诞节是个愉快的传统节日,饶伯森先生想保留这一传统,当然十分正确,但我认为让台湾事先了解他访台打算提出哪些问题,可能很有益处。

饶伯森说,他打算同蒋委员长作一次一般性谈话,届时蒋委员长可能会提出某些问题。同时,他认为,延长"民用航空公司"许可证是件好事,希望中国政府能这样做。

我问道,他指的是否是陈纳德将军的"民用航空公司"。

他回答说是,接着阐述了他的观点。他说,台湾需要美国私人资本来帮助发展其工业。为了吸收私人资本,就必须保证私人资本的安全,否则资本就不会源源而来。这一点,对任何需要国外私人资本以求发展的国家都适用。

我说,我对饶伯森先生提出的高见十分感谢,因为他在投资银行界做过许多工作,唯有他才最了解必须满足哪些要求才能吸引私人资本。

饶伯森说,投资银行业确是他过去的老本行。

我们又讨论了一些其他问题,接着,我把话题又转回到饶伯森准备访台的计划上,并希望一旦他做出明确的决定就通知我。

饶伯森说,他希望在当天晚上能够做出最后的决定。

马康卫在送我出来时说,如果饶伯森先生当天晚上不能把决定直接通知我,他会给谭博士家打电话,这样我可以马上了解饶伯森先生的决定。结果,饶伯森的决定是不准备访台。

第二天中午,柳上校就拟议中的雷德福海军上将远东之行和访问台北一事做了汇报。他交给我一封经他签名准备由我审批的信件,以参谋总长周至柔和夫人的名义对美国参谋长联席会议主席雷德福海军上将及其夫人表示欢迎,因为周将军刚刚给柳上校来电,要他照此办理。

俞大维12月21日从台湾回到美国,22日即来访晤谈。俞偷偷告诉我,委员长有这样一种印象:认为他和我在处理援助问题上,不像所想象的那样积极有力。俞还说,别人(孔令傑)靠坚持不懈的努力,可能得到委员长想要得到的东西。(这同孔令傑以前所讲的情况不一样,孔说,委员长是对俞而不是对我不满。)俞还说,他不想谈论反对他的人怎样背地里在委员长面前进谗言。很明显,此人就是孔令傑。但他对这种背后中伤采取不予理睬的策略。他说,他在重庆政府供职时,孔祥熙博士待他甚厚,所以他唯一的愿望就是以德报德。既然他不可能以任何方法报答孔博士的恩情,他只能用好好对待孔的儿子孔令傑来作为回报。(这是一种中国传统的感情。)俞还说,他发现虽然台湾的经济形势比他年初回台时大有好转,部队也较前强大,但士气则不如那时高。

同一天,我接待了一批台湾政府各部门,包括一些政府所有或经营的工业企业的会计师。他们前来向我表示敬意。据他们讲,他们是在国外业务署的赞助下来美国学习最新会计方法的。几天前,我还接见了台湾省议会的薛先生。他是在国外业务署的赞助和安排下来美研究立法程序,特别是美国州立法程序的。薛来拜访,是想听听我对他此行有何建议。他曾在台南担任过两年县长,是一位聪敏、有前途、有责任心的年轻人。

从 1951 年开始,我的日记记录下类似这种访问的次数日益增多,这表明美国经济援助的程度和性质。我在华盛顿时常对美国朋友讲,由美国开始所做的这一切,乃至这种不管是发达国家或发展中国家都提供援助的观念,在世界上都是史无前例的。殖民主义列强只考虑如何扩大并促进本国的福利,并以牺牲殖民地和不如他们发达的其他地区的利益为代价为自己谋求更多的利益。相比之下,美国的援助政策,乃是立足于深思熟虑、缜密推断的极富有远见的政策。从表面来看,这种援助本身确实是对别国人民的直接援助,特别是因为这些国家非常需要这种援助以便在各个领域得到发展;但与此同时,援助国也是得到了明显的好处。美国的经济和国家安全,并不能完全依靠自己。就安全而言,其他国家的合作和支持是必不可少的;至于发展经济,美国也需要其他国家能够生产出更多的产品、售出更多的东西,以促进世界经济的发展。

1954年1月5日晚,我出席了罗伯特·卡尼海军上将和夫人在海军气象台举行的宴会。卡尼夫人穿着一件漂亮的淡蓝色苏绣中式上衣,配上她那银灰色的秀发和白嫩的皮肤,显得格外动人。她告诉我,这件上衣是她最近访问台北时,周至柔夫人送给她的礼物,是用一个下午的工夫做成的。当她看到衣料时,她说她真希望当天在周将军举行的晚宴上能穿上这件上衣。就这样,衣服做成了。她对我们能这么快地做成一件上衣的本领惊叹不已。

卡尼告诉我,参观台湾的武装部队,特别看到新培训的海军陆战队,给他留下了深刻的印象。他对另一位客人、陆军部长史蒂文斯强调说,如果中国的海军陆战队的装备能和美国海军陆战队一样精良、充分,一旦有事,他们会和美国海军陆战队一样很好地完成任务。他告诉史蒂文斯,他在一次两栖作战演习时所看到的情景。一艘登陆艇不知发生了甚么故障,倾覆在水中。但艇内的海军陆战队士兵毫无困难地趟过没膝深的海水登上海滩,所带步枪毫无损失。更让他吃惊的是,士兵们毫无倦意,立刻按计划向前冲击。史蒂文斯也对我说,他也将有三周远东之行(主要去朝鲜),并将访问台湾。他答应,一旦确定出访,就让我知道。我请他相信,他在台北会受到友好的接待,并告诉他,我要事先给台北去电报。

第二天,准备返台的江杓将军前来拜访,我接待了他。台北曾要他回去进行磋商。他认为,陈诚行政院长和蒋委员长是要他回台湾担任其他职务。但是他说,作为一个职业工程师,他不想担任政治性的职务,而只想自己从事工程技术工作。他谦逊地说,作为行政院驻美采购服务团的负责人,他没有作出甚么成绩,只不过在组建该团和为以后有条不紊地进行工作树立模式方面,做出一点贡献而已。

曾在江杓领导下工作、后来接替江杓担任采购服务团主任的夏勤铎,大约两周后前来告别。夏先生是一位石油专家,他准备返台商讨关于订立海湾石油公司贷款合同的事,使高雄炼油厂现代化;以便我国能生产更多的对外出口特别是对日本和东南亚出口的精炼产品,以获外汇。这项合同是美国对台第一个私人投资项目。当时,我国的炼油厂只可提炼辛烷值为八十的石油,但飞机需要的辛烷值是一百一十至一百三十,还得以高价从国外进口,这在外汇的账目上是一项费用很大的项目。夏先生说,我们生产一加仑汽油,包括从中东进口原油的成本在内,只须花费七分钱。

夏先生还说,申克博士在台中打井采油的计划在经济上不很成功,因为钻井是在高山的斜坡上进行的。(申克博士是国外业务署的负责人。)但是专家们相信,如果在台湾岛西部较平坦地区钻井,预料结果会好些。目前我们的炼油厂每天生产七千加仑汽油,全部用于当地需要。而在共产党占领大陆之前,玉门油田每天生产六千加仑汽油。他说,他知道,玉门油田是我创办的。但玉门油田的主要问题是铺设输油管道,把石油送到长江流域的问题。

后来,在2月末,香港的朱明堂来访,谈到另一个美国私人企业可能到台投资的问题。他有两个美国朋友有意在台湾投资兴办一家生产盘尼西林的工厂,产品可供部队使用,在当地出售,最终可出口到东南亚市场。朱明堂请我接见他们。他说,此事已同国外业务署谈过,该署以同情的态度听了他们的想法;但说,动用分配给卫生和其他用途的款项,须得到中国政府的同意才行,因此,这事要由中国政府决定。

我同意同他的美国朋友谈谈。第二天,朱明堂同威廉·斯托克和欧文·斯帕尼尔一道来见我。他们谈到打算在台湾投资生产盘尼西林,并说很想了解中国政府的态度,同时希望我们能迅速给以答复。我告诉他们,这一想法,原则上会受到台北的欢迎,因为我们愿意鼓励美国私人在台湾投资。但就他们所要兴办的这个企业来说,需要和中国政府的各有关部门进行研究,所以可能要一个月左右方能给予明确的答复。他们希望能在一周或十天之内听到我方答复,但时间这样短,恐怕很难实现。他们还想把部分利润(据他们讲,数目相当可观)捐献给中国陆军或用于中国政府指定的其他用途。我说,这个问题在台北政府原则上同意了他们的建议之后,也还需要同政府研究。大使馆没有条件和他们讨论签订合同的问题。

1954 年 1 月 7 日,我到国会参、众两院联席会议去听艾森豪威尔总统的国情咨文。会上,我发现与会者的人数如此之多,以致为了把位子留给外交使团的大使和应邀出席会议的特约来宾们,有些参议员和众议员只得站着。由于我在出席会议之前看过发给报纸的新闻稿,所以总统的咨文内容都在我意料之中;但在总统读到美国将继续在经济、军事上援助中国国民政府这句话,全场立即爆发出热烈的掌声时,我感到异常的高兴,这一场面给我留下了深刻的印象。美国从经济和军事两方面进行援助的国家,除中华民国外,总统没有特别提到其他国家。当总统宣布,对那些经法院判定犯有阴谋用暴力和武力推翻美国政府罪行的共产党人,政府的政策是建议剥夺其美国公民的权利时,全场又爆发出同样热烈的掌声。

后来,几位外交界同仁就艾森豪威尔总统宣布美国将继续援助台湾向我表示祝贺。土耳其和意大利大使评论说,我对此一定非常满意。几周后,爱尔兰大使赫恩先生来访时说,当听到美国总统宣布继续向中国国民政府提供经济、军事援助时场内立即爆发出热烈的掌声,真是令人鼓舞。他注意到当时的掌声是他所听到过的最热烈的掌声之一,他已把此事汇报给爱尔兰政府。

大约两周之后,俞大维来访,告知同国外业务署的莫耶以及美国国防部的斯图尔特将军会谈的情况。莫耶劝我们不必把一千一百八十万美元经济援助中的那五百万强调得过分重要,因为这笔款业已拨给印度支那,并且已经花用了。他说,对我们来说,最好是另外提出一项要求更多援助的申请,如果能提出一个可行的方案,必将得到认真的考虑。谈到由于美国加速提供军援装备,使台北增加开支、造成预算赤字这一主要问题时,俞将军指出,此事主要是个政治问题。因此,他已说服了台北,明智的做法是邀请美国一个专家小组同我国各个主管部门和机构共同探讨解决这一问题的最佳方案。他说,如果我们不提出要求,国外业务署也会派人来,只是在那种情况下,他还得秘密地向该署汇报。俞又说,史塔生愿意接受我们的建议,使莫耶既高兴又吃惊。入选的这批专家中有一位税务专家、一位财政专家和一位经济专家。据俞讲,重要的是不要将此事过分声张,应避免使用类似使团之类的响亮的名称。他还了解到,我们应该规定美国专家小组的研究范围,这些专家在台湾停留的时间,则由他们根据需要自行决定,而且国外业务署并没有增加任何援助。

当俞大维向斯图尔特谈到军事援助和鉴于我方出现财政赤字需要扩大通用项目资金时,斯图尔特说,美国的预算工作已经结束,再对预算作任何修改已为时太晚,但在制订1954年的交付安排时,要把这一问题考虑在内。要将1951、1952和1953三年中尚未交付的项目归并在一起,在1954年度(1953至1954)的交付计划中列为优先。由于美国认为需要更新一大批飞机,所以原先考虑的五个喷气机大队,现在实际上变成只有四个大队了。

俞还谈到,由于我们需要更多的通用项目援款,蔡斯批评并反对为双十节军事表演拨款。他认为毫无必要。委员长对蔡斯的批评很不高兴,指示叶部长向蓝钦大使提出抗议。但蔡斯解释说,他并不想干涉中国的内部事务,然而军事表演会使预算更难以平衡。双十节举行给人印象深刻的优秀军事表演,会在人民中产生十分重要的影响,很明显,蔡斯对这种心理作用并不十分理解。

美国国务院电话邀请我们于 1 月 22 日去旁听艾森豪威尔总统的经济顾问委员会主席对下一年度美国对外经济政策的报告。我委派霍宝树和崔存璘去参加。事后他们向我汇报说，克拉伦斯·蓝德尔主席解释说，对外经济政策虽是美国的内政，同时也是受援国关心的事情。的确如此。报告的主要内容是：(1)对外经济援助除少数个别地区——他提到的有国民党中国、朝鲜和印度支那——之外，原则上应予停止；(2)以后的军事援助应集中在双边军事问题上；(3)美国对那些想发展和提高生活水平的国家提出的非军事援助，应采取技术援助和第四点计划援助的方式。前一天艾森豪威尔总统的经济报告说，美国对台湾的援助是要帮助台湾增强实力并保证其安全；而蓝德尔的报告则说，美国援助的目的是为了继续帮助台湾保卫该岛。

在周以德议员的要求下，我派陈之迈去见他。果然和我料想的一样，陈之迈在 23 日汇报说，此事与毛邦初案件的某一方面有关，因为他涉及到李宗仁将军。但是，陈之迈同周以德还讨论了很多中美关系方面的实质问题，如美国承认共产党中国和美国援助自由中国问题。在讨论后一个问题时，陈认为，重要的不是援助的数量，而是我们对更大援助的计划提供合理的论证的能力。陈的这一观点和我相同，周以德对此也表示完全同意。听到艾森豪威尔总统在国会演说，宣布继续对中国国民政府提供经济及军事援助时，全场爆发出热烈的掌声，也给周以德留下深刻的印象。在谈到我们处理援助问题的方法时，周以德告诉陈，俞将军一直同他并通过他的安排和哈罗德·史塔生会面，并且表明，俞是一位对国会报告的细心阅读者。但是这些报告在谈到援华数额时所说的数目并无关紧要，真正重要的是最后通过的法案能够对华提供多少援助。至于分配给台湾的数目，最好是以中国的合理需要为依据，而不要以国会委员会原先打算援助的数目为依据。(这个意见十分中肯。)所以周以德认为一再要求得到一千一百八十万美元对印支和中国紧急援款中的五百万美元，无论对俞将军还是对我们来说都不是上策。这五百万美元已用于印度支那了，再想得到，已不可能；而另外的六百八十万美元，现在已经交给了台湾。

1月26日，伊拉克新任驻美大使来使馆进行礼节性拜访，我接见了他。交谈中，他问到中国国民党部队能否光复大陆，以及美国对此是否表示支持。我说，美国对台政策似乎仍是支持中国政府保卫台湾岛，它还没有采取积极支持台湾政府以武力光复大陆的立场。然而，我希望经过一定的时间，美国政府会做出这样的决策，因为中国大陆是亚洲安全的关键，而亚洲的自由对太平洋和美国乃至整个自由世界的安全都是至关重要的。大使沙班达尔博士接着谈到，他本人也不理解美国的政策，并回顾了美国中东政策的某些问题。这些问题表明，美国的中东政策目光短浅，而且自相矛盾。

2月5日蒲立德来访，我请他谈谈对我们重返大陆的前景有何真实的看法。他说，台北人人皆为反攻大陆而祈祷，群情高昂，部队士气旺盛。但他相信，委员长十分明白，除非爆发全面战争，否则单靠国民党部队绝非大陆共产党人的对手。只有爆发全面战争时，美国才感到有义务支持国民党部队进攻中国大陆。而没有这样的支持，反攻大陆是不可能的。

几天后，俞大维来访，报告他在纽约见到了魏德迈。俞很坦率地请他谈谈对我们打算光复大陆的看法，以及美国支持此举的前景。魏德迈说，他反对台湾在没有得到美国海、空军支援的保证下反攻大陆的任何企图。魏德迈说，没有这种保证，我们的后勤供应问题就无法解决。如果我们失败了，甚至就连台湾也将难保。依魏德迈之见，在美国没有保证提供后勤支援的情况下，国民政府入侵大陆的任何尝试就完全是一场赌博。但他同意我们占领海南岛，作为以后在广东沿海建立滩头阵地的跳板，并对共产党部队实现其印度支那计划造成一个压力点。俞说，陪同尼克松副总统访台的陆军参谋部计划处处长保罗·卡拉韦将军则强烈反对占领海南岛,他的意见是,这一尝试需五到七个师的兵力方可完成。即使攻取海南岛获得成功,由于台湾中国政府可以调遣的商船吨位为数甚微,占领部队的供应仍然是个极大的问题。

俞大维还拜会了远东空军司令韦兰少将,并同他讨论了区分和确定空中保卫政策的困难性。台湾和大陆隔海相距九十英里,在这种情况下,一架喷气式敌机能在十分钟内飞到台湾发动攻击。因此,有效的防卫圈必须深入大陆内地相当一段距离,否则台湾就无法进行空中防卫,敌方空军能在几分钟内摧毁岛上的工业和军事中心。

当话题转到其他问题时,俞说,卡拉韦告诉他,不久前收到一份计划,要改组和装备中国陆军以加强其实力,但至今还没有对该计划进行研究。俞还说,他见到了委员长同尼克松副总统在台北的谈话纪录,共四份。记录的篇幅甚长,他只能浏览一下其中较重要的部分。委员长曾要俞大维读一下,并提出他的意见。俞告诉委员长,在这一类的会谈中,把问题集中限制在政策和目标范围之内而不谈细节,会更为有效。细节可以留给执行政策决定的下属去考虑,尤其是细节很容易随着未来发生的事件和形势的发展而变化,例如敌人的计划的改变之类。(这个观点十分正确。我真希望俞大维有机会在蒋委员长同尼克松会谈之前就将这一想法告诉委员长。)俞觉得奇怪,为什么委员长要他负责军援事宜,并指示孔令傑不要插手干预此事。这是个新发展。俞问我,蒋委员长这样做是何道理,但是十分明显,他对委员长的这一指示感到高兴。

当天下午接着来访的是衣复恩上校。他刚随空军部负责共同安全的助理部长奥哈拉将军访台归来。衣上校在汇报台湾之行时说,委员长让他就美国对华态度谈谈他的看法。衣坦率地告诉委员长,台湾对全局的看法,对美国对华的态度以及重返大陆的计划都太主观,太不现实。美国作为自由世界公认的领袖,与台湾不同,它不能只为台湾而考虑台湾,它必须考虑世界的全面局势。衣上校感到,台湾人太过于一厢情愿而看不见华盛顿眼中的现实。衣的看法十分正确。

几个月前(1953年11月),住在纽约的一位政界元老钮永建来访,他对我说,要从历史和全球的观点看待反攻大陆问题。他在回答我的问题时说,孙中山先生逝世后,党内第一个看到俄国对中国安全所构成的巨大威胁的重要人物是他的同事和老朋友吴稚晖(敬恒)先生。三十年前,吴先生就看到这一点,并提请党的领袖们注意。孙中山先生本人也曾说过,俄国的领土从三方面包围着中国,西伯利亚如若不归还中国,中国就永远有被俄国征服的危险。钮说,今天这种危险比以往更加明显。苏俄正在追求并企图通过其傀儡——红色中国,得到东南亚的战略物资。因此,解放大陆只是第一步;为了中华民族的生存,我们必须勇敢地正视俄国的威胁,而且想逃避也是不可能的。

钮永建认为,尽管人们在说,1956年将是关键性的一年,委员长则认为1954年将在远东看到许多国际形势的新发展,美国将不得不做出决定。钮自己看不出有任何成功地解决朝鲜问题的希望。他说,朝鲜会议失败将使局势恶化并进入采取行动的决定阶段。他认为,艾森豪威尔总统作为军人和战略家,必然会看到,随着时间的推移,俄国会变得更加强大。因此,他会及时地对挽救自由世界做出决定。钮说,委员长明确相信,由于共产党在板门店会谈毫不妥协,远东的国际形势会日趋恶化,因此,中国光复大陆的举动必须同总的国际形势相配合。

2月9日,新任国外业务署驻华共同安全分署采购贸易处处长雷金纳德·丘特尔先生来使馆作礼节性拜访。丘特尔曾在台北任经济合作署进口管制顾问。他说将回台湾任贸易顾问。他在中国官场中有许多朋友。他很喜欢中国人和台北的生活。我从另一消息来源得到最后的证实,国外业务署署长哈罗德·史塔生下周将访台,就美援事宜同政府谈判,并会见在台北负责援助事务的美方文职和军职官员。

海军作战部部长卡尼海军上将是前几个月中美国访问远东（其中包括台湾）地区的大批文武官员之一。1953 年 11 月 19 日卡尼上将访台归来时，举行过一次记者招待会，宣布将把两艘驱逐舰交给中国，而不是为大陆作战所急需的两栖作战舰艇。另一方面，他还宣称进攻大陆的日期应由中国政府决定。虽然台湾军队在武器装备的训练方面仍有差距，但已取得良好的进步。然而，值得人们感兴趣的另一声明是，卡尼上将声称，将向印度支那提供两栖作战舰艇，因为同越盟部队在浅水区作战，更需这种装备。

关于卡尼上将的声明中所说的要将两艘驱逐舰移交给中国一事的计划，我已听说，事实是，11 月 14 日，我的海军武官柳上校为此事曾专程来访，就派到美国受训数月，然后接收两艘驱逐舰的四百五十名学员的情况作了汇报。

柳还汇报说，他接到海军总司令马上将的来信，请我在明年年初正式接收驱逐舰的仪式上任首席代表，柳任副代表。

随后出现个小问题，因为从技术上讲，驱逐舰是租借给我们的，租期为五年。但台北（即马上将），希望美国毫无保留地把驱逐舰赠送给我国。在 1 月 2 日的午宴上，我把马上将的这一愿望向来宾杜威·萧特议员试探。萧特同我的看法完全一致，他说，"租"仅仅是把舰只移交给我国的一种方便的讲法，美国当然无意再要回去。用这个词不过是个"烟幕弹"而已。他劝我千万不要向国防部提出这个问题，这太不值得。但我明白，台北对此事还难于理解。

萧特是众议院军事委员会主席。正是该委员会主动提出动议才根据第一八八号公法将两艘驱逐舰移交给中国。我同萧特此番谈话是在 1 月 2 日为欢迎蒋纬国将军而举行的午宴上。纬国从利文沃恩堡军事学院来华盛顿度假。出席宴会的三十位宾客中有萧特先生和夫人，还有诺兰参议员和夫人、哈罗德·克雷德上校和夫人（上校是新任驻台空军武官，即将赴台就任。几天前,他曾来访)以及安斯伯里先生和夫人。

1月14日,柳上校汇报说,他已问过美海军部是否不久就派人把移交驱逐舰的邀请信送给我。据他了解,国务院将为此事直接给我来信,发出邀请。19日,柳上校带给我一份蓝钦大使就美国向中国政府移交两艘驱逐舰之事同叶公超交换的照会草稿副本,照会注明,移交日期预定为1953年12月某日。照会写明移交给我方的两艘驱逐舰是"借给"我方的,借船的细节全部记载得清清楚楚。柳当时曾向美海军部询问,据负责官员答复,此事在台北已经决定,外交部同美国大使在台北交换过照会。至于应采取何种移交仪式,据说正在同国务院研究,或者将采取政府间的仪式,或为军队间的仪式。如果是按前者,国务院将任命同中国大使官职相等的适当人选。后来,我请崔存璘到美国国务院去打听两点——双方同意的决定和移交仪式的性质。关于此事在台北的最新进展,外交部不曾通知大使馆,中国海军司令部也没有告诉柳上校。

21日,崔存璘回报说,国务院的答复和美国海军的答复相同,此事通过叶部长同蓝钦大使(1月13日)在台北交换照会已经决定。至于移交仪式问题,国务院回答正在同美国海军研究,如果移交是两国政府间的事,而且我将代表台北,美国务院将指定职位相等的人选参加移交仪式。不出我们所料,国务院也向崔打听,据报道一架喷气教练机驾驶员和领航员从台湾逃往大陆的真实情况。我告诉崔,按照两周前外交部对我的答复——飞机在浓雾中迷失方向,从台湾起飞后和大陆相隔很近,所以被迫在大陆着陆。

最后决定,驱逐舰作为两国政府间的交接,双方都作了详细的安排。例如,我将在举行移交仪式的南卡罗来纳州的查尔斯顿举行午宴款待美国贵宾。我将在移交仪式上向两艘驱逐舰的新官兵宣读委员长的来信;并向他们颁发参谋总长周至柔和海军总司令马季壮的两封来信的复印件。美国国务院已指定饶伯森先生代表美国政府,美海军也将派高级军官参加移交仪式。简而言之,首先因为第七舰队已在台湾海峡巡弋。其次因为中国的海军太小,即使给它相当数量的援助,也难于想象会把它建成一支对作战有重大价值的军种,所以在研究援助资金时,海军一直未引起当局的重视。既然海军急于得到援助,所以移交一事被看得极为重要。

2月11日,柳上校来访,带来一份将在查尔斯顿举行移交仪式的最后计划副本。26日上午八时三十分,我乘坐美海军专机飞往美海军第六军区的查尔斯顿海军基地。两艘驱逐舰"本森"号和"保罗琼斯"号的移交仪式计划在这里举行。如前所述,助理国务卿饶伯森代表国务卿杜勒斯,海军作战部长办公室对外军事援助主任威尔金斯上将代表美国海军,而我和柳上校代表中国政府。衣复恩上校和顾毓瑞陪同我们前往。由于萧勃将军不能出席,美海军邀请联合国军事参谋团中国代表何世礼将军作为来宾。我首先检阅了机场的美空军仪仗队,然后在海军基地作另一次检阅。接着在基地举行午宴。海军第六军区司令麦克莱恩海军少将原先就提出由他来举行宴会,所以最后决定由他主办。

八十多位来宾出席了招待我的午宴,其中包括众议院军事委员会主席杜威·萧特议员和该委员会的几位议员。移交仪式由麦克莱恩少将主持。我们听了如何为移交而修整船只的报告后,由饶伯森致词。他对中美关系发表了极为友好的讲话。随后,我发表了简短的演讲,对过去和现在的美国对华援助表示感谢。我讲了两国在传统友谊基础上的相互合作,并谈到移交仪式的意义。麦克莱恩将军宣布移交开始。他和我以及柳上校先后在移交议定书上签字。随后,我正式宣布中国接收这两艘驱逐舰。这时,美海军指挥官命令两艘舰只的美国官兵离舰,中国海军军官命令四百五十多名官兵登舰。穿着军装的中美两队官兵看起来非常相像,只是美国士兵稍高一些。当两国官兵在舷梯和码头交错而过时,构成了壮观而令人难忘的场面。我向官兵宣读了委员

长的来信,接着奏国歌,中华民国的国旗在已改名为"洛阳"号和
"汉阳"号驱逐舰的旗杆上徐徐升起。为适合这一场合我用中文
向中国士兵发表了讲话,并把总统的来信、周至柔将军以及中国
海军司令马季壮海军上将的来信发给他们。然后,我们在中国舰
长的陪同下先后登舰视察。我们爬上舰长的驾驶台,也检查了大
炮和其他装备设施。

　　移交仪式结束后,我们仍乘坐把我们带到查尔斯顿去的两架
专机返回华盛顿。在飞往查尔斯顿的途中,同机的两名美国和中
国空军军官以及威尔金斯上将都因晕机而感到不适。幸运的是
在飞往华盛顿的归途中,旅行变得比较舒适。我在抵达华盛顿
后,立即向台北发出几份重要的电报,其中一份向委员长汇报了
移交仪式的情况。

三、其他问题

　　1953 年 10 月中—1954 年 2 月

　　我在 50 年代,作为一个中国大使,除了正常的大使职务之
外,还有各种各样的职责。首先,不仅中国政府,还有许多寻求这
样或那样援助的中国人,都要依赖美国人的慷慨大方。因为美国
不仅是我们的主要盟国,而且是所有国家中最富有最强大的国
家。为此,这些中国人,和当时居住在美国的另一些中国人一样,
常常跑来向我求助,并要我替他们想办法。另外,联合国及其所
属许多机构的总部,都设在美国,因此,凡我们派到这些机构的代
表所处理的问题,也都是我所需要加以考虑的问题。对于台湾的
各种机关,各色机构所派来的代表,由于其本身以及对于我们的
重要性,我都一般地,虽说不是最后地,负有责任。这就是当时驻
华盛顿大使的一些特殊职责。恕我斗胆地说一句,也许只有以我
在外交界的长期阅历才能够胜任这一特殊的工作。

　　金问泗先生是当时在美国居住的中国人之一。1953 年 10 月
7 日,他到我这里来,就几件事想请我帮助并征求我的意见。第

一,外交部最后通知他说,外交部已经接受了他辞去驻比利时大使的要求。据外交部次长胡庆育的一封信上说,外交部仍将继续发给他薪俸。然而金说,实际上外交部从 8 月份起就已经停发他的薪俸了。我觉得也许是因为外交部里有人想得到布鲁塞尔的这个职位,才推迟宣布他的辞职的。但据金说,事实上已不会再有新的任命。比利时政府已不会接受任何一个从国民党中国派去的驻布鲁塞尔的新大使。换句话说,那时比利时和法国的情况相似。在法国,我们由一位代办负责使馆的事务,因为,自 1950年钱泰离职后,法国外交部就已拒绝认可一位新大使了。显然这是巴黎和布鲁塞尔适应议会内共产党人和社会党人的要求的一条中间道路。

金大使还想让我帮他取得艾森豪威尔研究员奖学金。但我说,关于这个问题,还没有甚么规定,并向他建议说,其他研究员奖学金也同样是很吸引人的,诸如卡内基基金会和福特基金会。其实,一个多月后,艾森豪威尔学术交流基金会秘书沃德·惠洛克先生,来找我商量关于执行艾森豪威尔基金委员会从台湾选拔中国研究员的决定。当时,惠洛克对我解释说,基金会的目的是为了选拔那些在他们专业范畴内显示出领导才能的人,把他们派到美国去,在一年的实践中学习并考察他们工作范围内的先进成果,让他们会见那些从事与其专业相同的工业、农业、公用事业等公司的最高业务主管,得到他们的指点,使这些人回国后,能够帮助并指导他们的国家在某一些特殊工作领域内得以改进和发展。惠洛克说,基金会研究员不是以纯学术工作为宗旨,也不以这些方面的大学教授为对象目标。

金问泗还提出一个问题,从前他接洽过的两个出版商,都拒绝出版他的书,书名是《利奥波德国王的下台》,理由是现代读者对此书没有兴趣。他说,他现在想拿到布鲁塞尔去出版。我建议他去找经营历史书籍的美国出版商,他们也许会考虑解决他的书的出版问题。

最后金提出了偿还中国兵工厂驻布鲁塞尔代表王先生对金在布鲁塞尔时的僚属陈、潘二位的贷款的问题。他说，外交部仍在催促他偿还这笔款项，可是潘仍然坚持分六年偿还，每年偿还五百美元，直接交付给他，而不直接交给外交部。我答应他尽力而为。

陈英竞先生 10 月 27 日来访，给了我一份他所收集的中外条约、协议和其他有关文件的目录。他所收集的东西，实际是马慕瑞所收集①的续篇。我建议他将某些中国政权的名称，诸如满洲国和中华人民共和国等加上引号。他要我写一篇前言。由于我的公职身份，我踌躇未允。他还请求我为他向外交部申请资助，作为他为此项工作所费时间的补偿。虽然他在国会图书馆工作，一直享受研究员奖金补助。国会图书馆正和一些像卡内基和平基金会等社会团体联系，由它们花钱出版这个条约集，但对作者是不付任何报酬的。我说我可以给外交部写信，建议他们预购若干册，以此作为在经济上帮助他的一种办法。

第二天下午，有一位华太太从洛杉矶打电话来，请求帮助解除美国移民局要限期驱逐她出境的威胁。洛杉矶总领事江易生也为她打来电话。于是我告诉崔存璘授权给江，要求移民当局在华太太上诉期间暂停执行驱逐令。

几天后，宋子文从纽约打电话给我，说他打算根据 1953 年难民救济法，申请在美国定居，想听听我的意见。我告诉他，该法对于一个平民百姓来说虽然是有利的，但对于有他这样的身份和声望的人，则很值得考虑。因为这样会引起人们对他的动机和目的的猜疑。为此事，虽然他在 4 日上午十二点钟给我打了电话，又以书面形式在下午给我发来亲笔专函，信上的邮戳是 4 日下午十二点半。宋子文是一个十分讲求效率的人，对于任何拖沓他都不能容忍。我给他写了回信，重申了我在电话里说的话，过后，在 11

---

① 马慕瑞：《列国对华约章汇编（1894—1919）》，1921 年版。

月 7 日,他告诉我说,他百分之百地同意我的观点,并承认他根据1953 年移民救济法申请在美国定居是不妥当的,他说,任何一个像德鲁·皮尔逊那样的人都会在他这件事上小题大做起来。

11 月 29 日,钱泰大使与我磋商,根据 1953 年难民救济法申请准许定居问题。他对申请之事犹豫不决,原因是申请表上要求申请人必须自动放弃某些特权,豁免权和免税权。他还担心这甚至意味着要自动放弃中国大使馆或领事馆的保护权。同时他更担心,如果他的申请没有被国会批准,按规定,他就会被驱逐出境。我劝他说,他在这里所受到的保护是不会受影响的,因为他的国籍没有改变,而且对于整个中国难民来说,暂时无论如何是不会被驱逐出境的。有谣言说钱泰不忠诚,对此他感到很苦恼。这种谣言是 1949 年他在巴黎大使馆和他的一些同僚们发生摩擦时在台北突然出现的。我想他担心的是,根据难民救济法为甄审申请而在台北设立的甄审委员会会把那些谣言考虑进去。我提醒他说,我已经在给外交部的回电中对他的忠诚作了担保。我还告诉他,关于这个问题不会再有什么麻烦了。

人们可能会回忆起我们所提到的事。钱泰是一位学者,性情温和。他在大使馆的同僚们,特别是以参事为首的同僚们意欲利用他性情上的这一特点,鼓动悬挂中国共产党的旗子,把大使馆投向共产党北平政权。这种暗地的鼓动在他的使馆里持续了一段时间,直至外交部风闻此事后电询钱泰,让他调查事情的真相。钱泰本人已有察觉,但是,作为一个正人君子,他努力设法不向台北报告,由自己处理此事。否则,他的同僚们会因此而遭到撤职并受到惩罚。他不忍心这样做。所以在给外交部的答复中,他将大事化小,小事化无。但结果是,过了几天,他的几个同僚把他锁了起来,挂起共产党的旗子,倒向北平。当然,这一行动使台湾大为震惊。钱泰本人和外交部叶部长感到责任重大,尤其对行政院负有责任,因为行政院里有些人早就听到这种谣传,并指示外交部查清事实。然而他们却收到外交部根据钱泰答复所做的报告,说此谣言查无实据，所以行政院这些人很恼火，于是钱泰被责令辞职。

11 月 30 日，我接见了前任驻英大使郑天锡先生。他是来向美国国务院提交一些有关他新身份的必要证件的。这表明他现在是台湾司法院驻美国的顾问。在英国承认了北平政权以后，实际上他处于飘摇无依的地位。我帮他筹谋安身之地，得到了这个职位，他的问题就这样最终解决。

在这之前，我在 10 月会见了罗伯特·格罗斯，他是讲授远东和台湾问题的教授。他来作礼节性拜访。他说，过去几次想见我都未能如愿，今天终于见到，他感到非常荣幸。我告诉他，我随时都愿意接待他，并和他交谈关于台湾或自由中国以及大陆情况的问题。他说，美国人民不太理解远东的情形，也不理解台湾的重要性。对此我并不感到惊讶。我赞扬了他做的工作，并向他保证，我们对他在启发美国人民理解上述问题的一切努力，将尽力给予力所能及的帮助。

10 月 28 日，我为菲利普斯博士和夫人在双橡园举行了一次茶会。菲利普斯博士是美国海军上校，他对人们对他和他的一行，在研究亚热带疾病的工作中，给予"非同一般"的照顾深为感动。他说中东有一个研究中心设在开罗，他们这一行人认为远东也应该建一个研究中心，而且最理想的地点是设在台湾。然而，是否真的会在台湾建立这样的研究中心，则须由海军部的高层来决定，而且还有一个经济问题。菲利普斯夫人想研究中国的历史、政治和文化。她虽曾在开罗住过多年，但从未到过远东或中国。她要我向她推荐几本书，我答应送给她几本。

10 月 30 日，我接待了林士贤先生，他是设在台湾台南的警官学校副校长。他是开完在底特律举行的警察首脑会议之后，来对我进行礼节性拜访。在回答我的问题中，他说：美国警务给他留下了不太好的印象。他发现其内部存在着贪污和渎职的现象。比如，从赌场勒索保护费；在某些大城市的停车场接受贿赂。对他在这么短促的时间内，就发现了这么多弊病，我很吃惊。为了向他表示欢迎，那天中午我设午宴招待了他。

几小时后，我又赶到纽约。联合国大会第一委员会（政治和安全委员会）准备第二天召开会议，讨论缅甸提出的关于李弥将军的部队从缅甸撤出的问题。我想去听一听开场时的辩论。

在那次会上，我听到缅甸代表反驳蒋廷黻博士的发言。缅方代表指控我国政府在全部撤出李弥将军手下的部队问题上毫无诚意并进行诡辩。我还听到美国代表洛奇的发言。显然，他努力给人造成一种绝对中立的印象，让人们感到美国是在竭尽最大努力，通过斡旋促成协议和撤军。尽管缅方代表宣读了大量缅方截获的发给李弥将军司令部的文件和报告，并指控说，这些文件说明了台北对此事的纵容，但是缅甸代表的发言似乎并没有打动听众，反而给人们造成一种他们自己都不能为其论点自圆其说的印象。相反，蒋廷黻却做了更有雄辩力的反驳发言。

蒋廷黻手上有一份混合军事委员会10月29日在曼谷发表的声明，而这个声明早已递交到联合国第一委员会。这份声明表明了到目前为止军事委员会谈判以来所获得的良好结果。声明指出：

> 中华民国向泰国和美国保证：中国军人连同眷属约二千人将自缅甸撤退；中国对于拒绝按本计划撤退的一切军人，将不再负责；中国不以任何补给物资援助拒不撤退的军人。

> 此项建议系通过外交渠道向缅甸政府提出。缅甸政府已经同意，虽然它不能重新参加曼谷的混合军事委员会，但它不会阻挠撤退工作，并且保证尽可能地在撤退问题上与混合军事委员会合作，只要中华民国承担这些保证，在11月15日以前将停止对撤退人员采取的军事行动。中华民国对此表示同意。因之，中华民国、泰国和美国之间对撤退问题已完成初步安排。缅方已表示不阻挠撤退工作并和混合军事委员会合作。在这个基础上，泰国、中华民国和美国开始着

手采取预备行动,包括对住房、安全,建立一个撤退小组和空运的安排。

第一批撤离人员定于 11 月的第一个星期内到达边界,由混合军事委员会接待后,经由泰国去台湾。

后来中国代表吴翊麟带给我两份(10 月 30 日和 31 日)外交部发来的有关此事的电报,通知我和蒋廷黻关于美国大使蓝钦最近提出的交涉。电报说,缅方同意一直停火到 11 月 15 日,然而,外交部的消息说,缅方 10 月 29 日又一次轰炸了设在孟萨(缅)的李弥司令部,已经违反了停火协议。

11 月 2 日(星期一),我回到华盛顿。对于缅方的指控,联合国第一委员会一直继续讨论到 11 月 5 日,其后讨论暂时停止到 11 月 23 日后再继续进行,正如美国代表小阿奇博尔德·凯里 11 月 4 日在第一委员会所说:美国驻曼谷大使馆官员已就空运部队问题签订了协议。根据协议,每天从南邦(泰)空运二百人到台北,直到全部接受动员撤出的外国军队和家属完全运走为止。空运的全部费用由美国、中国和泰国承担。第一批撤离人员预计在 11 月 7 日抵达泰缅边境的大其力(缅),这是撤离部队的第一个停留站。在这里,撤离部队在越过缅甸边境进入泰国之前,要在联合撤军委员会所属的军事管制组的监督下解除武装。

11 月 6 日,星期五,我又乘火车去纽约。天下着大雪。下火车等了半个小时才等到一辆出租汽车,最后无奈只得和别人同坐一车,一个小时以后到达我的旅馆。第二天,中国代表团的吴翊麟来访,带来了几份外交部最近发来的消息。在他递给我的两份电报中,暗示对大约二千人部队的撤退,可能要延长期限,因为李弥坚持,完成撤军任务需要六十至九十天。

11 月 9 日,星期一,我又飞回华盛顿。以后的两个星期,我只是简单地照顾一下这个问题。11 月 24 日,在我的要求下,我拜晤了美国国务卿。读者在前面可以看到,我是想对他谈几个很可能在即将召开的百慕大会议上提出来的与中国直接有关的问题。

那天与国务卿杜勒斯会见时,饶伯森也在场。使我多少感到有些惊讶的是,会见之后,饶伯森邀我到他的办公室。他说,由于中国方面违反三方协议,未能使李弥部队所有撤离人员在泰国边境上把武器交给三方军事委员会,并由其销毁,情势非常严重。他要我提醒我国政府,应该了解这一问题的严重性,这在联合国将会产生对中国不利的影响。

根据我和美国国务卿的会谈记录,当时情况是这样的:在我们会谈之后,杜勒斯说他要离开去赴另一个约会,并说饶伯森先生还有别的事要和我谈。然后,饶伯森把我邀到了他的办公室。在等待马康卫先生来参加我们谈话的时间里,我与饶伯森简短地谈了一下联合国准备接受红色中国进入联合国的问题。马康卫到来之后,饶伯森说,国务卿让他提请我注意的是关于在缅甸的李弥部队的事。他说,为了把两千名中国军队连同他们的小型武器从缅甸撤往台湾,三个国家的代表已经签订了一项协议,并得到了暹罗政府的协作。这个行动要在 1953 年 12 月 1 日完成。虽然现在仅剩下一周时间了,然而,实际撤出的人员只有九百七十六人,大约是共同商定的总人数的百分之四十五。更重要的和更引起訾议的是,这些人仅仅带出来大约四十件小型武器,其中还有二十七件是坏的。

饶伯森接着说,他认为这一点令人十分失望。缅甸方面已经在嘲笑这件事,他们可能会在 11 月 26 日向联合国再次提出这一问题,指责中国政府在这件事上缺乏诚意,这样会给中国政府造成一个更不利的局面。他还说,在这个问题上,美国一直站在中国一边,但是目前事态的变化会使美国处于一种非常尴尬的地位,他不敢说,在联合国大会上将会产生甚么样的反响。他说,他以前曾对我说过,反对接纳共产党中国进入联合国和反对承认北平政权的重要性。他说,在这些事情上,他的看法与我相同,因为这件事是所有事情当中最最重要的。但是李弥将军部队的撤出缅甸,也是非常重要的。他相信,中国政府不会愿意使自己成为众矢之的。

饶伯森接着说,李弥将军的士兵们并没有把他们的全部轻武器交给在泰国边境的三方委员会,由委员会销毁,而仅仅交出了四十件武器,剩下的武器则交给了一个在孟萨(缅)的所谓的"委员会"来保管。饶伯森在回答我的问题时解释说,这个"委员会"是由李弥将军的部队留在缅甸的军官组成的。他获悉这些武器是用来装备新兵,以便加强在那里的中国军队的。缅甸政府对此极为不满。饶伯森认为情况是那么紧急,以致必需通知我这件事,并要我提醒我国政府注意此事的严重性。我说我没有太多地插手这件事,但我的印象是武器准备由撤出人员带出来。

饶伯森重复说,根据三国协议,这些武器应该由李弥将军的部队交给三方委员会,并由他们销毁。

我说,根据我得到的非官方的消息,李弥将军一开始就感到给他的二千人的部队撤离的期限太短。他需要更长一些的时间来完成此项工作。我又说,我要就这次会晤给外交部发一份详细的报告,同时也给委员长一封信请求他亲自过问这件事。

饶伯森对我这样做表示十分赞赏。然后他转向马康卫,让他根据这件事的事实准备一份备忘录,作为我的报告的基础。鉴于事情的紧迫性,要他务必将备忘录于当天晚上交到我的手里。我说我将等候这份材料,因为我想至少在七点半以前我不会离开办公室。

送我出来时,马康卫对我说,几分钟前他接到一份报告说,又有一百五十六名士兵从缅甸撤出,这样撤出人员的总数已达到一千一百多人。但是离 12 月 1 日只剩下这么短的时间,所以有必要要求延长限期。

我同意他的说法,并说我相信我国政府正在做出最大努力去实践它的诺言。但是为了使李弥将军的部队更从容地撤出,延长期限是非常必要的。我又进一步建议,立即采取措施使缅方同意延长撤军的期限。马康卫答应这样去做。

那天晚上,我收到了美国国务院的备忘录:

虽然这些从缅甸撤出的非正规的部队从数量上来说还说得过去,但撤离部队几乎没有交出甚么武器这一事实,却使撤军所带来的良好效果打了折扣。由于交出的武器数量太少,被缅甸舆论当作中国政府在撤军问题上没有诚意的证据。缅甸总统已经向美国大使抱怨此事。当这件事再提到联合国时(大约在 11 月 24 日),缅甸政府可能要把不交武器当做一个重要的问题提出来。

虽然由中国政府签订的撤军协议规定,所有撤离人员,都须在边境上把武器交给主管撤军当局,但 11 月 13 日中国外交部长告诉美国大使蓝钦说,正在孟萨把武器收集起来,以便分批运往边境。11 月 14 日,美国国务院指示蓝钦大使对这一违反规定的行为提出抗议。11 月 18 日,中国外交部长告诉蓝钦大使说,下一批撤离人员将带着他们的武器。然而到 11 月 23 日为止,九百七十六名遣返人员仅交出四十支步枪、卡宾枪和一百六十七发子弹,其中只有十一支枪可以使用。这些枪支弹药已在边境上被当局全部销毁。

最近所有的现场报道都强调解决武器问题的紧迫性。现在李弥部队说,他们需要武器以防御缅甸人的进攻(还没有证据证明缅甸人曾对他们发起过进攻),撤离人员还声明说,他们把武器交给了"孟萨委员会"。据得到的情报,撤离行动故意拖延下来,以便使"孟萨委员会"有时间重新组织和重新武装游击队,继续进行军事活动。如果再继续使用这种策略,那么,其后果将会是不幸的。缅甸政府会因此更加激怒,更加强烈地坚持在联合国中提出这个问题。到那时中国的良好信誉将会在人们心目中发生动摇。

大约有一百五十名撤离人员要在 11 月 25 日到达边境。在 12 月 1 日停火协定期满以前,可能还有几批撤离人员抵达边境,所有这些人员都应携带武器。另外,中国政府应当在联合国重新开始讨论这个问题之前,尽快说明关于在孟萨收集武器的意图。

国务院希望中国政府充分认识到失去联合国信任之后果的危害性,并要求大使馆以尽可能强烈的方式紧急地向中国政府转达这些意见。

我给台北发了电报,并在 11 月 26 日感恩节那天给蒋廷黻打了电话。我概略地对他讲了我和杜勒斯谈话的内容,以及饶伯森关于因中国未能使李弥的撤离部队把武器交给三方军事委员会以致中美关系严重的谈话。蒋廷黻告诉我说,前一天应享利·卡伯特·洛奇的要求,他已和洛奇进行了一次谈话。洛奇给了他同样的印象,即由于缅甸政府不满,美国正在为这个局面而担心。他在答复我的提问时说,他估计在缅甸的催促下,联合国将会做出一个新的决议。但他相信,就美国和其他一些国家而言,情况不会发展得太严重。只不过会重申一下原来 8 月 28 日的决议,呼吁台北继续加快原来宣布的二千人的撤离行动,敦促美国和泰国继续他们的斡旋。他告诉我,他也给台北拍了电报。

不出所料,这个问题又一次在联合国中进行了讨论。缅甸极力主张再做一个新的决议。12 月 8 日,在联合国全体会议的最后一天,通过了一项联合决议案。这是由澳大利亚、加拿大、印度、印度尼西亚、新西兰、挪威、瑞典、英国和乌拉圭联合提出的。但是,这项决议比蒋廷黻所预料的多少有些出入。

决议原文如下:

联合国大会在审议了缅甸联邦政府 1953 年 8 月 31 日(a/2468)关于在缅甸国土上出现外国军队这一情况的报告之后,(1)注意到这些部队的人员已于 1953 年 11 月 7 日开始有限的撤退;

(2)对撤离部队没有交出多少武器表示关注;

(3)对美利坚合众国、泰国为促使这些军队的撤离所做的努力表示赞赏；

（4）要求对所有外国军队的撤离或收容以及交出他们所有的武器一事，继续做出努力；

（5）重申联合国大会1953年4月23日的七〇七（七）号决议；

（6）要求所有国家停止向这些军队提供任何援助，致使他们能够留在缅甸联邦的国土上继续对这个国家采取敌对行动；

（7）请缅甸联邦政府在适当时候向联合国大会就这一情况做出报告。

不到两个星期，我又和蒋廷黻讨论了这个问题。他在回答我的询问时说，外交部曾通知他，我们打算从缅甸撤走的李弥将军部队达五千人之多。关于这点他已经在12月8日的联合国大会上宣布。外交部在这同一份电报上还告诉他说，台北感到有可能而且有必要全部撤走李弥的部队。因为切断了一切供应后，把他们留在那里就毫无意义，只能被缅军一个一个地消灭。蒋说，关于这一点，当然现在还不能在联合国大会上宣布，因而，他在12月8日联合国大会上的发言中就保留了这一点。

10月下旬，我接到委员长一份电报，指示大使馆召开：（1）全体会议；（2）海陆空三军武官与大使的会议，让他们把关于国际形势和美国观点趋向的报告与大使馆对这些问题所做的报告统一起来。10月26日星期一，俞大维来同我讨论援助问题时，我首先和他商讨了这个问题。

那个星期三，我召集了一次这样的会议。到会的有俞将军、陆军武官萧勃将军、空军武官衣复恩上校，海军武官柳鹤图上校，以及秘书张慰慈。俞大维建议海陆空军的武官们不要做与军事无关的报告，尤其不要做关于国际形势和美国政府外交政策的报告。可是衣上校说，从国防部二厅得到的指示，明确规定在报告军事的同时，还要汇报政治、经济、文化和国际形势以及美国政的外交政策。而且这种汇报要每周不仅做一次,有时一周要做三四次。(和驻华盛顿的政府机构的其他特别代表们一样,他们在台北的所属部局有其自己的目的。他们希望当地有人能向他们报告,使他们能不断地及时得到情报。因为大使馆和领事馆的报告都直接送到外交部。如果外交部认为有必要或者发送情报的人特别要求,才把情报交给台北的有关的部或局。至于其他情报,外交部就照例每月发一次情况简编。在台北的其他机构可能觉得前一种传递情报的方法太不经常,而后一种办法又嫌太慢。)

我向与会者建议:开始先试行每两周开一次会,试着为他们订出要讨论的问题或就某些问题要交换的情报。柳上校建议大使馆准备一份有关国际问题的备忘录,但这个建议没有得到其他与会者的同意。

当天上午又召开了第二个会议。参加的有大使馆的参事、秘书,还有武官、俞大维、采购团的韩朝宗及技术代表团的霍宝树和李骏尧。会议的目的是研究如何贯彻外交部根据委员长的指示所下达的命令。外交部指示大使馆和领事馆把台湾发生的重大事件及政府对某一有重要国际意义的问题的态度和政策传达给在美国的中国政府各机构的代表们,以便所有中国人向美国公众和朋友们所表达的观点与政府保持一致。这件事的难处是,命令当中也包括与"银行界、报界、华侨界"有关的中国官员或中国国民。他们在某些问题上必然有些不同的观点,尤其是那些在政治问题上或者有关外交问题的政策决定上和政府的看法完全不同的人。所以便利和安全二者都必须考虑到。这次会议的目的就是要讨论如何顺利执行命令而不招致令人不愉快的后果。俞大维赞成每个机构派一位代表参加定期召开的会议。原则上我们决定试行周会,指定一个人为大会起草报告,报告一周来台湾的大事件以及在重大突出的问题上我国政府所采取的立场。每次开这样的会议,我们都要视情况所需邀请各个机构的一些代表(每个机构出一名代表)和华侨界的一些代表出席。

我指定我的一等秘书赖家球作为较大周会的报告起草人。张慰慈将担任海陆空三军武官会议的秘书。下午召开的第三个会议则是和谭绍华、傅冠雄和张慰慈一起开的。这个会是指导他们如何为即将召开的海陆空军武官会议和该较大规模会议做准备。像我通常在大使馆召集的周会一样,这两次会都将在星期三召开。

　　11月4日,星期三,海陆空军武官的第一次例会在上午召开。规模较大的会议则在下午召开。会议的前一天上午,我和谭绍华、崔存璘、顾毓瑞和赖家球开会决定了议事日程。上午会议的目的是促使与会者在向台湾报告国际形势和美国舆论倾向时协调一致。例如萧勃将军作了关于莫斯科原子能委员会的报告,谭博士作了最近美国大选情况的报告。萧勃的报告说苏联有一位大规模生产的专家担任莫斯科原子能委员会的主席,而原来的领导人则成了委员会人事部门的负责人。显然这是为了吸收和引诱西方原子能专家们到苏联去服务,为他们创造原子弹、氢弹和其他武器。

　　下午的会议,按照其召开的目的,是向中国官员和中国国民传达台湾的重大事件和政府对具有国际意义的问题的态度和政策。为的是使所有中国人向美国公众和朋友们所表达的观点保持一致。至少外交部的指示是如此。既然外交部指示我们开会时也要有华侨界代表参加,所以我们就决定在议事日程中要包括那些使他们感兴趣的报告。因此赖家球首先做了关于国民大会的报告,然后又做了台北关于反共救国问题的会议的报告。国民大会的任务是选举国家的总统和副总统,处理有关宪法的问题。台北会议则致力于反共救国问题。崔先生报告的是与美国华侨有关的问题,他谈了波士顿高速公路的问题,讲到华侨对此事的担心和大使馆为了帮助他们所采取的行动。这条高速公路恰好在波士顿的唐人街中穿过,整个唐人街都要搬迁。波士顿的华侨界反对这种做法,极为苦恼,他们要求大使馆给予帮助。

我在会上作了发言,讲了李弥部队从缅甸撤离的问题,并说,我国政府的政策是尊重联合国 1953 年 4 月就这个问题所作的决议。还讲到最近事态的发展,揭露了缅甸政府的诡辩以及美国为了促使这个问题得到解决所做的努力。

第二个星期三是公共假日,因此我们没有举行周会,但我还是接见了公使衔参事陈之迈。他来是汇报他最近的台湾之行,以及关于搜集、协调和散发资料等事的几点意见。他说,沈昌焕即将调到外交部接替次长胡庆育,所以无心解决倪源卿的工作与大使馆协调一致的问题。(倪是驻纽约中华新闻社负责人,而沈自 1950 年起就是政府发言人,自 1952 年以来,又是国民党中央第四组主任。)陈还说,严部长回到台北后,已对叶公超谈了关于诺曼·佩奇的工作和希望诺曼·佩奇继续工作的问题。但是叶公超感到由于目前外汇紧缺,诺曼·佩奇要求支付的外汇额不尽合理,所以关于继续留用诺曼·佩奇一事没有做出决定而搁置下来。

我告诉陈之迈,我给叶公超的信没有提任何建议,虽然我个人认为每年雇用诺曼·佩奇所花的一点点钱与我们从他跟美国各地的编辑出版商、电台评论员们打交道中所得到的收获相比是合算的。在这方面,其他国家比我们花的多得多。但是,如果外交部认为花钱雇用诺曼·佩奇是得不偿失的话,那么我唯一的要求是让我尽快地知道外交部的决定,以便提前通知诺曼·佩奇终止合同,因为我想应该给佩奇更多一点照顾。然后,陈之迈说,委员长曾问起过宣传的事,并且与我的观点完全一致,认为外交上的统一步调是必要的。他已经让孔令杰送来一份关于这个问题的便函。

11 月 17 日上午,外交部的朱抚松和钮迺生一同来访。接着来访的还有都礼华和吴路义,他们两位都是曾在北平燕京大学任教二三十年的教授。他们是 1951 年离开大陆的。他们认为共产党要从中国大陆上清除西方的传教和教育工作。他们当时从事中国学者联络和服务委员会的工作。都礼华在纽约区,吴路义在费城区。这是由美国基督教会传教工作联合理事会主办的。其目的是帮助那些由于共产党控制了中国大陆而流落在美国的中国学者和教授,激励他们的精神并帮助他们为祖国未来的事业从事或坚持做一些有益的工作。总而言之,他们的工作意在使这些学者和教授结合在这个国家的生命之中,等待着重返自由中国之日的到来。

我表扬了他们所做的努力,建议他们研究一下是否可以请几位教授和学者应邀去各处发表讲演。我告诉他们说,常常有各种各样的俱乐部、社会团体和协会来请大使馆派人就中国问题发表讲演,而大使馆经常苦于满足不了这么多的邀请。我说,他们如能研究一下,看是否可以推荐几个人,在他们的照应下负责做这项工作,我将对此表示感谢。做这项工作通常可以免费乘车,并付给一定报酬,这样也可能会对他们有所帮助。他们答应把他们为学者服务的地区委员会和在美国的燕京大学校友会的负责人名单给拿来,供我参考和介绍。

朱抚松当时是外交部情报司司长,钮㳒生是东亚司的副司长。我们讨论了在美国进行宣传的问题。我对美国情况的复杂性作了说明;形成美国公众舆论的因素不但数量多,而且是各种各样的。一方面有非职业的宣传人员,例如:学院和大学的领导、教会的高级执事人员、工商业巨子,以及像各种基金会、团体组织和劳联一类的公众组织的领袖;另一方面是职业宣传工作人员,其中包括日报社、杂志社、报业辛迪加的撰稿人、电台评论员、报纸专栏作家以及电视、电台节目,如"会见新闻界"和"每周人物"等的主持人。我强调指出,法国、印度、巴基斯坦、菲律宾和韩国等国都在做大量的工作和花费大量的财力来影响美国的舆论,然后,舆论又影响政府政策。正如我对朱和钮所说,这些国家都发现用美国人来作这项工作比用本国人来做这项工作更为合适。

我还谈了李弥将军的部队从缅甸撤出的情况,并询问了钮㳒生对这次联合国大会开会的印象。钮和朱都是来参加这次大会的。至于召开一次朝鲜问题会议的前景,钮迺生(他负责这个方面)没有明确的看法。

当天晚上,我宴请了来华盛顿访问的我国人士,其中有杭立武,还有朱抚松和钮迺生。宴会前后,我同杭立武谈了话。他告诉我他和华盛顿、纽约、波士顿、芝加哥、旧金山五家博物馆的负责人商谈了明年10月10日在美国举行中国艺术品展览的事。这个展览准备先在华盛顿举行,然后再到其他四个城市举行。协议的条款是根据过去同日本、奥地利、希腊和土耳其所签订的类似协议,但是不像跟日本所签订的协定那么铺张。这次展览主要是展出台北国家收藏品中的图片和绘画,是蒲立德最喜欢的,但是也有像瓷器和青铜器等别的艺术品。按照惯例,商定之后要由我这个大使正式签订协议书。杭说,博物馆的负责人们希望尽量少跟美国政府打交道。但是杭已经成功地让他们同意展览首先在华盛顿举行。届时艾森豪威尔总统将出席。展览会将从这里再到其他地方举行。

为了使这次展览会的影响更加广泛,我建议他到美国南方展出,至少是到南方的一个城市去展出一下。我对他说,南方的人口、工业、政治影响、私人财富和公众舆论比大西洋沿岸地区增长的快得多。我说,总而言之,我们要尽可能地到这个国家的所有重要地区去展览,为的是达到使全体美国人民受到启发的目的。虽然通过和那些谈判过的博物馆负责人谈话给他留下了一种印象,他们都认为其他博物馆的收藏品无论从名气上还是价值上,都不能和他们自己的收藏相比拟,因而使杭有些担心,并且还要考虑一个安全和责任的问题,他还是同意了我的意见,尤其是因为这样做也并不多花钱。

后来,在2月份,杭立武完成了关于安排中国艺术品展览的协议草稿。当时是仅仅和纽约、华盛顿、波士顿和芝加哥四个城市的博物馆签订协议。这些艺术品来自大陆,是属于中华民国的,在台湾装船。我和我的高级幕僚开会讨论了此事。我在会上指出,共产党中国可能会起诉,那么就存在着法庭扣押财产的危险。这是因为在法院里,由于这种控告和要求,使中国政府几个机构要求收回美国银行原来停付和冻结的账目案件一直悬而未决。我们研究了如何防止不测事件;研究了共产党进一步发动反政府宣传的危险性,因为他们会声称这些艺术品是属于中国人民的;研究了如何实现这些艺术品的外交豁免;还研究了如何保证这些艺术品展出后安全运回台湾。我还告诉他们,为了保护这些艺术品,有必要请大使馆的律师从技术的角度研究一下协议。因为现在的协议文本,关于运输中的损害和安全的责任问题订得片面,只有利于博物馆。简而言之,计划中的展览会是一个好主意,也是促进两国之间的文化合作和相互了解,以及在美国国内欣赏中国文明的好途径。但是,在目前环境下,也并不是没有危险。

朱抚松和钮逎生出席了11月18日星期三的使馆周会。星期四晚上,他们又来我这里谈了一次话。我们谈了一个小时,顾毓瑞按我的指示也出席了这次谈话。我们讨论了改进向台北报告美国形势的办法。比如,外交部情报司司长朱抚松提议,报告有必要更多、更细致地提供人物和问题的背景。因为不仅是外交部,而且行政院、总统府及政界元老们,像张群等人,也认为这些情报是很有价值的。他们经常要求提供更多的情报。

12月,我会见了泰勒先生,他是一位律师,是立法委员谢仁钊的朋友。泰勒也很关心我们在美国的宣传工作是否恰当。他说,向美国人民宣传自由中国的奋斗目标是有必要的。他说,他十分赞成我们回返大陆,但是美国人民不理解,也看不到这与美国以及整个自由世界是休戚相关的事。他建议设立一个办事处或服务处,做同国会山的联络工作,并向参议员和众议员说明我们的一些需要和问题,以及中国和美国利益的基本一致性。因为参议员和众议员对美国的外交政策是有极大影响的。他暗示我驻美大使馆和领事馆应该可以做更多的工作,但是他觉得这些人由于缺乏干劲和主动性,把事情看得轻而易举。后来我在日记中写道:"这种认为大使馆不主动的看法甚为典型。"

我对他说,我感谢他的直言相告,他这样做是一种真诚友谊的表现,也是同情我们事业的标志。然而我不想告诉他,在他建议我们应当注意的事情中我们正在做的事。相反,我对我们行动之所以显得不积极,向他谈了三个冠冕堂皇的理由。第一,中国人天生不会做自我宣传,即使对国家也是如此。第二,我们相信应让事实本身说话,因此我们不愿去反驳像 1949 年"白皮书"中公布的托辞和指责。再加以不愿公开攻击美国政府,因为我们还得和美国政府长期相处,并且我们还要继续求助于美国政府。我们更不愿意显得是要越过美国政府领导人而向美国人民呼吁。第三,自从我国政府迁到台湾后,财政紧缺,使我们不能为宣传工作提供经费,尤其是我们一直在致力于用美国对我们的军事上和经济上的援助来平衡我们的国家预算。

11 月 13 日,国民党和政府的一位元老钮永建先生来访。在辛亥革命中,他起过重要作用。那次革命推翻了满清政府。钮先生已经八十四岁,但仍很健壮。他现在和女儿、女婿住在新泽西。他告诉我,他是想做一次礼节性的拜访

在谈话中,我们讨论了国际形势,自然也涉及到台湾的政治局势。我很想从他那里打听到他所了解的关于台湾方面的最新消息。因为他一向对党内,特别是对委员长领导下的常务委员会的活动消息很灵通。他告诉我,他预料台北要在明年 2 月重选蒋总统和选出一位新的副总统之后,政府才会重新改组。事实上,这进一步证实了人们平时的议论是对的。因此当 11 月 18 日的消息传到大使馆时无一不感到意外。

那天上午崔存璘打电话给我说,美国国务院问我们是否接到了台北的消息,说陈诚院长和外交部长叶公超两人已经辞职。我回答说,我什么也没接到。后来报纸记者又来询问此事。接着美联社报道说,总统府秘书长王世杰也已辞职。大概是因为津贴了

陈纳德将军的民用航空公司的问题。还说整个行政院都已经辞职。后来,台北否认了整个行政院辞职之说,但证实了王世杰的辞职。这在台北实在是一件爆炸性事件。

当天傍晚,蒋荫恩汇报说,记者室的讨论集中在传说的台北政治危机和委员长的一些亲属在民用航空公司中的利益问题上。我告诉他,不要相信这种纯属推测的话,我倒希望从谈这些事情的人那里得到些具体的证据。新闻界的人士过敏地推测这次政治危机是由于某种贪污所致。

第二天,外交部关于这件事的电报到了大使馆。电报很简短,只说王世杰确已辞职,但是所传行政院全体辞职之说则并无其事。11月20日,中华新闻社的倪源卿从纽约打电话给使馆说,沈昌焕来电称,王世杰已被免职,关于行政院全体辞职的报道不确,而叶公超则甚至在当时还参加了立法院的会议,做了外交报告。

22日,是一个星期天。我花六个小时看了三个月来我一直想看的几本书。一本是乔治·奥威尔的《一九八四年》,另一本是范妮·赫斯特的《陋巷》。因为蒋纬国将军和严部长访问华盛顿,接纳红色中国入联合国问题,美援问题以及其他许许多多的事情都迫使我分心,所以我一直忙得无暇看书。

11月26日,我和蒋廷黻谈话。他对王世杰免职的来龙去脉以及严重程度一无所知。可是12月2日李骏尧对我说,他有说明此事的严重性的情报。他说,一直有传言说,由民用航空公司归还的一大笔款子有贪污受贿行为。委员长起初怀疑叶公超。"为了从不公正的指控中摆脱自己",他请求委员长检查官方记录的档案。档案表明,王世杰对于所有和民用航空公司相关的一切行为都有责任。委员长因此狂怒,甚至拒绝批准王辞职而要免他的职,以此作为纪律处罚。(谭绍华早些时候就告诉我,蒋总统曾指示王宠惠进行调查。调查完毕之后,他报告给委员长说,责任不在行政院,而在总统府。这使委员长更加恼怒。)

当俞大维 12 月下旬从台北返回时,他向我提供了一些更可靠的情报。他说,一开始叶公超和严家淦都因对民用航空公司事件"处置不当"而受到委员长的严厉申斥。他们俩向陈诚院长申诉。陈诚对他们表示同情,并找了委员长,向他说,如果有什么事情要责怪他们的话,那么作为负责行政院的院长,他应该承担全部责任。陈诚又补充说,可是,据档案记录,他们对此事毫无责任,不应受到责备。通过查看档案,委员长发现他曾批准过由他的秘书长王世杰呈递上来的一份签呈。这份签呈建议在伦敦英国枢密院对此案尚未起诉和判决之前,不要催逼民用航空公司归还中国航空公司存在美国的款子。

(1949 年 12 月,陈纳德将军收购了政府在中国航空公司和中央航空公司的股票,组成一个美国公司,叫民用航空公司。对这个公司,中国共产党无法声称他们拥有所有权。但大家可以回想,这笔交易是一宗复杂的交易。首先,政府必须先买回其他股份,例如:泛美航空公司所拥有的股票。第二,这两个公司的一些实际财产仍在大陆或在香港。事实上,两公司财产售与陈纳德是在发生了在香港的大约十架飞机的全体人员叛投北平政权之后。香港当局随后就扣留了这两个航空公司在香港的飞机及其他财产,等待他们决定谁是合法的所有者。这个案子从那时起就被提交到伦敦的最高法院。俞大维提到的就是与泛美航空公司在中国航空公司的股票数额相等的那笔钱,此款仍存在美国。)

俞大维说,委员长发现这个案子的责任在于王世杰以后,十分恼怒,打算立即免王之职,并下令调查他的所作所为。在陈诚和其他人的请求下,委员长命令的调子降低了,原来专门调查王世杰的提法改为对民用航空公司的案子进行全面调查。这也说明了为什么迟迟没有公布免职的命令。

1 月,我从胡庆育那里听到了另一个消息。当时他正好在去布宜诺斯艾利斯就任驻阿根廷大使新职的途中。1954 年 1 月 26 日,在华盛顿中途停留时,胡到我这里作礼节性拜访,我专门问了他一些情况。他提到外交部给大使馆的公函,说里面已包括了全部事实。据他所知,再没有别的了。两年前,当时他任外交部次长,曾参加处理民用航空公司问题的委员会。实际情况是,委员长原来认为民用航空公司大约要退还一百二十五万美元,即中国航空公司股份中泛美公司的份额。这笔款子已经移交给民用航空公司。因为这笔钱在美国被冻结,使得政府必须用另一笔款子来偿还给泛美航空公司,条件是民用航空公司一旦能使那笔钱解冻,就立即将借款还给政府。委员长责备叶和严不加紧催促这件事,陈诚行政院长站在他们两个人一边,告诉委员长说,总统府的档案将会说明谁应负有责任。从审查档案中,委员长发现虽然民用航空公司已经从美国银行取回了这笔款,可是在王世杰的建议下,委员长亲自批准推迟了催促民用航空公司退还这笔款,委员长发现自己的处境尴尬,为了维护自己的威信,他不得不有所措置。他说王的签呈没有把事情讲清楚,否则他无论如何是不会批准这件事的。他发现王的建议是根据端木傑的请求做的。端木是和陈纳德做那笔交易时的交通部长(?),后来又是民用航空公司的法律顾问。所以委员长怀疑王博士通过端木和民用航空公司之间有甚么勾结。委员长签署的第一道免除王世杰职务的命令用了极其严厉的八个字。在一些彼此的朋友,包括陈诚在内的请求下,这八个字勾掉了,但是八天以后当命令最后颁布时,仍然保留了这八个字。谈到这里,胡补充说,王现在安住在外交部的一所房子里,闭门谢客。但在胡离开台北前,王还是接见了他。他们谈了两个多小时。第二天,王回访了他。从两次见面看上去,王的精神挺好。

与此同时,大使馆的周会相当成功地继续进行着。如我所说,由台北往美国传递消息,必须着眼于既便利又安全,然而协调向台北发送的情报却自有其一系列的问题。其中许多问题和导致几年前在大使馆召开的协调情报的周会停开的问题是相似的。各方面的代表们,常常只报告一些敷衍塞责的情报。每次开会时,他们更希望从别的代表那里获得一些情报,以便出色地向他们各自在台北的上级做汇报。使馆的武官,那些年青的军人,为了他们的前途,如果他们能够汇报一些大使未能汇报的情况,或者能够对一件同样的情报汇报得更全面,那么他们就会感到十分自豪,也是晋级的资本。针对这种情况,我采取了分配专题的办法,规定一些属于每个人所管辖的范围,而又是全组和台北所共同关心的题目。

　　12 月 8 日,星期二,我告诉我的一等秘书赖家球,通知幕僚中的某几位,在星期四上午开一次特别会议,讨论如何改进我们每周通常的情报会议的议事日程。星期三那天,因为由中国空军参谋长徐焕升少将率领的空军代表团特来访问,武官们的例会因此没有举行。这个代表团是来参观美国空军的设施的。然而星期三的全体周会则照常召开。徐将军应我的特别邀请,在全体会上做了关于台湾情况和访问美国空军基地的观感的报告。霍宝树做了关于实行土地改革的具体措施的报告,他是按照我的建议的路子讲的,报告简明扼要,清晰有趣。星期四的特别会议只有谭绍华、崔存璘、顾毓瑞和赖家球参加。我们讨论了一周的日程,然后我让他们作为一个委员会来进行工作,把每次全体会议的日程草案提交给我批准。我还同他们商讨了使与会者对周会保持兴趣的问题。谭博士提议召开一次馆员会议,讨论有关全体工作人员本身的各种各样的问题,例如上班时间问题等。

　　为了加强同仁们的集体精神,我真的于下一个星期二,12 月 15 日召开了一次全体馆员的会议。这是很长时间以来召开的第一次讨论如何促进同仁们之间的互相合作精神,如何提高工作效率,如何鼓励主动精神和分工负责等问题的会议。

　　12 月 23 日星期三到 12 月 29 日星期二是圣诞节休假日。在此期间,大使馆的活动像美国政府部门的活动一样,是低潮。我的侄子应昌全家从东兰辛到华盛顿来度假。他是大学经济学教授。他和妻子迪莉娅都在密执安州立大学从事教学工作。12 月

29 日我和他进行了一次非常愉快的谈话。他说他热爱他的工作，但是他发现大学里政治太多。学院要求每个教授、副教授要为学院做一定数量的公共关系工作，比如作演讲、参加专题会议、为技术刊物和专业杂志写文章。他说，他这次来华盛顿是为了参加美国经济协会的会议。

那天下午，我还会见了驻纽约的中华新闻社负责人倪源卿，他是来参加我每年一度的宴会的。这是我为了感谢大使馆同仁们一年来在工作中所给予的帮助和大力协作而举行的。因为中华新闻社也是政府的一个机构，工作上与大使馆有密切联系。所以我也邀请了倪源卿。他告诉我，已经通知了诺曼·佩奇解除合同。除了给他 12 月一个整月的薪水外，还付他一千美元，作为解雇费。他交给我一张一百美元的支票，这是他经管的诺曼·佩奇工作经费的余额。

我一直把付给诺曼·佩奇的薪水的专款转到中华新闻社的账目上，因为佩奇的工作直接属于新闻社的范畴。另外我觉得由大使馆直接掌握佩奇的工作是不合适的，也是不明智的。大使馆和国民政府的其他代表们所做的宣传工作曾遭到极多的批评。这些工作一直遭到无理的诽谤，被恶意地称之为"中国院外活动集团"。不过，无论是收受外交部的汇款，或是要求增加经费，还是最后向外交部报告诺曼·佩奇的工作费用，大使馆都有财务上的责任。

最近，外交部终于决定解除佩奇的合同，理由是政府难以平衡国家预算和外汇短缺。同时，在纽约的中华新闻社对经手账目付给佩奇报酬并监督佩奇的工作，一直很勉强，尤其是倪，更不喜欢这样做。他认为，这样做没有必要，佩奇所做的工作完全可以由新闻社来做，而且更重要的是雇用佩奇是一笔很大的开支。例如，在前些日子的谈话中，倪抱怨说，给佩奇的报酬实际上等于新闻社全年的预算。可是，如前所说，大使馆留用佩奇是有它自己的理由的。我认为付给像佩奇这样的第一流人物的报酬是十分合理的。他有丰富的经验,在报界和广播界里他结识着一大批朋友和熟人,譬如,他认识全国各地的报刊编辑、经理、报纸和电台的老板等等。除此之外,他还是一个明于辨别和思虑十分周到的人。

当倪源卿把佩奇工作酬金在他的办事处账上的余款一百美元支票交给我时,我让他留下给他的速记员。我说,这可以作为这一年中他的速记员额外工作的报偿,以及他们新闻社在经管佩奇报酬时的邮资。

为了能容纳二十多人,这天晚上召开的每年一次招待大使馆同仁的宴会采取了冷餐会的形式。像往年一样,我首先向大家举杯致谢。接着谭绍华提议为我的健康干杯作为回敬。第二天,我又设宴招待了从利文沃思堡指挥参谋学院来度假的蒋纬国将军。

第二天下午,在我接待蒋纬国时进行的私人谈话中,他对我说,他觉得自从到利文沃思堡学院近一年来,还能把精力集中在读书上。他还说,从全世界派来留学的人很多,但是中国派到美国学习的军官大部分级别太高,英语知识太差,不能全部吸收所学的课程。他感到我们军队中的晋升制度是我们军队制度中的一个弊端,和别的国家不一样。晋升主要不是根据才干和功劳,而是过多地考虑了资历。他说,这对卓越的年轻指挥官是不利的。他有着敏锐的观察力,他的批评是非常中肯的。

我举行家宴庆贺新年的到来。12 月 31 日午夜,我们打开通向花园的后门,送走了旧岁;然后打开前门,用香槟酒迎来了新年。这种做法多少是遵循了中国人的风俗习惯。我在日记上写道:"光阴似箭。我觉得去年的除夕晚会(那天是雨天)好像刚刚过去两三个月。1953 年是格外繁忙的一年,这一年经历了许许多多令人头疼的事。幸而这一切总算都已过去。"

1954 年 1 月 1 日中午,一年一度的新年联欢会在双橡园举行。天气晴朗,阳光明媚。四百多名中国军政界官员以及许多华侨界人士大都携带家眷和孩子来参加新年联欢会。由于有小孩子们参加,整个午宴显得生气勃勃。我作了简短的讲话,向来宾表示了欢迎和良好的祝愿,概述了国际形势对我国的影响,号召大家重视蒋委员长最近的讲话。委员长讲,1954 年是决定性的一年。根据我个人的理解,我解释了为什么 1954 年对自由中国来说是决定性的一年。我讲完话之后,向大家介绍了蒋纬国将军,但是他很谦虚,谢绝在会上讲话。午宴过后,全体参加联欢会的人在花园里合影留念。

1 月 4 日,我出席了纽约花旗银行农民信托公司理查德·珀金斯先生的午宴。这次宴会是在几个星期前,为中华教育文化基金会董事会的全体成员安排的,中国方面出席的有蒋廷黻博士、胡适博士、孙科博士、李榦博士、李铭先生、我和秘书。美国方面除主人外,还有詹姆斯·麦凯先生、肯尼思·艾萨克斯先生和董事会的唐纳德·布罗迪先生。还有波士顿花旗银行的坦普尔和史密斯先生。珀金斯是一位年轻有为、头脑机敏的波士顿花旗银行的董事长,兼任花旗银行农民信托公司的总经理。珀金斯先生对远东、特别是对台湾的业务前景表现出极大的兴趣,他还专门问了我一些问题。

喝过咖啡后,珀金斯找到我说,如果我同意的话,他想请我向大家谈谈远东形势以及远东的和平前景和大陆的情况。考虑到这次午宴的目的,我谢绝了他的请求。我提议请蒋廷黻博士以他的中华教育文化基金董事会副主席的身份代表我们讲几句。蒋博士即席对远东的形势作了全面概括。(我在前面已经提到过他谈话的要旨。)然后,受委托负责基金的投资工作的坦普尔和史密斯做了汇报。坦普尔讲了 1954 年的经济形势。直接负责基金会投资业务的史密斯同意坦普尔的讲话,他说:总的来说,未来股票市场仍将继续看好,基金会所持有的证券不必做什么重大的改换。

我问起金融市场和利率的前景,因为这影响到政府的拨款。政府拨款是基金会业务投资的主要依靠。史密斯说,原来打算提高利率,使货币价值高一些,希望借此提高美元购买力。财政部采纳了这个政策,但工商界和银行界的反应不佳,因此这个政策又被放弃了。财政部实际上又恢复了原来放松银根的政策,所以证券市场不会有什么大变化。他说,事实上由于银根紧缩政策而遭受的损失已经得到恢复。

谈到中华教育文化基金会,我在这里想提一下关于上年照例在大使馆召开的董事会的年会。1953 年 9 月 25 日,我首先设宴招待了筹备第二天年会的几位董事。来宾中有孙科、胡适、霍宝树、李榦和梅贻琦。饭后,我们非正式地讨论了第二天上午的正式会议的议事日程。

最重要的一项议程是教育部长坚持要清华大学校长、董事会成员梅贻琦交出来自庚款的清华大学基金的年度收入。这笔基金按照同教育部长的协议,应该按教育部批准的清华大学预算来使用。但是在过去的四年里,梅校长一直没有申请教育部批准,而只是他和胡适博士商量之后,把这笔款子作为学术研究奖学金分配给流亡在美国的中国学者,使他们能够继续他们的研究工作。这些资助金额是相当高的,每笔都要高达三千或四千美元。然而教育部长想用这笔钱供给台湾大学作奖学金或者是用于台湾大学本身的开支。

胡适博士反对教育部长对这种事情多所干预,因为过去大笔款项在教育部的控制下,通过不恰当的投资而全部损失了。他希望政府不要插手控制清华庚款或者年收入的任何部分。于是对该问题进行了详尽的讨论,其一致意见为:只能使用每年的收入款项,目前不能动用本金。但如何使用这笔收入,必须和教育部协商。准备请梅贻琦起草一个决议,提交董事会考虑。

中华教育文化基金董事会星期六上午在中国大使馆召开年会。原计划召开全体会议,结果董事会主席蒋梦麟博士、台湾大学校长钱思亮博士都未能到会,而副主席蒋廷黻博士要留在纽约招待蒋经国将军,董事会美方成员之一霍普金斯先生也未出席。

美方副主席哈钦森先生主持了这次会议。会上大家对两个问题讨论得比较多：一是清华大学基金年度收入的分配和使用问题；二是奖学金及研究基金的颁发问题。

关于第一个问题，两位美方董事和我都觉得，董事会应该把责任局限在原来协议规定的保管钱财，而对款项的使用应该按照清华的预算，由教育部和清华的校长协商确定。但由于共产党对大陆和这所学校的控制，几年来，这所大学一直没有作正常的预算，这件事应索性交给教育部和清华大学的主管人员去商量决定。

我可以说，这个问题实际上显然要比表面上显露出来的严重得多。1953 年 11 月，陈之迈去台湾回来后告诉我说，他在一次与陈诚行政院长、总统府秘书长王世杰和教育部长程天放的谈话中，发现他们都对梅校长独断支配清华大学基金的做法非常不满。然而，当年他们只是修改了梅校长交上来的如何使用年收入的十八万美元的预算方案。但下一年，陈之迈的印象是，他们会采取严厉的措施，纠正这种状况。他们还谈到要撤掉梅的职务，重新拟定使用这笔基金的新方案。

至于讨论的第二个问题，我对董事会做出下述决定是否明智表示怀疑。即只决定每年给予固定名额的奖学金和研究基金，而对于台湾大学根据他们自己的考虑，将这笔补助金的总金额又分成多少小份则不加过问。我认为，为维护董事会的权力和威信，在授予奖学金和研究基金时，原则上以多名额小金额较为相宜。然而胡适则坚决认为，奖学金的分配，应该交由台湾大学去处理。他恳求我不要固执己见。我说，我无意坚持自己的观点，只是董事会的决定应该受到尊重。如果必要的话，可以修改决议，以适应地方上的需要。另一位美国董事布罗迪有一个好的折衷办法，他建议董事会拨给台湾大学一笔特定的金额，用来发放奖学金或研究基金，每份奖金不许超过三百美元。允许他们发放他们认为合适的份数的奖学金或研究基金，但每笔最多不得超过三百美元。

1月6日，我会见了立法院的谢仁钊。谢最近见到了参议员威利。谢说，威利对委员长反攻大陆是否能够成功表示怀疑，并询问委员长现在在中国大陆人民心目中是否已经不那么不得人心了。谢的印象是在美国做宣传工作很有必要，这个印象是，鉴于参议员威利所提问题而反省出来的。他建议我们可以请前众议员、华盛顿的公共关系人士阿姆斯特朗访问台湾，并写些关于自由中国的文章。谢本人也发现，美国人民对台湾以及我国取得的进步的了解，少得可怜。

我肯定了对美国进行宣传的必要性。我告诉他，大使馆一直在尽最大努力去影响、启发像美国这样一个大国的一亿六千万人民。我解释说，光靠我们自己来说和写，终究是有限的。我告诉他，现在公共关系和宣传工作几乎成了一种职业，完成这项工作需要资金和有才干的人手。我对他说，我们的情况是原来还资助诺曼·佩奇每年出去四五次，到美国各地向各地的报纸老板、记者、杂志出版商、电台评论员和报纸专栏作家做宣传，向他们讲解我们的事业是整个自由世界事业的一部分，使他们相信这一事业的重要性和正义性。但即便是为这一活动使用的二万四千美元的经费，最近也被外交部卡了下来。尽管我给外交部长写了至少三封信，而且在1952年11月和12月，我曾亲自向他解释过这项工作的重要性，还是无济于事。我说，别的国家，像印度、巴基斯坦、菲律宾，甚至韩国，在这项工作上的花费都比我们多得多。我告诉他，我也认为有很多事情可以做，只要有好的计划、明智的指导并能提供适当数额的经费就行。（重要的是，尽管有这么多人纷纷到大使馆来建议，应在美国努力加强宣传工作，可是，像这种只需给大使馆汇一小笔钱就能雇用一位如诺曼·佩奇那样的公共关系专职人员之事，也不能继续下去。）

下午我召集了周会。武官会上萧勃将军做了关于原子武器在未来战争中的作用的报告。事先，我对他说，这个题目将会使与会者产生极大兴趣。实际上,在后来的几个星期里,我相继请衣复恩上校做了原子武器在空战中的作用的报告,并请柳鹤图上校讲了原子武器和海军建设的关系。

1月8日,我会见了西雅图中国俱乐部主席哈罗德·曼斯菲尔德先生。他邀请我在该俱乐部成立三十八周年纪念日会议上讲话。我告诉他,由于我已经预先答应了2月初在纽约和华盛顿做两次演讲,所以难于接受他的邀请,。我说,尽管如此,只要有一点可能的话,我还是很愿意去讲话的,因为我了解西雅图,也因为这个俱乐部一直对中国的事业格外友好。何况,商业部副部长沃尔特·威廉斯先生还特地为此事给我写了信。

我们还谈了台湾的贸易问题。我建议他和中国商会取得联系,目的是调查一下哪些种商品在台湾和西雅图最受欢迎。他很欣赏我的建议,因为他想在西雅图推动与台湾的贸易,而这可以在西雅图中国俱乐部引起该市工商界和贸易界的兴趣。

曼斯菲尔德走后,我会见了郭秉文博士。商量在哥伦比亚大学建校二百周年纪念日,中国的哥伦比亚大学校友们送什么礼物最为合适。我邀请了陈之迈博士、沈 Y.K. 先生和顾毓瑞参加讨论,因为他们三人中有的曾在哥伦比亚学习过,有的是哥伦比亚大学毕业生。陈说,我原先提出来的卢忻斋先生的那对绿釉狮子是最合适的礼物。然而,另外有人建议,送一个诸葛亮时代风格的青铜鼓也很合适。我说我准备写信给巴黎的中国代办段茂澜,让他去找卢先生商量。郭秉文也再去和纽约的姚叔来商量。卢和姚都是纽约市的中国艺术品大商店的老板。卢忻斋以前曾把这对绿釉狮子借给我在巴黎的中国大使馆使用,而那个青铜鼓则是姚先生的。

后来在1月份,郭秉文来向我报告他在纽约奔跑的结果。他在纽约见到了姚先生,并且也同纽约市卢忻斋商店的经理商讨了购买那对绿釉狮子的问题。他还见到了哥伦比亚大学图书馆的林登先生。然而林登说不知他们能否接受这对狮子,因为这需要经过礼物管理委员会考虑之后才能决定。因为林登是管图书馆的,他反而建议我们发起捐赠一笔图书基金作为送给哥伦比亚大学二百周年校庆的礼物,再继之以经常不断的其他来源的捐献,这个活动就会继续下去。这样就能够建立起一个永久性的纪念。他说,到三百周年校庆时,用这笔钱买来的书仍然会保存在那里。他建议郭去和负责东亚图书馆的教授商量。后来,郭见到这位教授,教授说他非常需要搜集一套大约价值八百美元的八百册韩国李朝时期的史书。郭来向我报告时,陈之迈、顾毓瑞和沈 Y.K.都在场。我们大家都觉得购买这批书不适合我们的目的。至于捐赠书籍基金则我们手里所有的钱又太少了,所以我们同意对这件事重新考虑,再作商量。

1 月 8 日,郭秉文刚走,郑宝南就来了。他刚刚同周以德见面谈了关于向香港的中国难民提供救济的问题。早在 12 月 21 日,我们就讨论过此事。那次他也是刚刚同周以德见面谈过这件事。他对我说,他曾把他的一个想法告诉了周以德。即在美国驻联合国大使亨利·卡伯特·洛奇向国务院建议的,拨五十万美元给联合国主办的掌管无国籍难民的高级专员办事处作为美国捐款之外,再增加一笔特定金额。郑的建议是再加二十五万美元,专门作为研究对目前在香港的六十万中国难民的救济问题之用。他解释说,难民事务高级专员办事处的报告中,已经建议进行这项研究。再者,现在正在进行建立一个顾问委员会,专门对最后向难民提供帮助和救济的工作,对将难民纳入地方经济以及遣返和重新定居的工作提出建议。郑希望在高级专员办事处的代表在香港研究这个问题的同时,顾问委员会也派一个人前去。但他又说,所派之人,必须是香港政府当局能够接受的。这件事不太容易,因为英国考虑最好不要美国人出面,而英国人和美国人双方又都认为正在被考虑中的罗慕洛不是最合适的人选。

我告诉郑,根据柯尔斯顿修正案,也可能为来自香港的难民做些事情。但是郑不能肯定他是否赞成这一做法,他强调了这个问题的人道主义方面。我告诉他,如果由联合国的国际难民救济高级专员做难民工作的话,那么联合国的某些成员国也会提出政治方面的问题。那些与共产党中国友好的联合国成员国,或是那些已经承认北平政权的联合国成员国,在处理对中国难民的救济问题上,很可能会考虑到北平的意见和感情的影响。因此,既然大部分所需物品,都是来自美国,或计划由美国供应,那么,我说,如果把这项任务完全变成一项美国的工作,不是更好、更容易完成吗? 这将是一个大大有利于赢得美国国会同情和支持的好机会,国会一定得批准这笔钱的用途;这也是赢得美国公众的同情和支持的好机会。美国人民强烈地同情来自共产党中国的难民,在政治上强烈反对北平政权。我向郑建议,请他仔细考虑这个问题,同时让周以德就他的建议,即在洛奇所提的钱数上增加一些,探明美国国务院的意见。

1月8日,郑宝南告诉我,他目前的想法是从柯尔斯顿修正案基金中搞到一笔大数额的款子,由我们自己掌握,分四步对中国难民提供援助,因为已经决定这笔基金可以用来救济难民,而且从柯尔斯顿修正案基金中也已经拨款五万美元救济圣诞节九龙大火的受害者。这场大火烧毁了中国难民几百间棚屋,致使他们无家可归。郑是来告诉我进展的情况,并建议大使馆可以向美国国务院提出此事。我告诉他,我的看法是美国人不会同意。我知道美国人想把这件事的处理权掌握在自己手里,即美国人手里,而且是最好掌握在美国私人手里。基于同样的原因,美国也不会愿意从柯尔斯顿基金中拨出款子让联合国去掌握和处理。

蒲立德还写信给在华盛顿的美国陆军军医署的负责人和几个像施贵宝这样的大药厂,力劝他们向我国武装部队捐献些维生素药片。他说,所有药品制造商都愿意提供帮助,而且仅仅两三个制造商捐献的维生素药片就会达到大约七十五万美元。我祝贺他成功,并对他所作的努力表示感谢。蒲立德认为把患有色盲症的人派去反攻大陆是非常危险的。这一说法是对的,因为他们晚上什么也看不见,这样就会成为敌人的炮灰,而枉费了美国加强国军的一切努力。蒲立德要我替他给台湾发两封信,报告他为了搞到维生素所做的努力及所取得的成果。一封给叶部长,另一封给蒋总统的秘书沈锜。

1月12日,一件性质完全不同的事情摆到了我的面前,一个天主教神父给我打电话说:"一位住在查尔斯顿的中国侨民在去牙买加和家人团聚的途中被捕。原因是他在公共汽车上为了呼吸新鲜空气,故意打破了一块窗玻璃,并打了要逮捕他的警察。神父请求大使馆以两千美元将他保释出来,这样他就能够到纽约,在那里的大主教于斌可以帮助他解决这件事。在给纽约打了电话以后,大主教说,他可以为此事筹措五百美元,并已经向有关当局提出把保释金减少到五百美元之数,他现在正在等待结果。

当天,孔令傑上校来看我,他那天刚从台湾回来。他这次是奉他的姨母蒋夫人之命,陪同姐姐孔令仪回台湾去的。他告诉我,蒋夫人现在正患黄疸病,而且皮疹病又犯了,不过不太严重。他带来委员长的几项指示,对此我们进行了讨论。然后他问起关于我通过驻华盛顿的爱尔兰大使向都柏林询问的结果,以及赫恩大使对我个人所建议的建立外交关系和领事关系的反应。大家可以回忆,这原是孔令傑向委员长和我建议的,他认为,有一个中国驻都柏林的大使,能注视大英帝国内部的情况变化。我认为这是一个好的建议,我于是答应试试,而且也确实和好朋友赫恩大使谈过此事,但我告诉孔令傑,还未收到赫恩大使的任何回音。

然而一个多星期以后,赫恩大使对我进行了回访。他对我提起两个月前我们的谈话,和我求他向都柏林询问的事。他已给瓦勒拉总理写了信,现已收到了回信。瓦勒拉首先请他转达他个人对我和顾夫人的问候和祝愿,因为从国联时期我们就彼此相识。其次请他对我说,关于中华民国和爱尔兰之间互换外交使节的问题,总理本人乐于这样做,但因预算上的困难而不能实现。爱尔兰政府目前正在奉行经济紧缩政策,所以不能增加驻外使节。

赫恩继续说,由于同样的困难,也使他的政府不能在新西兰和南非设立外交使团,而这两个国家都有大批爱尔兰侨民,所以新西兰和南非一再要求爱尔兰在他们国内设立外交使团。印度也同样要求爱尔兰派一个外交使团,虽然印度在都柏林驻有外交使节,但是爱尔兰仍因同样的原因没有满足印度的要求,赫恩向我表示歉意,并要求我理解他们政府的处境。

　　我说,我当然能够理解这一切。对他费心为我获得其政府对我个人建议的反响表示了谢意。我还请他在下一次与瓦勒拉总理通信时,转达我对他的崇高的敬意和良好祝愿。

　　接着我们交换了对国际前景和美国政治的看法。谈到参议员麦卡锡时,赫恩说,麦卡锡的祖籍是爱尔兰。他的祖父出生在爱尔兰,但他的某些做法常常不受他的同胞们的喜爱。赫恩曾对参议员麦卡锡说过,他的日子不太好过,可是这位参议员回答说,他必须用粗暴的办法挖出共产党在美国政府内部和外部搞阴谋的事实。赫恩认为,麦卡锡最近娶了琼·克尔是件好事,因为她也是爱尔兰血统,可以对他施加一些影响,有所约束。赫恩还说,有许多人想要制服麦卡锡,但甚至艾森豪威尔都认为他太倔强,不能和他对抗得太厉害。

　　我回想起,麦卡锡在选举期间正在住院,而且有许多组织像工会和美国人争取民主行动组织等都在选举中设法击败他时,他却在他那个州内以压倒多数的选票再次当选,真是一件了不起的事。

　　赫恩告诉我,枢机主教斯佩尔曼最近在比利时说,当欧洲到处都在谈论麦卡锡主义时,在美国却表现出没有什么问题。红衣主教相信,评价参议员麦卡锡最好的方法就是看他本州人民怎样对待他,而事实上,他以压倒多数的选票重新当选为参议员。赫恩还说,一个美国朋友告诉他,是参议员塔夫脱让麦卡锡去承担在美国政府内挖出共产党间谍这项棘手的工作的。在塔夫脱看来,只有麦卡锡能够做这项工作,因为他有魄力,有能力,并有广博的知识。所以当有人要求塔夫脱反对麦卡锡时,塔夫脱回答说,麦卡锡干得不错。

我们谈话之后不久,我出席了一次非常有意思的宴会,这是参议员马隆和夫人为参议员麦卡锡和夫人(娘家名琼·克尔)在"F"街俱乐部举行的。马隆的宴会是一次冷餐会,非常愉快而且多少有些独特之处。来宾一共七十二人,其中有参议员斯泰尔斯·布里奇斯、威廉·詹纳、约翰·肯尼迪、亨利·伯德、亚利桑那州的巴里·戈德华特、特文宁将军、赫尔利将军、邮政总局局长及他们的夫人等。参加宴会的还有芝加哥、纽约和华盛顿各报社和通讯社的老板、编辑。这是一次令人难以忘怀的有代表性的聚会。参议员詹纳用他那杰出的嗓音演唱了爵士乐歌曲。所有上述提到的人和几个外埠客人都被邀请讲了话。

我也应邀讲了几句。我感谢主人把我提拔成了共和党党员,(从热烈的掌声中,我知道这句话收到了好的效果。)因为我注意到我和我的妻子是被邀请来的独一无二的外国外交官。我在讲话中强调了我们两国之间的传统友谊,其中也包括中国大陆的人民,不管共产党统治者强迫他们说什么相反的话,那都不是真正中国人的话,是外来的。我说,麦卡锡在亚洲、非洲、欧洲和美洲是家喻户晓的,因为他已成为引起争议的人物(这句话逗笑了来宾),他的名字的后面常常被附加上一个"主义"的词尾。但是我们的人民是把他的名字和那些主义和理想主义、爱国主义和利他主义等等主义连在一起的。我的话显然博得来宾们的称赞,因为会场上一片掌声。后来,散会时,许多人来称赞我所做的简练讲话。麦卡锡亲自走过来称我是一个天生的演说家,对于这一点他从来未怀疑过。

整个宴会自始至终是令人满意和愉快的。我走到芝加哥的麦考密克夫人和小威廉·伦道夫·赫斯特夫人那桌坐下来,同她们聊得很有趣。麦考密克夫人问我,我们什么时候,用什么办法可以回到中国大陆去。我向她作了解释。赫斯特夫人对这个问题产生了极大兴趣,以致谈话时还做了记录。当我告诉她,我和我的国人极为赞赏赫斯特系报纸为自由事业反对共产党威胁所采取的立场时,她很受感动。赫斯特夫人对我说,她的公公就是在二十多年前第一个发出警告,并采取坚决的立场来保卫自由事业的人。谁都清楚,她的公公是俄国革命时期逃出来的一个白俄难民。

邮政管理局局长萨默菲尔德特地向我和我的妻子表示他的钦佩,这使我和妻子都感到很愉快。萨默菲尔德还向自由中国表示了最美好的祝愿。女主人凯蒂·马隆机警如鹰。她一会儿建议她的丈夫请这位讲话,一会儿提醒丈夫请她认为应该讲话的那位讲话。她成了宴会的灵魂,是一个极为出色的女主人。

1月16日,国民商业出版公司为副总统尼克松举行招待会。他们向尼克松赠送了这个年度的银箭奖,以酬谢他刚刚完成对亚洲、中东等十六国的友好亲善使命,作为一位杰出的公民,为商界做了最大的努力。全体贵宾,包括尼克松刚刚访问过的十六国的驻美使节和代办,以及美国政府各部和各机构的最高官员,都被一一介绍给大约五百人的来宾。外交官们没有被邀请讲话,但是美国的贵宾们一个个都被邀请回答一个属于他们各自业务或部门范围内的特殊问题。因此有人问司法部的一位助理部长,如果当真能执行艾森豪威尔总统的建议,司法部如何贯彻执行艾森豪威尔总统的建议,剥夺阴谋用武力推翻政府的共产党人的公民权。有人问财政部副部长,是否有点理由可以指望来一个经济回升而不是萧条,原因是什么。通用面粉公司的负责人解答了关于食品问题和粮食过剩问题。艾奇逊圣菲铁路的董事长回答了关于今年经济前景问题。等等。非常独特,非常有意思。副总统在宴会上看起来没怎么吃东西,而是在做记录;并且就他此次亚洲之行的印象做了非正式的、很打动听众的讲话。他讲话的主题是,这些国家的人民对美国人民非常友好。他觉得,和美国一般的想象相反,他们在理想、追求和思想上都和美国人十分相像。

第二天,我作了一个半小时的散步。我沐浴着温暖的阳光,呼吸着清新、凉爽的空气。1月19日,韦焕章来向我告别,因为他快要返回台湾去了。他希望中途在东京逗留几天,以避开台湾的工作调动,以及对他的最后任命,任命他代替俞飞鹏任中国招商局董事长。韦焕章当时是总经理。他希望把时间用在他新组建的船舶公证检测公司,这种公司在中国还是第一个。

韦焕章到美国已经大约三个月了,他是1953年9月中旬和几位海军军官一起从台北来的。他们此行的目的是帮助催促保险公司解决由于中国招商局的一艘船上的船员变节倒向共产党方面而造成的船只损失的赔偿案子的。他还要调查为造船和扩建计划谋求世界银行或进出口银行贷款的可能性。

李榦博士1月20日来访。我请他在下周三的全体会上做报告。我想大家一定会有兴趣听听关于世界银行贷款给亚洲成员国的情况,以及在投资方面世界银行对自由中国的态度和在银行里作为股东的各个国家的地位。李榦一个星期前到我这里向我汇报说,世界银行负责远东方面的董事曾就我们关于目前财政能力的说明和他进行磋商,并且建议我们不妨增加我们每年支付的资本认缴额。李榦还与我商讨了对付这些问题时他应采取的步骤,因为他估计,世界银行行长布莱克将会同他讨论这个问题。他个人的意见是不同意任何增加我们目前象征性的认缴资本的建议。这样布莱克就无法向董事会提出这个建议了。

我感到,关于我们目前财政能力的说明给人印象不深,而且应该由银行保密,免得那些不支持我们的董事们,尤其是那些承认了红色中国并想看到它能在银行中取代我们位子的国家,会以之作为论据,支持他们代北平政权所提出的要求。李说,这个说明瞒不了董事们,因为我们的说明和其他文件一样,是要在董事会上传阅讨论的。我提议最好的办法是说服布莱克推迟讨论这个问题,越晚越好,特别是因为无论同意增加多少,对银行来说都是微不足道,可是对我们来说关系很大,因为这样会使我们的外汇比以前更加困难。

1月21日,李榦向我汇报了他和布莱克行长的谈话。李首先告诉布莱克,他已经应他的要求,提交了一份中国政府财政能力的说明。这个说明是以理事会开会通过的一项决议为根据的。但是中国政府增加认缴资本份额的可能性没有提高。正如说明中可以看到的,中国政府对考虑履行其众多义务是如何认真。他提醒布莱克,两年前财政部严部长就露过口风说,中华民国可能要退出银行,为的是从银行取回已经付给银行的作为投资份额的一部分的九百万美元。他解释说,既然我们得不到银行的援助,银行又告诉我们不能取回已缴付的款项,所以对象征性的认缴款额作任何增加,对我们来说都将非常困难。

李榦说,布莱克完全理解这种处境,并说,他正在设想一个方案,以使中国能够偿清它的义务或者至少可以证明有付清拖欠的意图,比如发行债券,或是付与银行以同所欠金额相等的债券。李又一次明确表示,任何增加支付款项的负担,现在都很困难,尤其是中国得不到银行的任何帮助。但是他说,他将就此事向严部长汇报。谈到这里,布莱克说,他仅仅是在考虑这个方案,甚至还没有和银行各部门的首脑谈起此事,所以最好推迟到他和银行中的专家们得出一个明确的结论之后,再向台北报告。

我告诉李,他的建议给我的直接印象是好的,我们原则上可以接受发行债券或国库券的意见,要求延长本金支付。这样今后三五年内我们将仍然支付相当于现在的象征性缴付的数额,并采取分十年或十五年逐渐分期付清所摊份额的办法。事实上,我们现在的地位不可能无限期地像过去一样保持下去,今后四五年内一定要有变化。世界形势在这期间也可能发生大的变化。这种变化的结果,对我们的影响更是吉凶未卜。从政治上看,布莱克深思熟虑所想出的这一安排,将有利于我们,它将对处理那些与台湾不友好的国家和同情北平的国家每年讨论我们在银行的代表权问题有好处。它将有助于巩固我们在银行内的地位。李认为，无论如何银行都不可能先于联合国在代表权问题上采取行动。我仍然这样认为，而且也相信布莱克深思熟虑过的安排在心理上是有助于我们的。于是我告诉李在给严部长写信时，要考虑到布莱克精心思考的这一计划。此外，我说，我们可以原则上接受这个建议，再商定一个令人满意的计划，以使我们和布莱克能够尽可能地推延报告去年9月理事会决议的贯彻执行情况。

我还告诉李榦，谭伯羽对在周会上做有关（国际）货币基金，组织的一些问题的报告犹豫不决。谭是这个组织的中方董事。李榦建议我再与他联系一次，因为谭可能因自己在发起举行全体会议时曾做过一次发言而一直感到尴尬，因为在那次会上，他声明说没有必要让每个机构的负责人都做报告。

第二天，我打电话给谭伯羽，又一次请他在下周二的全体会议上做报告。他仍然表示犹豫，可是最后终于同意了。他宁愿讲讲国际货币基金组织里的捷克斯洛伐克问题，而不想谈英镑区和美元区之间关系的发展，英镑可兑换性的前景及其对贸易发展的影响。他又解释说，在早些时候的一次会上，他对霍宝树要每个机构的负责人都做报告的建议的认识是全体会议的目的乃是听取有关现实问题的报告，而不是听取冗长的、学术性的、引不起人们兴趣的专题论文。由于我赞成他报告的题目，他同意在下周会上发言安排在李榦讲话的前面。

第二天，1月23日晚，在洪都拉斯大使举行的一次盛大的冷餐晚宴上，我同许多人进行了有意思的谈话，其中有与华盛顿州参议员哈里·凯恩的谈话，以及和凯恩夫人的谈话。凯恩夫人谈起了颇有争议的关于限制总统与外国签订条约，以及反过来，加强国会在对外关系上的权力的布里克修正案。她说，在修正案问题上的论战，会分裂参议院内的共和党，总统不得不依靠民主党来支持他的观点。她说，不管怎样，总统是一位十足的走中间道路的人，他遭到民主党和共和党右翼的反对，但却受到左翼的支持。然而，人民选举他毕竟不是因为他是共和党的首领，而是作为一个同情新政中的许多政策并为大众所喜爱的人物和英雄而被推选的。所以在即将到来的国会选举中,共和党人可能还会失去对国会的控制。

事实上,这种调子我在几个月前同共和党人士就关于他们党的发展前途问题的谈话中就多次听到过。在 1953 年 12 月上旬,西德尼·格雷夫斯夫妇举行的宴会上,格雷夫斯夫人曾对我说,现在的共和党政府在外交政策上与杜鲁门政府没有什么大的区别。她担心在 1954 年会看到选举出一个民主党的国会。她,一个忠诚的共和党人,一直是参议员塔夫脱的崇拜者。她说,直到今天,她都为塔夫脱的死而痛惜。他的逝世对国家、对她的党都是一个巨大的损失。当然,艾森豪威尔是在 1952 年从塔夫脱手里夺得共和党的提名的。

更早一些在 10 月中旬,我接待了一位老相识。三十多年前在华盛顿会议时,她和我一起在中国代表团工作,从那以后,她成了一名律师。她热衷于福利工作,尤其是为儿童谋福利而工作。如果罗伯特·塔夫脱当选,她希望她能在美国政府机构中谋一职务,因为她曾为塔夫脱竞选总统而活动。当塔夫脱未能得到提名时,她在 1952 年投了艾森豪威尔的票。但她说,她对艾森豪威尔政府感到很失望,因为艾森豪威尔缺乏领导这个政府的勇气,相反,他却让国会领导了他,其结果是混乱和不稳定。

当天,在一次特别选举中,民主党有史以来第一次在华盛顿第六区夺得了国会席位。1953 年 11 月的正常选举中,共和党的处境没有多大进展。我在 1953 年 11 月 4 日的日记中写道:

> 新泽西州选出了民主党州长罗伯特·梅诺和民主党十年来第一次从第六区进入国会这一情况,正在使共和党人忧心忡忡,而民主党人则对 1954 年期中选举能进入国会的前景大抱希望。昨天各州和各选区选举的结果,使得共和党在众议院中只占三四票的优势。在参议院中则造成了势均力敌的局面。

1月23日，陈之迈向我报告他最近和众议员周以德谈话的情况。他说周以德对王世杰的案子表示关切，而王案有时是和吴国桢的名字联系在一起的。周以德极力主张公布事实，使谣传平息下来。1月27日，胡庆育告诉我，吴国桢已被命令返回台北，但是吴没有服从的表示。他说，因为民用航空公司通过台湾银行偿还台北交通部五十万美元预付款时，吴国桢任省主席，所以他的名字就和王案联系在一起了。但是那笔款项是一宗单独的交易，和民用航空公司应当偿还的为买回泛美航空公司在中国航空公司的股票的一百二十五万美元毫不相干。

　　我是在为胡庆育去阿根廷出任驻阿大使送行时，在国民机场同他谈到此事的。因为要修理引擎，飞机晚起飞半个小时。所以我们在等飞机时，闲谈了一会儿。我打听了一些问题，也得到了一些消息。譬如，我了解到，叶公超对西班牙的访问已经取消，并且他一直在说他要辞去现在的职务。金问泗大使的辞职和新的任命都还没有发表。正如胡在纽约告诉金的那样，金在布鲁塞尔从兵工厂代表那里借款一案，至今还未了结。外交部想通过积累他的薪水来帮他解决这个案子，也就是在这期间，只要辞职书还没有正式批准下来，他仍是大使身份，领大使的薪水，直到他领足偿还这笔借款的钱为止。胡说，在某种程度上，按照金大使的看法，这是为了两个秘书的利益，因为他们俩仍然拒绝退还他们的借款。至于重新任命的问题，胡告诉我，金愿意在华盛顿给我当顾问。但我告诉他，金以前对我说过这个想法，我也不反对，只是还是得由外交部来任命，因为大使馆没有这个权力。

　　胡说，关于外交机构人员回外交部接受部里的职务是早已没有希望了。那些已经回到外交部的人，还都在等待空缺。当时就有二十六位在等待指派作专员或帮办。我们在斯德哥尔摩和奥斯陆的前任公使那时就在外交部供职，每月仅拿三百元台币的车马费（实际只等于七点五美元）。

　　胡又对我说，传闻魏道明将被任命为总统府秘书长，这种说法未必可靠。十有八九在委员长重新当选总统之后要任命另外的什么人担任这一职务。至于副总统的职位,只有两个候选人,或者说,人们认为只有两个人够资格,虽然他们两人都说他们并不想任此职。

蒋经国让胡转告我,他最近不到美国来了。我告诉胡,助理国务卿饶伯森的帮办庄莱德已经通知我说,周至柔将军和孙立人将军应邀来美国访问,大约于4月底抵美。然后胡对我说,他见到了胡适博士。胡适打算把抵台北的日期赶在选举总统和副总统的国民代表大会正好开幕的时候。他说,这是胡博士不想参加竞选副总统的明证。

前一天,我自己已经和胡适谈了话,那次谈话纯属巧遇。那时我正在给胡庆育打电话,胡适错接了电话。在电话里,我问起他的行程,他告诉我说,他将于2月8日离开纽约去台北,不过要在东京逗留几天,为的是在2月18日,刚好在第二天早上国民大会召开的前一天到达台北。

1月28日,我收到了当时在纽约的二十名国大代表的一封联名信,这些人中有大主教于斌、胡适、孔祥熙、前财政部长徐堪等。他们来信请大使馆向美国国务院申请给他们一次特殊照顾,发给他们往返的护照签证。以便在他们参加台北召开的选举总统和副总统的国民大会之后,能够重返美国。信上说,因为他们在美国各自都有公务。

据崔存璘秘书说,签名者中有一位徐逸夫人,也为此目的申请去台北的外交护照或者官员护照,大使馆管理护照的秘书答复她说,根据规章,大使馆不能办理。我对这种不动脑子草率拒绝这种要求的做法相当恼火。我对崔和谭说,这次选举民国总统和副总统的国民大会,是我国一件极为重要的大事,我们应该尽一切努力为代表们的台北之行提供方便。崔存璘解释说,规章不允许这样做。可是我告诉他,这不是一般的例行公事,而是一个特殊情况,他应该要求美国国务院给予特殊照顾。我们应该递交一份书面照会,而且我会让谭或崔本人亲自找美国国务院中国科向他们解释一下这种特殊的情况和急迫性,要求他们将此事当做外交礼遇上的一件例外事件来处理。

崔建议我们去找护照科的官员。我说这倒是可行的,不过仅这样做还不够,因为护照科的官员对这种特殊事件没有自行决定之权。我说,如果有必要的话,我想法去找饶伯森本人,他相当了解中国宪法制度。由于美国的政策是支持中华民国的,所以美国国务院很可能对我们的申请给予特殊照顾。另一方面,如果我们对此无动于衷而一味坚持按照现行规章制度办事,那么代表们就会向国民大会报告说,他们无法回到台北,其原因是大使馆无能为力,不能为他们办到往返护照。假如这样的话,不但国民大会秘书处要把这种情况公布给其他代表,然后正式向大会作汇报,而且与此同时,这些代表们就会质问政府,为什么大使馆不作任何努力为代表们提供必要的方便。政府中,自委员长以下都不会理解我们这里的情况,就会毫无疑问地指示我们采取一切可以采取的手段来帮助代表们。我又说,我们替换那些已经去世或那些无法离开大陆来开会,或者是已叛归共产党方面的代表们的法律已经尽可能地作了修改,还修改了规定召开大会所必要的法定代表人数的法律,从百分之五十减至三分之一。这说明使大会能够召开和举行选举是多么重要。因此我说,护照管理制度和重返美国签证的例行签发程序,都不能成为我们大使馆不发挥自己的作用的正当理由。

谭和崔都理解到了这一点。其实谭已经同管理护照的秘书讲过这件事的政治方面的重要性,但由于这位秘书本人的反感和厌烦,使他受了影响。然而,在我的指导下,很快起草了一份照会,要求美国国务院对我们的要求给予特殊照顾。照会在下午立即发了出去,同时我也就大使馆为代表们申请护照作了哪些努力给外交部发了一份报告。

根据旧金山中国总领事馆的电话,旧金山华侨界的一位领袖董先生,也想从美国国务院取到一张往返护照,以便去台北开完国大后再回美国,他申请要一份外交护照或为此目的取得官方身份。可是谭和崔告诉我说,美国移民局正在调查他的身份,因为虽然他是一个美国公民,可是他上一次从台湾访问回美国时用的是假名字。虽然我国政府并不反对像董这样的双重国籍。很明显,大使馆是无权授予他这种特殊身份的。因此我告诉谭和崔不要拒绝他,就说大使馆无权处理他所要求的事情,并已向台北打电报给他办理了

这是一个相当复杂的问题,对中国以及那些为了海外侨民的方便而承认双重国籍的国家来说,尤其如此。这些海外侨民,常常觉得获得当地的国籍很合乎需要,甚至是很必要的。也就是说,一个中国人入了美国籍或印尼籍而成为所在国的公民时,那么,只要在他居住在这个国家期间,比起那些没有取得当地公民资格的中国人所受到的待遇要好得多。但同是这个中国人,当他希望因公事或私事回中国或访问他的故乡时,那么他又希望把他当做中国人,而不是把他当做外国公民而使他受到根据国家之间所订条约而产生的某些限制,所以他们要获得中国护照和出示中国护照;这些护照在过去可以由国外的中国领事馆随意发给海外侨民。然而,美国和一些国家却是不承认双重国籍的。

大约三个星期以前,我的空军武官衣复恩上校到我这里汇报说,美国空军助理副参谋长奥哈拉将军邀请他同他一起乘他的军用飞机去访问台湾及远东其他国家。根据衣上校的建议,奥哈拉从美国空军部长处特地要来一封邀请信,让他来请求我的批准。我当即同意了。但我建议他最好也向台北打报告并请求批准。衣上校解释说,这种邀请对他来说是没有前例的,这完全是由于奥哈拉将军对他个人有特殊的友谊。我建议他告诉奥哈拉将军,最好提前通知在他即将访问的那些除台湾之外的远东国家的代表们说,衣上校将作为将军的私人客人陪同前往。这样,对于那些接待国家的机构和官员来说,在招待、设置席位和会晤时不会

出现尴尬的局面,尤其是在像印度支那这样的国家。(人们可以想象,除了中国外,这些国家的政府代表们到机场欢迎美国空军助理副参谋长奥哈拉将军时,突然在他的随行人员中发现一个中国军官,他们会完全无所措手足。)我进一步建议,这些提前发出通知的国家只限于菲律宾、泰国和印度支那。因为我认为他最好根本不和奥哈拉一起去缅甸、印度和香港,除非一切都安排妥当并得到这些国家的同意。衣上校完全同意我的意见,只是如果没有什么太大困难的话,他还是非常想去访问香港的。

1月13日,衣上校来告诉我,台北已批准他接受陪同奥哈拉将军访问台湾的邀请。至于别的国家,等他到了台湾后再与台北商量。据我回忆,台北没有批准他。

衣上校进行了访问,于2月返回。2月11日,到我这里汇报他台湾之行。顾毓瑞已经在事前向我汇报说:衣上校告诉他,行政院长陈诚曾向他问起为什么我一直想辞职,是不是出于对我身体健康的考虑。衣上校回答他说,我的身体看上去很好。显然,衣上校是一个相当谨慎的人。他不想告诉我任何有关我私人的事,所以他告诉了顾,并且他相信顾一定会告诉我。他还告诉顾说,他曾和委员长及陈诚行政院长谈起在美国宣传工作的重要性,以及外交部解雇诺曼·佩奇的不明智的决定。据衣上校说,委员长和陈院长都同意他谈的情况,并答应对此事进行研究。但是出于审慎,衣上校对这两件事都没有直接告诉我,只是说,陈院长问到我的身体状况,他告诉行政院长说,我的身体看上去相当健康。然而,他确实告诉了我,当委员长问他美国对待我国政府的态度时,他是怎么回答委员长的。他还说,最近几年我们在台湾取得的进步给他留下了深刻的印象,但是同时使他失望的是许多领袖们太热衷于政治。他希望多在促进国家利益的简单工作上作出更大贡献,而不要在谋求党派或个人利益上勾心斗角,激烈地竞争。他相信陈诚会被指定为副总统候选人,而且他一定会当选,虽然陈本人不十分有意于此。

2月16日,国民党中央委员会全体会议提名陈诚行政院长为国民党副总统候选人。在前一天的同一届会议上,蒋总统被提名为总统候选人。2月19日,第一届国民大会二次会议在大会主席胡适博士的主持下在台北召开。然而,直到3月20日才开始投票选举总统和副总统。

附录一　1953年2月3日蒋介石
总统声明

……

余相信我国政府及全国四亿五千万人民,无不一致兴奋而为之竭诚欢迎。至于我国今后反共复国之行动,自为自由世界反抗共产党侵略之一环。但中国决不要求友邦以地面部队来协助我作战,而且中国亦从来未作此要求,或存此幻想,此乃为我敢为我友邦郑重声明者。余认为美国政府此一决定,凡世界爱好和平拥护正义之自由国家,皆应一致支持,如此方可希望国际共产主义者侵略火焰之消灭。

唯有使共产集团了解其侵略行动无利可图,不敢冒犯世界大战之危机,乃可由此导致世界之和平。

见1953年2月4日台湾《中央日报》

附录二 1953年2月12日对蒋介石 总统的无线电访问

(一)问:阁下之武装部队对全面反攻已否有准备?

答:现在武装部队的准备还没有到全面反攻的程度。我们对大陆共匪恶贯满盈的实情和大陆人民对我们反攻迫不及待的情绪,自不能等待到准备十分完成的时候,但只言相当准备的程度,也还需要若干的时间才行。

(二)问:阁下是否认为逐渐增加沿海突击与立即反攻,究以何种较宜?

答:当然是全面反攻比之逐渐增加沿海突击的效果大得多。而且对韩战的影响所及亦不可同日而语。

(三)问:阁下以为若获得美国联勤上的支持,中国国军的军力足以维持对大陆之攻击否?

答:本人确信我们陆海空军若获得友邦联勤上物质之充分支援,必能支持其对大陆攻击的任务。

问:阁下认为进攻大陆需获联合国之允准否?

答:毋需获得联合国之允许。

问:此种行动需要美国何种程度之海空支持?

答:此种行动需要极重要的支持,就是海空军的武器与工具。

问:阁下是否认为过去对大陆的突击乃是未来反攻大陆的预演?

答:否,过去对大陆之攻击乃纯系游击部队所为。我们都知道游击部队与中华民国政府的正规武装部队在性质上是完全不同的。

问:阁下认为共党力能支持两面作战否——韩战与大陆？

答:共匪大部分兵力现仍在大陆境内。我国军如发动真正的全面反攻,共匪将无法继续增加其在韩战场之兵力。当然不能长期支持两面作战,因此我相信,只有采取这个战略,乃可结纾韩战,但必须国军全面作战。

问:阁下认为贵国部队将可获得大陆上人民的支持否？阁下有否理由相信,一旦反攻,共军将起义归顺国军？

答:本人确信我国部队将可获得大陆上全部民众的充分支持,并且有理由相信,全面发动后,必有不少共军起义来归;但这必须在国军全面反攻进展到相当程度时,才能实现收效。

问:阁下是否认为反攻大陆可能招致苏俄直接之干预？

答:苏俄不会直接干预,据我长期的经验和我个人所了解,苏俄世界革命的规律和法则,在使他们的行动不致使苏俄本身地位遭受大危险。直接干涉对苏俄本身地位遭受大危险。直接干涉对苏俄本身是最不利的下策,而且他今日控制大陆傀儡共匪的程度,更无直接干涉的必要了。

见 1953 年 2 月 14 日台湾《中央日报》

附录三 1953年3月2日在台北与李弥将军的会谈记录

（外交部整理，注明机密）

1953年3月2日下午三时三十分至六时四十五分于叶公超部长寓所。出席会议者：叶部长、李弥将军、参谋总长的秘书衣复得上校、蓝钦大使、美国驻台湾陆军武官约翰·拉廷上校。

李将军首先发言。他说，他乐于回答向他提出的一切问题，因为他迫切希望澄清对他的部队的许多误解。

蓝钦大使建议李将军先把他退却到缅甸以来在缅甸和云南西部的作战情况作一简要介绍，然后大家再提具体问题。

李将军表示同意并重点陈述如下：

1950年夏季，我同我的部队约两千人从云南退却。最初我们撤入的地区，粮食生产不足，所以我们被迫向南移动，移到泰国与印度支那边界的一个叫做大其力的地方。

继这次撤退行动之后，我的部队被缅甸军队包围了三个月。最后，由于缺少粮食和供应，我的部队拼死突围并向北逃跑。

当时我在香港。我的部队给我捎信，要求我回去领导他们。1950年8月，我回到了部队。

同年9月，东南亚代表团（确切名称不详）团长厄斯金将军要求美国驻曼谷武官安排和我会晤。我们在曼谷见了三次面。

会晤时,厄斯金将军向我询问,我们能否打败缅甸军队。我说,我的士兵弹尽粮绝,不得不频繁移动,以求生存。

厄斯金将军说,这太不幸了,但是我不应当认输或缴枪。他准备在华盛顿看看能给我帮甚么忙。

这次9月份会晤之后,甚么情况也没有发生。直到1951年1月,才有一位美国人带着厄斯金将军的信来到我的指挥部。他想了解我的部队的现状和部署。

1951年3月,一位叫朱斯特的美国上校和一位叫伯德的人和我联系。我们在曼谷举行了会谈。会谈的结果是一架民用航空公司的飞机从冲绳岛起飞,在泰国清迈附近空投了下列物资:

200挺美国轻机枪

12门60毫米迫击炮

150支口径30毫米的美国卡宾枪

4台无线电收发报机

弹药若干

泰国警察总监在两位美国军官的陪同下,亲自把这些武器在缅甸边界交付。这两位美国军官,一位是上尉,另一位是无线电报务员。

这些武器由清迈警察局局长护送到缅甸边界并移交给我。

在装备我的部队之后,我于1951年4月14日前进到云南边境。

6月24日,我们进入云南并占领了勐龙城及其附近的八个县。

从6月24日到7月15日,民用航空公司的飞机五次空投了弹药及物资。

我们共获得875支步枪,每支40发子弹,和2000支卡宾枪,每支50发子弹。

7月15日最后一架进行空投的飞机显然引起了共产党的注意,因为其后不久,我们就遭到了估计约六千人的共产党部队的进攻。我们和他们战斗了五天五夜。

在这次交战中,我损失了八百人,并使共产党伤亡三千人。

8月份,我们由于经常受到压力,被迫穿过缅甸边界撤退。

这时候由我们曾经占领的地区的三万至四万名壮丁和我们一起撤退。然而其中有许多人在短期和我们在一起之后,因难于获得粮食而散去。

大约就在此时,那两位美国军官劝我前往曼谷。我在他们的陪同下出发。

到了曼谷,两位军官立即前往东京,从此就没有音讯。

在曼谷的另一次会谈中,一位美国军官说,我本来不应当从云南撤退。我说,我们是为生存而不是为被歼灭而战斗。(我注意到这次会谈的全部内容都作了记录。)

在这次会谈中,一位美国海军中校向我询问,我需要多少钱以维持部队的给养。我说,每月需要十五万美元。他先答应五万,后来加到七万五千,并且答应从1951年9月开始支付。

1951年10月,我第一次收到这笔钱,并且得到美国人的劝告称,"潜伏下来,进行训练"。

我们听从了这个指示,可是美援在1952年1月中止了。

1952年初,我回到了台湾。在台湾时,美国陆军武官包瑞德上校劝我回到曼谷去,并为此向我提供一架美国军用飞机。

在回程中,我在克拉克空军基地停留了一些时候,并且会晤了弗兰克·梅里尔少将和弗兰克·多恩上校(现准将)。

会晤时,他们就我的部队向我提出三种方案,即:

(1)向云南推进。

(2)进入印度支那到河内西北,黑水河与红河之间的一个地区。

(3)原地不动。

我向梅里尔将军询问,进入印度支那,法国会作何反应。他说,他在华盛顿时曾听说杜鲁门总统与法国总理谈论了这个问题,他认为法国人不会反对。

我对梅里尔将军说,前两种方案是办不到的。他回答说,"好吧,那就原地不动"。

当时梅里尔将军还说,在下次联合国大会上,俄国人和缅甸人肯定会提出我的部队在缅甸的问题,我应当潜伏起来,我本人应当呆在缅甸境外。

我答应了梅里尔将军。我说这好办,但是我对他说,我愿意向他阐明目前的形势。

我告诉他,克伦族人正在走共产主义化的道路。

他说,克伦族人是缅甸最优秀的部落,"你要尽一切可能不让他们走共产主义化的道路"。

这时候,克伦族人已经派出代表前往云南西部滇缅公路线上的保山和中国共产党人谈判,但在谈判取得任何结果以前,被丁作韶先生说服,中断了联系。作为梅里尔将军指示的结果,我和克伦族人进行了第一次联系。从那时以来,我一直和他们保持联络。目前在我的指挥部仍有克伦族的联络人员。

克拉克空军基地会晤之后,我于3月份在东京再次与梅里尔将军会晤。他说,华盛顿对我的努力表示满意。他又一次概括提出了我对克伦族人进行工作的目的要求。他说,我应当继续设法不让他们走共产主义化的道路;其次,设法让他们和缅甸政府的关系密切一些。我设法与德钦马联系。他拒绝合作,因为缅甸与中共有外交关系。

我觉得只要缅甸政府不侵扰克伦族人,他们就不会造反。我曾一直认为,如果我们能够消除克伦人与缅甸人之间的误会,我们就可以加强缅甸反对共产主义的力量。

在东京会晤时,梅里尔将军向我询问,我能否把部队转移到台湾,或者,作为另一个办法,我能否进攻海南岛。我觉得这些问题最好由梅里尔将军和蒋总统商讨,并且说服他陪同我前往台湾。他在台湾拜会了总统。会谈之后,梅里尔将军显然断定上述两个方案都是不可行的,但他确实答应在离开台湾之前给我弄到一些我的部队所非常需要的医药用品。(这些医药用品从来也没有收到。)

1952年5月,我收到了梅里尔将军的电报。他在来电中表示不满,因为我没有实践我的诺言。他说,为我运送补给品的飞机从台湾到孟萨途中飞越泰国,这使美国为难。他说,如果这种情况继续下去,他就不能继续支援我。

我回答说,我的士兵几乎弹尽粮绝,我必须用一切可用的手段向他们提供补给品。

7月,我收到了梅里尔将军来信。他在信中说,他"在婚姻方面正遇到些为难的事",他不能再支援我了。

我在1952年得到了美援二万五千美元,这是到此刻为止的最后一笔美援。

(这时候,李将军转身面向蓝钦大使,看来很激动。他说:"按照梅里尔将军的说法,终止对我的美援是因为我不遵守诺言和给我运送补给品的飞机曾飞越泰国。"

此外,美国驻曼谷大使指责我使用美国资金不当,指责我抢劫村庄以致缅甸政府不得不进行空投以免平民饿死,指责我买了一所占地五百亩的大房子,指责我买了一部大型豪华汽车,指责我的生活像个国王。

(对蓝钦说)大使先生,我想让你知道,我否认所有这些指责。我使用的房屋还是我得到美援以前使用的那所房子。我的汽车还是我用了好几年的那部汽车。当我收到最后一笔二万五千美元的美援时,我曾质问交付款项的那位军官,我是否还在使用我得到美援前的那所房子和那部汽车。我要他为这些情况作证。

大使先生,我认为这些假情况是共产党捏造的宣传,为的是诋毁我和迷惑我的部队。

我要求你派人前往缅甸观察我的处境,然后由你自己判断我是否做了我被指责的任何事情。(说到这里,李将军中断了他对

蓝钦大使的请求,并继续叙述他的经历如下:)

1952年7月之后,我的部队感到越来越难以继续生存下去。1952年8月,我的一支一直同克伦族人合作以获得粮食的部队,自行决定和他们有联系的一支克伦族部队一起向南移动。

另一支分遣队移动到萨尔温江以西。

由于缺乏通讯联络,很难控制我的许多部队。

1952年8月,即缅甸外交部长访问北平之后,缅甸的总形势严重恶化。他7月份刚一回到缅甸,缅甸政府就开始逮捕我的通信员和代表。这些人员中大约有一百人于1952年8月在缅甸云南边境被交给中国共产党人,并在缅甸云南边境滇缅公路沿线的畹町镇被扔进一个燃烧着汽油的火坑。这个事件之后不久,继在云南与中共交火之后,我的六名伤员设法越过边境行进到缅甸古开。在九谷,他们被缅甸警察逮捕并吊死。这个消息迅速传开,而且把我的部队激怒到无法控制的地步。1952年8月中旬,他们在没有命令的情况下,袭击了缅甸人。

我在前面已经指出,通信联络的缺乏使得对我目前各个孤立的部队几乎无法保持控制。

此外,1952年9月16日,我的一队徒手士兵在前往村庄买粮途中遭到伏击,死十二人,伤三十人。从此缅甸人和我的部队成了仇敌。这时候,缅甸人甚至开始在缅甸全国逮捕中国平民。

我愿指出,我的部队从来没有根据我的命令故意袭击缅甸人。有许多次,缅甸军队在铁路和公路沿线的部署位置,使我能够歼灭他们,但是我从来没有这样做。在我刚才提到的一系列事件之后,已经无法为我在缅甸北部的各部队弄到粮食。

使我感到困惑不解的问题是,如果像贵国政府所声称的那样,缅甸政府是反共的,那么,他们为甚么打缅甸最优秀、最忠诚的克伦族人?(克伦族人还有一支为数两万至三万的精兵,是缅甸族人永远也不能战胜的。)继续压制可能把处于绝境的克伦族人赶到共产党一边去。

我的部队是反共的,他们为甚么打我们? 由于我的部队过去两年间在云南缅甸边境,我们一直是阻止中国共产党人进入缅甸和吃掉克伦族人的最大因素。

他们为甚么打我们,而不打白旗和红旗部队? 白旗和红旗部队都是共产党,而且都只想推翻缅甸政府。

("白旗"即白色人民志愿组织,据认为约有二千人。这些人在第二次世界大战期间曾与日军作战,但后来未被编入缅甸陆军。他们又以"斯大林主义者"闻名,并被认为是共产主义者。)

("红旗"又称"托洛斯基主义者",据说拥有约三千人,而且也是共产主义者。红旗人和白旗人虽然都是共产主义者,但是他们之间一直有个人分歧,而且一直是分别活动的。但是最近有迹象表明,他们已经把力量联合起来。)

谈到这里,蓝钦大使说:"李将军,那么你的意见是甚么呢? 目前我国政府认为缅甸政府不是共产主义的。你必须认识到,中国军队之在缅甸,削弱了我们美国的地位,而且使缅甸政府丢脸和丧失声誉。你必须保存你的部队,不让他们被消灭或者被驱散,而他们如果得不到支援,就肯定会这样。"考虑到这一点,那么,(对李将军说)"你不认为显而易见的解决办法是把你的部队从缅甸撤到台湾,以便日后能够更好地使用他们来反共吗? 2月25日,我拜会蒋总统并谈了这个问题。他说,他正在考虑一个可能使缅甸政府满意的反建议。但是到现在为止,他还没有告诉我这个反建议。在没有这样一个反建议的情况下,李将军,我坚决要求你发布命令,把尽可能多的部队撤出缅甸"。

李将军回答说,他愿意表明,他感谢美国朋友的关心和他过去得到的援助,但是此刻他有两点想法,愿予以陈述。

首先,他的许多美国朋友认为毛泽东最后仍然可能成为"中国的铁托"。他诚恳地希望他们(他的这些朋友)或美国不要抱有这种错误的看法。毛泽东和任何一位我们说得出来的真正共产党人是一样的。

其次，他愿意指出，他的部队不是按照正规军队的方式组织起来的。他们分散在一片广大的地区。由于通讯困难，要使一项命令得到遵行，总是需要一定的时间。自从美援中止以来，他的部队一直靠国民党每月提供的五十五万泰币的津贴生活，而这笔津贴从 1953 年 1 月 1 日起减为二十万泰币。

如果我想让我的部队对我忠诚和服从命令，我至少必须给他们吃饱。依靠目前的津贴，我做不到这一点。如果我命令我的部队撤离缅甸，我非常坦率地承认，他们不会服从这样的命令。

蓝钦大使于是问道："如果你给他们薪金——也许是所欠的薪金——并向他们提供前往台湾的机会，你能弄走多少人？"

李将军回答说，大概一个也没有。我的士兵大多数都带着家眷。他们是云南土生土长的人，宁愿在目前忍受的条件下呆在当前所在的地方，而不愿告别家人，前往他们视为异乡的台湾。他们仍然会比较喜欢这种生活方式，而不愿远离故土。他们有在那个地区生存下去的信心。

如果现在发布命令，他们会认为我是在违背我本人意愿的情况下被扣留在这里，因而会瓦解分散而不遵守命令。

我还认为，目前被拘留在印度支那的国民党军队应当先遣回台湾。我的部队在和共产党作战，而他们则否。我希望美国政府派代表察看在缅甸的中国部队。蓝钦大使回答说，这个问题也在考虑中，但是还没有得到令人满意的解决办法。

这时候，蓝钦大使问那位美国驻台湾陆军武官能否提出一些问题。

（注：据衣上校称，会谈的其余部分为拉廷上校提出的几个问题和李将军所作的答复。由于这些问答并不特别重要，暂从略。——薛毓麒）

附录四　关于苏联和平攻势的性质问题蒋总统与艾森豪威尔总统的往来信件

（一）1953 年 4 月 15 日蒋介石总统致艾森豪威尔总统函，1953 年 4 月 16 日送交。

艾森豪威尔总统阁下：

关于此次苏联发动之和平攻势，料想阁下及同僚诸公定已与我同样加以仔细研究推敲。我认为，这一攻势主要是针对为克里姆林宫所畏惧而有迹象表明阁下正在执行的逐渐具体化的联合反共政策。换言之，阁下就任以来在国内国外受到拥护，是这一和平攻势的原因。我不相信克里姆林宫会如此天真地认为能说服阁下去接受马林科夫正开始为苏联人民提出一个民主化纲领或马林科夫将要放弃征服世界的共产主义纲领等等看法。

我认为这次发动的和平攻势是为了：（1）赢得时间以便在国内巩固新的苏维埃统治集团的权力；在国外加强对卫星国家的控制；（2）给联合国内部带来更大的不和，特别是在英美两国之间的不和，从而使苏联自己处于有利地位，以其在联合国获得的政治利益来为中国和朝鲜共产党收取侵略的果实；（3）为贵国政府与国会之间在联邦预算提交审议时制造困难；（4）让美国战俘返回家园，制造民意要求美军撤出朝鲜，为在联合国再度提出同样要求铺平道路。

毫无疑问，以阁下的经验和才智，对于业已出现的新形势定能应付裕如。我可断言，阁下在任何情况下决不会轻信人言放松使反共人民更加团结一致的努力,而必将继续加强并联合他们的力量组成联合阵线。

苏联目前提出的和平倡议,无论是属于进攻性或防御性,决不能容其抵消阁下已经取得的成就或妨碍阁下已经决定执行的计划,在这方面我愿保证全力合作。际此紧急关头,我们不愿看到子孙后代遭受共产党暴政的人们,均应坚定意志,为追求共同的目标联合起来。阁下当已看到,旷日持久的板门店停战谈判如何使联合国内部产生了不和;在谈判过程中,如何因为纵容而使共产党的渗透活动在亚洲和南北美洲得以发展;你们自己在朝鲜前线的士兵如何被搞得士气低落,群情激愤;共产党人如何利用僵持局面在前沿阵地掘壕固守;尤有甚者,由于长期迁延不决而造成对停战的殷切期望,如何促使广大群众把朝鲜停战当作唯一目标,而看不出朝鲜问题的症结所在。总之,板门店的僵局起到了对共产党有利的作用,使他们从西方国家夺得了主动权。

因此,我的意见是,和平攻势固应按表面价值予以接受,但必须规定时限,何时达到战场上的停火,何时按照联合国的既定目标和在合理满足自由朝鲜人民意愿的情况下政治解决朝鲜问题。深恐不规定时限,则目前的和平攻势只能进一步加强苏联业已掌握的主动权。

我之所以以私函相告者,盖因我看到了阁下的政策已开始取得成功,且影响到苏联的决策人物。我也看到目前的和平攻势将能抵消阁下已经取得的成就,其后果不堪设想。我认为,我们必须寻求方法,逐渐从共产党世界夺取政治的和军事的主动权。阁下已有所成就,深望继续执行原来的政策直到获得丰硕成果。

祝阁下身体健康。我的夫人和我谨向阁下和夫人致以最崇高的敬意和最热烈的问候。

蒋介石

（二）1953 年 5 月 6 日艾森豪威尔总统对蒋总统 1953 年 4 月 15 日函的复信。

蒋总统阁下：

顾大使已将 4 月 15 日大函送交给我。

苏联的所谓"和平攻势"业经我和我的顾问深入研究，我们的结论，迄今为止，与尊见极为相同。我们相信苏联在战略上确已被迫转向防御，它最近的行动，用典型的苏维埃的反话来说，被宣传为积极的"争取和平"。无论如何，如果我们根据苏联最近几周的和解姿态便认为他们的长远目标已经改变，则未免过于天真。到目前为止，我们还没有理由相信，苏联的最终目标有甚么不同于它所常说的那个共产主义世界，由莫斯科来统治。

我敢断言，世界上的自由人民决不愿接受那种命运。只要他们的自由和安全受到威胁，他们就要坚定不移地保持强大和团结。为表示保卫自由的决心，如有必要，将不惜任何牺牲，敢冒任何危险。我们不能设想，侵略性的共产主义形成的威胁已经消失或正在消失。与此相反，苏联近来的姿态看来只是由于形势需要而作出的程度上时间上都含糊不清的战略变化。我确实只能作如此想法，除非苏联在行动上而不是在词句上表现出他业已放弃征服世界的计划，而且愿意和其他国家一起，建设一个大同世界，在和平和安全的环境中共享劳动的成果。

为了全人类的利益，自由世界有责任尽一切可能促使苏联改变长期以来指导其行动的基本目标。近来的"保卫和平"使我们有理由相信，我们向苏联证明他们的奴役全世界的计划毫无作用，这项工作正在取得进展。现在不是作某种"和解"的时候，那种和解能使苏维埃集团用"和平"倡议来达到用其他方法所不能达到的目的。现时却要求继续提高警惕，更广泛地团结，更加忠诚于迄今激励着我们的理想。近来发生的事件足以证明，自由世界既要强大，又要有节制地运用它的力量。这一决心是正确的。很明显，自由世界的责任是继续保持强大和富有耐心。

这并不是说和平倡议是不受欢迎的。任何国家提出任何动议,如果确能减轻我们生活中的紧张气氛,都会得到普遍的称赞。如果自由世界对于共产党集团方面貌似友好的行动,由于其动机不明,甚或由于其行动可能表明是虚伪的而加以坚决拒绝,就势必要对我们这一代人的那些愿望有所回答。必须给他们以表明诚意的机会,但诚意必须确实而且始终如一地逐步表现于行动,这是继续谈判的必要条件。

缔结体面的朝鲜停战协定不过是共产党表现诚意必须要走的第一步。我可向您保证,美国在希望冲突终止的同时,并未忽视朝鲜所包含的根本问题。4 月 16 日,即在您写信之后一天,我向美国报刊编辑协会作演讲时已明确说明,停战之后应随即"开始政治讨论,以便在统一的朝鲜举行自由选举"。我不希望我们再参加无休止的,只能用作共产党宣传工具的谈判。

共产党人还能采取许多步骤,来充实他们的和平宣言。4 月 16 日的演讲中我谈到其中几个,新的苏联领导人采取这些和类似的步骤,能够改变战后八年为怀疑和恐惧所形成的历史进程。苏联领导人是否具有必要的眼光来抓住这一时机,我们正拭目以待。我并不认为这意味着共产党世界有了主动权。正是自由世界勇敢地掌握着主动权,它表示愿意在合理保障安全的条件下,不仅减轻军备的沉重负担,而且把生产能力引向为全世界造福的渠道。我认为仅仅说服共产党领导人,他们征服世界的计划纯属幻想,这是不够的。我们必须带头提出改善世界的方案,欢迎全世界人民的合作而不作报复性的责难。

美国希望苏联的"保卫和平"可能是真正愿意解决分歧的开端,这一分歧目前把世界分裂为二。我们相信,其他自由国家也有同感。但我们必须看事实表现。不到那时,我们不会放松警惕。只要大批的人民没有为自己说话和选择自己的政府形式的自由,我们就不幻想能够达到一个和平安定的世界。只要苏维埃集团保持它的自我孤立,只要将来在神秘气氛的笼罩下有可能孕育出侵略,那么,和平、安定的世界就不可能达到。

　　受到你的教益,感到高兴;承你保证在建设未来的事业中充分合作,深表感谢。

艾森豪威尔

附录五　1953 年 5 月 11 日温斯顿·邱吉尔在下议院的演讲词摘要

　　首先,让我从实况出发谈谈目前出现在我们面前的若干变动很快的情景。当然,我们的直接目的是在朝鲜缔结停战协定。我很怀疑,现时能否达成统一朝鲜的协议。南北朝鲜双方互相都受到了惨重伤害,但即使双方仅仅停在目前各自的地点,停止射击,并试把朝鲜军队取代外国驻军——即使仅仅出现这种情况,仍可再次证明时间能够治好创伤,尤其是遭过浩劫的国家能获得时间恢复繁荣,获得援助修补那确实骇人的破坏。所以即使是暂时的停战或停火,我也非常满足。

　　我们都希望在板门店能够解决战俘问题的争论。可奇怪的是,拖了那么长时间还在争论。主要争论只有一点,即战俘不能也不应违反他的意愿强行遣返。这一问题舌敝唇焦地讨论了好几个月,但现下已不再是个障碍了。有关交换战俘的条件问题实际上已缩小到没有原则分歧的细则上。遗留下来的只是方法和程序问题。双方都作了大量的让步,联合国代表自己也提出了至少五六个可供选择的方案。

　　很明显,如果任何时候共产党人具有像有理性的人之间那样的达成协议的愿望,事情本可立即或者很快得到解决。事情也很清楚,非常清楚,假如没有解决的愿望,就能够制造出无穷无尽的变化。至于我们,我们乐于接受这一建议:由瑞士或瑞典或印度或巴基斯坦来担负以体面的方式处理四五万害怕回家的战俘的任务。

　　现在共产党已经提议由波兰、捷克斯洛伐克、瑞士、瑞典和印度五国共同处理这一问题。这包含很多复杂的情况,但同时却放弃了所有有关战俘应从现在的营地转移到其他遥远国家这一要求。我必须提请下院注意,我以前也提过多次,美国受联合国的委托,已负担了人员和经济损失的二十分之十九。这不是我们有权利或有责任去作决定的事,但是只要不和我们的伟大盟友分离,在遇到机会时我们有义务向他们坦率地表明我们的意见。我的确觉得这一新建议需要给予特别的同情的研究,而且就我所知,目前有理由设想,它可能成为缔结协议的基础,假如共产党提出来是真有诚意的话。

前几个星期,我们曾极为焦急地注视着印度支那局势的恶化。我高兴地说,就我所得消息,局势并不像以往一度想象的那样严重,法国人采取的措施,加上雨季的临近,或者实际是到来,可能会带来几个月的平静。我必须说,我的意见(我大胆提出我的意见),越盟军队的小股搜索队伍突然向暹罗边境推进,不应使我们得出结论说,这是苏联授意的行动,与苏联政府最近的态度不一致。可能不幸而是如此,但它的发生也可能完全是由于当地的环境和一时的冲动,或由于几个月前所订计划。至少我们不要过于匆忙地运用相反的意思作出结论。

现在我谈谈欧洲的主要形势。首要的问题当然是德国。假如与德国停战之后美国采纳了我们的劝告,西方盟国在和苏联就有关占领敌国领土的许多分歧点达成协议之前,就不会从已经到达的前线撤退到协商的占领线,而对德国各占领区的占领问题当然只不过是那许多分歧点中的一部分。我们的意见未被采纳,大片的德国土地未经三个战胜国之间商定任何全面的解决安排就移交给苏联占领……

德国的东部人口占全国四分之一以上,土地占全国三分之一以上,已经陷于巨大的痛苦和压抑之中,并且有着一支强大的、装备优良的、苏维埃组织的德国共产党人的军队,为数超过十万。德波边界的问题,在波茨坦协定中特为保留下来,待签订总的和平条约时解决,而签订和平条约的时间,说得委婉些,看来现在并不比当时更为接近。

我们有欧洲经济合作组织,它在巩固欧洲各国的物质力量和团结精神方面做了不少有益的工作;我们有欧洲支付同盟,还有欧洲煤钢联营,在那里,我相信,我们派有观察员。最后,我们有,或者说我们真诚希望不久之后将会有个欧洲防务集团,虽然拖延了很久,但确实是迫切需要的。这将成为逐步发展的北大西洋组织的一个重要组成部分。

法国的军事形势很可能在英语国家里引起严重不安。这主要不在它对欧洲的影响(因为在欧洲我们是站在一条线上,休戚与共的,主要不要那里),而在于它对法国的地位和防卫遥远地区的政策具有影响。

美国人请法国人把他们的印度支那问题提交联合国组织,目前在那里可能得到有力的支持。据我自己考察所知,法国人尚在犹豫不决,因为他们懂得,以后他们在印度支那的体制就要继续不断地受到联合国组织的审查。由于联合国组织成员大都没有殖民地,他们对有殖民地的成员易于持有比较客观的看法。因此法国人对是否求助于联合国组织机构迟疑不决。

但如果法国确想不和联合国组织发生联系而保持法兰西联邦的权力和生命的话,它本身就得采取更有效的步骤。如果法国人今天有像社会主义的政府在大不列颠建立的那样的军事制度(我称之为欣韦尔制度),即两年兵役制,并有权将国防军或应征士兵派往欧洲以外的地区,我相信他们就不难维持在印度支那的地位,而且还能发展一支远为强大的军队与盟军一致保卫本土。事实是他们迄今不能采取这一类军事措施,以致陷于困境。

我们何以自处呢?我们不是欧洲防务集团的成员,也无意并入欧洲联邦体系。我们认为我们和两者都有特殊关系。这只能用"和"字来表示,而不能用"是"字。我们和他们在一起,而不是他们其中的一员。我们有我们的联邦和帝国。法国的一个忧虑是,唯恐德国,即使像现下这样被分裂的德国,将会强大得在欧洲联邦或欧洲防务集团内超过法国。我敢肯定,如果他们发愤图强,他们大有可为。但无论如何,我总认为,作为法国的近五十年的亲密朋友,我们是同命运、共呼吸的……

请允许我用少许时间谈谈在欧洲防务集团问题上,我们方面的一些详情。我们承认原则上我们和欧洲防务集团之间有一种特别密切的关系。欧洲防务集团条约即将付诸实施,我们已和集团的成员着手制订军事方面和政治方面的必要措施。在军事方面,我们将保证我们的军队与欧洲防务集团的军队之间有效的、持续的合作。在空中,当欧洲空军全部建成时,我们准备随时交换担任指挥和训练的官员,并在其他许多方面合作,陆军和海军之间也要密切协作。在政治方面,我们打算就共同关心的问题经常地诚恳地进行商讨。这是我们的政策。也是我们前辈的政策。

我认为也有必要把我们迄今所作所为从另一个角度记录在案。我们已将我们最庞大的军事部队和法国军队一起派驻在欧洲大陆。在易北河与莱茵河之间有我们最强大的武装力量。我们所有空军的联系都非常密切。我们已把在欧洲的部队交由北大西洋公约组织总司令李奇微将军指挥。假如发生战争,他可以像在两次大战那样经过合理磋商之后,按照战略甚至战术需要,调遣我们的队伍。

那么,除了我们全部加入欧洲军事组织之外,我们还能提供甚么呢?我们为他们尽到最大的努力。我们在最高统帅的命令下与他们并肩作战。在欧洲大陆上,我们和他们共命运。我们自己的岛上却没有整师的兵力。就我所知道或经历的,从没有一个国家冒过那样的风险,也从没有一个国家受到过那样的忽视。

我们将与北大西洋联盟一起,在西欧的政治、军事和经济协作计划中继续贡献全部的、积极的力量。我想这就是我们关于欧洲防务集团的立场的严肃认真、合情合理的声明……

我把这些计划都提一提,因为这正是一个人在思考中必然要做的。我们考虑欧洲的安全时,我们决不要忽视在去年内一个最重要的发展,即南斯拉夫、希腊和土耳其的新关系。这些国家处于欧洲前线右翼,他们的协调一致使联合防御的整个体系大为加强。中东防御也会受到极为有利的影响……

上次我们进行外交事务辩论以来,出现的最重大的事件,当然是斯大林死后在苏维埃领土上,尤其是克里姆林宫发生的态度转变,以及我们都希望的,情绪的转变。我们下院两党已予以密切注意。女王陛下政府的政策以积极而同情的态度来对待。对此,我现在大胆提出一些总的看法,希望大家不吝加以研究。

有人认为,和苏联甚么问题也解决不了,除非一切问题都得到解决,我认为这种想法是错误的。对每一个爱好和平的国家来说,能解决我们难题中的两三个,也算是重要的收获。例如,朝鲜的和平、缔结奥地利条约,这能使我们的关系在未来的几年里走向缓和,其本身又能为所有国家和各大洲的安全和繁荣开辟新的前景。

因此,我认为把事物考虑得过分周详,希望那些使世界分为共产与非共产党两部分的严重、根本的问题,单凭一纸全面的协定就能一下子得到解决,那是错误的。不应该把逐渐解决个别问题的办法认为不值一顾或不加考虑地搁在一边。如果有一段时间双方各自找一些彼此都称意而不是都不称意的事情去干,我看肯定不会有什么坏处。

首先,如果要求国际政策能达成全面解决的这种善良愿望,将会阻碍俄国内部可能发生的自发的健康的演变,那将是一件憾事。我认为有些内部表现和情绪的明显转变,远较外部发生的事件重要而有意义。我希望北大西洋条约组织的成员国在提出外交政策时,都不应像以往那样,不顾或看轻俄国人情绪上可能发生的深刻变化。

我们都希望俄国人民应该在世界事务中享有较高的地位,用不着为他们自身的安全而担忧。这是他们应得的权利。我不相信使俄国的安全和西欧的自由和安全协调一致这个大问题是不能解决的。的确,如果联合国组织有像它的创始人所希望的权威和特性,问题或许早已解决。

1925年的洛迦诺公约,我仍未忘怀。这是两次世界大战之间的最高潮。当时我作为财政大臣,对此非常了解。它根据一个简单规定,即如果德国进攻法国,我们就和法国人站在一起;如果法国进攻德国,我们就和德国人站在一起。

今日的景象,在规模上因素上都大不相同,但我总觉得赋予洛迦诺公约以生命力的主要想法,在那些旨在把巩固欧洲和平作为巩固人类和平的关键的人们心目中,可以在德国和俄国之间发挥作用。俄国有理由相信,只要人们尽力做出安排,希特勒侵略那样的可怕事件永远不会重演,波兰则将保持作为一个友好国家和缓冲地,但我相信,不是个傀儡国……

我必须讲清楚,世界事务虽陷于动荡不定和混乱之中,但我相信各大国之间应即举行一次最高级会议,不要拖延。会议不应被沉重而僵硬的议事日程所限制,不应被引入技术细节的迷津和丛林,由成群结队的专家们和官员们去争论不休。参与会议的应限于极少数国家和人员。开会应不拘形式,更要采取较多的保密和隐蔽措施。会议可能没有正式协议,这也很好,但所有聚集在一起开会人员中可能有一种总的感觉,感到他们可以做些事情,比把包括他们自己在内的全人类撕个粉碎要好些。

比如,艾森豪威尔总统自己已经表示过,《真理报》也不反对,他们可能被一种思想吸引住,即让人世间疲惫困苦的群众走向幸福、公平、健康、悠闲和平安快乐的最佳境地,而这种境地是他们曾经接近过或者梦想过的。

我只是说这种情况会发生,可我不明白为甚么有些人连试一试也怕得要命。如果各国政府首脑无意赢得自有人类以来从未有过的最高奖赏和最大荣誉,那么命中注定的责任就将落在当今掌握决定权的人们身上。在最坏的情况下,会议的参加者将会建立更为密切的联系。在最好的情况下,我们可以获得一代的和平。

现在,我已把我见到的和感觉到的对世界舞台的观察讲完。我感谢下院一直对我多方照顾。我希望我提供的几点想法可能有助于和平,并给这个令人厌倦的大地带来一阵清风。但在结束之前,我还有一件事要说,否则我大胆设想的一切希望都会彻底落空。在友邦和盟国之间,对于特殊问题或者对我们估计的标准和意义可能有各种不同的意见,但有一件事非常之简单也非常有力量,如果做好了,每种希望都是可以谅解的。如果做得不好,则所有希望全成泡影。

如果自由国家松懈他们的同志关系和准备,那将是最为严重的时刻。如果不能尽我们最大的力量去保持我们的防御能力,将会使欧洲和亚洲走向和平的一切有利倾向陷于瘫痪。对于我们,如由于意见分歧或局部利益而分崩离析,或放松我们的共同努力,就会使可能降临人间的新希望永远不能实现,反而把人类推向全面毁灭和奴役。团结、警惕和忠诚才是实现我们的希望的唯一基础。

摘自"1953 年 5 月 11 日温斯顿·邱吉尔博士在下议院演讲词摘要",见《1953 年国际事务文献》,1955 年伦敦牛津大学出版社出版,皇家国际事务学会编,57—65 页。

附录六 1953年6月23日蒋介石总统致艾森豪威尔总统信

艾森豪威尔总统阁下:

　　自由国家在朝鲜面临的非常局势,此时比过去任何时候都更迫切需要阁下明智和果断的领导。我对获得体面的和平的愿望和关切绝不稍逊。我渴望看到阁下以最宽大的精神和最大限度的容忍为自由国家的团结而工作,并把团结看做在朝鲜取得体面和平的基本先决条件。若不能实现这首要条件,即使签署了停战协定,我恐怕自由国家所面临的危机也将恶化。我一向信奉东方的一句传统谚语:攘外必先安内。我希望并相信此信念为您我所共有。如我在前信中所述,若立即签订美韩共同安全条约,对自由国家的团结一致将是不朽的贡献。我觉得大韩民国的这项要求应立即得到您即时的考虑和赞同,以便能在任何停战协定签字之前签订。这样的政策不仅会缓和朝鲜日趋紧张的局势,而且会加强人们的信念,相信世界上弱小国家在维护自由和摆脱奴役中正得到阁下的领导。民主国家的前途,全人类的福利在当前很大程度上取决于阁下的宽宏大量。我衷心祈求上帝保佑阁下领导自由世界走向团结与强大。

蒋介石

1953年6月23日

附录七　中国政府就朝鲜问题政治会议致美国政府备忘录

1953 年 8 月 13 日

中华民国政府希望就根据朝鲜停战协定第六十款即将召开的朝鲜问题政治会议向美国政府提出自己的观点,以供考虑:

(1)政治会议应是以大韩民国和美国为一方,以朝鲜共产党人为另一方的隔桌相对的会议,而不应是圆桌会议。如果开成圆桌会议,要想把不受欢迎的参与者,如苏联和印度排斥在外,即使不是不可能,也将是非常困难的。

圆桌会议也会为制订令人满意的表决办法带来困难。除非大韩民国和美国在会议上都各享有否决权,否则让这两个国家与其他参加国平起平坐是很不公平的。那些国家在朝鲜的利害关系并不那么直接,对保卫朝鲜的自由所做的贡献也根本不能同大韩民国以及美国的贡献相提并论。如果在决定朝鲜问题的表决程序上,各与会国都只有一票的投票权,包括大韩民国和美国在内,中国政府认为这样的安排是不公平的。在这样的圆桌会议上,美国政府所拟推行的政策很容易被其他与会国挫败。出于上述原因,最好是从一开始就坚持举行隔桌相对的会议,而不是圆桌会议。

(2)作为联合国代表的美国代表席位及大韩民国代表的席位应在会议的一方。可以由有军队在朝鲜的十六国组成顾问团,对朝鲜和美国的代表给予协助,提出建议。如果希望这个顾问团小一些,建议可由这十六国中的安理会常任理事国和联合国韩国统一复兴委员会的成员组成。

（3）中国共产党在朝鲜是侵略者，联合国也曾这样宣布过。他们参加板门店谈判是因为他们有军队在朝鲜。现在既然已签订了停战协定，他们除了完成从朝鲜撤军以外，在朝鲜已无其他事务。朝鲜问题的政治解决同这些俄国的傀儡毫无关系，因此在政治会议上不应有他们的席位。

（4）众所周知，虽然印度自称中立，事实上却是亲共的。它拒不响应联合国的号召，不仅没有派遣一兵一卒去朝鲜，而且甚至对联合国在朝鲜的行动不曾给以道义上的支持。相反，它利用一切机会对共产党方面用言语和行动给予安慰。因此在政治会议上不应给印度席位，这点是至关重要的。

（5）政治会议的议程应只限与朝鲜有关的问题。会议的主要目的应当是实现朝鲜在大韩民国政府下的统一。若提出朝鲜以外的问题只会分散对主要问题的注意力，使局势复杂化。一些国家无疑会试图将朝鲜以外的问题纳入政治会议的议程以安抚共产党，换取他们对和平的许诺。这种企图不仅不现实，而且是危险的。历史多次证明以代价换来的和平是维持不住的，抚慰只能刺激侵略者扩大侵略的欲望。如果自由国家意欲使政治会议参加国有较多方面的一致意见，不从一开始就首先坚持将议程限制在停战协定原来设想的范围，则不久就会发现自己被共产党诱入困境，难以自拔。

中国大使馆

1953 年 8 月 14 日

于华盛顿

附录八　1954 年 1 月 3 日《普罗维登斯星期日报》评述阿瑟·迪安先生主张重新考虑对华政策的文章
迪安敦促美国检讨对红色中国的政策
朝鲜谈判特使认为应设法使亚洲红色分子同莫斯科分离

本报驻华盛顿记者　　弗雷德里克·柯林斯

华盛顿讯　　应该重新考虑美国对共产党中国的政策,以寻求一种军事行动以外的方法使它和苏联分离。这是我国出席为准备朝鲜政治会议而举行的板门店谈判首席代表阿瑟·迪安特使在此间提出的主张。

由迪安提出这一主张,这一点颇为重要。理由有二:第一,他在板门店的经验使他成为从 1949 年以来第一位长期观察共产党意向的外交官。第二,他和国务卿杜勒斯有私交,继杜勒斯成为纽约沙利文及克伦威尔律师事务所的主要合伙人。

因此,迪安成为要求检讨美国对华政策的有力见证人,而且是按其言行以反共著称的见证人。他这次极其谨慎地说出他的意见,严格坚持着这样一个原则,即以他目前的地位,他无权就这样大的政策问题提出建议。

这个问题是政府面临的争论最多的一个问题,而且使共和党内意见分歧。有理由认为,杜勒斯和刚从远东旅行归来的副总统尼克松与迪安有同样的看法。另一方面,即使是建议只把政策重新审查一下,也和参议院多数党领袖诺兰的意见背道而驰。同意诺兰的有诸如负责远东事务的助理国务卿饶伯森和参谋长联席会议主席阿瑟·雷德福海军上将等人物。

迪安是于上星期在此间进行讨论时表达他的观点的。昨天,他通过长岛奥伊斯特湾寓所的电话和本记者进一步谈论了他的观点,并强调应当把要点讲清楚。

(编者按:该消息昨晚通过新闻电报传出后,引起了迪安的注意。他打电话给本报说,他原以为不会把内容直截了当地写明是他的观点。然而本记者分明是那样理解的。待得知发生了误解时,该报道已广泛散发了。)

迪安说,首先,他不同意某些英国和美国的中国问题专家——其中有些人是他的朋友——的意见,他们认为中国的共产主义不同于俄国的共产主义。迪安说,"我认为共产主义就是共产主义。"

第二,他说,"我认为我们不应该此刻就承认红色中国",因为我们必须先确定它会实践它的诺言,而他认为目前我们还不能确定这一点。不应承认还由于承认对东南亚将会产生影响。这是指如果承认红色分子拥有主权,则目前以台湾国民党中国为根基的东南亚地区广大华侨界的外交、司法、银行和交通等系统将转入共产党控制之下。

美国的私利

"除此之外",迪安说,"我不妨重复我这样的看法,那就是戴上一副新眼镜,以严格鉴定的眼光,实实在在地审查一下把蒋介石放回大陆是否可能,这是符合美国人民的私利的。如果我们是阿拉伯神话中的魔怪,我们就可以用瓶子把蒋介石放回大陆,但是我们既不是魔怪,也没有瓶子。

我认为有这样一个可能性,就是中国共产党人对他们本身在中国的发展,比对国际共产主义更为关心。假若我们能利用这种可能性作为离间手段,在中共和苏联之间打进一个楔子,我想不妨一试。"

迪安说,他一直不愿公开发表他的意见,原因之一是可能被人误解。他说,"蒋介石没有回到大陆,我感到遗憾。"

蒋处境困难

但是,他接着说,他的看法是,那些把全部信心寄托于蒋介石的人是用"玫瑰色眼镜"看问题的,而为了我们自己的艰难而现实的自身利益,我们应当换一副眼镜试试。他说,他百分之百地赞同上述那些人的目的。"唯一不同的是,"他接着说,"我认为形势比他们所想的黯淡得多,困难得多。那么,我们自己哄骗自己有什么用呢?"

据迪安称,持另一种意见的人对他说,"你是亲共的,你想同共产党中国做生意。"

"不,我百分之百地反共,"迪安说,"但是如果除军事行动外,有可能使共产党中国与俄国分裂,我们就应当加以考虑。"

迪安的意见看来是指同中共妥协,以期在朝鲜继续保持和平并对中共观察数年,然后我们可能愿意让他们进入国际大家庭。

时间不等人

迪安认为这件事情决不是任何时候都可以办的。他的部分论点是,对红色中国的贸易一直是日益增加的,而其扩大贸易的前景是如此之好,以致假如从现在起,五年之后当我们表示要承认时,它或许会以蔑视的姿态回敬我们说,"对不起,太晚啦!"

迪安说,"我心中考虑的问题是,我们再坚持站在场外旁观下去,我们是否可能连我们自己的利益也看不到了。"

迪安掌握的情报是,中国国内本来可能成为国民党政府复辟的社会基础的各阶层人士,都已灭绝,而蒋已七十二岁,以约四十万兵力盘踞台湾,和大陆相隔着八十至九十英里的海域,即使能够渡海,他也需要一百万兵力才能进攻大陆。

另一方面,红色中国在板门店的举止表明,中共领袖毛泽东非常自负。中共并不热心于使俄国人出席朝鲜政治会议,而恰恰相反,看来他们认为北朝鲜是他们的活动范围,北朝鲜的命运不容许俄国人干预。

贬低北平

看来,红色中国人可能认为美国坚持使苏联参加政治会议是对北平政权的贬低和我们认为毛泽东说话无效的表示。

按照迪安的看法,使毛发挥比过去更大的作用,并承认他为亚洲地区的头号共产党人,也许是离间中共和俄国人的一个有益而有效的策略。

如预备性会谈所表明的,我们主要关心的是确保不准苏联作为一个中立国参加朝鲜政治会议。我们希望使它成为正式的一方和一切协定的签字国,以此确定它是侵朝战争的同谋犯。

为此,有可能舍弃使俄国参加会议的打算——从而取悦于毛——而不放弃我们称它为朝鲜侵略者的立场。

迪安说,“我认为共产党中国并不关心世界革命,而我们关心的是我们能否用这个办法而不是其他办法给我称之为共产主义的‘极权主义’制造更多的麻烦。”

附录九　财政部严部长致美国预算局局长道奇先生有关援助问题的备忘录草稿

1953 年 10 月 1 日

在我们 9 月 23 日所进行的谈话中,阁下十分友好地表示了对我国财政问题的关切,对此,我深为感谢。作为对阁下所提建议的答复,我想借此机会,对我国政府棘手的财政问题作概要的陈述,希望能有助于阁下进一步的考虑,进而采取措施,以解决当前的困难。

以前,我曾在此间同美国政府诸领导人的各次谈话中,反复强调这一事实,今天,我们利用美国的援助之所以能够获得成功,在很大程度上是因为在两国政府之间,在负责各方面援助工作的双方代表之间,存在着良好的合作精神。在包括军事和经济的各项计划中,也都存在着紧密的协调。经济的稳定有赖于军事上的安全。反过来,防卫努力取得的成效同政府预算的平衡、价格结构的长期稳定、高水平的工农业生产,以及高就业率也是分不开的。的确,共同安全法的报告也多次强调,应从经济上援助台湾,以支持它的防卫计划。

台湾作为民主国家防御线的前哨,其战略重要性毋庸详说,我们高兴地注意到,贵国政府清楚地承认台湾的关键作用,因此大大加速批准并向台湾运送数量越来越多的军用物资和装备。很明显,这种对台湾的加速军事援助,应当继续下去。

然而,"军事装备"援助计划的加快实施,意味着辅助开支的加大,它将对台湾的经济产生影响。作为财政部长,找出抵消影响的方法是我所关心的问题,同时也是我的职责。除了我自己的努力之外,美国的援助可以从两个方面缓和这种影响。扩大通用项目计划,甚至在军事装备计划中支付,这对于为军事方面提供必须的辅助费用至关重要。与支持防务相对应的对地方货币的需求日益增加,为满足这种需求,有必要扩大以提供可出售商品为形式的经济援助。

由于需要通过增加通用项目计划以设法满足业已增加的军事辅助需要,并为预期要增加的军事计划的地方货币开支筹集更多的对应资金,促使我和我的同事们同美国各部门探索一切可能的途径,在援助法条款允许的范围内,增加1954年度对台通用援助和经济援助的数量。

我们正在同美国国防部探讨通用计划。至于经济援助计划,我们在同国外业务署的接触中曾指出,1953年共同安全拨款法规定对印支和台湾的新拨款不得超过八千四百万元,未动用余款不得超过一千七百八十万元。立法的经过似乎表明,在研究此项规定的两院联席会议上,众议院收回了它原来对参议院的修正案的反对。而参议院的法案则指明援台的合并总额为八千一百八十二万一千五百九十六美元。我们热切希望将此八千一百八十多万美元全部尽早拨给中国,这样,我们就可以预先对加速实现军事计划所产生的不可避免的影响作出相应的安排。

下面几点总括了我们的目的:

(1)加速"军事装备"援助的批准和交付。

(2)扩大通用项目计划,甚至由"军事装备计划"负担某些费用。

(3)将八千一百八十多万美元的经济援助尽快全额分配拨付。

(4)要求利用剩余农产品规定的途径和办法以期筹集更多地方货币,来支持军事。

(5)利用朝鲜的剩余库存物资,在不增添军事援助预算开支的情况下,增加"军事装备"和通用项目援助的数量。

我愿进一步重申,驻台美国军事援助顾问团和国外业务署驻华共同安全分署充分理解我国政府的财政处境,了解台湾无力应付因加速"军事装备"援助计划预期产生的影响。同上述美国各机构有联系的中国政府各部门,正在起草详尽的说明。在努力纾解因扩大军事计划而对我国国民经济产生的影响中,我恳请阁下给予宝贵的支持。